Anonymous

Militärhandbuch des Königreiches Bayern

Anonymous

Militärhandbuch des Königreiches Bayern

ISBN/EAN: 9783743378780

Hergestellt in Europa, USA, Kanada, Australien, Japan

Cover: Foto ©ninafisch / pixelio.de

Manufactured and distributed by brebook publishing software (www.brebook.com)

Anonymous

Militärhandbuch des Königreiches Bayern

Militär-Handbuch

des

Königreiches

Bayern.

Verfaßt nach dem Stande vom 8. März 1867.

München.
Im Verlage des Haupt-Conservatoriums der Armee.

Druck der Hübschmann'schen Buchdruckerei (C. Kutner).

Genealogie des Königlichen Hauses.

Ludwig II.
Otto Friedrich Wilhelm,
König von Bayern, Pfalzgraf bei Rhein, Herzog von Bayern, Franken und in Schwaben &c. &c.

Geboren zu Nymphenburg den 25. August 1845; succedirte Seinem Herrn Vater Maximilian II. König von Bayern den 10. März 1864.

Bruder des Königs:

Otto Wilhelm Luitpold Adalbert Waldemar, Königlicher Prinz von Bayern, geboren zu München den 27. April 1848.

Eltern des Königs:

Vater: Maximilian II. König, geboren zu München den 28. November 1811, gestorben zu München den 10. März 1864.

Mutter: Friederike Franziska Auguste Marie Hedwig, Königliche Prinzessin von Preußen, geboren den 15. October 1825, vermählt am 5. October 1842 durch Procuration, und am 12. October 1842 zu München, mit Maximilian II. König von Bayern. Wittwe seit dem 10. März 1864.

Großeltern des Königs Ludwig II.:

Großvater: Ludwig Carl August, König, geboren den 25. August 1786.

Großmutter: Therese Charlotte Louise Friederike Amalie, Herzogliche Prinzessin von Sachsen-Hildburghausen, seit 1826 von Sachsen-Altenburg, geboren den 8. Juli 1792, vermählt zu München am 12. October 1810, gestorben zu München den 26. October 1854.

Vaters Geschwister:

1. Mathilde Caroline Friederike Wilhelmine Charlotte, Königliche Prinzessin von Bayern, geboren zu Augsburg den 30. August 1813, vermählt zu München am 26. December 1833 mit dem Erbgroßherzog, nunmehrigen Großherzog Ludwig von Hessen, gestorben zu Darmstadt den 25. Mai 1862.

I*

2. **Otto Friedrich Ludwig,** Königlicher Prinz von Bayern, geboren zu Salzburg den 1. Juni 1815, seit 27. Mai 1832 König von Griechenland, vermählt zu Oldenburg am 22. November 1836 mit Marie Friederike Amalie Großherzoglichen Prinzeſſin von Holſtein-Oldenburg.

3. **Theodolinde Charlotte Louiſe Maria Anna Thereſia,** Königliche Prinzeſſin von Bayern, geboren zu Würzburg den 7. October 1816, geſtorben zu Würzburg am 12. April 1817.

4. **Luitpold Carl Joſeph Wilhelm Ludwig,** Königlicher Prinz von Bayern, geboren zu Würzburg den 12. März 1821, vermählt am 15. April 1844 zu Florenz mit Auguſta Ferdinande Louiſe Marie Johanna Joſepha, Kaiſerlichen Prinzeſſin und Erzherzogin von Oeſterreich, Königlichen Prinzeſſin von Ungarn und Böhmen, Großherzoglichen Prinzeſſin von Toscana, Wittwer ſeit 26. April 1864.

Kinder:

   a) **Ludwig Leopold Joſeph Maria Alois Alfred,** Königlicher Prinz von Bayern, geboren zu München den 7. Januar 1845.

   b) **Leopold Maximilian Joſeph Maria Arnulph,** Königlicher Prinz von Bayern, geboren zu München den 9. Februar 1846.

   c) **Thereſe Charlotte Marianne Auguſte,** Königliche Prinzeſſin von Bayern, geboren zu München den 12. November 1850.

   d) **Franz Joſeph Arnulph Adalbert Maria,** Königlicher Prinz von Bayern, geboren zu München den 6. Juli 1852.

5. **Adelgunde Auguſte Charlotte Caroline Eliſabeth Amalie Marie Sophie Louiſe,** Königliche Prinzeſſin von Bayern, geboren zu Würzburg den 19. März 1823, vermählt zu München am 30. März 1842 mit dem Erzherzoge Franz von Oeſterreich-Eſte, Königlichem Prinzen von Ungarn und Böhmen, und Herzoge von Modena.

6. **Hildegard Louiſe Charlotte Thereſe Friederike,** Königliche Prinzeſſin von Bayern, geboren zu Würzburg den 10. Juni 1825, vermählt am 1. Mai 1844 zu München mit dem Erzherzoge Albrecht, Kaiſerlichem Prinzen von Oeſterreich, Königlichem Prinzen von Ungarn und Böhmen, geſtorben zu Wien den 2. April 1864.

7. **Alexandra Amalie,** Königliche Prinzeſſin von Bayern, geboren zu Aſchaffenburg den 26. Auguſt 1826.

8. **Adalbert Wilhelm Georg Ludwig,** Königlicher Prinz von Bayern, geb. zu München den 19. Juli 1828, vermählt am 25. Auguſt 1856 zu Madrid mit Amalie Felipe Pilar, Infantin von Spanien, geboren den 12. October 1834.

Kinder:

   a) **Ludwig Ferdinand Maria Carl Heinrich Adalbert Franz Philipp Andreas Conſtantin,** Königl. Prinz von Bayern, geb. zu Madrid den 22. Oct. 1859.

   b) **Alphons Maria Franz v. Aſſiſi Clemens Max Emanuel,** Königl. Prinz von Bayern, geb. zu München den 24. Januar 1862.

   c) **Maria Iſabella Louiſe Amalia Elvira Blanca Eleonora,** Königliche Prinzeſſin von Bayern, geboren zu Nymphenburg den 31. Auguſt 1863.

Großvaters, König Ludwigs Geschwister a) aus der ersten Ehe Seines Herrn Vaters:

Auguste Amalie, Königliche Prinzessin von Bayern, geboren den 21. Juni 1788, vermählt zu München den 14. Januar 1806 mit dem Prinzen Eugen, Herzoge von Leuchtenberg und Fürsten von Eichstädt, Wittwe seit 21. Februar 1824; gestorben zu München den 13. Mai 1851.

Charlotte Auguste, Königliche Prinzessin von Bayern, geboren den 8. Februar 1792, vermählt zu München am 29. October 1816 durch Procuration, und am 10. November 1816 zu Wien mit Franz I. Kaiser von Oesterreich, König von Ungarn und Böhmen ꝛc., Wittwe seit dem 2. März 1835.

Carl Theodor Maximilian August, Königlicher Prinz von Bayern, geboren den 7. Juli 1795.

b) aus der zweiten Ehe seines Herrn Vaters:

Carl Friedrich Wilhelm Ludwig Maximilian Joseph, Pfalzgraf bei Rhein und Herzog von Bayern, geboren zu Amberg den 27. October 1800, gestorben zu München den 12. Februar 1803.

Elisabeth Ludovica, vermählt zu München am 16. November 1823 durch Procuration und am 29. November 1823 zu Berlin mit Friedrich Wilhelm, Kronprinzen, dann Könige v. Preußen; Wittwe seit 2. Jan. 1861.	Königliche Prinzessinen von Bayern.	Zwillinge, geboren zu München den 13. Nov. 1801.
Amalie Auguste, vermählt zu München am 10. November 1822 durch Procuration und am 21. November 1822 zu Dresden mit dem Prinzen Johann Nepomuk von Sachsen, derzeit regier. Könige von Sachsen.		
Sophie Dorothea Wilhelmine, vermählt den 4. November 1824 zu Wien mit Franz Carl, Erzherzoge von Oesterreich.	Königliche Prinzessinen von Bayern.	Zwillinge, geboren zu München den 27. Januar 1805.
Marie Leopoldine Anna Wilhelmine, vermählt am 24. April 1833 zu Dresden mit Friedrich August, Prinzen-Mitregenten, nachh. Könige v. Sachsen, Wittwe seit 9. Aug. 1854.		

Ludovika Wilhelmine, Königliche Prinzessin von Bayern, geboren zu München den 30. August 1808, vermählt zu Tegernsee am 9. September 1828 mit Maximilian, Herzoge in Bayern.

Maximiliane Josephine Caroline, Königliche Prinzessin von Bayern, geboren zu Nymphenburg den 21. Juli 1810, gestorben zu München den 4. Februar 1821.

Herzogliche Linie.

Maximilian, Herzog in Bayern, geboren zu Bamberg ben 4. December 1808, vermählt zu Tegernsee ben 9. September 1828 mit **Ludovika Wilhelmine**, Königlichen Prinzessin von Bayern.

Kinder:

Ludwig Wilhelm, Herzog in Bayern, geboren zu München ben 21. Juni 1831.

Wilhelm Carl, Herzog in Bayern, geboren zu München ben 24. December 1832, gestorben am 13. Februar 1833.

Helene Caroline Therese, Herzogin in Bayern, geboren zu München ben 4. April 1834; vermählt zu Possenhofen ben 24. August 1858 mit bem Erbfürsten **Maximilian** von Thurn unb Taxis.

Elisabeth Amalie Eugenie, Herzogin in Bayern, geboren zu München ben 24. December 1837; vermählt ben 24. April 1854 zu Wien mit **Franz Joseph I.** Kaiser von Oesterreich, König von Ungarn unb Böhmen ꝛc.

Carl Theodor, Herzog in Bayern, geboren zu Possenhofen ben 9. August 1839; vermählt zu Dresden ben 11. Februar 1865 mit **Sophie Marie Friederike**, Königlichen Prinzessin von Sachsen, Wittwer seit 9. März 1867.

    Tochter: **Amalie Marie**, Herzogin in Bayern, geboren zu München ben 24. December 1865.

Marie Sophie Amalie, Herzogin in Bayern, geboren zu Possenhofen ben 4. October 1841; vermählt zu München am 8. Januar 1859 burch Procuration, unb am 3. Februar 1859 zu Barri mit **Franz Maria Leopold**, Herzoge von Calabrien, Kronprinzen, nun Könige beiber Sicilien.

Mathilde Ludovika, Herzogin in Bayern, geboren zu Possenhofen ben 30. September 1843; vermählt zu München ben 5. Juni 1861 mit **Ludwig Maria**, Grafen von Trani, Königlichen Prinzen von Sicilien.

Sophie Charlotte Auguste, Herzogin in Bayern, geboren zu München ben 22. Februar 1847.

Maximilian Emanuel, Herzog in Bayern, geboren zu München ben 7. December 1849.

Erklärung der Bezeichnung:

A) Vaterländischer Orden und Ehrenzeichen.

Ritter-Orden vom heiligen Hubert

Ritter-Orden vom heiligen Georg: Großprior · · · · · Gpr.

  „   „   „   „   Großcommenthur · · · 1.

  „   „   „   „   Commenthur · · · · 2.

  „   „   „   „   Ritter · · · · · · 3.

Militär-Max-Joseph-Ordens: Großkanzler · · · · G.Kzl.

  „   „   „   „   Großkreuz · · · · · 1.

  „   „   „   „   Commandeur · · · · 2.

  „   „   „   „   Ritter · · · · · · 3.

Verdienst-Ordens der Bayer. Krone: Großkreuz · · · 1.

  „   „   „   „   „   Großcomthur · · · 2.

  „   „   „   „   „   Comthur · · · · 3.

  „   „   „   „   „   Ritter · · · · · 4.

Verdienst-Ordens vom heiligen Michael: Großkreuz · 1.

  „   „   „   „   „   Großcomthur · · · 2.

  „   „   „   „   „   Comthur · · · · 3.

  „   „   „   „   „   Ritter 1. 2. Classe 4. 5.

Militär-Verdienst-Ordens: Großkreuz · · · · · · 1.

  „   „   „   „   Großcomthur · · · · 2.

  „   „   „   „   Comthur · · · · · 3.

  „   „   „   „   Ritter 1. Classe · · 4.

  „   „   „   „   Ritter 2. Classe · · 4.

  „   „   „   „   Verdienstkreuz · · 5.

Ludwig-Ordens: Ehrenkreuz

Ehemaligen Haus-Ritterorbens vom heiligen Michael: Ritter 6.

Militär-Sanitäts-Ehrenzeichen: goldenes, silbernes

Militär-Verdienst-Medaille: goldene, silberne

Ehrenzeichen des Verdienst-Ordens der bayer. Krone: goldenes, silbernes

Ludwig-Ordens: Ehrenmünze

Veteranen-Denkzeichen

Militär-Denkzeichen

  „   „   für Beamte

Armeedenkzeichen 1866

Feldzugsdenkzeichen 1849

Denkzeichen für das Jahr 1849

Dienstalterszeichen für 40 Dienstjahre

  „   „   „   „   24 „   „

B) Fremder Orden und Medaillen.

Herzoglich Anhaltischer.

Gesammt-Haus-Ordens Albrecht des Bären: Ritter AAdB3.

Großherzoglich Badische.

Orden von der Treue	BdT.
Ordens vom Zähringer Löwen: Großkreuz, Commandeur 1. 2. Classe, Ritter, mit Stern, mit Eichenlaub	BdZL 1.2.3.4.m.St.,m.El.

Königlich Belgischer.

Leopold-Ordens: Großkreuz, Großofficier, Commandeur, Officier, Ritter	BIL1. 2. 3. 4. 5.

Kaiserlich Brasilianische.

Ordens von Peter I.: Großkreuz	BrP1.
Südkreuz-Ordens: Großkreuz, Dignitär, Officier, Ritter	BrSK1. 2. 3. 4.
Ordens der Rose: Commandeur, Officier, Ritter	BrR2. 3. 4.

Herzoglich Braunschweigischer.

Löwen-Ordens: Ritter	BrsL3.

Kaiserlich Französischer.

Ehrenlegions: Großkreuz, Großofficier, Commandeur, Officier, Ritter	FEL1. 2. 3. 4. 5.

Königlich Griechischer.

Orden des Erlösers: Großkreuz, Großcomthur, Commandeur, Officier, Ritter	GE1. 2. 3. 4. 5.

Königlich Hannöverische.

St. Georgs-Orden	HG.
Guelphen-Ordens: Großkreuz, Commandeur, Ritter, 4. Classe.	HGu1. 2. 3. 4.

Churfürstlich Hessische.

Haus-Orden vom goldenen Löwen   CHgL.
Wilhelm-Ordens: Großkreuz, Commandeur 1. 2. Classe, Ritter   CHW1. 2. 3. 4.

Großherzoglich Hessische.

Ludewig-Ordens: Großkreuz, Commandeur 1. 2. Classe, Ritter
    1. Classe   HL1. 2a. 2b. 3.
Verdienst-Ordens Philipps des Großmüthigen: Großkreuz,
    Comthur 1. 2. Classe, Ritter 1. Classe, silbernes Kreuz   HP1. 2. 3. 4. 6.

Fürstlich Hohenzollernscher.

Haus-Ordens Ehrenkreuz: 1. 3. Classe   HE1. 3.

Großherzoglich Mecklenburg-Schwerinscher.

Haus-Ordens der Wendischen Krone: Großkreuz, Großcom-
    thur, Ritter   MWK1. 2. 4.

Herzoglich Modenesischer.

Estensischen Adler-Ordens: Großkreuz, Commandeur, Ritter   MEA1. 2. 3.

Herzoglich Nassauischer.

Militär- und Civil-Verdienst-Ordens Adolphs von Nassau:
    Großkreuz, Comthur 1. 2. Classe, Ritter, 4. Classe, mit
    Schwertern   NA1. 2a. 2b. 3.
                                       4. m. Schw.

Königlich Niederländische.

Löwen-Ordens: Großkreuz   NL1.
Großherzoglich Luxemburgischen Ordens der Eichenkrone:
    Großkreuz, Großofficier, Commandeur, Officier, Ritter   LEK1. 2. 3. 4. 5.

Kaiserlich Oesterreichische.

Goldener Bließ-Orden   ÖGV.
St. Stephan-Ordens: Großkreuz   ÖSt1.
Militär-Maria-Theresien-Ordens: Ritter   ÖMT3.
Leopold-Ordens: Großkreuz, Commandeur, Ritter, Kriegs-
    Decoration   ÖL1. 2. 3. KrD.

Ordens der eisernen Krone: 1. 2. 3. Classe, Kriegs-Decoration OEK1.2.3.KrD.
Franz Joseph-Ordens: Comthur, Ritter ÖFJ2. 3.
Verdienstkreuz, goldenes, mit Krone ÖVK g. m Kr.

Großherzoglich Oldenburgischer.

Haus- und Verdienstordens des Herzogs Peter Friedrich
    Ludwig: Großkreuz, Ehren-Großkreuz, Ehren-Comthur-
    kreuz, Ehren-Ritterkreuz 1. Classe, Kleinkreuz OPIa 1b. 2. 3. 4.

Päpstliche.

Orden Gregors des Großen, Großkreuz, Commandeur, Ritter PG. 1. 2. 3.
Malthefer-Ordens: Ritter PMR.
Goldenen Sporn-Ordens: Ritter PSR.

Königlich Portugiesischer.

Militärischen Christus-Ordens: Ritter PmCh. 3.

Königlich Preußische.

Schwarzer Adler-Orden PsA.
Rothen Adler-Ordens: 1. 2. 3. 4. Claffe, mit Stern in
    Brillanten, mit Stern, mit Schwertern am Ringe PrA1. 2. 3. 4.
        m. Br., m. St.,
        m. Schw. a. R.
Kronen-Ordens: 2. 3. 4. Classe PK2. 3. 4.
St. Johanniter-Orden PJ.

Kaiserlich Russische.

St. Andreas-Orden RAnd.
St. Alexander-Newsky-Orden RAN.
St. Georgen-Ordens: 4. Classe RG4.
St. Wladimir-Ordens: 4. Classe RW4.
Weißer Adler-Orden RwA.
St. Anna-Ordens: 1. 2. 3. Classe RA1. 2. 3.
St. Stanislaus-Ordens: 1. 2. 3. Classe RSt1. 2. 3.

Königlich Sächsische und Herzoglich Sächsische.

Orden der Rauten-Krone SRK.
Civil-Verdienst-Ordens: Großkreuz, Comthur 1. 2. Classe,
    Ritter SCV1. 2. 3. 4.

Königlich Württembergische.

Ordens der Krone: Commenthur, Ritter   WK2. 3.
Militär-Verdienst-Ordens: Ritter   WMV3.
Friedrichs-Ordens: Großkreuz, Commenthur 1. 2. Classe, Ritter,   WF1. 2. 3. 4.

Orden des heil. Johannes von Jerusalem oder Johanniter-
    Ordens, Großprior, Commenthur, Ritter   JohGpr. 2. 3.

Großh. Badische Gedächtniß-Medaille für 1849   BGM.
Königlich Griechisches Denkzeichen, National - Denkzeichen,
    Denkzeichen für die Freiwilligen   GD.GND.GDF.
Fürstl. Lippe-Schaumburg'sche-Militär-Verdienst-Medaille   LSMVM.
Kaiserl. Oesterreichische Tapferkeits-Medaille   ÖTM.
Päpstliche Medaille „Pro Petri Sede"   PM.
Königl. Preußisches Ehrenzeichen für Theilnahme an der Er-
    stürmung der Düppler-Schanzen   PDE.
Königl. Preußische Kriegsdenkmünze für 1864   PKD.
Kaiserl. Russische Krim-Medaille   RKM.
Königl. Spanische Medaille des afrikanischen Krieges   SpAM.
Königl. Württemberg'sche Kriegs-Denkmünze   WD.

Matrikelzeichen als Tyroler adeliger Landmann   TMZ.
Stiftszeichen der adeligen Ganerbschaft Alt-Limpurg   AStZ.

Erklärung der Abkürzungen.

Kriegs = Ministerium	KrMstrm
Leibgarde der Hartschiere	LgHtsch.
Generalquartiermeister = Stab	GQmstrStb
Topographisches Bureau	top. Bur.
Haupt = Conservatorium der Armee	HptConsvtm
Gendarmerie = Corps	GendCps
General = Commando	GCmdo
Brigade	Brg.
Artillerie = Corps	ArtCps
Genie = Corps	GenCps
Commandantschaft	Cdtschft
Regiment, Bataillon	Rgt, Bat.
Infanterie = Leib = Regiment	ILeibR.
Infanterie = Regiment, Jäger = Bataillon	JR., JgB.
Cavalerie	Cav.
Cuirassier =, Chevaulegers =, Uhlanen = Regiment	CuirR., ChlR., UhlR.
Artillerie	Art.
Artillerie = Berathungs = Commission	ArtBrthgsCn
Artillerie = Regiment	ArtR.
Fuhrwesen	Fhrw.
Zeughaus = Haupt = Direction	ZgbHptDn
Zeughaus = Verwaltung	ZgbVwltg
Gewehrfabrik = Direction	GwhfbkDn
Genie = Stab	GenStb
Genie = Berathungs = Commission	GenBrthgsCn
Genie = Direction	GenDn
Local = Genie = Direction	LocGenDn
Genie = Regiment	GenR.
Gendarmerie =, Sanitäts =, Ouvriers =, Feuerwerks = Compagnie	Gend, San, Ouv, FeuerwrkC.
Garnisons = Compagnie	GarnC.

Invaliden-Haus, Veteranen-Anstalt	InvH., Vet.A.
Militär-Bildungs-Anstalten	MBildAnst.
Artillerie- und Genie-Schule	Art. u. Gen.Schule.
Cadeten-Corps	CadCps
Kriegs-Schule	KrSchule
General-Auditoriat	GAudt
Militär-Rechnungs-Kammer	MRchngsKr
Militär-Fonds-Commission	MFCn
Haupt-Kriegs-Cassa	HKrCassa
Armee-Montur-Depot	AMD.
Haupt-Montur- und Rüstungs-Depot	HMuRD.
Administrations-Commission der Militär-Fohlenhöfe	AdmCoMFohlh.
Canzlei	Czl.

Kriegs-Minister	KrMstr
Feld-Marschall	FM.
General der Infanterie	GdI.
General der Cavalerie	GdC.
Feldzeugmeister	FZM.
General-, Flügel-Adjutant	GAdj., FAdj.
General-Commandant	GCmdt
Brigadier	Brgbr
General-Lieutenant	GLt
General-Major	GM.
Commandant	Cmdt
Regiments- oder Oberst-Inhaber	Inh.
Oberst	Obst
Oberstlieutenant	ObstLt
Major	Maj.
Hauptmann erster, zweiter Classe	Hptm. 1. 2. Cl.
Rittmeister	Rttmstr
Ober-, Unterlieutenant	OLt, ULt
Adjutant, Regiments-, Bataillons-Adjutant	Adj., RAdj., BAdj.
Ober-Zeugwart, Unter-Zeugwart	OZgwrt, UZgwrt
Junker	Jkr

Referent	Rfrt
wirklicher Rath	w. Rth
General-Secretär	GenSecr.
geheimer Secretär	gebSecr.
Ministerial-, Divisions-Commando-Secretär	MSecr., DCSecr.
Canzlei-Secretär	Czl.-Secr.
Regiments-Canzlei-Actuar	RCAct.
Registrator	Rgstrtr

General-Stabs-Arzt — GStArzt

Ober-Stabs-Arzt erster, zweiter Classe — OStArzt 1. 2. Cl.

Stabs-Arzt — StArzt

Regiments-Arzt erster, zweiter Classe — RArzt 1. 2. Cl.

Bataillons-Arzt — BArzt

Unterarzt — UArzt

Doctor — Dr

_____

General-Verwaltungs-Director — GVwltgsDir.

Ober-Kriegs-Commissär erster, zweiter Classe — OKrgsCr 1. 2. Cl.

Kriegs-Commissär — KrgsCr

Revisor — Revr

Regiments-Quartiermeister erster, zweiter Classe — RQmstr 1. 2. Cl.

Verwalter erster, zweiter Classe — Vwltr 1. 2. Cl.

Bataillons-Quartiermeister — BQmstr

Unter-Quartiermeister — UQmstr

Actuar — Act.

Regiments-Actuar — RAct.

_____

General-Auditor — GAud.

Ober-Auditor — OAud.

Stabs-Auditor — StAud.

Regiments-Auditor erster, zweiter Classe — RAud. 1. 2. Cl

Bataillons-Auditor — BAud.

_____

Ober-, Unter-Apotheker erster, zweiter Classe — O, UApthkr 1. 2. Cl.

_____

Ober-Veterinär-Arzt — OVArzt

Regiments-Veterinär-Arzt erster, zweiter Classe — RVArzt 1. 2. Cl.

Divisions-Veterinär-Arzt — DVArzt

Unter-Veterinär-Arzt — UVArzt

_____

Kreis-Commandant der Landwehr — KrCmdt

Kreis-Inspector der Landwehr — KrInsp.

_____

pensionirt, temporär — p., t.

à la suite der Armee, characterisirt — à. l. s., ch.

commandirt — com.

functionirend, verwendet — funct., verwdt

Rang vom — Rg v.

gegen Remuneration — g. R.

_____

Königliche Hoheit, Hoheit, Durchlaucht, Erlaucht	K.H.,H.,Drchl.,Erl.
Excellenz	Exc.
Herzog	Hzg
Fürst	Fst
Graf	Gr.
Freiherr	Frh.
Ritter	Ritt.
von	v.

———————

Kammerherr, Kammerjunker	J. Krjkr
Reichs-Rath	RRth

———————

Bezeichnung

der bei den Regimentsgeschichten bemerkten Feldzüge.

———

Inhalt.

III

Kriegs-Ministerium.

Einsetzung eines Kriegs- oder Defensionsrathes den 3. Juni 1619; Hof-Kriegsrath (als Vorrecht für Bayern) nach der Belehnung Herzog Maximilians I. mit der Churwürde 1623; Einverleibung des churpfälzischen Kriegs-Rathes mit demselben 1779; Abtheilung in 4 Departements für das Personelle, das Oeconomische, die Bewaffnung und die Controle nebst Justiz (zugleich Bildung einer Kriegsconferenz statt des Kriegsreferates im Geheimenrathe) 1768; Umbildung in ein Oberkriegscollegium 1799; Auflösung in eine geheime Kriegs-Cabinets-Canzlei, einen Kriegsjustiz- und Kriegsöconomierath (erstere in unmittelbarer Entscheidung der Personal- und Dienstsachen durch den Churfürsten) 1801; Umbildung der geheimen Kriegs-Cabinetscanzlei in ein geheimes Kriegsbureau 1804; Erhebung desselben zum geheimen Ministerium des Kriegswesens 1808; Bildung als Staatsministerium der Armee 15. April 1817; Auflösung des Ober-Administratib-Collegiums (seit 1817 so genannt für Kriegsöconomie-Rath) und Organisation des Staatsministeriums in 3 Sectionen: des Dienstes, der Administration und der Justiz 1822; Umbildung desselben 1825 und 1826 unter der Benennung Kriegsministerium; Formation in 6 Sectionen 1829; Aufhebung der Sectionen 10. Januar 1857.

Dirigirender Kriegs-Minister.

Brandt, Sigmund Frh. von, Exc. 1. Aug. 1866, General-Major. ✠4. ✠4. ✠ ✠ NA1m.Schw. ÖEK3. PrA4.

Dem Minister beigegeben: Orv, Maximilian Frh. von, GM. im GOmstrStb. ✠3. ✠3. ✠4. ✠ ✠ HP4. WF3. 🌿.

Adjutant.

Schinner, Friedrich, Hptm. im LeibR. ✠.

General-Verwaltungs-Director.

Feinaigle, Carl Ritter von. ✠3. ✠4. ✠3. BdZL4. HL3. LEK4. ÖEK3.
PrA4. SA4. WF4.

Referenten.

Lehmair, Joseph von, ch. General-Major. ✠4. ✠4. ✠. ✠. GE4. GD. GDF.
SpC3. SN3.

Feder, Dr Ludwig von, General-Stabsarzt. ✠4. ✠4. SA4. TJ3.

Schmitt, Joseph von, General-Auditor. ✠4. ✠4. ✠4. ✠. ✠. HP4.

Fortenbach, Carl, Oberst im 1. ArtR. Prinz Luitpold. ✠4. ✠. GE5. GDF.

Schumacher, Philipp, Oberst im GenStb. ✠4. ✠.

Himmelstoß, Friedrich, Oberst im 5. ChlR. vac. Leiningen. ✠. ✠.

Gropper, Ludwig von, OKrgsCr 1. Cl. ✠4. ✠.

Loy, Stanislaus, OKrgsCr 1. Cl. ⊙. ✠. GE5. GDF.

Bürger, Leonhard, Ober-Auditor. ✠4. ✠. ✠.

Backert, Johann, OKrgsCr 2. Cl. ✠4. ✠.

Gräff, Nepomuk, Ober-Veterinärarzt. ✠4. ✠.

Fries, Theodor, Major im GOmstrStb. ✠. ✠.

Massenbach, Franz Gemmingen Frh. von, Major im GOmstrStb ✠4. ✠.
⊙. BGM.

Gumppenberg, Maximilian Frh. von, Major im GOmstrStb. ✠4.

Leut, Dr Xaver, StArzt ⊙. ✠.

Lehner, Franz, KrgsCr. ✠. ✠.

Schrettinger, Baptist, KrgsCr.

funct. Roth, Anton v., p. Hptm. ✠4. ✠. GE5.

Den Ministerial-Referenten beigegeben:

Frieblein, Andreas, Major im GenStb. ⊙. ✠.

Klein, Sigmund, t. p. ch. Major. ✠. HP4.

Münch, Friedrich, KrgsCr bei der MRchngsKr. ✠. ⊙. ✠.

Bolckamer, Johann von, Hptm. im 8. JR. vac. Seckendorff.

Hörmann von Hörbach, Ludwig, Hptm. im 1. ArtR. Prinz Luitpold. ✠

Schröber, Dr Hugo, RArzt 1. Cl. bei der Chtfchft München. ✠4. ✠. HL3.
HP4. SpJ. 3.

Hermann, Gustav, ROmstr bei der MRchngsKr. ✠. ✠. ✠.

Dallner, Friedrich, ROmstr bei der MRchngsKr. ✠.

Oberniedermayr, Ludwig, RAud. bei der Chtfchft München.

General-Secretär.

Gönner, Michael von. ✠4. ✠4. ✠. ✠. ÖFJ3.

Ober-Registrator und Archivar.

Prand, Franz. GE5.

Kriegs-Ministerium.

Geheime Secretäre.

Wimbäck, Nepomuk. ⚙.
Glockner Heinrich. ⚜.
Bolgiano, Ludwig.

Geheime Registratoren.

Braun, Friedrich. ⚜.
Kiefl, Joseph. ⚜.

Ministerial-Secretäre.

Gundermann, Joseph, 1. Cl. ⚜.
Velden, Friedrich, 1. Cl. ⚜.
Köchl, Eugen, 1. Cl. ⚜.
Hirstius, Wilhelm, 1. Cl. ⚜.
Schuster, Caspar, 2. Cl. ⚜.
Seefried, Heinrich, 2. Cl. ⚜.
Bub, Konrad, 2. Cl. ⚜.

Geheimer Registratur-Gehilfe.

Müller, Wilhelm. ⚜.

Canzlei-Personal.

Majer, Julius, DCSecr.
Schuhmann, Wilibald, DCSecr.
Beckert, Michael, DCSecr. ⚜.
Fernbach, Maximilian, CzlSecr. ⚜.
Held, Otto, CzlSecr.
Krauß, Friedrich, CzlSecr.
Mindel, Maximilian, RCAct.
Hesch, Johann, RCAct.
Meixner, Lucas, RCAct.
Füger, Michael, RCAct. ⚜.

————

Buchführung.

Gerheuser, Gustav, ROmstr 1. Cl.
Scheder, Nikolaus, BOmstr. NA4m.Schw.
Kienlein, Paul, BOmstr.
Frickinger, Carl, UOmstr. ⚜.
Burckhardt, Gustav, UOmstr. ⚜.
Schremser, Alois, UOmstr. ⚜.

————

1*

Generalität der Armee.

Die Feldmarschallswürde besteht in der bayerischen Armee seit Anfang des dreißigjährigen Krieges; die Verleihung derselben erfolgte jedoch nur in den bedeutendsten Kriegsepochen. — Generale der Artillerie (General-Feldzeugmeister) erscheinen schon vor dem dreißigjährigen Kriege. Generale der Cavalerie wurden während dieses Krieges, Generale der Infanterie aber zuerst im Jahre 1677 ernannt. Die Benennung der Generale der Infanterie wurde 1840 in „Feldzeugmeister" umgeändert, 1850 aber wieder eingeführt und zugleich bestimmt, daß nur die Generale der Artillerie „Feldzeugmeister" benannt werden sollen. — General-Lieutenants bestehen unter der Benennung „General-Feldmarschall-Lieutenants" seit Einführung der Feldmarschallswürde, und General-Majore unter der Benennung „General-Wachtmeister" oder „General-Feldwachtmeister" seit der ersten Bildung des stehenden Heeres.

Uniform: Der Feldmarschall, die Generale der Infanterie, der Cavalerie und die Feldzeugmeister, dann die General-Lieutenants und General-Majore den Waffenrock von hellblauem Tuche mit scharlachrothem Vorstoße, Krägen und Aufschläge von scharlachrothem, Kragenvorstoß von hellblauem Tuche; ferner Ueberröcke mit zwei Reihen Knöpfen, Kragen und Vorstoß wie bei den Waffenröcken. Knöpfe von weißem Metalle, für den Feldmarschall mit zwei sich kreuzenden Marschallstäben in erhabenem Gepräge, für die übrige Generalität ohne Gepräge. Beinkleider von hellblauem Tuche mit scharlachrothem Vorstoße; in wärmerer Jahreszeit Beinkleider von weißem Sommerzeug und Nanking, die jedoch zu Pferde nicht getragen werden. Bei Hoffesten Beinkleider von weißem Wollenstoff, hohe Stiefel mit silbernen Anschnall-Spornen. Mäntel von grauem Tuche in zwei Theilen, dem Mantelrock mit weißen Metallknöpfen und dem langen Radkragen, werden einzeln oder vereint getragen, in beiden Fällen mit dem umgeschlagenen Halskragen von hellblauem Tuche mit scharlachrothem Vorstoße. Dreieckige Hüte mit silbernen Sternschleifen, Bouillonquasten von Silber und hellblauer Seide, weiß und blauem Hahnenfederbusche; die Schirmmütze von hellblauem Tuche mit scharlachrothem Vorstoße und Silberstickerei; Schulterblätter von weißem Metalle, gleich der Breite der Schultern, mit scharlachrothem Unterfutter. Stählerne Anschraubspornen. Als Dienstzeichen die Schärpe von Silberfaden und hellblauer Seide mit doppelten Bouillonquasten um den Leib.

Die Grabauszeichnung besteht für die gesammte Generalität in einer Silberstickerei auf den Uniformskrägen und auf den Aufschlägen, und zwar für den Feldmarschall aus einem Gewinde von Eichen- und Lorbeerblättern, für die Generale der Infanterie, der Cavalerie und die Feldzeugmeister aus einer doppelten Reihe, für die General-Lieutenants hingegen aus einer einfachen Reihe von Laub- und Bandstreifen, für die General-Majore aus einer minder reichen ausgezackten Stickerei.

Bewaffnung: Den Infanterie-Officiers-Säbel, mit Ausnahme der eine Cavalerie-Brigade commandirenden Generale, sowie jener, welche in besonderen Dienstverhältnissen, nämlich bei dem General-Auditoriate, der Militär-Rechnungs-Kammer, der Armee-Montur-Depot-Commission, der Administrations-Commission der Militär-Fohlenhöfe stehen, und vorher der Cavalerie angehörten, diese dann den Officiers-Säbel der leichten Cavalerie. Das Portepee, bestehend aus einer Bouillonsquaste von Silber mit hellblauer Seide an einem silbergewirkten und von hellblauen Seidenstreifen durchwebten Bande;

Säbelkuppel von rothem Saffian mit aufgenähter silberner Würfelborte, in welcher ein hellblauseidener Streifen eingewirkt ist; weißmetallene Schließe, Ringe, Schnallen und Kettchen mit Aufhänghacken.

Die Regiments-Inhaber die Uniform und den Säbel ihres Regiments mit der Auszeichnung eines Obersten; jene der Infanterie-Regimenter, wenn sie nicht zugleich ihre Regimenter commandiren, den Hut mit Federbusch.

Pferderüstung: Für die gesammte Generalität englische Sättel, schwarzes Riemenwerk mit silberplattirtem Beschläge, bestehend nebst den Schnallen in Panzerketten auf dem Kopfstücke, dem Stirn- und Nasenbande, dann Platten mit der königlichen Krone an beiden Enden des Stirnbandes, auf dem Mittelgestelle der polirten eisernen Stange, auf dem Vorderzeuge und dem Schweifriemen; einen Ueberwurf von schwarzem Bärenpelz über den Pistolenholftern, diese unten mit einer silberplattirten Hülse versehen; Schabracken von scharlachrothem, für die Generale des Generalquartiermeister-Stabes von hellblauem Tuche mit einer 3 ½ Zoll breiten silbernen Einfassungsborte und einem in Silber gestickten gekrönten ſ in den rückwärtigen Ecken.

Feldmarschall.

— — —

Generale.

Taxis, Theodor Fürst von Thurn und, Exc. General der Cavalerie, 6. Aug. 1850. In Disponibilität. Inh. des ChlR. Nr. 2, RRth. Ⓖ. ❀1. ❀1. ❀1. ⚜. ✠. ⚜. CHgL. ÖSt1. ÖL1. PrA1. RAN. SW wF1. ⚜🎗⚜.

Maximilian, Herzog in Bayern, K. H. General der Cavalerie, 24. Mai 1857. Inh. des ChlR. Nr. 3. Ⓖ. GE1. HL1. ÖGV. ÖSt1. PsA. SRK. ScFd1.

Luitpold, Prinz von Bayern, K. H. Feldzeugmeister, 6. Jun. 1861. Der General-Inspection der Armee beigegeben. Inh. des ArtR. Nr. 1., dann Inh. des k. k. österreich. 7. Artillerie-Rgts. Ⓖ. ❀Gr. ❀1. ⚜. ✠. BdT. FEL1. GE1. HG. CHgL. IIL1. ÖGV. ÖSt1. OP1a. PsA. SEH1. ScFd1. SpC1. TJ1.

Hohenhausen, Leonhard Frh. v., Exc. ch. General der Cavalerie, 26. Fbr 1862. S. M. des Königs General-Adjutant, GenCapit. der Leibg. d. Hartsch. und Inh. des IR. Nr. 7. ❀1. ❀1. ❀6. ⚜. ⚜. ✠. FEL5. GE1. HGu1. ÖL1. ÖEK1. PrA1. RSt2. ſ.

General-Lieutenants.

La Roche, Heinrich Delph von, Exc. 11. Oct. 1853. S. M. des Königs General-Adjutant. ❀2. ❀1. ⚜. ⚜. ✠. FEL5. HGu2. CHW1. HP1. LEK1. MEA1. ÖL1. ÖEK1. OP1b. PrA2m.St. RA1. RSt1. SA1. SEH1. TJ2. ſ.

Lerchenfeld, Maximilian Graf von, ⚔. 15. Fbr 1855. Premier-Lieut. der Leibg. der Hartsch. 🎖4. 🎖3. ⚜. ⚜. ✠. RSt2. Joh.3. ⚘.

Hartmann, Jacob Ritter von, Exc. 23. Fbr 1861. GCmbt von Würzburg. ✠3. 🎖4. 🎖3. ⚜. ⚜. ⚜. FEL2. GE2. HGu3. HP1. ÖL2. ÖEK2. PrA1. RW4. WK2.

Tann, Ludwig Frh. von der, Exc. 23. Fbr 1861. S. M. des Königs General-Adjutant und GCmbt von München. ✠3. 🎖1. 🎖3. 🎖3. ⚜. ⚜. ⚜. BII.1. GE2. HGu1. CHW3. HP2. LSMVM. MEA2. LEK1. ÖEK1. PrA1m. Schw.a.R. PJ. PDE. RA1. RSt1. SS1. TM2. WMVK1. WK3. ⚘.

Heß, Bernhard von, 23. Jan. 1862. Präsident des General-Auditoriats. 🎖4. 🎖3. ✠. ⚜. GE2. GDF. CHW2. PrA2. SCV3. SEK1.

Feber, Maximilian von, Exc. 23. Jan. 1862. GCmbt von Augsburg. 🎖2. 🎖4. ⚜. ⚜. GE2. GDF. ScF1.

Krazeisen, Carl Ritter von, 20. Mai 1863. Gouverneur der Festung Germersheim. 🎖4. 🎖3. ⚜. ✠. GE5. GND. PrA2.

Hagens, Alexander von, ⚔. 25. Nov. 1863. Vorstand der MRchngsKr und der MFCn. 🎖4. ⚜. GE3. CHW3. ÖEK2. TJ2. ⚘.

Brobeßer, Carl Ritter von, Exc. 29. Mai 1864. Cmbt des ArtCps. 🎖2. 🎖4. 🎖4. ⚜. ⚜. ✠. ⚜.

Lindenfels, Carl Frh. von, ⚔. 25. Aug. 1865. ad latus des GCmbo Nürnberg. 🎖4. ⚜. ✠. PJ. RA2. ⚘.

La Roche, Friedrich du Jarrys Frh. von, ⚔. 25. Aug. 1865. Im GOmftrStb, Hofmarschall S. M. des Königs Ludwig I. 🎖4. 🎖3. ⚜. GE2. HL2a. HP1. MEA1. ÖL2. PG1. SEH2. SpJ1. ⚘.

Adalbert, Prinz von Bayern, K. H. 25. Aug. 1866. Inh. des CuirR. Nr. 2. Kreis-Commandant der Landwehr von Oberbayern. ⚜. 🎖Opr. BdT. BdZL1. GE1. CHgL. HL1. ÖSt1. OP1a. PsA. PrA1. SEH1. SpGV. SpC1. TM1.

Rechberg und Rothenlöwen, Ludwig Graf von, 17. Aug. 1866. S. M. des Königs General-Adjutant. ✠2. 🎖4. ⚜. ⚜. BdZL1. GE4. HL3. HP1. ÖL3. ÖEK3. PrA2. RA2mBr. ScF1. WF1. ⚘.

Zeetze, Theodor Frh. von, ⚔. 17. Aug. 1866. Flügel-Adjutant S. M. des Königs Ludwig I. 🎖4. 🎖4. ⚜. GE3. HL2b. HP2. ÖEK2. ⚘.

Klein, Baptist, ⚔. 17. Aug. 1866. Cmbt der Stadt und Festung Ingolstadt. 🎖4. ⚜. ✠. HL3. HP3.

Stephan, Baptist, Exc. 17. Aug. 1866. GCmbt von Nürnberg. 🎖2. 🎖4. ⚜. ⚜. GE5. GDF. HP3. ÖL3. ÖEK2. PrA2. RA2. SA3.

General - Majore.

Hagens, Caspar von, 27. Apr. 1859. ad latus des GCmdo Würzburg. ⚔4. ❋. ✠. CHW4. HP2.

Hütz, Joseph, 27. Apr. 1859. Brgbr der Artillerie. ⚔4. ✠. BrR3. GE4. GDF. CHW4.

Merkel, Wilhelm Ritter von, 1. Aug. 1861. Cmdt des GendCps. ⚔4. ⚔4. ❋. ✠. GE4. WF3.

Spruner von Mertz, Carl, 1. Aug. 1861. S. M. des Königs General-Adjutant. ⚔4. ⚔4. ❋. BIL5. GE3. HL3. ÖEK2. SEH6.

Steinle, Baptist von, 1. Aug. 1861. Cmdt der 1. JBrg. ⚔3. ⚔4. ❋. ✠. ✠ GE4. GD.

Schebel, Clemens von, 22. Jan. 1862. ad latus des GCmdo München. ⚔4. ⚔4. ❋. GE4. CHW4. ÖEK2. WF1.

Lehmair, Joseph von, ⚔. 20. Mai 1863. Referent im KrMstrm. ⚔4. ⚔4. ❋. ✠. GE4. GD. GDF. SpC3. SN3.

Butz, Heinrich Ritter von, 20. Mai 1863. Cmdt des GenCps. ⚔4. ⚔4. ❋.

Cella, Gustav, 20. Mai 1863. Cmdt der 8. JBrg. ⚔3. ⚔4. ❋. ❋. ÖEK2.

Jenisch, Ludwig Ritter von, 2. Jan. 1865. Cmdt von Ansbach. ⚔4. ❋. ❋.

Nesselrode-Hugenpoet, Maximilian Frh. von, 2. Jan. 1865. Cmdt von Augsburg. ⚔4. ❋. Krstr.

Herdegen, Maximilian, 2. Jan. 1865. Vorstand der ZgbHptDn. ⚔4. ❋. GDF.

Walther, Wilhelm, 2. Jan. 1865. Cmdt der Haupt- und Residenzstadt München. ❋.

Ribaupierre, Joseph von, 2. Jan. 1865. Cmdt der 5. JBrg. ⚔3. ❋. ❋. ❋.

Ludwig, Herzog in Bayern, K. H. 12. Fbr 1865. Cmdt der 2. CBrg. ⚔. ⚔3. ❋. ✠. HL1. ÖGV. ÖStl. SRK. ScFd1.

Ricciardelli, Fabius Graf, ⚔. 28. Fbr 1865. Second-Lieutenant der Leibg. der Hrtsch. ⚔4. ❋. GE4. MEA3. ÖL3. ⚐.

Bothmer, Friedrich Graf von, 31. Mrz 1866. funct. 2. Brgbr der Artillerie. ❋2. ⚔4. ❋. ❋. GE4. GDF. HP3. ÖL3. PrA3. ⚐.

Pappenheim, Carl Graf zu, 20. Apr. 1866. S. M. des Königs General-Adjutant. ❋3. ⚔4. ❋3. ✠. ❋. BdZL4. HP3. LEK3. PK2. PJ. RA2.

Steinsdorf, Maximilian von, 20. Mai 1866. Cmdt der Stadt Würzburg und der Beste Marienberg. ❋3. ✠. ❋. GE3. GDF. TM4.

Schumacher, Ignaz, 20. Mai 1866. Cmbt der 3. JBrg. ⚔4. ✠. ✠. HL3. HP4.

Hebberling, Joseph, ch. 20. Mai 1866. Cmbt der Festung Ulm. ✠. NA2am. Schw. WF3.

Mantey-Dittmer, Carl Frh. von, ch. 20. Mai 1866. Cmbt von Regensburg. ✠. HL3. HP4.

Welsch, Gustav Ritter von, 25. Mai 1866. Cmbt von Bamberg. ✠. ✠. PK2.

Seckendorff, Maximilian Frh. von, 12. Jun. 1866. Cmbt der Stadt Passau und der Veste Oberhaus. ⚔3. ✠. ✠. ✠. ÖL3. Krstr.

Ow, Maximilian Frh. von, 18. Jun. 1866. Im GOmstrStb, dem Kriegs- minister zur Dienstleistung beigegeben. ⚔:3. ⚔3. ⚔4. ✠. ✠. HP4. WF3. ♀.

Heusler, Ludwig von, ch. 20. Jun. 1866. Hofmarschall und Abj. S. K. H. des Herzogs Maximilian in Bayern. ⚔4. ✠. ÖL3. ÖEK2. SA1. ScF1. TMV2.

Malaisé, Ferdinand Ritter von, 20. Jun. 1866. Inspector der Militär - Bil- bungsanstalten. ⚔3. ⚔4. ✠. ✠. ÖEK2KrD. TJ3.

Buz, Friedrich, 23. Jun. 1866. Gouverneur der Festung Landau. ⚔4. ✠. BGM.

Pranckh, Sigmund Frh. von, Exc. 29. Jul. 1866. Kriegs-Minister. ⚔4. ⚔4. ✠. ✠. NA1m.Schw. ÖEK3. PrA4.

Leoprechting, Carl Frh. von, 17. Aug. 1866. Vorstand der Landgestüts - Ver- waltung. ⚔4. ✠.

Tausch, Baptist von, Rg v. 17. Aug. 1866. Cmbt der 3. CBrg. ⚔4. ⚔4. ✠. HP3.

Schubärt, Ernst von, 17. Aug. 1866. Cmbt der 1. CBrg. ⚔3. ✠. ✠.

Aldosser, Maximilian, 17. Aug. 1866. Cmbt der 6. JBrg. ⚔4. ⚔4. ✠. ✠. ✠. BrsL3.

Schleich, Wilhelm von, 17. Aug. 1866. Cmbt der 7. JBrg. ⚔4. ✠. ✠. ♀.

General- und Flügel-Adjutanten

S. M. des Königs.

Diese Chargen wurden während des österreichischen Erbfolgekrieges unter dem Churfürsten und deutschen Kaiser Carl Albrecht zuerst eingeführt.

Uniform und Bewaffnung: Den Waffenrock von hellblauem Tuche, Kragen und Aufschläge von scharlachrothem Sammet, Vorstöße von scharlachrothem Tuche, gelbe Knöpfe, Achselschnüre mit Goldfaden übersponnen.

Der Mantel, die Beinkleider, Kopfbedeckung, das Dienstzeichen, dann der Anzug bei Hoffesten wie die Generale, mit dem Unterschiede, daß die Sternschleife am Hute mit Goldfaden übersponnen ist, und die Schirmmütze eine Goldstickerei hat.

Die Stickerei oder Grabauszeichnungsborten und Litzen von Gold je nach den verschiedenen Graden, die Stickerei nur auf dem Rockkragen; die General-Adjutanten zur Auszeichnung auf den Aufschlägen zwei Reihen Litzen.

Den Infanterie-Officiers-Säbel.

Pferderüstung: Wie bei der Infanterie.

General-Adjutanten.

Hohenhausen, Leonhard Frh. von, 15. Jun. 1848. ch. GdC. ꝛc.
La Roche, Heinrich Delphy von, 30. Apr. 1850. GLt ꝛc.
Tann, Ludwig Frh. von der, 1. Jan. 1860. GLt ꝛc.
Rechberg und Rothenlöwen, Ludwig Graf von, 2. Mrz 1861. GLt ꝛc.
Spruner von Merh, Carl, 1. Dec. 1865. GM. ꝛc.
Pappenheim, Carl Graf zu, 17. Nov. 1866. GM. ꝛc.

Flügel-Adjutanten.

Sauer, Carl von, 27. Mai 1864. Hptm. ✠4. HP4. PrA3. SEH4.
Künsberg Frh. von Fronberg, Wilhelm, 20. Oct. 1866. OLt. ✠4. ✠.
Stauffenberg, Wilhelm Schenk Frh. von, 9. Dec. 1866. OLt.

Flügel-Adjutanten

S. M. des Königs Ludwig I.

Jeetze, Theodor Frh. von, 5. Mai 1848. ch. GLt ꝛc.
Smainer, Franz von, 31. Oct. 1845. ObstLt. ✠4. ✠. GE4. HL3. HP3.
  PG3. ꝙ.

Militär-Max-Joseph-Orden.

Errichtet von S. M. dem Könige Maximilian Joseph I. durch Erhebung des vorigen Militär-Ehrenzeichens für Officiere zum königlichen Orden vom 1. Januar 1806 an, zur Belohnung solcher Kriegsthaten, welche mit Einsicht, Geistesgegenwart und Tapferkeit, aus freiem Antriebe und mit Lebensgefahr zum Nutzen und Ruhme des allerhöchsten Dienstes ausgeführt worden sind. — Das versammelte Ordens-Capitel untersucht nach den Statuten die Zeugnisse, welche jene Thaten bewähren, und legt das motivirte Abstimmungs-Protocoll Sr. Majestät dem Könige zur allerhöchsten Entscheidung vor. Mit dem Orden sind Pensionen und besondere Vorzüge, sowie gestiftete Unterstützungs-Beiträge für Kinder von Ordens-Mitgliedern verbunden; der Rang bestimmt sich für die Officiere des Heeres vom Tage der Auszeichnung.

Ordenszeichen: Ein goldenes weiß emaillirtes Kreuz mit goldener Krone, der Namenschiffer des Königlichen Stifters auf der einen und der Aufschrift: „Virtuti pro patria" auf der andern Seite des mittlern, runden, blau emaillirten Schildes. Dasselbe wird nach den Graden in verschiedener Größe an einem schwarzen, und auf beiden Seiten durch einen weißen und einen blauen schmalen Streifen begränzten Bande von den Rittern auf der linken Brust, von den Commandeuren um den Hals, von den Großkreuzen von der rechten Schulter zur linken Hüfte, in Form eines Sternes gestickt auf der linken Brust, und auch um den Hals getragen.

Großmeister des Ordens.

Der König.

Großkreuz.

S. M. Ludwig I., König von Bayern,   1 Jun. 1807

Commandeure.

— — — — — —

Ritter.

Fahrbeck, Georg von, ch. GM. p.	2 Spt. 1813
Carl, Prinz von Bayern, K. H.,	1 Fbr 1814
Tann, Ludwig Frh. von der, GLt, GAdj. und GCmdt von München,	7 Jun. 1848
Hartmann, Jacob Ritter von, GLt und GCmdt von Würzburg,	4 Jul. 1866
Slevogt, Friedrich, Hptm. im 4. JgB.,	10 Jul. 1866

Außer der k. b. Armee.

Großkreuz.

In der k. preuß. Armee.

Wilhelm, König von Preußen.

Commandeure.

In der kais. franz. Armee.

La Grange, Carl Graf von, GLt.

Girardin, Graf, GLt.

Ségur, Philipp Graf von, GLt.

In der kais. russ. Armee.

Jomini, Frh. von, GbJ. und GAdj.

Kretoff, GLt, p.

Ritter.

In der kais. franz. Armee.

Mabru, Chev., OberstLt, p.

La Pointe, Frh. von, GM., p.

Gressot, Frh. von, GM., p.

Ruelle, GM.

Montesquiou, Reinard Vicomte von, Herzog von Fézensac, GLt.

Schramm, Graf, GLt.

Münsthal, von, OberstLt.

Schneider, GLt.

Marnier, Oberst.

Iaintrailles, be, Oberst.

Montmort, Marquis be, GM., p.

In der k. k. österr. Armee.

Albrecht, Erzherzog v. Oesterreich, FM.

Taxis, Emmerich Fürst von Thurn und, GM.

Zobel, Frh. von Giebelstadt und Dar-stadt, Thomas, FMLt, p.

In der k. preuß. Armee.

Hagen, von, GbJ. außer Dienst.

Friedrich Carl, Prinz von Preußen, GdC.

In der kais. russ. Armee.

Zakrewsky, GbJ. und GAdj.

Prossin, GM., quitt.

Rochechouart, Graf von, Oberst, p

Andriewski, GM., quitt.

Glasenapp, GLt.

Saltza, Frh. von, Oberst, p.

Nilus, von, GM., quitt.

Kisseleff, Graf von, GbJ.

Osten-Sacken, Frh. von, GdC.

Kalsakoff, Admiral.

Timiriazeff, GLt.

Fenschawe, geh. Rath.

Esakoff, GLt, p.

Lanskoy, GM., p.

Stan, Oberst, p.

Lwof, Oberst, quitt.

Melikoff, GM., quitt.

Derschau, GM.

Kramin, von, GM., quitt.

Krasnokutsky, GM., quitt.

Wiszniowsky, von, Major, p.

Großkanzler des Ordens.

Verweser: Der jeweilige Kriegsminister.

Ordens-Archivar.

Gönner, Michael von, 2. Mai 1856. GenSecr. ꝛc.

Ordens-Canzellist.

funct. Velden Friedrich, 19. Jun. 1843. MSecr. im KrMstrm.

Militär-Verdienstorden.

Gegründet von S. M. dem Könige Ludwig II. am 19. Juli 1866, um auch solche tapfere Kriegsthaten, denen es an der einen oder anderen statutenmäßigen Vorbedingung zur Verleihung des Max-Joseph-Ordens gebricht, sowie besonders hervorragende Verdienste um die Armee mit einem äußerlichen Ehrenzeichen zu belohnen.

Derselbe wird zunächst für tapfere Kriegsthaten verliehen und kann von allen Angehörigen des vaterländischen Heeres erworben werden; auch findet die Verleihung an Angehörige anderer Armeen statt, und sind von derselben Civilpersonen, welche sich besonders und auf hervorragende Weise um die Armee verdient gemacht haben, nicht ausgeschlossen.

Nach den Statuten besteht der Orden aus 5 Classen: Großkreuzen, Großcomthuren, Comthuren, Ritterkreuzen 1. und 2. Classe und Verdienstkreuzen.

Jeder Ordensinhaber ist berechtigt, sein angeborenes und hergebrachtes Wappen mit den Ordensinsignien zu umgeben.

Ordenszeichen: Ein dunkelblau emaillirtes goldenes Kreuz mit der Namenschiffer des königlichen Stifters umgeben von der Inschrift „Merenti" auf der einen, dann dem aufrecht stehenden bayerischen Löwen und der Jahreszahl 1866 auf der andern Seite des mittleren von einem weiß emaillirten Kranze umgebenen runden Schildes; zwischen jeder der vier Abtheilungen des Kreuzes mit Ausnahme des Ritterkreuzes 2. Classe und des Verdienstkreuzes (welch letzteres von Silber) befinden sich in den Lücken unten goldene Flammen.

Derselbe wird nach den Graden in verschiedener Größe an einem gewässerten weißseidenen Bande mit blauer Einfassung das Ritter- und Verdienstkreuz auf der linken Brust, das Comthur- und Großcomthurkreuz um den Hals, das Großkreuz von der rechten Schulter zur linken Hüfte, letztere beide auch in Form eines silbernen Sternes mit Strahlen auf der Brust getragen.

Großmeister des Ordens.

Der König.

Großkreuze.

Carl, Prinz von Bayern, K. H.,
Luitpold, Prinz von Bayern, K. H., FZM.,
Tann, Ludwig Frh. von der, GLt, GAdj. und GCmdt von München.

Großcomthure.

Feder, Maximilian von, GLt und GCmdt von Augsburg,
Brodeßer, Carl Ritter von, GLt und Cmdt des ArtCps,
Rechberg und Rothenlöwen, Ludwig Graf von, GLt und GAdj. S. M. des Königs,
Stephan, Baptist, GLt und GCmdt von Nürnberg,
Lutz, Eduard von, t. p. GM.,
Bothmer, Friedrich Graf von, GM. und funct. 2. Brgbr der Artillerie.

Comthure.

Steinle, Baptist von, GM. und Cmbt der 1. JBrg.,

Cella, Gustav, GM. und Cmbt der 8. JBrg.,

Ribaupierre, Joseph von, GM. und Cmbt der 5. JBrg.,

Ludwig, Herzog in Bayern, K. H., GM. und Cmbt der 2. CBrg.,

Pappenheim, Carl Graf zu, GM. und GAdj. S. M. des Königs,

Steinsdorf, Maximilian von, GM. nnd Cmbt der Stadt Würzburg und der Veste Marienberg,

Seckendorff, Maximilian Frh. von, GM. und Cmbt der Stadt Passau und der Veste Oberhaus,

Ow, Maximilian Frh. von, GM. im GOmstrStb,

Malaisé, Ferdinand Ritter von, GM. und Inspector der Militär-Bildungs-Anstalten,

Schubärt, Ernst von, GM. und Cmbt der 1. CBrg.,

Bothmer, Maximilian Graf von, Oberst im GOmstrStb,

Strunz, Emil von, Oberst im GOmstrStb und Adj. S. K. H. des Prinzen Carl von Bayern,

Schoch, Carl, Oberst im GOmstrStb,

Feinaigle, Carl Ritter von, GBwltgsDir. vom KrMstrm,

Nobel, Jacob, OKrgsCr 1. Cl. und Director der MRchngsKr.

Ritterkreuze 1. Classe.

Brandth, Sigmund Frh. von, GM und KrMstr,

Schweizer, Wilhelm, t. p. ch. GM.,

Tausch, Baptist von, GM. und Cmbt der 3. CBrg.,

Aldoßer, Maximilian, GM. und Cmbt der 6. JBrg.,

Schleich, Wilhelm von, GM. und Cmbt der 7. JBrg.,

Dietl, Ignaz, Oberst im GOmstrStb,

Mayer, Anton von, Oberst des 3. CuirR. Großfürst Constantin Nikolajewitsch,

Peseneder, Clemens, Oberst des 1. JR. König,

Brück, Eduard Frh. von, Oberst des 3. UhlR.,

Straub, Philipp, Oberst des 11. JR. vac. Ysenburg,

Joner-Tettenweiß, Clemens Graf von, Oberst des 10. JR. vac. Albert Pappenheim,

Dietl, Carl, Oberst des 2. JR. Kronprinz,

Lutz, Heinrich, Oberst des 3. ArtR. Königin Mutter,

Schultze, Fedor, Oberst des 2. ArtR. vac. Lüder,

Tann, Rudolph Frh. von der, Oberst des 1. ArtR. Prinz Luitpold,

Fink, Ludwig, Oberst des 8. JR. vac. Seckendorff,

Maillinger, Joseph, Oberst des 9. JR. Wrede,

Horadam, Friedrich, Oberst des 2. ChlR. Taxis,

Höggenstaller, Adalbert, Oberst des JLeibR.,

Tattenbach, Ludwig Graf von, Oberst des 2. CuirR. Prinz Adalbert,

Limbach, Maximilian, Oberst des GenR.,

Vogl, Ludwig, ObstLt im 4. ArtR.,

Pillement, Johann von, ObstLt von der ArtBrtbgsCn,

Weiß, Friedrich, ObstLt im GObmstrStab und Director des top. Bur.,

Lößl, Ludwig, ObstLt im GenStb,

Halber, Korbinian, ObstLt im 1. ArtR. Prinz Luitpold,

Feilitzsch, August Frh. von, ObstLt im 2. ArtR. vac. Lüber,

Orff, Carl von, ObstLt im GObmstrStb,

Stengel, Gabriel Frh. von, ObstLt im GenStb,

Ysenburg-Philippseich, Ludwig Graf von, ObstLt im 1. JR. König,

Täuffenbach, Anton Ritter von, ObstLt im 8. JgB.,

Diehl, Hugo, ObstLt im GObmstrStb und Cmbt der Kriegsschule,

Marc, Adalbert, ObstLt im 2. ChlR. Taxis,

Tann, Hugo Frh. von der, Maj. im 3. ArtR. Königin Mutter,

Horn, Carl Frh. von, Maj. im 3. ArtR. Königin Mutter,

Kohlermann, Wilhelm, Maj. im 12. JR. König Otto von Griechenland,

Koch, Rudolph, Maj. im GenR.,

Schrott, Adolph, Maj. im 9. JR. Wrede,

Guttenberg, Albert Frh. von, Maj. im 6. JgB.,

Heeg, Baptist von, Maj. im 3. JgB.,

Treuberg, Friedrich Frh. von, Maj. im 2. JgB.,

Rudolf, Adolph, Maj. im 8. JgB.,

Pöllath, Friedrich, Maj. im 15. JR. König Johann von Sachsen,

Baumüller, Adolph, Maj. im 6. ChlR. vac. Herzog von Leuchtenberg,

Tausch, Franz von, Maj. im 11. JR. vac. Ysenburg,

Eckart, Edmund, Maj. im 4. ArtR.,

Freyberg, Alexander Frh. von, Maj. im 1. ArtR. Prinz Luitpold und Abj.

S. K. H. des Prinzen Carl von Bayern,

Deym, Arnulph Graf von, Maj. im 1. CuirR. Prinz Carl von Bayern,

Heckel, Maximilian von, Maj. im GObmstrStb,

Schultheiß, Conrad, Maj. im 7. JgB.,

Stengel, Franz Frh. von, Maj. im 1. ArtR. Prinz Luitpold,

Gumppenberg, Rudolph Frh. von, Maj. im 5. JgB.,

Heinleth, Adolph von, Maj. im GObmstrStb,

Mossenbach, Franz Gemmingen Frh. von, Maj. im GObmstrStb,

Lilien, Sigmund von, Maj. im 6. ChlR. vac. Herzog von Leuchtenberg,

Weiß, Eduard, Maj. im GObmstrStb,

Horn, Maximilian Frh. von, Maj. im GObmstrStb,

Orff, Anton, Maj. im GObmstrStb,

Duntze, Ludwig, Maj. im 2. JR. Kronprinz,

Sebus, Carl, Maj. im 6. JR. König Wilhelm von Preußen,

Friedel, Paul, Maj. im 2. JR. Kronprinz,

Gambs, Heinrich, Maj. im 7. JR. Hohenhausen,

Berri della Bosia, Maximilian Graf von, Maj. im JLeibR. und Abj. S. K. H.
    des FZM. Prinzen Luitpold von Bayern,
Wirthmann, Heinrich, Maj. im 13. JR. Kaiser Franz Joseph von Oesterreich,
Crailsheim, Anton Frh. von, Maj. im 4. ArtR.,
Blanc, Joseph, Maj. im 2. ArtR. vac. Lüder,
Muck, Friedrich, Maj. im 1. ArtR. Prinz Luitpold,
König von Königsthal, Christian, Maj. im 9. JR. Wrede,
Hörmann von Hörbach, Ludwig, Maj. im GDmstrStb,
Heilmann, Johann, Maj. im GDmstrStb,
Parseval, Maximilian von, Hptm. im JLeibR.,
Lottersberg, Carl Frh. von, Hptm. im 2. ArtR. vac. Lüder,
Mussinan, Ludwig, Hptm. im 1. ArtR. Prinz Luitpold,
Safferling, Benignus, Hptm. im 11. JR. vac. Ysenburg,
Will, Franz, Hptm. bei der ArtBrthgsCn,
Girl, Celsus, Hptm. im 4. ArtR.,
Stritzl, Johann, Hptm. im JLeibR.,
Egloffstein, Maximilian Frh. von, Rttmstr im 4. ChlR. König,
Otto, Prinz von Bayern, K. H., Hptm. im JLeibR.,
Ludwig, Prinz von Bayern, K. H., Hptm. im 2. JR. Kronprinz,
Bibra, Alfred Frh. von, Olt im 12. JR. König Otto von Griechenland,
Mayr, Heinrich, Olt im 5. JR. Großherzog von Hessen,
Schmitt, Joseph von, GAud. vom KrMstrm,
Sommer, Dr Friedrich, OStArzt 1. Cl. vom GCmbo Würzburg,
Bürger, Leonhard, OAud. vom KrMstrm,
Gölz, Jacob, OKrgsCr 2. Cl. vom GCmbo Würzburg,
Gräff, Nepomuk, OBArzt vom KrMstrm.

Ritterkreuze 2. Classe.

Lüneschloß, Friedrich von, Maj. im JLeibR.,
Pfeufer, Friedrich, Hptm. bei der 3. SanC.,
Königer, Maximilian, Hptm. im 2. ArtR. vac. Lüder,
Hang, Georg, Hptm. im 2. ArtR. vac. Lüder,
Minges, Peter, Hptm. im 2. ArtR. vac. Lüder,
Gropper, Joseph von, Hptm. im 14. JR. Zandt,
Roth, Anton von, p. Hptm.,
Stubenrauch, Julius Ritter von, Hptm. im 1. JR. König,
Baur, Eduard, Hptm. im 3. JgB.,
Müller, Ludwig, Hptm. im 12. JR. König Otto von Griechenland,
Heß, Heinrich, Hptm. im 1. JR. König,
Köppel, Carl, p. Hptm.,
Bösmiller, Anton, Hptm. im 9. JR. Wrede,
Mühlhölzl, Johann, Hptm. im 2. JR. Kronprinz,
Tünnermann, Friedrich, Hptm. im 11. JR. vac. Ysenburg,

Gramich, Victor, Hptm. im 1. ArtR. Prinz Luitpold,

Schreiner, Ludwig, Hptm. im 13. JR. Kaiser Franz Joseph von Oesterreich,

Zeller, Georg, Hptm. im 4. ArtR.,

Nebenbacher, Carl, Hptm. im 1. ArtR. Prinz Luitpold,

Fleschuez, Gustav, Hptm. im GOmstrStb,

Orff, Otto von, Hptm. im JLeibR.,

Pfistermeister, Joseph Ritter von, Hptm. und Adj. beim GeudGpsGmbo,

Stauber, Philipp, Hptm. im 7. JR. Hohenhausen,

Lacher, Gustav von, Hptm. im 10. JR. vac. Albert Pappenheim,

Kriebel, Theodor, Hptm. im 1. ArtR. Prinz Luitpold,

Kirchhoffer, Franz, Hptm. im 4. ArtR.

Stetten, Friedrich von, Rttmstr im 6. ChlR. vac. Herzog von Leuchtenberg,

Kohlermann, Otto, Hptm. im 15. JR. König Johann von Sachsen,

Reber, Heinrich, Hptm. im 1. ArtR. Prinz Luitpold,

Mayer, Carl, Hptm. im GOmstrStb,

Popp, Carl, Hptm. im 7. JR. Hohenhausen,

Esenwein, Hugo von, Hptm. im 1. JR. König,

Reinhard, Augustin, Hptm. bei der 4. SanC.,

Harold, Heinrich Frh. von, Hptm. im 2. JgB.,

Hofmann, Heinrich, Hptm. im 1. JR. König,

Mehn, Otto, Hptm. im 2. ArtR. vac. Lüder,

Bemmel, Amandus, Hptm. im 15. JR. König Johann von Sachsen,

Stubenrauch, Otto von, Hptm. im 11. JR. vac. Ysenburg,

Bettschart, Maximilian Frh. von, Hptm. im 11. JR. vac. Ysenburg,

Schanzenbach, Philipp, Hptm. à. l. s.,

Müller, Jacob, Hptm. und 2. Conservator im top. Bur. des GOmstrStbs,

Lepel, Emil Frh. von, Hptm. im 3. ArtR. Königin Mutter,

Saur, Carl, Rttmstr im 2. CuirR. Prinz Adalbert,

Babo, Adolph, p. Hptm.,

Hellingrath, Friedrich von, Hptm. im 3. ArtR. Königin Mutter,

Pauschmann, Gottfried, Hptm. im 7. JR. Hohenhausen,

Massenbach, Carl Gemmingen Frh. von, Hptm. im 3. ArtR. Königin Mutter,

Harrach, Carl, Hptm. im 14. JR. Zandt,

Schmud, Guido von, Hptm. bei der 1. SanC.,

Binder, Johann, Hptm. im 2. JR. Kronprinz,

Freyschlag von Freyenstein, Ignaz, Hptm. im 1. JR. König,

Kleinschrod, Florentin, Hptm. im 1. JR. König,

Fleckinger, Maximilian von, Hptm. im JLeibR.,

Reber, Eduard, Hptm. im 9. JR. Wrede,

Sixt, Heinrich, Rttmstr im 2. CuirR. Prinz Adalbert,

Albrecht, Lorenz, Hptm. und Platzadj. bei der Cdtschft der Stadt Würzburg
　　und der Veste Marienberg,

Weigand, Wilhelm, Hptm. bei der ArtBrthgsCn,

Lurz, Albert Frh. von, Hptm. im 2. ArtR. vac. Lüder,

Zu Rhein, Theodor Frh. von, Hptm. im 2. ArtR. vac. Lüber,

Schropp, Carl, Hptm. im 1. ArtR. Prinz Luitpold,

Biondino, Friedrich, Hptm. im LeibR.,

Hofreiter, Otto, Hptm. im 1. JR. König,

Funk, Daniel, Hptm. im 7. JR. Hohenhausen,

Rosenschon, Conrad, Hptm. im 6. JR. König Wilhelm von Preußen,

Faulhaber, Heinrich, Hptm. im 9. JR. Wrede,

Gleichauf, Eduard, Hptm. im 7. JR. Hohenhausen,

Butler-Haimhausen, Walter Graf von, Hptm. im 8. JR. vac. Seckendorff,

Häffner, Ernst, Hptm. im 10. JR. vac. Albert Pappenheim,

Schmidt, Maximilian, Hptm. im 1. JR. König,

Sainte-Marie-Eglise, Carl Frh. von, Hptm. im 2. JR. Kronprinz,

Tausfkirchen-Lichtenau, Wilhelm Graf von, Hptm. im LeibR.,

Geuppert, Heinrich, Hptm. im 15. JR. König Johann von Sachsen,

Butler-Haimhausen, Theobald Graf von, Hptm. à. l. s.,

Macco, Joseph, OLt im GenStb,

Helmes, Wolfgang, OLt im 2. ArtR. vac. Lüber,

Leopold, Prinz von Bayern, K. H., OLt im 3. ArtR. Königin Mutter,

Hasselwander, Joseph, OLt im 2. ArtR. vac. Lüber,

Dietl, Carl, OLt im 1. JR. König,

Waldenfels, Ferdinand Frh. von, OLt im 2. JgB.,

Lutz, Maximilian, OLt im 3. ArtR. Königin Mutter,

Xylander, Heinrich Ritter von, OLt im 2. JgB.,

Günther, Ernst, OLt im 5. JR. Großherzog von Hessen,

Lorch, Carl, OLt im 2. JgB.,

Rotberg, Theodor Frh. von, OLt im 4. ChlR. König,

Melchior, Carl, OLt im LeibR.,

Rauh, Emil, OLt im LeibR.,

Horadam, Eduard, OLt im LeibR.,

Kreuzer, Jacob, OLt im 10. JR. vac. Albert Pappenheim,

Albertus, Friedrich, OLt im 5. JR. Großherzog von Hessen,

Cammerloher, Otto Ritter von, OLt im 14. JR. Zandt,

Franz, Maximilian, OLt im 15. JR. König Johann von Sachsen,

Schuster, Heinrich, OLt bei der 1. SanC.,

Gäßler, Theodor von, OLt im 1. JR. König,

Schrenk-Leopold Frh. von, OLt bei der 1. SanC.,

Sacchi-Palestrini, Ludwig de, OLt im 7. JR. Hohenhausen,

Schoberth, Friedrich, OLt im 15. JR. König Johann von Sachsen,

Künsberg Frh. von Fronberg, Wilhelm, OLt und FAdj. S. M. des Königs,

Lebfeld, Hermann, OLt im 2. CuirR. Prinz Adalbert,

Feilitzsch, Friedrich Frh. von, OLt im 6. JR. König Wilhelm von Preußen,

Hartmann, Emil, OLt im 2. JgB.,

Halder, Joseph, OLt im 2. ArtR. vac. Lüber,

Arco-Zinneberg, Carl Graf von, OLt im 3. ArtR. Königin Mutter,

Keller, Theodor, OLt im 12. JR. König Otto von Griechenland,
Sondinger, Adolph, OLt im 5. JR. Großherzog von Hessen,
Pflaumer, Anton, OLt im 7. JR. Hohenhausen,
Hornig, Ewald, OLt im 2. CuirR. Prinz Adalbert,
Schallern, Hanns von, OLt im 6. JR. König Wilhelm von Preußen,
Hoffmann, Adolph, OLt im 9. JR. Wrede,
Bothmer, Moriz Graf von, OLt im JLeibR.,
Hoppe, Bruno, OLt im 3. JgB.,
Müller, Alfred, OLt im 12. JR. König Otto von Griechenland,
Prand, Leonhard, OLt im 1. JR. König,
Stengel, Georg Frh. von, OLt im 14. JR. Zandt,
Haag, Oscar, ULt im 2. ArtR. vac. Lüder,
Schropp, Franz, ULt im 6. ChlR. vac. Herzog von Leuchtenberg,
Prielmaher, Maximilian Frh. von, ULt im 1. JR. König,
Lichtenstern, Carl Reisner Frh. von, ULt im JLeibR.,
Bomhard, Carl, ULt im JLeibR.,
Dönniges, Maximilian von, ULt im 2. JR. Kronprinz,
Gigl, Raimund, ULt im 6. JR. König Wilhelm von Preußen,
Mühlbaur, Luitpold, ULt im 10. JR. vac. Albert Pappenheim,
Pechmann, Joseph Frh. von, ULt im 14. JR. Zandt,
Pfauntsch, Maximilian, ULt bei der GendC. der Pfalz,
Kramer, Ernst Frh. von, ULt im 4. JgB.,
Richard, Carl, ULt im 7. JR. Hohenhausen,
Lotzbeck, Dr Carl, StArzt bei der Cdtschft der Haupt- und Residenzstadt München,
Loe, Dr Ludwig, StArzt beim FstgsGouvmt Landau,
Friedrich, Dr Emil, RArzt bei der 1. SanC.,
Schiller, Dr Carl, RArzt bei der 2. SanC.,
Babinger, Dr Franz, RArzt im 11. JR. vac. Ysenburg,
Quitzmann, Dr Ernst, RArzt bei der 3. SanC.,
Ris, Dr Philipp, RArzt im 2. JgB.,
Deisch, Dr August, RArzt im 2. JR. Kronprinz,
Merkel, Dr Wilhelm, RArzt im 9. JR. Wrede,
Reisenegger, Dr Alois, BArzt im 3. JgB.,
Müller, Dr Peter, BArzt im JLeibR.,
Weiß, Dr Johann, BArzt im 9. JR. Wrede,
Müller, Dr Carl, BArzt im 4. ArtR.,
Haußner, Dr Carl, BArzt im 5. JR. Großherzog von Hessen,
Schmid, Dr Franz, BArzt im 2. JgB.,
Schiltberg, Dr Jacob von, BArzt im 1. ArtR. Prinz Luitpold,
Held, Dr Heinrich, BArzt im 2. ChlR. Taxis,
Vogl, Dr Maximilian, BArzt im 11. JR. vac. Ysenburg.
Baumgärtner, Dr Joseph, BArzt vom FstgsGouvmt Germersheim,
Pfeiffer, Anton, BOmstr bei der 2. SanC.

Vom Civilstande.

Comthure.

Sigmund, Hugo von, Ministerialrath,
Buchner, Wilhelm von, Regierungs-Director.

Ritterkreuze 1. Classe.

Bucher, Wilhelm, Regierungsrath,
Schmittbüttner, Johann Baptist, Regierungsrath,
Meinel, Carl Friedrich Eugen, Regierungsrath,
Petri, Friedrich, Baurath,
Seiler, Wilhelm, Oberpostmeister.

Ritterkreuze 2. Classe.

Weber, Ludwig, Oberpostamts-Specialcassier,
Kellner, Dr Xaver, vormaliger Bataillonsarzt,
Fleischmann, P. Borgias, vormaliger Feldcaplan,
Limbacher, Franz, vormaliger Feldcaplan,
Gasteiger, Benno, vormaliger Feldprediger,
Fuchs, Carl, Communal-Revierförster,
Winter, Sebastian, Rechtspracticant,
Gros, Ludwig, Rechtspracticant.

Ausländer.

Comthure.

In der k. k. österreichischen Armee.

Pirner, Carl, Oberst,
Hofmann von Donnersberg, Carl, Oberst,
Trips, Maximilian Graf Berghe von, Obstlt.

In der k. württembergischen Armee.

Sudow, Albert von, Major.

Ritterkreuze 1. Classe.

In der k. k. österreichischen Armee.

Hild, Carl, Major,
Rößler, Wilhelm, Hptm.,
Dubsky, Victor Graf von, Rttmstr,
Klingenstein, Moriz Ritter von, Olt.

Militär-Sanitäts-Ehrenzeichen.

Gestiftet den 8. Nov. 1812 von S. M. dem Könige Maximilian Joseph I. für das Militär-Sanitäts-Personal zur Belohnung besonders ausgezeichneter Verdienste bei Besorgung der Verwundeten und Kranken in den Feldspitälern oder auf dem Schlachtfelde. Es besteht in goldenen und silbernen Medaillen mit dem Brustbilde des königlichen Stifters und der Umschrift: „Maximilianus Josephus Rex Bojoariae" auf der einen, und auf der andern Seite mit einem Lorbeer- und Eichenzweig nebst der Inschrift: „Ob milites inter praelia et arte et virtute servatos." Das goldene Ehrenzeichen wird nur den Regiments-Aerzten und höheren Sanitäts-Beamten, das silberne den Bataillonsärzten verliehen. Mit demselben sind jährliche Pensionen verbunden. Es wird an dem Bande der Militär-Verdienst-Medaille auf der linken Brust getragen.

Die Untersuchung der Belohnungs-Ansprüche findet durch eine Kriegs-Commission statt; die Verhandlungen derselben werden durch den betreffenden commandirenden General mittels beigefügten Gutachtens der allerhöchsten Stelle zur Entscheidung vorgelegt.

Inhaber der goldenen Medaille.

I. Classe.

— — — —

II. Classe.

— — — —

Inhaber der silbernen Medaille.

I. Classe.

Gerber, Dr Peter, ch. StArzt, p.	22 Jun. 1820

II. Classe.

Hannitz, Dr August, pract. Arzt,	26 Jun. 1837
Gruber, Dr Maximilian, vorm. BArzt,	10 Jul. 1866

Militär-Verdienst-Medaille.

Dieses Ehrenzeichen besteht seit dem 22. Nov. 1794 und wird als goldene oder silberne Medaille, zur Belohnung tapferer Kriegsthaten, an die Soldaten bis zum ersten Unterofficier aufwärts ertheilt. — Auf der einen Seite der Medaille befindet sich das Brustbild S. M. des Königs Maximilian Joseph I., auf der andern Seite das königliche Wappen, gehalten von einem aufrechtstehenden mit dem Schwerte bewaffneten Löwen und dem Motto: „der Tapferkeit." Dasselbe wird an einem schwarzen, weiß und hellblau eingefaßten Bande auf der linken Brust getragen.

Eine Kriegscommission untersucht die Belohnungs-Ansprüche und übergibt das motivirte Abstimmungsprotocoll der einschlägigen Dienstbehörde, die es nebst ihrem Gutachten der allerhöchsten Stelle zur Entscheidung unterlegt. Mit den Medaillen sind besondere Zulagen verbunden, welche vom Tage der Auszeichnung ausbezahlt werden, fortdauern, wenn der Medaillenträger pensionirt wird, aber aufhören, wenn derselbe mit Abschied das Heer verläßt.

Summarische Uebersicht

der

am Schluße des Monats Februar 1867 in der k. Armee verliehen gewesenen Militär-Verdienst-Medaillen und Verdienstkreuze.

Benennung der Abtheilungen	Militär-Verdienst-Medaillen		Verdienst-kreuze
	goldene	silberne	
Leibgarde der Hartschiere	2	5	—
Gendarmerie-Corps	1	2	1
Infanterie-Leib-Regiment	4	7	7
1. Infanterie-Regiment König	1	8	14
2. „ „ Kronprinz	—	6	4
4. „ „ vac. Gumppenberg . . .	1	1	1
5. „ „ Großherzog von Hessen . .	1	1	1
6. „ „ König Wilhelm von Preußen	—	7	4
7. „ „ Hohenhausen	3	3	5
8. „ „ vac. Seckendorff	—	1	12
9. „ „ Wrede	—	2	14
10. „ „ vac. Albert Pappenheim .	—	3	13
11. „ „ vac. Ysenburg	2	3	9
12. „ „ König Otto von Griechenland	1	—	8
14. „ „ Zandt	1	1	3
15. „ „ König Johann von Sachsen	—	1	11
1. Jäger-Bataillon	1	—	—
2. „ „	—	—	5
3. „ „	1	3	3
Seite:	19	54	115

Benennung der Abtheilungen	Militär-Verdienst-Medaillen		Verdienst-Kreuze
	goldene	silberne	
Uebertrag:	19	54	115
5. Jäger-Bataillon	—	1	5
6.　„　　„　.	—	—	4
7.　„　　„　.	--	4	—
8.　„　　„　.	—	—	4
1. Cuirassier-Regiment Prinz Carl von Bayern . .	—	1	2
2.　　„　　　„　　Prinz Adalbert	—	—	4
1. Chevaulegers-Regiment Kaiser Alexander von Rußland	—	—	3
2.　　„　　　„　　Taxis	—	6	4
4.　　„　　　„　　König	1	—	3
6.　　„　　　„　　vac. Herzog von Leuchtenberg	—	—	7
3. Uhlanen-Regiment	1	—	—
1. Artillerie-Regiment Prinz Luitpold	1	4	5
2.　　„　　　„　　vac. Lüder	2	2	16
3. reitendes Artillerie-Regiment Königin Mutter . .	2	—	5
4. Artillerie-Regiment	—	2	—
Zeughaus-Verwaltungen	—	2	1
Genie-Regiment	—	—	1
1. Sanitäts-Compagnie	1	—	—
Garnisons-Compagnie Königshofen	2	1	—
Zusammen:	29	77	179

Veteranen-Denkzeichen.

Zur Erinnerung an die Feldzüge der 1790er Jahre bis 1812, beziehungsweise 1813 gegen Rußland in Sachsen, wurde dieses Denkzeichen am 30. Juni 1848 gegründet. Dasselbe besteht in einem ehernen Kreuze in Form des Ludwig-Ordens-Kreuzes, hat auf der Aversseite die auf den Kreuzsparren eingetheilte Inschrift: „Max II. König von Bayern," und auf der Revers-Seite: „den Veteranen des bayerischen Heeres"; es wird an einem seidenen Bande mit den Farben des Ludwig-Ordens-Bandes, jedoch mit dem Unterschiede, daß der breitere mittlere Theil himmelblau, die Ränder aber karmoisinroth sind, auf der linken Brust getragen.

Militär - Denkzeichen.

Gegründet den 4. Dec. 1814 als Denkzeichen des Kampfes für Unabhängigkeit und Selbstständigkeit in den Jahren 1813 und 1814; später ausgedehnt auf den Feldzug 1815, und vertheilt den 27. Mai 1817, als Zeichen der allerhöchsten Zufriedenheit an alle Streiter der die Nationalbewaffnung bildenden Corps und der activen Armee. Dieses Denkzeichen besteht in einem Kreuze von Kanonenmetall und hat die Namenschiffer S. M. des Königs Maximilian Joseph I. mit den Worten „für die Jahre 1813 und 1814" auf der einen, und auf der andern Seite einen aufrechtstehenden Löwen mit Scepter und Schwert nebst dem Motto „für König und Vaterland."

Es wird an einem weißen Bande mit hellblauer und schwarzer Einfassung auf der linken Brust getragen. Dasselbe ist auch den Fahnen der Armee, so wie den Fahnen der in jenen Kriegsepochen zur Vertheidigung der Grenzen des Vaterlandes aufgestellten Bataillone der mobilen Legionen und der Nationalgarde 3. Classe (Landwehr) angehängt.

Für die Militär-Beamten, welche den obenbezeichneten Feldzügen in dieser Eigenschaft beigewohnt haben, wurde am 19. Dec. 1848 die Vertheilung einer Medaille genehmigt, welche auf beiden Seiten die Form und die Inschriften des obigen Denkzeichens mit dem Unterschiede eingeprägt sind, daß auf der Aversseite anstatt „Maximilian Joseph" die Namenschiffer „Maximilian" steht, und welche an dem für das Denkzeichen bestimmten Bande getragen wird

---

Armeedenkzeichen.

Gestiftet am 25. August 1866 zum Andenken an den Feldzug dieses Jahres für alle Angehörigen der Armee, welche

1) zwischen dem 21. Juni 1866, dem Tage der Stellung des Heeres auf den Kriegsfuß, bis zum 2. August, dem Tage des Waffenstillstands-Abschlußes, in der mobilen Armee wirklich Dienste geleistet haben,

2) zwischen dem 23. Juli und 2. August im Ostcorps zum Schutze der Grenze verwendet waren und

3) der Besatzung der Festung Mainz, der Vesten Marienberg und Rosenberg während des in Ziffer 1 bezeichneten Zeitraumes angehörten; endlich für die der mobilen Armee beigegeben gewesenen Feldgeistlichen, Assistenzärzte und Feldpostbeamten, sowie die im Hauptquartier für die Dauer des Feldzuges aggregirt gewesenen Civilbeamten.

Das Denkzeichen besteht aus einem metallenen Kreuze, in dessen Mitte innerhalb eines Eichenlaubkranzes auf der Vorderseite der bayerische Löwe im Rautenfelde, auf der Rückseite die Jahreszahl 1866 sich befindet; dasselbe wird auf der linken Brust an einem weißen Bande mit zwei hellblauen Streifen unmittelbar nach dem Militär-Denkzeichen und auch an den Fahnen und Standarten der hiezu berechtigten Heeresabtheilungen getragen.

Feldzugsdenkzeichen 1849.

Gestiftet den 6. October 1866 in Anerkennung des pflichtgetreuen Dienst-eifers der im Jahre 1849 gegen Dänemark in das Feld gerückten bayerischen Truppentheile und zum bleibenden Gedächtniß an von denselben bethätigten kriegerischen Tugenden.

Dasselbe besteht aus dem gleichen Kreuze wie das Armeedenkzeichen, trägt jedoch die Jahreszahl 1849 und wird an demselben Band wie das Denk-zeichen für das Jahr 1849 nach dem Armeedenkzeichen auf der linken Brust getragen.

Dieses Denkzeichen tragen auch die Fahnen der berechtigten Abtheilungen.

Denkzeichen für das Jahr 1849.

Gestiftet am 10. Juni 1849 als Gedächtniß-Medaille für die von den Heeres-Abtheilungen in der Pfalz im Jahre 1849 während der Zeit des dortigen Aufstandes bewährte Pflichttreue. Dasselbe besteht in einer ehernen Medaille, auf der Averseite mit dem Bildnisse Seiner Majestät des Königs Maximilian II., auf der Reverseite mit der Inschrift „in Treue fest 1849", und wird an einem seidenen ponceaurothen Bande mit grüner Einfassung auf der linken Brust getragen.

Dienstalterszeichen.

Gestiftet am 11. April 1865 für langjährige treugeleistete Militärdienste.

Das Zeichen für 24jährige Dienstzeit besteht aus einem Kreuze von Bronce mit Kranz, auf der Averseite den bayerischen Wappenschild, auf der Reverseite die Inschrift „Für XXIV Dienstjahre" enthaltend.

Das Zeichen für 40jährige Dienstzeit besteht aus einem Kreuze von Silber mit emaillirtem Kranze und enthält auf der Averseite den emaillirten bayerischen Wappenschild, auf der Reverseite die Inschrift „Für XL Dienst-jahre".

Dieses Ehrenzeichen soll als Sinnbild der Zusammengehörigkeit aller Dienstgrade von den Generalen, Stabs- und Oberofficieren, sowie Militär-beamten, dann den Unterofficieren und Soldaten auf der linken Brust — nach dem Denkzeichen für das Jahr 1849 — an einem himmelblauen auf jeder Seite mit zwei schmalen weißen Streifen begrenzten seidenen Bande getragen werden.

Armee-Eintheilung.

General-Inspection der Armee.

Gebildet den 27. Nov. 1815 für die Inspicirung der Truppen, Festungen, und des Armee-Gestütes (Militärfohlenhöfe), behielt diese Inspection ihren Wirkungskreis bei Errichtung des Armee-Commandos 1822 und bei dessen Aufhebung im Jahre 1829.

General-Inspector.

Der General-Inspection beigegeben:

Luitpold, Prinz von Bayern, K. H., FZM. ꝛc.

   Adj. Berri della Bosia, Maximilian Graf von, Major im LeibR. ✠4. ✠ PrA3. PK3. ♁.

   Limpöck, Carl Frh. von, Rttmstr im 1. CuirR. Prinz Carl von Bayern. ♁ HP4. ÖEK3. PK4. ♁.

Das zu den Inspectionen erforderliche Personal wird dem General-Inspecter auf Verlangen von dem Kriegsministerium jedesmal zugewiesen.

Unter der General-Inspection der Armee stehen die

Infanterie-Berathungs-Commission.

Gebildet und den unmittelbaren Befehlen der General-Inspection der Armee unterstellt am 12. August 1861 zur Berathung, Abgabe von Gutachten und Stellung von Anträgen insbesondere über alle den Dienst, die Uebungen, den theoretischen und practischen Unterricht, dann die Ausrüstung der Infanterie betreffenden Gegenstände und hierauf bezüglichen Vorschriften.

Vorstand.   Der bei der General-Inspection der Armee eingetheilte General der Infanterie oder Feldzeugmeister.

Mitglieder. Drei General-Majore und Brigadiere der Infanterie.

Cavalerie-Berathungs-Commission.

Gebildet und den unmittelbaren Befehlen der General-Inspection der Armee unterstellt am 12. August 1861 zur Berathung, Abgabe von Gutachten und Stellung von Anträgen insbesondere über alle den Dienst, die Uebungen, den theoretischen und practischen Unterricht, dann die Ausrüstung der Cavalerie betreffenden Gegenstände und hierauf bezüglichen Vorschriften.

Vorstand. Der bei der General-Inspection der Armee eingetheilte General der Cavalerie.

Mitglieder. Der General-Major und Brigadier der schweren Cavalerie, ein General-Major und Brigadier der leichten Cavalerie, der General-Major und Brigadier der Artillerie.

Leibgarde der Hartschiere.
(München.)

Die Regenten Bayerns hatten schon 1025 eine Leibwache von Trabanten. 1515 kam hiezu noch eine Leibwache zu Pferd, Corbiner-Reiter genannt, und 1519 erhielt Herzog Wilhelm IV. von Kaiser Karl V. noch eine berittene Compagnie spanischer Archibusiere (Arcieri). Churfürst Ferdinand Maria gestaltete 1669 die berittene Leibgarde der Hätschiere und der Corbiner in die Leibgarde der Hartschiere um.

Die Leibgarde der Trabanten wurde 1807 aufgelöst.

Die Leibgarde der Hartschiere war von 1745 an nur noch theilweise beritten, vom Jahre 1802 an aber bildet sie eine Leibgarde zu Fuß. Neue Formation am 7. August 1828.

Feldzugsjahre, in welchen die Leibgarde der Hartschiere den Regenten als berittene Leibwache begleitete: 1683—1688; 1689—1691; 1692 und 1693; 1694—1695; 1703—1714; 1741—1745.

Uniform und Bewaffnung: Im Dienste: Den Waffenrock von hellblauem Tuche mit reichem Silberbortenbesatz, schwarztuchenem Vorstoße, weißen Knöpfen, schwarzsammtenem Kragen und eben solchen Aufschlägen; Silber-Stickerei oder Borten nach dem entsprechenden Grade auf dem Kragen; enge weiße hirschlederne Beinkleider mit hohen faltigen Stiefeln von schwarzgewichstem Kalbleder; silberne Spornen. Mantel von weißem Tuche mit hellblauem umliegenden Kragen und schwarzem Vorstoße. Helm von Neusilber mit vergoldeter Spitze und weißem hängenden Roßhaarbusche. Die Oberofficiere silbergewirkte Epauletten mit Bouillons, die Premiers- und Sous-Brigadiers mit Fransen; die Hartschiere eine Achselbedeckung von Silberborten ohne Fransen. Degen mit silbernem Gefäße; Portepee; schwarzsammtene mit silbernen Tressen besetzte Degenkuppel wie Bandoulier und Cartouche. Carabiner mit glatter Bohrung vom Caliber 0,681 rhn. Zoll.

Die Officiere vom General-Capitän bis zum Rittmeister und Adjutanten einschlüßig, als besondere Auszeichnung einen Stock (Canne) von Ebenholz mit elfenbeinenem Knopfe und Stiefel, Schnur mit Quasten von Silberfaden und hellblauer Seide. Als Dienstzeichen die Generale die Schärpe, die übrigen Officiere, dann die Premiers- und Sous-Brigadiers den Ringkragen. Bei Hoffesten die Officiere vom General-Capitän bis zum Exempt einschlüssig Beinkleider von weißem Wollenstoff, hohe Stiefel mit silbernen Anschnallspornen.

Außer Dienst: Den Waffenrock von hellblauem Tuche mit schwarzsammtenem Kragen und solchen Aufschlägen, jedoch ohne Litzen und ohne Einfassung der Aufschläge und des Kragens; die Officiere mit der entsprechenden Grad-Auszeichnung auf dem letztern, weiße Knöpfe, dann auf den Aermelaufschlägen zwei querliegende doppelte Silberborten, hellblautuchene Pantalons mit schwarzem Vorstoße.

Die Hartschiere in Galla: Ueber dem obenerwähnten mit Silberborten besetzten Waffenrocke die Supraweste von weißem Tuche mit der Manschette, den Wings und dem Ordenssterne vom heiligen Hubertus auf der Brust; weiße Stulphandschuhe; enge weiße hirschlederne Beinkleider, hellgraue hohe Stiefel von weichem faltigen Kalbleder ohne Spornen; den Helm mit aufgeschraubtem vergoldeten Löwen; ohne Epauletten; den Degen und die Cuise (Hellebarde.)

General-Capitän.

Hohenhausen, Leonhard Frh. von, Exc. 23. Fbr 1861. ch. GdC. ꝛc.

Premier-Lieutenant.

Lerchenfeld, Max. Graf von, 26. Oct. 1861. ch. OLt ꝛc.

Second-Lieutenant.

Ricciardelli, Fabius Graf, 28. Fbr 1865. ch. GM. ꝛc.

Cornet.

Großschedel, Joseph Frh. von, 28. Fbr 1865. Oberst. ch. GE5. GDF. TMV3. ?.

Exempten.

Morawitzky, Maximilian Graf Topor, 28. Fbr 1865. Major. ch. HP4. ?.
funct. Gumppenberg, Maximilian Frh. von, p. ch. Major. ch. ?.

Adjutant.

Schmaliz, Sigmund, Rttmstr. 24. Jun. 1864. ch.

Premiers-Brigadiers.

Tann, Wilhelm Frh. von der, 12. Spt. 1854. OLt. ch. ?.
Münzing, Simon, 29. Nov. 1856. OLt. ch. GE5. GND.
Boit, Joseph von, 25. Fbr 1862. OLt. ch.
Hosemann, Alois von, 24. Jun. 1864. OLt. ch.

Sous-Brigadiers.

Pfeiffer, Johann, 29. Nov. 1856. ULt. ch.
Pfeiffer, Paul, 24. Apr. 1858. ULt. ch.
Wagner, Jacob, 25. Fbr 1862. ULt. ①. ch. ch. ÖTM.
Lindner, Joseph, 24. Jun. 1864. ULt. ○. ◉.

Aerzte.　Litzing, Dr Gustav, StArzt. ☩.
　　　　Rubenbauer, Dr Joseph, RArzt 2. Cl. ☩.
Artmstr.　Säuberlich, Philipp, RQmstr 1. Cl. ☩. GD.
Auditor.　Harlander, Hippolyt, BAud.

1 Fourier, 1 Profos und 100 Hartschiere mit Junkers Rang.

Generalquartiermeister = Stab.

Mit dem Beginne des 30 jährigen Krieges schon waren den comman-
birenden Generalen Generalquartiermeister beigegeben; auch in den folgenden
Kriegen wurde die Stelle eines Generalquartiermeisters besetzt. Den General-
Quartiermeistern waren seit dem 30 jährigen Kriege Generalquartiermeister-
Lieutenants beigegeben und es entstund die Collectivbenennung „Generalstab"
für jene Militärs, welche die viel verzweigten Dienste bei dem Hauptquartiere
verrichteten. Während des 7 jährigen Krieges wurden diese Dienste nur
durch Linien-Officiere versehen. Erst 1785 erscheint wieder ein Generalquartiermeister, und 1792 wurde durch den General Thompson Graf von Rumford
ein Generalstab formirt. Mit dem Regierungsantritte des Churfürsten Max
Joseph IV. bildete sich ein neuer Generalstab der Armee. 1822 erhielt das
nun Generalquartiermeister-Stab benannte Corps eine umfassende Organisation, vermöge welcher demselben das 1816 mit dem Ingenieur-Corps der
Reservearmee verbundene und dem k. Staatsministerium der Armee unter-
stellte topographische Bureau untergeordnet wurde; 3. März 1826 erhielt der
Generalquartiermeister-Stab eine neue Formation, und am 31. Januar 1829
wurde demselben das Haupt-Conservatorium der Armee ebenfalls unterstellt.
25. August 1840 erhielt das topographische Bureau eine neue — und am
11. August 1849 der Generalquartiermeister-Stab eine Formation mit größerem
Personalstande; 1851 wurde letztere Formation wieder auf jene vom Jahre
1826 zurückgeführt.

Uniform und Bewaffnung: Vom General abwärts den Waffenrock
von hellblauem Tuche, Kragen und Aufschläge von dunkelblauem Sammet,
Vorstoße von scharlachrothem Tuche, weiße Knöpfe; die Generale auch den
Uniformsüberrock; Achselschnüre mit Silberfaden übersponnen. Auf dem Kragen
die jedem Grade zukommende Auszeichnung von Silber-Stickerei, Borten und
Litzen. Auf den Aufschlägen der Waffenröcke mit Einschluß der Generale zwei
Reihen Silberlitzen. Der Mantel, die Beinkleider, Kopfbedeckung, Uniform-
mirung bei Hoffesten wie die Generale. Als Dienstzeichen die Schärpe um
den Leib, und zwar für die Generale und Stabs-Officiere mit doppelten, für
die Oberofficiere mit einfachen Bouillons. Den Officierssäbel der leichten
Cavalerie. Zwei Pistolen.

Pferderüstung: Reitzeug wie die Generale, jedoch das Kopfgestell an
dem Stirnbande und an der Stange ohne Platten, bei den Oberofficieren
auch noch ohne die Panzerketten auf dem Stirn- und Nasenbande; die Schabracken von hellblauem Tuche, für die Stabsofficiere mit einer 2½ Zoll breiten
silbernen Einfassungsborte und einem gekrönten L in den rückwärtigen Ecken,
für die Oberofficiere mit einer 1½ Zoll breiten Borte. Im Felde einen
schwarzen Sattelpelz mit hellblauem Tuchbesatze und einen kleinen Mantelsack,
an den Kanten mit einer Einfassung von Silberborten.

General-Quartiermeister.

— — —

General-Lieutenant.

La Roche, Friedrich du Jarrys Frh. von, ꝛc. ch.

General-Major.

Orv, Maximilian Frh. von, ꝛc. dem Kriegsminister zur Dienstleistung beigegeben.

Obersten.

Dietl, Ignaz, 29. Mai 1864. Generalstabs-Chef beim GCmbo Würzburg. ✳4. ✳4. ⚓. ◉. ⚓. GE5. GDF.

Bothmer, Maximilian Graf von, 31. Mrz 1866. ✳3. ⚓ ⚓.

Lessel, Philipp, 31. Mrz 1866. Bevollmächtigter bei der Liquidations-Commission in Frankfurt a/M. ⚓ ⚓. BdZL4mCP. HP3. LEK3.

Strunz, Emil von, 31. Mrz 1866. Adjutant S. K. H. des Prinzen Carl von Bayern. ✳3. ✳4. ✳4. ⚓ ⚓. GE4. HL3. ÖEK3. RSt2. SA3. SEH3. WF3.

Schoch, Carl, 18. Jun. 1866. Generalstabs-Chef beim GCmbo München. ✳3. ⚓ ⚓. PrA3.

Oberstlieutenants.

Weiß, Friedrich, 31. Mrz 1866. Director des top. Bur. ✳4. ✳4. ⚓ ⚓.

Orff, Carl von, Rg v. 1. Jul. 1866. ✳4. ✳4. ⚓ ⚓. ÖEK3.

Diehl, Hugo, 17. Aug. 1866. Commandant der Kriegsschule. ✳4. ✳4. ⚓ ⚓.

Majore.

Heckel, Maximilian von, 29. Mai 1864. Generalstabs-Chef beim GCmbo Nürnberg. ✳4. ⚓ ⚓.

Fries, Theodor, 11. Jan. 1865. Referent im KrMstrm. ⚓ ⚓.

Heinleth, Adolph von, 31. Mrz 1866. Generalstabs-Chef beim GCmbo Augsburg. ✳4. ⚓ ⚓.

Massenbach, Franz Gemmingen Frh. von, 31. Mrz 1866. Referent im KrMstrm. ✳4. ⚓ ◉. BGM.

Weiß, Eduard, 24. Apr. 1866. ✳4. ⚓ ⚓.

Horn, Maximilian Frh. von, 24. Apr. 1866. ✳4. ⚓ ⚓. ÖEK3.

Orff, Anton, 24. Apr. 1866. ✳4. ✳4. ⚓. PK3.

Gumppenberg, Maximilian Frh. von, 15. Jun. 1866. Referent im KrMstrm. ✳4.

Hörmann von Hörbach, Ludwig, 5. Jul. 1866. com. beim GCmbo Würzburg. ✳4. ⚓.

Heilmann, Johann, 5. Jul. 1866. com. beim GCmbo Nürnberg. ✳4. ⚓ GE5. HP4. PrA4. SS3.

Hauptleute.

Freyberg - Eisenberg, Carl Frh. von, 16. Mai 1859. com. beim GCmbo
  München. ⚔.

Fleschuez, Gustav, 30. Mai 1859. funct. Adj. ⚔4. ⚔.

Streiter, Albrecht, 27. Mrz 1860. ⚔.

Wahl, Emil, 3. Nov. 1861. ⦿. PrA4. SA4.

Mayer, Carl, 11. Dec. 1861. ⚔4. ⚔4. ⚔. ⚔.

Belli be Pino, Joseph von, 20. Mai 1863. com. beim GCmbo Augsburg. ⚔.

von der Mark, Leon, 20. Mai 1863.

Hutten, Friedrich Frh. von, 25. Nov. 1863. ⚔.

Xylander, Robert Ritter von, 29. Mai 1864. ⚔.

Schelhorn, Emil von, 20. Mai 1866. ⚔. ⦿. HE3. SEH5. SEK3.

Lindhamer, Carl, 20. Mai 1866. ⚔.

Xylander, Oscar Ritter von, 5. Jul. 1866. ⚔. BGM.

Orff, Moriz, 5. Jul. 1866. ⚔. PrA4.

Staudt, Wilhelm von, 5. Jul. 1866. ⚔. ⚔.

Zur Dienstleistung zugetheilte Officiere.

Angstwurm, Theodor, Hptm. im 3. JR. Prinz Carl von Bayern. ⚔.

Godin, Christoph Frh. von, Hptm. im 7. JgB. ⚔.

Knorr, Adalbert, OLt im GenStb. ⚔.

Helvig, Hugo, OLt im 1. JR. König. ⚔.

Secretäre.

Wild, Joseph, DCSecr.

Weigert, Joseph, DCSecr.

Wenz, Anton, CzlSecr. ⚔.

Topographisches Bureau des Generalquartiermeister-Stabes.

Uniform und Bewaffnung: Den Waffenrock von hellblauem Tuche, Kragen und Aufschläge von dunkelblauem Sammet, scharlachrothen Vorstoß; weiße Knöpfe und auf den Rockkragen die jedem Grade zukommende Auszeichnung von Silberborten oder Litzen; Beinkleider von hellblauem Tuche mit scharlachrothem Vorstoße und nach der Jahreszeit Beinkleider von weißem Sommerzeug und Nanking, bei Hoffesten von weißem Casimir. Stiefel mit stählernen Anschraubspornen. Der Mantel, die Kopfbedeckung und der Säbel wie der Generalquartiermeister-Stab. Schulterblätter von weißem Metalle mit scharlachrothem Futter; den Ringkragen als Dienstzeichen.
Der Director trägt die Uniform des Generalquartiermeister-Stabes.

Director.   Weiß, Friedrich, ObstLt im GQmstrStb. ⚔4. ⚔4. ⚔. ⚔.
1. Conservator. Stengel, Anton, ch. Major. 31. Jan. 1856. ⚔.

2. **Conservator.** Müller, Jacob, Hptm. 1. Cl. 26. Jan. 1865. ✠4. ⚔. ⚔. GD.
Quartiermeister. Willer, Tobias, BOmstr. ⚔.
Schwaiger, Joseph, UOmstr.

Majore.

Orthlieb, Maximilian von, ⚔.   ch. 29 Nov. 1856
Drechsel auf Deuffstetten, Heinrich Frh. v., ⚔.   ch. 28 Fbr 1858

Hauptleute.

Reulbach, Friedrich, 1. Cl., ⚔.   31 Dec. 1858
Orff, Carl, 1. Cl., ⚔.   16 Mai 1859
Dürr, Ludwig, 2. Cl. ⚔.   5 Jul. 1866

Zur Dienstleistung commandirte Officiere.

Hauptleute.

Schallern, Ludwig Ritter von, im 8. JR. vac. Seckendorff.

Albert, Eugen, im 10. JR. vac. Albert Pappenheim.

Holnstein aus Bayern, Wilhelm Graf von, im 12. JR. König Otto von Griechenland. ⚔.

Oberlieutenants.

Schumacher, Carl, im 3. JR. Prinz Carl von Bayern. ⚔.

Truffa, Lorenz, im 9. JR. Wrede, ⚔.

Stürzer, Franz Ritter von, im 6. JR. König Wilhelm von Preußen, ⚔.

Beitelrock, Heinr., im 9. JR. Wrede, ⚔.

Dihm, Carl, im 2. JR. Kronprinz, ⚔.

Baumgartner, Maximilian, im 12. JR. König Otto von Griechenland, ⚔.

Schmitt, Wilhelm, im 15. JR. König Johann von Sachsen. ⚔.

Heiden, Hippolyt, im 3. JR. Prinz Carl von Bayern.

Heilmair, Joseph, im 9. JR. Wrede. ⚔.

Sailer, Ludwig, im 10. JR. vac. Albert Pappenheim. ⚔.

Huber, Joseph, im 9. JR. Wrede. ⚔.

Leeb, Carl, im 7. JR. Hohenhausen. ⚔.

Riedl, Ernst Ritter von, im 4. JR. vac. Gumppenberg. ⚔.

Popp, Anton, im 7. JR. Hohenhausen. ⚔.

Wolf, Wilhelm, im 15. JR. König Johann von Sachsen. ⚔.

Neumeyer, Ludwig, im 7. JR. Hohenhausen. ⚔.

Unterlieutenant.

Wiedenmann, Peter, im 11. JR. vac. Ysenburg. ⚔.

Kupferstecher-Personal.

Nach Bestimmung vom 11. Februar 1856 in widerruflicher Eigenschaft:
1 Inspector, 1 Revisor, 11 Kupferstecher und 4 Eleven.

Hauptconservatorium der Armee.

Conservator. Drechsel auf Deuffstetten, Heinrich Frh. von, ch. Major. ✠.

Bibliothekar. Reulbach, Friedrich, Hptm. 1. Cl. ✠.

Gehilfen. Wachter, Friedrich von, Hptm. im 12. JR. König Otto von Griechenland. ✠.

funct. Hörmann von Hörbach, Friedr., t. p. ch. OLt. NA4m.Schw.

Gendarmerie - Corps.

Errichtet den 11. October 1812 zur Erhaltung der Ruhe, Ordnung und Sicherheit im Innern des Reiches, unter dem Commando des damaligen General-Majors Frh. v. Berger, aus Stabs- und Oberofficieren, Unterofficieren und Gemeinen, die früher mit Auszeichnung im Heere gedient haben.

Eine combinirte Escadron wohnte zur Handhabung der Polizei des Heeres den Feldzügen 1813, 1814 und 1815, dann 1866 bei.

Uniform: Den Waffenrock von stahlgrünem Tuche, mit scharlachrothem Vorstoße, Kragen, Aufschlägen und Achselwulsten; Kragenvorstoß von grünem Tuche; gelbmetallene Knöpfe. Beinkleider von stahlgrünem Tuche mit scharlachrothem Vorstoße; nach der Jahreszeit weißleinene Beinkleider; Mäntel mit stahlgrünem umliegenden Kragen; im Uebrigen, und zwar bei den Gendarmen zu Fuß wie die Infanterie, bei den Berittenen wie die leichte Reiterei. Die Mannschaft der Compagnie der Haupt- und Residenzstadt zur Unterscheidung auf den Waffenröcken und Mänteln Achselklappen von scharlachrothem Tuche. Helme mit einem in einer Spitze endenden messingenem Aufsatze, Tschako als Interims-Kopfbedeckung; die berittene Mannschaft den Helm mit einer Schirmeinfassung von Messing und einem schwarzen Roßhaarbusch, gelbmetallene Schulterblätter mit scharlachrothem Unterfutter, Stiefel mit stählernen Anschraubspornen.

Die Gradauszeichnung der Gendarmen und Stations-Commandanten ist die der Corporale der Linie, die Stations-Commandanten noch mit der Borteneinfassung auf den Aufschlägen wie die Auditoriats-Actuare; die Brigadiers 2. Classe haben die Gradauszeichnung der Sergenten, die Brigadiers 1. Classe und der Corps-Profos die der Feldwebel. Die Oberbrigadiers tragen das Junkers-Portepee und die Kleidung und Ausrüstung bei Gendarmerie-Officiere ohne Dienstzeichen und die Stickerei auf der Schirmmütze von Seide.

Die Uniform der Officiere gleich jener der berittenen Mannschaft; bei Hoffesten Beinkleider von weißem Casimir; Mäntel wie die Officiere der leichten Cavalerie. Die Gradauszeichnung nach der Farbe der Knöpfe entsprechend jener der Linie.

Bewaffnung: Die Gendarmen zu Fuß eine kurze Bajonetflinte mit glatter Bohrung vom Caliber 0,681 rhn. Zoll, geraden zweischneidigen Säbel mit gelbem Korbgefäß und lederner Scheide, schwarzlackirtes Riemenwerk, die Patrontasche und der Säbel an einer Gürtelkuppel mit Messingschließe, auf welcher eine Krone geprägt ist.

Die berittenen Gendarmen den Säbel der leichten Cavalerie, doch mit gelbem Gefäße und Beschläge, die Bajonetflinte der Gendarmen zu Fuß, dann eine Pistole mit glatter Bohrung vom nämlichen Caliber, schwarzes Lederwerk, sonst wie die Cavalerie. Das Portepee bestehend aus einer wollenen Quaste an schwarzlackirtem Riemen.

Die Officiere den Säbel der leichten Cavalerie mit gelbem Gefäße und Beschläge; zwei Pistolen; Cartouche als Dienstzeichen und Säbelkuppel wie die Artillerie-Officiere, jedoch mit eingewirktem grünen Streifen; das Officiers-Portepee.

Pferderüstung: Wie bei der leichten Cavalerie, die Mannschaft jedoch deutsche Sättel und Schabracken von stahlgrünem Tuche mit gelber Einfassungsborte und dem gekrönten allerhöchsten Namenszug in den rückwärtigen Ecken.

Corps-Commando.
Sitz München.

Chef.	Merkel, Wilhelm Ritter von, GM. :c.
Stabs-Afficier.	Frays, Theodor Frh. von, Major. ✠4. ✿. HP4. ⚓.
Adjutant.	Pfistermeister, Joseph Ritter von, Hptm. ✠4. ✠4. ✠. BdZL4 BIL3. HGu4. HP4. PK4. WF4.
KrgsCr.	Interwies, Peter. ✠. ✿.
St.Auditor.	Würthmann, Joseph. ✿. ✿.
Secretäre.	Kroneck, Ludwig, DCSecr.
	Wurzer, Gustav, CzlSecr.
Unter-Qmstr.	Nehmann, Alois.

Compagnien:
von Oberbayern. Sitz München.

Commandant.	Wintter, Ludwig, Hptm. ✿.
Oberlieut.	Sonnenburg, August Fallner von, ✿.
	Reck, Wilhelm von,
	Graf, Ludwig,
	Berger, Theodor.
Quartiermstr.	Lingg, August, BQmstr.

von Niederbayern. Sitz Landshut.

Commandant.	Winckhler, Balduin von, Hptm.
Oberlieut.	Kilp, Bruno. ✠.
	Hänlein, Gustav. ✿.
	Sölch, Johann.
Quartiermstr.	Müller, Joseph, UQmstr.

von der Pfalz. Sitz Speyer.

Commandant.	Sartorius, Adam, Hptm. O. ✿. ✿.
Oberlieut.	Zächerl, Heinrich.
Unterlieut.	Pfauntsch, Maximilian. ✠4. ✿.
Quartiermstr.	Gehrlein, Franz, UQmstr. ✿.

von der Oberpfalz und von Regensburg. Sitz Regensburg.

Commandant. Reitmeyer, Johann, Hptm. ⊙. ✠.
Oberlieut. Breyer, Johann,
Sirch, Franz.
Quartiermstr. Benzer, Carl, UOmstr.

von Oberfranken. Sitz Bayreuth.

Commandant. Heiß, Rudolph, Hptm. ✠ ⊙. ✠.
Oberlieut. Weeber, Ernst. ✠
Voit, Xaver von. ✠
Quartiermstr. Niebermaier, Joseph, BOmstr. ✠

von Mittelfranken. Sitz Ansbach.

Commandant. Spitzel, Alois von, Hptm. ✠.
Oberlieut. Meyer, Johann.
Schertel, Carl. ✠
Quartiermstr. Kling, Franz, BOmstr.

von Unterfranken und Aschaffenburg. Sitz Würzburg.

Commandant. Waldenfels, Joseph Frh. von, Hptm. ✠. RW4.
Oberlieut. Gros, Maximilian,
König, Heinrich,
Steppes, Adolph.
Quartiermstr. funct. Hagemann, Wilhelm, RAct.

von Schwaben und Neuburg. Sitz Augsburg.

Commandant. Gaßner, Carl, Hptm. ✠.
Oberlieut. Sand, Maximilian. ✠
Schönprunn, Alfred Frh. von. ✠
Quartiermstr. Schmitt, Martin, UOmstr.

der Haupt- und Residenzstadt München.

Commandant. Donnersperg, Hermann Frh. von, Hptm. ✠4. ✠.
Oberlieut. Merkel, Carl,
Schedel von Greiffenstein, Adolph,
Schweizer, Ferdinand. ✠
Quartiermstr. Reul, Georg, BOmstr.

General-Commandos.

Provinzial-Commandos unter dem Hofkriegsrathe; Divisionen 1803; Inspectionen 1804; General-Commandos in Bayern, Schwaben, Franken und Tyrol 1806; General-Commandos München, Würzburg (später Nürnberg) nebst einem Truppencorps-Commando im Rheinkreise (Pfalz) 1815; Armee-Divisions-Commandos seit 1. Juli 1822; veränderter Wirkungskreis und Aufhebung der Inf.- und Cav.-Brigade-Commandos als selbstständige Dienststellen 1826; erweiterte Competenz durch Zutheilung der Administration 1829. Eintheilung des Heeres in zwei Armee-Corps, jedes zu 2 Infanterie- und 1 Cavalerie-Division 1848; Aufhebung der Infanterie- und Cavalerie-Divisionen und Bildung von vier Armee-Divisionen 1851; Aufhebung der zwei Armee-Corps-Commandos und Wiederherstellung der vier Armee-Divisions-Commandos als unmittelbare Dienstesstellen am 1. September 1855. Umänderung der Benennungen: 1., 2., 3. und 4. Armee-Divisions-Commando in jene der General-Commandos München, Augsburg, Nürnberg und Würzburg am 22. April 1859.

General-Commando München.

General-Commandant. Tann, Ludwig Frh. von der, Exc., GLt rc.

    1. Adj. Kleinschrod, Florentin, Hptm. im 1. JR. König. ⚔4. ☩ BIL5.

    2. Adj. Steinling, Friedrich Frh. von, Rttmstr im 1. CuirR. Prinz Carl von Bayern. ☩

ad latus. Schedel, Clemens von, GM. rc.

    Adj. Hemmer, Anton, OLt im 2. JR. Kronprinz. ☩

Brigadier. Steinle, Baptist von, GM. rc.

    Adj. Pauli, Emil, Hptm. im 12. JR. König Otto von Griechenland. ☩

Brigadier. Schubärt, Ernst von, GM. rc.

    Adj. Feuri, Otto Frh. von, OLt im 3. CuirR. Großfürst Constantin Nikolajewitsch. ☩

Brigadier. — — —

    Adj. — — —

Generalstabs-Chef. Schoch, Carl, Oberst im GQmstrStb. ⚔3. ☩ ❋. PrA3.

    zugetheilt: Freyberg-Eisenberg, Carl Frh. von, Hptm. im GQmstrStb. ☩

Genie-Director. Kollmann, Gottlieb, Major im GenStb. ☩ ❋.

GStabs-Arzt. Sicherer, Dr Franz von, 2. Cl. ⚔4. ☩ ❋. HP4. ÖFJ3.

GArgoCom. Bauer, Peter, 2. Cl. ☩ ❋.

Quartiermstr. Belzner, Ernst, UOmstr. ☩

StAuditore. Frönau, Wilhelm, ❋.

    Bedall, Melchior. ☩

Auditor. Habel, Friedrich.

Secretäre. Breitenbach, Erhard, DCSecr.

          Fink, Gotthard, DCSecr. ⚔.

          Benzl, Jacob, DCSecr. ⚔.

Actuare. Trier, Johann, RCAct. ⚔.

          Schmitt, Adam, RCAct. ⚔.

          Pögl, Martin, RCAct. ⚔.

Unter diesem General-Commando stehen:

Das Inf.-Leib-Rgt,

- 1. Inf.-Rgt König,
- 2. Jäg.-Bat.,

Das 2. Inf.-Rgt Kronprinz,

- 8. Inf.-Rgt vac. Seckendorff,
- 4. Jäg.-Bat.,

Das 1. Cuir.-Rgt Prinz Carl von Bayern,

- 2. Cuir.-Rgt Prinz Adalbert,
- 3. Cuir.-Rgt Großfürst Constantin Nikolajewitsch.

1. Inf.-Brigade. (München.)
GM. v. Steinle.

2. Inf.-Brigade. (München.)
GM. — — —

1. Cav.-Brigade. (München.)
GM. v. Schubärt.

Die Commandantschaften München (nur in administrativer und rechtlicher Beziehung) und Passau; die Commandantschaften Burghausen, Freysing und Landshut, welche von den Commandanten der dort befindlichen Heeres-Abtheilungen versehen werden.

Die 1. Genie-Direction (in Bezug auf das Militärbauwesen).

Die 1. Sanitäts-Compagnie.

Die Garnisons-Compagnie Nymphenburg.

General-Commando Augsburg.

General-Commandant. Feder, Maximilian von, Exc., OLt ꝛc.

       1. Adj. Hertling, Johann Frh. von, Rttmstr im 2. CuirR. Prinz Adalbert. ⚔.

       2. Adj. Euler-Chelpin, Rigas, OLt im 12. JR. König Otto von Griechenland. ⚔.

ad latus.   — — —

       Adj. — — —

Brigadier. Ludwig, Herzog in Bayern, K. H., GM. ꝛc.

       Adj. Gernler, Gustav von, OLt im 2. UhlR. König. ⚔.

Brigadier. Schumacher, Ignaz, GM. ꝛc.

       Adj. Menges, Carl, Hptm. im 14. JR. Zanbt. ⚔.

Brigadier.	— — —
	Adj. — — —
Generalstabs-Chef.	Heinleth, Adolph von, Maj. im GOmstrStb. ✠4. ✠ ✠.
	zugetheilt: Belli de Pino, Joseph von, Hptm. im GOmstr Stb. ✠.
Genie-Director.	Illing, Johann, ObstLt im GenStb. ✠4. ✠.
OStabs-Arzt.	Hauer, Dr Matthäus, 1. Cl. ✠. ✠. ÖVKg.m.Kr.
OKrgsCom.	Recknagel, Friedrich, 2. Cl. ✠.
Quartiermstr.	Leybold, Johann, UOmstr.
StAuditore.	Höß, Carl, ✠.
	Hölzl, Joseph.
BAuditor.	— — —
Secretäre.	Knochel, Anton, DCSecr. ◉.
	Klostermaier, Anton, DCSecr. ✠.
Actuar.	Stangl, Johann, RCAct. ✠.
Veterinär.	Jamin, Jacob, RBArzt 1. Cl. ✠. ✠.

Unter diesem General-Commando stehen:

Das 3. Inf.-Rgt Prinz Carl von Bayern, » 12. Inf.-Rgt König Otto von Griechenland, » 7. Jäg.-Bat.,	3. Inf.-Brigade. (Augsburg.) GM. Schumacher.
Das 10. Inf.-Rgt vac. Albert Pappenheim, » 13. Inf.-Rgt Kaiser Franz Joseph von Oesterreich, » 1. Jäg.-Bat.,	4. Inf.-Brigade. (Ingolstadt.) GM. — — —
Das 3. Chl.-Rgt Herzog Maximilian, » 4. Chl.-Rgt König, » 1. Uhl.-Rgt vac. Großfürst Thronfolger Nikolaus von Rußland.	2. Cav.-Brigade. (Augsburg.) GM. Herzog Ludwig in Bayern, K. H.

Die Commandantschaft Ingolstadt und das bayerische Festungs-Commando in Ulm (nur in rechtlicher Beziehung); die Commandantschaften Augsburg und Lindau; dann die Commandantschaften Dillingen, Kempten und Landsberg, welche von den Commandanten der dort befindlichen Heeres-Abtheilungen versehen werden.

Die 2. Genie-Direction (in Bezug auf das Militärbauwesen.)

Die 4. Sanitäts-Compagnie.

General-Commando Nürnberg.

General-Commandant. Stephan, Baptist, Exc., GLt ꝛc.
　　　　1. Adj. Waagen, Gustav, Hptm. im JLeibR. ✠.
　　　　2. Adj. Reman, Otto Frh. von, OLt im 2. UhlR.
　　　　　König. ✠.
ad latus. Lindenfels, Carl Frb. von, ch. OLt ꝛc.
　　　　Adj. Nürnberger, Hermann, Hptm. im 6. JR. König
　　　　　Wilhelm von Preußen.
Brigadier. Ribaupierre, Joseph von, GM. ꝛc.
　　　　Adj. Popp, Franz, Hptm. im 11. JR. vac. Jsenburg. ✠.
Brigadier. Tausch, Baptist von, GM. ꝛc.
　　　　Adj. Köniz, Albert Frh. von, OLt im 6. ChlR. vac. Herzog
　　　　　von Leuchtenberg. ✠.
Brigadier. Aldoßer, Maximilian, GM. ꝛc.
　　　　Adj. Hertling, Wilhelm Frh. von, OLt im 9. JR.
　　　　　Wrede. ✠.
Generalstabs-Chef. Hedel, Max. von, Major im GOmstrStb. ✠4. ✠. ✠. ✠.
　　　　zugetheilt: Heilmann, Johann, Major im GOmstrStb. ✠4.
　　　　　✠. GE5. HP4. PrA4. SS3.
Genie-Director. Leutner zu Wildenburg, Ferdinand von, Maj. im GenStb.
　　　　✠. WF4.
OStabs-Arzt. Wigand, Dr Franz, 2. Cl. ✠. ✠. HP4.
ArgsCom. Grafenberger, Michael. ✠. ✠.
Quartiermstr. — — —
StAuditore. Greb, Carl, ✠. ◉.
　　　　Görtz, Wilhelm. ◉.
PAuditor. Ehrnthaller, Sebastian.
Secretäre. Neubauer, Joseph, DCSecr. ◉. ✠.
　　　　Starl, Joseph, DCSecr. ✠. ◉.
Actuare. Roßmann, Joseph, RCAct. ✠.
　　　　Wittmann, Ferdinand, RAct.

Unter diesem General-Commando stehen:

Das 11. Inf.-Rgt vac. Jsenburg,	5. Inf.-Brigade. (Regensburg.)
⸱ 15. Inf.-Rgt König Johann von Sachsen,	GM. v. Ribaupierre.
⸱ 8. Jäg.-Bat.,	
Das 6. Inf.-Rgt König Wilhelm von Preußen,	6. Inf.-Brigade. (Nürnberg.)
⸱ 14. Inf.-Rgt Zandt,	GM. Aldoßer.
⸱ 3. Jäg.-Bat.,	

Das 1. Chl.-Rgt Kaiser Alexander von
    Rußland,

- 2. Chl.-Rgt Taxis,

- 2. Uhl.-Rgt König.

} 3. Cav.-Brigade. (Ansbach.)
   GM. v. Tausch.

Die Commandantschaften Ansbach, Nürnberg, Regensburg, Wülzburg (letztere nur in rechtlicher Beziehung); die Commandantschaften Amberg, Eichstädt, Neuburg a/D. und Straubing, dann die Platzcommandos Neumarkt, Neustadt a/A., Schwabach und Sulzbach, welche von den Commandanten der dort befindlichen Heeres-Abtheilungen versehen werden.

Die 3. Genie-Direction (in Bezug auf das Militärbauwesen.)

Die 3. Sanitäts-Compagnie.

General-Commando Würzburg.

General-Commandant. Hartmann, Jacob Ritter von, Exc., GLt ꝛc.
                    1. Adj. Bösmiller, Anton, Hptm. im 9. JR. Wrede.
                       ✠4. ⚔ ⊚. ⚜.
                    2. Adj. Iplander, Emil Ritt. von, OLt im 4. ChlR.
                       König. ⚜. PK4.

ad latus.   Hagens, Caspar von, GM. ꝛc.
                    Adj. Schulze, Gustav, Hptm. im 9. JR. Wrede.

Brigadier.   Cella, Gustav, GM. ꝛc.
                    Adj. Stengel, Leopold Frh. von, Hptm. im 2. JR.
                       Kronprinz. ⚜.

Brigadier.   Schleich, Wilhelm von, GM. ꝛc.
                    Adj. Bomhard, Moriz, OLt im 5. JR. Großherzog
                       von Hessen. ⚜.

Brigadier.   — — —
                    Adj. — — —

Generalstabs-Chef. Dietl, Ignaz, Oberst im GDmStrStb. ✠4. ✠4. ⚜.
                    ⊚. ⚜. GE5. GDF.
                    zugetheilt: Hörmann von Hörbach, Ludwig, Major im
                       GDmStrStb. ✠4. ⚜.

Genie-Director.   Schrodt, Wilhelm, ObstLt im GenStb. ⊚. ⚜.

OStabs-Arzt.   Sommer, Dr Friedrich, 1. Cl. ✠4. ✠4. ⚜. ⚜.
                    CHW4. ÖFJ3.

OKrgsCom.   Gölz, Jacob, 2. Cl. ✠4. ⚜. ⚜.

Quartiermstr.   Birkmayer, August, BOmstr.

StAuditore.   Martin, Albert, ⚜. ⚜.
                    Steinbel, Philipp.

BAuditor.   — — —

Secretär. Riehmer, Gottlieb, DCSecr. ✠ ☉.
Actuare. Härtl, Paul, RCAct. ✠.
        Stenglein, Anton, RCAct. ✠.

Unter diesem General-Commando stehen:

Das 5. Inf.-Rgt Großherzog von Hessen,
- 7. Inf.-Rgt Hohenhausen,
- 6. Jäg.-Bat.,

7. Inf.-Brigade. (Bayreuth.) GM. von Schleich.

Das 4. Inf.-Rgt vac. Gumppenberg,
- 9. Inf.-Rgt Wrede,
- 5. Jäg.-Bat.,

8. Inf.-Brigade. (Speyer.) GM. Cella.

Das 5. Chl.-Rgt vac. Leiningen,
- 6. Chl.-Rgt vac. Herzog von Leuchtenberg,
- 3. Uhl.-Rgt.

4. Cav.-Brigade. (Bamberg.) GM. — — —

Das Truppen-Corps-Commando in der Pfalz, welches dem in Speyer befindlichen Brigadier übertragen ist.

Die Festungs-Gouvernements Germersheim und Landau, dann die Commandantschaften Rosenberg, Würzburg (bezüglich der Veste Marienberg mit dem Mainviertel), nur in rechtlicher Beziehung; ferner die Commandantschaften Aschaffenburg, Bamberg, Bayreuth, Speyer und Würzburg; endlich die Commandantschaften Forchheim und Zweibrücken, dann das Platzcommando Ludwigshafen, welche von den Commandanten der dort befindlichen Heeres-Abtheilungen versehen werden.

Die 4. Genie-Direction (in Bezug auf das Militärbauwesen).
Die 2. Sanitäts-Compagnie.
Die Garnisons-Compagnie Königshofen.

Artillerie-Corps.

Alle Zweige der Artillerie wurden unter der Benennung „Königliches Artillerie-Corps" vereinigt den 29. April 1811, bestehend aus der Artillerie-Brigade (Artillerie-Regiment und Artillerie- und Armee-Fuhrwesens-Bataillon) und der Zeughaus-Haupt-Direction mit der Ouvriers-Compagnie. Im Jahre 1822 wurde das „Artillerie-Corps-Commando" gebildet und diesem das Artillerie-Regiment, das Artillerie- und Armee-Fuhrwesens-Bataillon, die Zeughaus-Haupt-Direction mit der Ouvriers-Compagnie, dann die Pontoniers-Compagnie und 1824 die Mineurs- und Sapeurs-Compagnien untergeben; 1826 die Mineurs- und Sapeurs-Compagnien von dem Artillerie-Corps-Commando getrennt; 1829 erweiterter Wirkungskreis durch Zutheilung der Administration; 1830 die Gewehrfabrik-Direction unter das Artillerie-Corps-

Commando gestellt; 1844 die Pontoniers-Compagnie von demselben getrennt. Im Uebrigen siehe Geschichte des 1. Artillerie-Regiments Prinz Luitpold.

Uniform der Generale s. Seite 4, Uniform der Artillerie und Bewaffnung siehe bei den Artillerie-Regimentern ꝛc.

Artillerie - Corps - Commando.

(In München.)

Commandant. Brodeßer, Carl Ritter von, Exc., GLt ꝛc.

> 1. Adj. Büller, Ernst von, Hptm. im 1. ArtR. Prinz Luitpold. �§ .
>
> 2. Adj. Mieg, Malkolm, OLt im 3. ArtR. Königin Mutter. ☩ .

Brigadier. Hütz, Joseph, GM. ꝛc.

> Adj. Grundherr zu Altenthann und Weyherhaus, Ferdinand von, OLt im 1. ArtR. Prinz Luitpold.

Brigadier. funct. Bothmer, Friedrich Graf von, GM. ꝛc.

> Adj. Schuh, Maximilian, OLt im 3. ArtR. Königin Mutter. ☩ .

O.Stabs-Arzt. Dempierre, Dr Theodor, 2. Cl. ☩ ⊙ ☩ .

Stabs-Arzt. Besnard, Dr Anton. ☨ . ☩ .

KrgsCom. Häring, Friedrich. ☩ .

Quartiermstr. Schmidmayr, Gottfried, BOmstr. ☨ .

St.Auditor. Mühlbaur, Theodor. ☩ . ☩ .

B.Auditor. Koppmann, Clemens.

Secretär. Popp, Georg, DCSecr.

Actuare. Küffner, Veit, RCAct. ☩ .

> Graf, Georg, RCAct. ☨ .
>
> Dörffler, Johann, RAct.

Veterinär. Schmid, Andreas, RVArzt 1. Cl. ☩ . ☩ .

Unter dem Artillerie-Corps-Commando stehen:

die Artillerie-Berathungs-Commission;

die vier Artillerie-Regimenter, mit je einer Fuhrwesens-Escadron auf dem Kriegsfuß, dagegen einer Fuhrwesens-Abtheilung auf dem Friedensfuß;

die Zeughaus-Haupt-Direction mit ihren Etablissements und Zeughaus-Verwaltungen, dann der Ouvriers- und der Feuerwerks-Compagnie;

die Gewehrfabrik-Direction.

Genie-Corps.

Seit dem dreißigjährigen Kriege wurden Officiere des Geniewesens im Felde und in den festen Plätzen verwendet. — Bildung eines Ingenieur-Corps unter Commando eines Obersten den 6. März 1744; — Vereinigung und Formirung des baverischen und churpfälzischen Ingenieur-Corps in zwei Divisionen zu München und Mannheim 1778; — Errichtung der Kriegs-Banämter in München, Ingolstadt, Rothenberg, Düsseldorf und Jülich 1790; — Aufhebung derselben 1799; — neue Formation 1804; — Eintheilung in 5 Genie-Directionen, München, Augsburg, Nürnberg, Würzburg und Landau 27. November 1822; — Zuweisung der Mineurs- und der beiden Sapeurs-Compagnien, und neue Formation 31. Juli 1826; — Errichtung der Festungs-bau-Directionen Ingolstadt 26. April 1827 und Germersheim 14. November 1833; — Formation eines Genie-Bataillons aus Mineurs, Sapeurs, Pon-toniers und Pionieren bestehend, durch Vermehrung der technischen Truppen und Vereinigung der bisherigen Mineurs- und Sapeurs-Compagnien mit der dem Artillerie-Corps-Commando unterstellt gewesenen Pontoniers-Com-pagnie 11. Januar 1844; Formation eines Genie-Regiments aus dem Genie-Bataillon durch weitere Vermehrung der Genie-Truppen 31. März 1848; Verminderung der Genie-Directionen auf 3, nämlich München, Würzburg und Landau 1. December 1848; — veränderte Formation des Ingenieur-Corps und des Genie-Regiments 6. Sept. 1851; Bildung der Ingenieur-Berathungs-Commission 31. Mai 1855; — Bildung der früher bestandenen 5 Genie-Directionen mit den Local-Genie-Directionen Ingolstadt und Ger-mersheim vom 1. September 1855 an; — Aufhebung der Festungsbau-Directionen Germersheim und Ingolstadt vom 30. September 1855 an. Unter der Benennung „Genie-Corps" neue Formation vom 1. Januar 1857 und 1. April 1858 an. Bildung der Local-Genie-Direction in Neu-Ulm 6. December 1857. Bildung der Local-Genie-Direction Marienberg 18. Mai 1859. Aenderung der Benennung „5. Genie-Direction" in „Genie-Direction der Bundesfestung Landau" 27. Juli 1859. Aenderung dieser Benennung in „Local-Genie-Direction Landau" 16. Januar 1867.

Abtheilungen und Officiere des Genie-Corps haben an allen Feldzügen, in welchen Bayern fochten, Antheil genommen.

Uniform der Generale s. Seite 4, im Uebrigen Uniform, Bewaffnung und Geschichte des Genie-Stabs und des Genie-Regiments.

Genie-Corps-Commando.
(In München.)

Commandant.	Buz, Heinrich Ritter von, GM. ꝛc.
	1. Adj. Gaab, Ferdinand, Hptm. im GenStb.
	2. Adj. Freyberg-Eisenberg, Ludwig Frh. von, OLt im GenR.
Stabs-Officier.	Riem, Julius, Major. 🎖4. ✠.
Quartiermstr.	Carl, Adam, ROmstr 1. Cl. ❀2. ✠ ✠.
Secretäre.	Kaspaltzer, Georg, DCSecr.
	Wengner, Joseph, CzlSecr. ❀.
Actuare.	Piller, Johann, RCAct. ❀.
	Fraaz, Heinrich, RCAct.
	Weixlbaum, Peter, RAct.

Unter dem Genie-Corps-Commando stehen:

der Genie-Stab, nämlich die Genie-Berathungs-Commission und die vier Genie-Directionen mit den fünf Local-Genie-Directionen, in Bezug auf das Militärbauwesen jedoch nur mittelbar durch die General-Commandos, beziehungsweise durch die Festungs-Gouvernements und Festungs-Commandantschaften.

das Genie-Regiment.

Stadt- und Festungs-Commandantschaften.

Bis zum Jahre 1799 bestanden in sämmtlichen Garnisonen selbstständige und mit eigenem Personale versehene, jedoch den Provinzial-Commandos in dienstlicher Beziehung untergeordnete Platzcommandantschaften; von da an in den Kreis-Hauptstädten und in den Festungen; seit 1817 aber nur noch in den 5 Haupt-Garnisonen: München, Augsburg, Nürnberg, Würzburg und Landau, dann in Passau mit der Veste Oberhaus, und in den Vesten: Wülzburg, Rosenberg, Rothenberg und Forchheim; in den übrigen Garnisonen wurden die den Commandantschaften zustehenden Obliegenheiten den Commandanten der dort garnisonirenden Heeres-Abtheilungen übertragen.

Je nach den Bedürfnissen des Dienstes wurden später einige dieser letztern Commandantschaften, wie auch 1838 die der Vesten Rothenberg und Forchheim, wieder aufgehoben, und an anderen Orten, wie 1832 in Ingolstadt, 1834 in Germersheim u. s. w. Commandantschaften gebildet.

1860. 29. Febr. erhielt die Stadt- und Festungs-Commandantschaft Landau — und 1863. 20. Mai die Stadt- und Festungs-Commandantschaft Germersheim die Benennung Gouvernement.

Uniform und Bewaffnung: Den Waffenrock von hellblauem Tuche wie die Infanterie, scharlachrothen Kragen und hellblauen Vorstoß, schwarzsammtene Aufschläge mit weißem Vorstoße; Knöpfe von weißem Metalle; die Gradauszeichnung der Stabs- und Oberofficiere von Silberborten und Litzen; Beinkleider von hellblauem Tuche mit scharlachrothem Vorstoße, nach der Jahreszeit Beinkleider von weißem Sommerzeug und Nanking, die jedoch nie zu Pferde getragen werden; bei Hoffesten Beinkleider von weißem Casimir. Stiefel mit stählernen Anschraubspornen. Die Kopfbedeckung, Schulterblätter und Mäntel wie die Generale. Säbel wie die Infanterie-Officiere; den Ringkragen als Dienstzeichen.

Pferderüstung: Wie bei der Infanterie.

Stadt-Commandantschaft Ansbach.

Commandant. Jenisch, Ludwig Ritter von, GM. etc.
Platz-Adj. — — —

Stadt-Commandantſchaft Aſchaffenburg.

Commandant.	Weſſenig, Bruno, von, ObſtLt. ☙. HL3.
Platz-Adj.	Schorn, Carl, ULt.

Stadt-Commandantſchaft Augsburg.

Commandant.	Neſſelrode-Hugenpoet, Maximilian Frh. von, GM. ꝛc.
Platz-St.-Offic.	Kaiſer, Carl, ObſtLt. ☙. ✠. GDF.
	Flurl, Ludwig, Major. ☙. ☙.
Platz-Adj.	Anger, Johann, Hptm. 1. Cl. ☙. ☙. GD.
Aerzte.	Primbs, Dr Carl, StArzt. ☙.
	Bezold, Dr Carl von, RArzt 1. Cl. ☙.
	Müller, Dr Wilhelm, BArzt. ☙.
	Uhl, Dr Carl, BArzt. ☙.
Quartiermſtr.	Metz, Johann, ROmſtr 1. Cl. ☙.
	Sighart, Joseph, ROmſtr 1. Cl.
	Peter, Ludwig, ROmſtr 2. Cl. ☙.
Actuare.	Böllt, Johann, RAct. ☙.
	Bortſcheller, David, RAct. ☙.
	Schwemmlein, Johann, RAct. ☙.
Auditor.	Schleicher, Maximilian, RAud. 2. Cl.
Apotheker.	Grazioli, Maximilian, OApthkr 2. Cl. ☙. ☙. ☙.
	Bauer, Carl, UApthkr 1. Cl.
	Weyh, Gottlieb, UApthkr 1. Cl.
	Baumann, August, UApthkr 1. Cl. ☙.
	Hartmann, Maximilian, UApthkr 2. Cl. ☙.

Stadt-Commandantſchaft Bamberg.

Commandant.	Welſch, Guſtav Ritter von, GM. ꝛc.
Platz-St.-Offic.	Bechtold, Adalbert, Major. ☙. ☙.
Platz-Adj.	— — —

Stadt-Commandantſchaft Bayreuth.

Commandant.	Schleich, Wilhelm von, GM. und Cmbt der 7. JBrg.
Platz-Adj.	— — —

Gouvernement der Feſtung Germersheim.

Gouverneur.	Krazeiſen, Carl Ritter von, GLt ꝛc.
Commandant.	Roſenſtengel, Franz, Oberſt. ☙.
Platz-St.-Offic.	Seekirchner, Albert, ch. ObſtLt. ☙. CHW4.

Nar, Franz, Major. ⚔. ⚔.

Egloffstein, Maximilian Frh. von, Major. ⚔.

Gämmerler, Ludwig Ritter von, Major. ⚔. ⚔.

Platz-Adj.	Rohl, Johann, Hptm. 1. Cl. ⚙4. ⚙. ⚔. ÖFJ3.
Art.-Director.	Schmölzl, Joseph, Oberst bei der ZghHptDn. ⚔4. ⚔. BIL5. · BrR3. GE5. GDF. HP4. WK3.
Genie-Director.	— — —
Aerzte.	Sorg, Dr Carl, OStArzt 2. Cl. ⚔. ⚔. GDF.
	Pohl, Dr Wilhelm, RArzt 1. Cl.
	Deininger, Dr Carl, BArzt. ⚔.
	Baumgärtner, Dr Joseph, BArzt. ⚔4. ⚔.
	Peither, Dr Franz, BArzt.
Local-Cr.	Kaiser, Carl, KrgsCr. ⚙. ⚔.
Quartiermstr.	Buchmann, Johann, ROmstr 1. Cl. ⚙. ⚔.
	Brunner, Andreas, ROmstr 1. Cl. ⚔.
	Roth, Alexander, ROmstr 2. Cl. ⚙. ⚔.
	Schrantenmüller, Carl, BOmstr.
	Daimer, Bernhard, UOmstr.
	Mayer, Carl, UOmstr.
	Karpf, Lorenz, UOmstr.
Secretär.	Denzler, Balthasar, CzlSecr.
Actuar.	Haberberger, Anton, RAct. ⚔. ⚔.
Auditore.	Volkert, Andreas, BAud.
	Hollerith, Albert, BAud.
Apotheker.	Kirchgrabner, Carl, OApthkr 2. Cl. ⚔.
	Wolff, Hermann, UApthkr 1. Cl.
	Ferber, Ferdinand, UApthkr 2. Cl.
	Wühr, Wilhelm, UApthkr 2. Cl. ⚔.
Veterinär.	Reuß, Heinrich, DBArzt.

Stadt- und Festungs-Commandantschaft Ingolstadt.

Commandant.	Klein, Baptist, ch. GLt 2c.
2. Commandant.	Froberg-Montjoye, Ludwig Graf von, Oberst. ⚔.
Platz-St.-Offic	Lindhamer, Carl, ObstLt. ⚔.
	Pfetten, Nepomuk Frh. von, ch. ObstLt. ⚔.
	Axter, Julius Frh. von, Major. ⚔.
Platz-Adj.	Steudel, Friedrich, Hptm. 1. Cl. ⚙. ⚔.
Art.-Director.	Reck, Carl von, Oberst bei der ZghHptDn. ⚔.
Genie-Director.	Rögner, Georg, Maj. im GenStb. ⚔.
Aerzte.	Gehm, Dr Friedrich, StArzt. ⚔.
	Frank, Dr Isaak, RArzt 2. Cl.
	Sattler, Dr Ludwig, BArzt. ⚔.
	Miller, Dr August, BArzt.

Local-Cr.	Fränkel, Friedrich, KrgsCr. ✠
Quartiermstr.	Pausch, Ferdinand, ROmstr 1. Cl. ✠ ❀ ✠
	Wettring, Franz, ROmstr 1. Cl. ✠ ❀
	Walther, Michael, BOmstr.
	Lämmermann, Peter, BOmstr. ✠
	Donhauser, Franz, BOmstr.
	Brecherobauer, Adam, UOmstr. ✠
	Graßer, Georg, UOmstr.
Secretär.	Wild, Christoph, CzlSecr.
Actuare.	Bauer, Martin, RAct. ✠
	Thüngen, Philipp Frh. von, RAct.
	Abam, Joseph, RAct. ✠
Auditor.	Knarr, Elias, BAud.
Apotheker.	Waas, Ludwig, OApthkr 1. Cl.
	Wobad, Anton, UApthkr 1. Cl. ✠
	Pini, Gottfried, UApthkr 1. Cl. ✠
	Krauß, Joseph, UApthkr 2. Cl. ✠
	Pfister, Anton, UApthkr 2. Cl. ✠
Veterinär.	Nußer, Christian, OVArzt.

Gouvernement der Festung Landau.

Gouverneur.	Buz, Friedrich, GM. ꝛc.
Commandant.	Gerstner, Moriz, Oberst. ✠ PK3. SA3.
Platz-St-.Offic.	Zentner, Friedrich Ritter von, ObstLt. ✠ GE4. GDF. HL3. ScF3. ?
	Gähler, Carl von, ch. ObstLt. ✠
	Moor, Eduard von, Major. ✠ ✠
	Puchpödch, Carl von, Major. ✠ ✠
Platz-Adj.	Betterlein, Ludwig, Hptm. 2. Cl.
Art.-Director.	Tattenbach, Maximilian Graf von, Oberst bei der ZgbHptDn. ❀4. ✠ GD. WF4.
Genie-Director.	Fogt, Heinrich, ObstLt im GenStb. ❀4. ❀ ✠
Aerzte.	Loe, Dr Ludwig, StArzt. ❀4. ✠ ✠ ÖFJ3.
	Hoffmann, Dr Erbmann, RArzt 2. Cl. ✳
	Diepold, Dr Andreas, BArzt. ✠
	Götz, Dr Joseph, BArzt. ✠
	Michel, Dr Julius, BArzt. ✠
Local-Cr.	Gyppen, Heinrich, KrgsCr. ✠
Quartiermstr.	Müller, Jacob, ROmstr 1. Cl.
	Maillinger, Anton, ROmstr 2. Cl.
	Wüst, Peter, ROmstr 2. Cl. ❀ ✠
	Zech, Rudolph, BOmstr. ✠
	Müller, Alois, UOmstr.
	Braun, Philipp, UOmstr. ✳

Actuare.	Zobel, Carl, RCAct.
	Wintter, August, RAct. ⚔.
Auditore.	Gobin, Carl Frh. von, RAub. 2. Cl.
	Stöger, Maximilian, RAub. 2. Cl.
Apotheker.	Thomann, Carl, OApthkr 1. Cl. ◉. GE5. GDF.
	Promberger, Ludwig, OApthkr 2. Cl. ⚔.
	Frisch, Alois, UApthkr 1. Cl. ⚔.
	Raab, Albert, UApthkr 1. Cl. ⚔.
	Sippel, Joseph, UApthkr 2. Cl. ⚔.
Veterinär.	Giel, Hugo, DBArzt.

Stadt-Commandantschaft Lindau.

Commandant.	Stralenheim-Wasabourg, Carl Graf von, Oberst. ⚔ ⚔.
Platz-Adj.	— — —

Commandantschaft der Haupt- und Residenzstadt München.

Commandant.	Walther, Wilhelm, GM. ꝛc.
Vorstand der Local-Verpflegs-Commission.	Stöber, Maximilian, ch. ObstLt. ⚔.
Platz-St.-Offic.	Reichlin-Meldegg, Carl Frh. von, Oberst. ⚔4. ◉. ⚔.
	Schertel, Ludwig, ObstLt. ⚔ ⚔.
	Bechtold, Wilhelm, Major. ⚔.
	Frays, Ferdinand Frh. von, Major. ⚔. ⚔.
Platz-Hptm.	funct. Keyser, Jacob, ⱶ.
Platz-Adj.	Janu, Anton, Hptm. 1. Cl. ⚔.
	Schneider, Georg, OLt.
Aerzte.	Kranich, Dr Mathias, StArzt. ⚔.
	Lotzbeck, Dr Carl, StArzt. ⚔4. ⚔. ÖFJ3.
	Schröber, Dr Hugo, RArzt 1. Cl. ⚔4. ⚔. HL3. HP4. SpJ3. com. im KrMstrm.
	Gombart, Dr Hermann, BArzt.
	Port, Dr Julius, BArzt. ⚔.
	Stein, Dr Hermann, BArzt.
	Burkart, Dr Adolph, BArzt.
KrgsCom.	Trentini, Ludwig. ⚔. ⚔.
Quartiermstr.	Höchner, Anton, RQmstr 1. Cl. ⚔. ⚔.
	funct. Auanger, Alois, BwJtr 2. Cl. vom Fohlh. Fürstenfeld.
	Grünbaum, Martin, BQmstr. ⚔.
	Graf, Jacob, BQmstr. ⚔. ⚔.
	Bieringer, Clemens, BQmstr.
Actuare.	Demeter, Michael, RCAct.
	Gerhaher, Georg, RAct. ⚔.
Auditore.	Knözinger, Anton, RAub. 1. Cl.
	Oberniedermayr, Ludwig, RAub. 1. Cl. com. im KrMstrm.

Apotheker.	Gerstner, Wilhelm, OApthkr 1. Cl. ✠. ✠.
	Landsberger, Johann, UApthkr 1. Cl.
	Baur, Otto, UApthkr 2. Cl.
	Sedlmaier, Michael, UApthkr 2. Cl.
	Briel, Otto, UApthkr 2. Cl. ✠.

Stadt-Commandantschaft Nürnberg.

Commandant.	Rittmann, Conrad, Oberst. ✠.
Platz-St.-Offic.	Sartor, Clemens, Maj. ✠. CHW4.
Platz-Adj.	Freubel, Philipp, Hptm. 1. Cl. ✠.
Aerzte.	Henle, Dr Friedrich, StArzt. ✠.
	Wolf, Dr Carl, RArzt 1. Cl. ✠.
	Reichel, Dr Julius, BArzt. ✠.
Quartiermstr.	Hoppe, Georg, ROmstr 1. Cl. ✠. ✠. ✠.
	Lesche, Georg, ROmstr 1. Cl. GE5. GDF.
	Keller, Heinrich, ROmstr 2. Cl. ✠. ✠.
	Neumeyer, Heinrich, BOmstr ✠.
Secretär.	Barnickel, Georg, CzlSecr. ✠.
Actuar.	Betz, Lorenz, RCAct. ✠.
Auditor.	Berstl, Michael, RAud. 2. Cl.
Apotheker.	Baber, Carl, OApthkr 2. Cl. ✠. ✠.
	Münzenthaler, Carl, UApthkr 1. Cl. ✠.
	Robler, Carl, UApthkr 2. Cl. ✠.
	Reitmeyer, Anton, UApthkr 2. Cl. ✠. ✠.
	Zetl, Albrecht, UApthkr 2. Cl. ✠.

Commandantschaft der Stadt Passau und der Veste Oberhaus.

Commandant.	Seckendorff, Maximilian Frh. von, GM. ꝛc.
Platz-St.-Offic.	Distlbrunner, Maximilian, Major. ✠.
Aufsichtsofficier für Oberhaus.	Dichtel, Theodor, t. p. ch. Major. ✠. ✠.
Platz-Adj.	Pummerer, Alexander, Hptm. 1. Cl. ✠.
Aerzte.	Müller, Dr Georg, StArzt. ✠. ✠.
	Königshöfer, Dr Theodor, RArzt 1. Cl. ✠.
Quartiermstr.	— — —
Auditor.	Bonn, Carl, BAud.

Stadt-Commandantschaft Regensburg.

Commandant.	Mantey-Dittmer, Carl Frh. von, ch. GM. ꝛc.
Platz-Adj.	Neumann, Carl, ch. Hptm.

Commandantschaft der Veste Rosenberg.

Commandant.	Herter, Benedikt, Oberst. ✠4. ⚔. ⚙. ⚔. GE4. GDF.
Platz-St.-Offic.	Büttner, Adolph, ch. Major. ⚔. ⚔.
Platz-Adj.	Müller, Benno, Hptm. 2. Cl. ⚔. ⚔.
Arzt.	Fahrnholz, Dr Johann, RArzt 1. Cl. ⚔. ✠.
Quartiermstr.	Leidig, Georg, ROmstr 2. Cl. ⚔.
	Riesling, Johann, UOmstr. ⚔.
Auditor.	Zenk, Friedrich, BAud.

Stadt-Commandantschaft Speyer.

Commandant.	Brößler, Martin, ch. Oberst. ⚔. ⚙.
Platz-Adj.	— — —

Festungs-Commando in Ulm.

Commandant.	Hebberling, Joseph, ch. GM. ꝛc.
Platz-St.-Offic.	Geuder genannt Rabensteiner, Sigmund Frh. von, ch. Oberstlt. ⚔. HP4.
	Schmädel, Otto Ritter von, Major. ⚔. ⚔. BGM.
Platz-Adj.	Marabini, Carl, Hptm. 1. Cl. NA3m.Schw.
	Schütz, Friedrich, Olt.
Art.-Director.	funct. Brandt, Carl, Major im 4. ArtR. ⚔. ⚔.
Genie-Director.	Schenk, Michael, Oberst im GenStb. ✠4. ⚔. WF3.
Aerzte.	Handwerker, Dr August, RArzt 1. Cl.
	König, Dr Johann, BArzt. ⚔.
Local-Cr.	Sirl, Leonhard, KrgsCr. ⚔. GDF.
Quartiermstr.	Herzog, August, BOmstr.
	Gumposch, Joseph, UOmstr.
	Butzer, Adalbert, UOmstr.
Secretäre.	Knußert, Gustav, DCSecr.
	Jung, Friedrich, CzlSecr. ⚙.
Actuare.	Helfrich, Johann, RAct.
	Gänsbauer, Friedrich, RAct. ⚔.

Commandantschaft der Veste Wülzburg.

Commandant.	Busch, Philipp, Oberst. ⚔. ⚙.
Platz-St.-Offic.	Rittmann, Martin, ch. Major. ⚔.
Platz-Adj.	funct. Steitmann, Christian, t. p. Olt.
Arzt.	Hildenbrand, Dr Eduard, RArzt 1. Cl. ⚙.
Quartiermstr.	Throll, Baptist, ROmstr 2. Cl. ⚔.
Actuar.	Lang, Joseph, RAct.
Auditor.	Euler, Carl, BAud.

4

Commandantschaft der Stadt Würzburg und der Veste Marienberg.

Commandant. Steinsdorf, Maximilian von, GM. rc.

2. Commandant. Rottmann, Jacob, ch. Oberst. ☖. ✠. IIL3.

Vorstand der Local-Verpflegs-Commission. Weber, Wilhelm, r. Major. ☖. ◉. ✠.

Platz-St.-Offic. Brückner, Maximilian von, ch. ObstLt. ✠. ✠.

Kramer, Carl von, Major. ☖. ✠.

Platz-Adj. Denig, Alexander, Hptm. 1. Cl. ☖. ◉. ✠.

Albrecht, Lorenz, Hptm. 2. Cl. ☖4. ✠.

Art.-Director. funct. Eckart, Edmund, Major im 4. ArtR. ✠4. ✠. ✠.

Genie-Director. Lößl, Ludwig, ObstLt. im GenStb. ✠4. ☖. ◉. ✠.

Aerzte. Raßt, Dr Carl, StArzt. ☖. ✠.

Müllbaur, Dr August, RArzt 2. Cl. ☖. BGM.

Strauß, Dr Ludwig, BArzt. ☖.

Schiller, Dr Ludwig, BArzt. ☖.

Quartiermstr. Lendner, Joseph, ROmstr 1. Cl. ☖. ◉. ✠.

Strehl, Anton, ROmstr 1. Cl. ✠.

Spambalg, Leonhard, BOmstr. ☖.

Peter, Carl, UOmstr. ☖.

Zettel, Baptist, UOmstr. ☖.

Körber, Andreas, UOmstr. ☖.

Secretär. Reichl, Joseph, CzlSecr. ☖.

Auditor. Englert, Franz, RAud. 1. Cl. ☖.

Apotheker. Schmid, Carl, OApthkr 1. Cl. ☖.

Seibel, Carl, UApthkr 1. Cl. ☖.

Fraaß, Carl, UApthkr 1. Cl. ☖.

Popp, Gabriel, UApthkr 2. Cl. ☖.

Krauß, Albrecht, UApthkr 2. Cl. ☖.

———

Infanterie.

Uniform: Vom Feldwebel abwärts den Waffenrock von hellblauem Tuche mit scharlachrothem Vorstoße und einer Reihe von 9 Metallknöpfen; Krägen und Aufschläge bei je zwei Regimentern gleich, diese nur durch weiße oder gelbe Knöpfe unterschieden; Kragen-Vorstoß von hellblauem Tuche mit Ausnahme jener Regimenter, welche schwarze oder stahlgrüne Krägen und dann scharlachrothen Vorstoß an Kragen und Aufschlägen haben; Achselwulste von scharlachrothem Tuche. Beinkleider von hellblauem Tuche mit scharlachrothem Vorstoße; nach der Jahreszeit und Witterung zu großen Paraden weißleinene Beinkleider. Halsbinden von schwarzem Tuche mit weißleinenem Vorstoße. Bundschuhe. Dunkelgraue Mäntel mit weißen Metallknöpfen, hellblauem umliegenden Kragen mit scharlachrothem Vorstoße; auf dem Kragen nach der Farbe der Aufschläge Tuchlitzen, bei den Regimentern mit schwarzen oder stahlgrünen Krägen mit rothem Tuche unterlegt; die beiden Knöpfe an dem Kragen gleich jenen des Waffenrockes. Die Unterofficiere weißlederne Handschuhe.

Helme von Leder mit Wachs schwarz gewichst, Verzierungen von Messing bestehend in einem gekrönten L, zu beiden Seiten einen Löwenkopf mit Ring und an diesem das Sturmband von Messingblättern; auf dem Helme ein Kamm von schwarzer Wolle, von Bärenpelz jedoch für die Feldwebel, Musikmeister, Regiments- und Bataillons-Tamboure, die Profosen und Hautboisten; ober dem Löwenkopfe an der linken Seite die blau und weiße Kokarde. Die Schützen-Compagnien grüne Huppen in einem mit dem Löwenkopfe an der linken Seite des Helmes vereinigten messingnen Stiefel.

Schirmmützen von hellblauem Tuche mit scharlachrothem Vorstoße, schwarzledernem Schirme und einer Krone von Tuch nach der Farbe der Knöpfe.

Schulterblätter vom Metalle der Knöpfe und in der Breite der Schulter: für die Musikmeister, Regiments- und Bataillons-Tamboure und Hautboisten. Die Unterofficiere und die Mannschaft der Schützen-Compagnien Schnurgeflechte von grüner Wolle, erstere an denselben Patrouillenpfeifchen.

Die Junker dieselbe Uniform wie die Officiere, jedoch ohne Gradauszeichnung auf dem Kragen und ohne Dienstzeichen; Schirmmützen mit Seidestickerei nach der Farbe der Knöpfe.

Die Stabs- und Oberofficiere den Waffenrock und die Beinkleider in Form und Farbe wie jene der Mannschaft; weißleinene und Nanking-Beinkleider, die jedoch zu Pferde nicht getragen werden; bei Hoffesten Beinkleider von weißem Casimir. Mäntel von grauem Tuche in zwei Theilen, dem Mantelrocke mit weißen Metallknöpfen und dem langen Radkragen, werden einzeln oder vereint getragen, jedenfalls aber mit umgeschlagenem Halskragen von hellblauem Tuche mit scharlachrothem Vorstoße. Helme von schwarzlackirtem Leder mit dem Beschläge wie die Mannschaft, jedoch vergoldet; Kamm von Bärenpelz. Die Schützenofficiere Huppen von grüner Seide und eben solche Schnurgeflechte zu Patrouillenpfeifchen. Schirmmützen mit Gold- oder Silberstickerei. Schulterblätter von weißem oder gelbem Metalle nach der Farbe der Knöpfe in der Breite der Schulter, das Unterfutter nach der Farbe des Kragens mit Ausnahme der Regimenter mit schwarzem oder stahlgrünem Kragen, diese scharlachroth. Als Dienstzeichen den Ringkragen; im Marschanzuge werden die Schulterblätter abgelegt und der Ringkragen in einem Tuchfutterale von der Farbe des Rockes getragen. Die Ordonnanz-Officiere S. M. des Königs und die Adjutanten der Generale als Dienstzeichen Schärpen wie die Oberofficiere des Generalquartiermeister-Stabs, jedoch über die rechte Schulter zur linken Hüfte zu tragen; dann Hüte mit Hahnenfederbusch wie jene Officiere. Die berittenen Officiere stählerne Anschraubspornen.

Die Gradauszeichnung auf den Krägen nach der Farbe der Knöpfe; der Oberst und Hauptmann auf jeder Seite des Kragens drei, der Oberstlieutenant und Oberlieutenant zwei, der Major und Unterlieutenant eine Tresse von Silber oder Gold; die Stabsofficiere, nämlich der Oberst, Oberstlieutenant und Major überdieß am äußern Rande des Kragens eine Silber- oder Goldborte.

Eben so sind die Rockkrägen der Unterofficiere mit einer weißen oder gelben wollenen Borte eingefaßt. Dazu der Feldwebel und der Profos drei, der Sergent zwei, der Corporal eine Litze von Wolle; der Gefreite eine solche Litze ohne Einfassungsborte; der Schützenhornist und Tambour auf Kragen und Aufschlägen eine schmälere Borteneinfassung, der Tambour I. Classe hiezu noch eine zweite von der Breite der Gefreitenauszeichnungsborte; der Musikmeister und Regiments-Tambour eine doppelte Einfassung von Silber- oder Goldborten auf dem Kragen, letzterer auch auf den Aufschlägen; der Bataillons-Tambour wie der Regiments-Tambour jedoch nur einfach.

Vom Feldwebel abwärts als Zeichen einer zurückgelegten activen Dienstzeit von 6 Jahren eine, von 12 Jahren zwei, von 18 Jahren drei weiße Kameelhaarborten auf dem linken Oberärmel.

Die Generale, Stabs- und Oberofficiere, sowie die Militärbeamten, dann die Unterofficiere und Soldaten erhalten für 24 und 40 jähriger Dienstzeit das Dienstalterszeichen in Kreuzesform.

Bewaffnung: Gezogene Gewehre vom Caliber 0,53 und einem Durchmesser des cylindrischen Theiles des (Expansiv-) Geschoßes von 0,52 rh. Zoll. Dreierlei Modelle: Nr. 1 (Infanterie-Gewehr) für die Füsiliere, Nr. 2 (Schützen-Gewehr) für die Schützen-Compagnien, beide zu 36 rh. Zoll Lauflänge; Nr. 3 (Büchse) für ausgewählte Schützen in allen Compagnien, 32 rh. Zoll Lauflänge; das Infanterie-Gewehr mit einfacher Aufsatzklappe, Schützengewehr und Büchse mit Schiebervisir; breitantige Bajonete, Garnitur und Ladstock von Eisen, Cordonriemen von schwarzem Leder.

Geraden 18,1 rh. Zoll langen Säbel mit gelbem metallenen Griffe und einfacher Parirstange, schwarzlederner Scheide, Riembügel und Ortband von Messing.

Schwarzlederne Gürtelkuppel; Patrontasche von schwarzem Leder mit gewichstem Deckel, auf demselben bei den Schützen-Compagnien ein gelbmetallenes Schützenhörnchen.

Die Pioniere nebst ihrer besondern Ausrüstung mit Axt und Handwerkszeug nur den Infanterie-Säbel. Außer diesen sind 4 Mann per Compagnie mit Wurfschaufeln, 2 mit Kreuzpickeln und 2 mit Zimmeräxten ausgerüstet.

Die Musikmeister, Regiments- und Bataillons-Tamboure, dann die Hautboisten gekrümmte Säbel mit eisernem Korbgefäße in schwarzen ledernen Scheiden mit Eisenbeschläge; schwarzlederne Gürtelkuppel.

Die Officiere und Junker einen 30 bis 33 rh. Zoll langen Säbel mit wenig gekrümmter Klinge in stählerner Scheide, Griff von Holz mit geschwärzter Fischhaut überzogen und mit vergoldetem Draht umwunden, Beschläge des Gefäßes von gelbem Metalle, auf jeder Seite der Klinge ein Schild mit der königlichen Namenschiffer und der Krone geäzt. Kuppel von rothem Saffian mit aufgenähter silberner Würfelborte, welche von einem hellblauseidenen Streifen durchzogen ist; Schließe, Ringe, Schnallen und Kettchen mit Aufhänghaken von weißem Metalle.

Die Officiere zu Pferd zwei Pistolen.

Als Säbelgehänge oder Portepee: für die Profosen, Sergenten, Bataillons-Tamboure, Corporale, Vicecorporale, Hautboisten und Hornisten eine Quaste mit Band von weiß und blauer Wolle; für die Feldwebel, Musikmeister, Regiments-Tamboure und die Stabsprofosen von Kameelgarn mit Silberfranfen an der Quaste. Die Junker eine Quaste von Silberfranfen, das Band von weißer Seide mit zwei blauen Streifen. Die Officiere wie die Generale.

Pferderüstung für die berittenen Officiere der Infanterie: Reitzeug wie die Generale, jedoch das Kopfgestell an dem Stirnbande und an der Stange ohne Platten, bei den Oberofficieren auch noch ohne die Panzerketten auf dem Stirn- und Nasenbande; die Schabracken von scharlachrothem Tuche, für die Stabsofficiere mit einer 2½ Zoll breiten silbernen Einfassungsborte und einem gekrönten £ in den rückwärtigen Ecken, für die Oberofficiere mit einer 1½ Zoll breiten Borte.

Infanterie - Leib - Regiment.

Garnison München.

1814. 16. Juli errichtet als Grenadier-Garde-Regiment aus den damals bei den Linien-Infanterie-Regimentern und den leichten Infanterie-Bataillonen bestandenen Grenadier- und Carabinier-Compagnien, dann aus den 4 Grenadier-Compagnien des der Krone Bayern einverleibten Großherzogthums Würzburg; umgebildet zu einem Linien-Infanterie-Regimente den 1. December 1825, erhielt es am 28. October 1835 für immer die Benennung „Infanterie-Leib-Regiment."

Feldzugsjahre seit der Errichtung: 1815, 1866.

Uniform: Kragen und Aermelaufschläge scharlachroth, auf letzteren 2 quer liegende Litzen; Knöpfe weiß mit darauf geprägter Krone.

Stabs-Officiere.

Oberst-Cmdt. Höggenstaller, Adalbert. ✠4. ⚔. ⚔.
Oberstlieut. Tann, Friedrich Frh. von der. ⚔. ⚔. PrA4.
Majore. Dörnmühl, Peter, ⚔. ⚔.
Joner-Tettenweiß, Joseph Graf von, ✠3. ⚔. ⚔. J.
Eckart, Franz, ⚔. ⚔.
Berri della Bosia, Max. Graf von, ✠4. ⚔. ⚔. PrA3. PK3.
Adj. des FZM. Prinz Luitpold von Bayern, K. H.,
Raith, Thaddä, ⚔. ⚔.
Reuß, Friedrich, ⚔. ⚔. ÖFJ3.
Lüneschloß, Friedrich von, ✠4. ⚔. ⚔. HP4. Krjkr.

Hauptleute.

I. Parseval, Maximilian von, ✠4. ⚔. ⚔. | I. Baumüller, Friedrich, ⚔. ⚔.
- Rubhart, Anton, ⚔. ⚔. | - Berchem, Otto Frh. von, ⚔. ⚔.
| - Lindenfels, Friedr.Frh. von, ✠4.⚔.

I. Martin, Franz, ⚔.
- Mayerhofer, Adolph, ⚔.
- Murmann, Conrad, ⚔ ⚔ ⚔.
- Orff, Otto von, ⚔4. ⚔. ⚔.
- Tann, August Frh. von der, ⚔ ⚔.
- Stritzl, Johann, ⚔4. ⚔ ⚔.
- Rubenbauer, Ludwig, ⚔.
- Harold, Edgar Frh. von, ⚔. SpF3. SpAM. Krjr,
- Otto, Prinz von Bayern, K. H., ⚔. ⚔4. ⚔. GE1. lIL1. RAnd. RAN. RwA. RA1. RSt1.
- Albrechtskirchinger, Ferd. ⚔.
- Staubwasser, Friedrich, ⚔.
II. Neumeyer, Ludwig, ⚔.
- Grabinger, Friedrich, ⚔.
- Fleckinger, Max. von, ⚔4. ⚔.
- Fischer, Adolph, ⚔.
- Bionbino, Friedrich, ⚔4. ⚔.

II. Henle, Carl, ⚔.
- Schwarzmann, Ludwig, ⚔.
- Hoffmann, Carl, ⚔.
- Neumann, Otto, ⚔.
I. Schinner, Friedrich, ⚔. Adj. des KrMstrs GM. Frh. von Pranckh,
II. Hoffmann, Phylades, verwdt als Adj. beim Landwehr-Kreis-Cmdo von Oberbayern,
- Wagener, Eugen, ⚔.
- Kellner, Rupert, ⚔.
- Nagelschmidt, Franz, ⚔.
- Grünberger, Otto, ⚔.
I. Waagen, Gustav, ⚔ Adj. des GLt und GCmdtn Stephan,
II. Feilitzsch, Ludwig Frh. von, ⚔.
- La Roche, Ludwig Delpy von, ⚔.
- Tauffkirchen - Lichtenau, Wilhelm Graf von. ⚔4. ⚔.

Oberlieutenants.

Aretin, Theodor Frh. von, ⚔.
Cucumus, Gottfried, ⚔.
Deroy, Ludwig Graf von, ⚔.
Jeetze, Arthur Frh. von, ⚔.
Branca, Maximilian von, ⚔.
Berchem, Carl Frh. von, ⚔.
Melchior, Carl, ⚔4. ⚔. RAdj.,
Mayer, Adolph, ⚔.
Raub, Emil, ⚔4. ⚔.
Horadam, Eduard, ⚔4. ⚔. BAdj.,
Haren, Franz, ⚔.
Schönhammer, Ludwig, ⚔.
Tann, Melchior Frh. von der, ⚔. BAdj.,
Malaisé, Ernst, ⚔. ÖFJ3.
Schuller, Carl, ⚔.
Schrenk, Eduard Frh. von, ⚔.
Boy, Franz, ⚔.
Klenze, Maximilian von, ⚔. Krjr,

Abel, Carl, ⚔.
Schmalix, Ludwig, ⚔.
Zoller, Friedrich Frh. von, ⚔. Begleiter S. K. H. des Prinzen Arnulph von Bayern,
Nachtigall, Emil, ⚔.
Peters, Gottlob, ⚔.
Schilcher, Maximilian, ⚔.
Auer, Ludwig, ⚔.
Malaisé, Maximilian, ⚔.
Bothmer, Moriz Graf von, ⚔4. ⚔.
Rümmelein, Carl, ⚔.
Hartmann, Wilhelm, ⚔.
Butler-Haimhausen, Arthur Gr. v., ⚔.
Ruedorffer, Oscar von, ⚔.
Rinecker, Stephan, ⚔.
Kitzing, Albert, ⚔.
Grünwald, Franz. ⚔.

Unterlieutenants.

Kobell, Friedrich von, ⚔.
Redwitz, Melchior Frh. von, ⚔.

Manz, August, ⚔.
Heiden, Hamilkar, ⚔.

Lichtenstern, Carl Reisner Frh. von, ⚔4. ⚔2.
Tann, Ludwig Frh. von der, ⚔2.
Bombard, Carl, ⚔4. ⚔2.
Weber, Wilhelm, ⚔2. BAdj.,
Ehrne von Melchthal, Hermann, ⚔.
Roos, Maximilian, ⚔.
Ruedorffer, Constantin von, ⚔2.
Zahlberg, Alphons, ⚔.
Herigoyen, Emanuel von, ⚔2.
Schneemann, Heinrich, ⚔.
Feschuez, Carl, ⚔2.
Weber, Eduard Ritter von, ⚔.
Morgenroth, Adolph, ⚔2.
Hary, Julius von, ⚔2.
Heigl, Heinrich, ⚔2.
Galler, Adolph, ⚔2.
Du Prel, Walther Frh. von, ⚔2.
Oefele, Adolph Frh. von, ⚔2.
Föringer, Carl,
Bernhard, Albert, ⚔2.
Stengel, Eduard, ⚔2.

Schmeckenbecher, Friedrich, ⚔2.
Donnersperg, Carl Frh. von, ⚔2.
Reigersberg, Hugo Graf von, ⚔2.
List, Georg, ⚔2.
Schwarz, Maximilian, ⚔2.
Baur, Friedrich, ⚔2.
Lochmüller, Maximilian, ⚔2.
Riederer, Alois Frh. von, ⚔2.
Uebelacker, Franz, ⚔.
Reisenegger, Rudolph,
Nobel, Friedrich,
del Moro, Friedrich, ⚔2.
Dietz, Leonhard von, ⚔2.
Schuster, Carl, ⚔.
Dalbez, Carl, ⚔2.
Sander, Carl, ⚔2.
Maier, Maximilian, ⚔.
Hagn, Rudolph von,
Dörner, Johann, ⚔.
Hochholzner, Casimir,
Arco-Zinneberg, Nikolaus Graf von.

Junker.

Vom Stabe.

Aerzte.	Stabelmeyer, Dr Ernst, RArzt 1. Cl. ⚔ ⚔.
	Lautenbacher, Dr Ludwig, RArzt 2. Cl. ⚔.
	Müller, Dr Peter, BArzt. ⚔4. ⚔.
	Vogl, Dr Anton, BArzt. ⚔2.
	Broxner, Dr Otto, BArzt. ⚔2.
Quartiermstr.	Du Bois, Otto, ROmstr 1. Cl. ⚔.
	Krautblatter, Heinrich, UOmstr. ⚔2.
Actuare.	Wolf, Martin, ⚔2.
	Dimpfl, Ludwig, ⚔2.
	Carl, Ludwig, ⚔2.
	Pfistermeister, Johann,
	Philipp, Friedrich. ⚔2.
Auditor.	Schamberger, August, RAud. 1. Cl. ⚔2.

1. Infanterie-Regiment König.

Garnison München, das 1. Bataillon in Landau.

1778. 1. Juli gebildet als churpfalzbayerisches Leibregiment aus dem 1. Bataillon des 1698 errichteten churpfälzischen (S. Infanterie-Regiment Nr. 3), und dem 2. Bataillon des 1682 errichteten churbayerischen Leibregiments (S. Infanterie-Regiment Nr. 10), wurde es 1789. 18. September 1. Grenadier- und Leib-Regiment, dann (nach der Einverleibung am 15. März 1799 des in Düsseldorf 1789 errichteten 4. Grenadier-Regiments Baden) 1799. 6. Juni zum Füsilier-Regimente umgewandelt und Leibregiment, 1803. 16. März Linien-Infanterie-Leib-, 1804 1. Linien-Infanterie-Leibregiment, und 1811. 29. April 1. Linien-Infanterie-Regiment König genannt; diesem sodann 1815 das 5., 7., 8. und 18. National-Feldbataillone der 1813 errichteten mobilen Legion des Isarkreises einverleibt; 28. October 1835 erhielt es die Benennung „Infanterie-Regiment König," welcher seit 26. April 1848 auch die Nummer beigesetzt wird.

Proprietäre: 1. Juli 1778 Churfürst Carl Theodor; 16. Februar 1799 Churfürst Maximilian Joseph IV., seit 1. Januar 1806 Maximilian Joseph I., König; 13. October 1825 Ludwig I., König.

Proprietär-Lieutenants: 1778 Frh. v. Belderbusch, GLt; 1788 Graf v. Daun, GLt; 1792 Fürst v. Isenburg, GLt.

Feldzugsjahre seit der Errichtung, außer jenen der Stammregimenter: 1794, 1800, 1805, 1806, 1807, 1809, 1812, 1813, 1814 und 1815, 1866.

Schlachten und Belagerungen: 1794 Vertheidigung von Mannheim; 1806 Belagerung von Glogau und Breslau; 1807 Belagerung von Kosel, Glatz und Silberberg; 1809 Schlacht von Abensberg und Eggmühl; 1812 Schlacht von Polozk; 1814 Schlachten von Brienne, Bar sur Aube und Arcis sur Aube.

Uniform: Kragen und Aufschläge krapproth; Knöpfe gelb.

Regiments-Inhaber.

Seine Majestät König Ludwig I.

Stabs-Officiere.

Oberst-Cmdt. Pesenecker, Clemens, ✠4. ⚜. ✠.

Oberstlieut. Roth, Albert, ⚜. ✠. HL3.

　　　　　Isenburg-Philippseich, Ludwig Graf von. ✠4. ⚜. ✠.

Majore. Trapp, Anton, ⚜. ✠.

　　　　　Daffenreither, Franz, ⚜. ✠.

　　　　　Schlichtegroll, Maximilian von. ⚜. ✠.

　　　　　Schwalb, Albert. ⚜. ✠.

Hauptleute.

I. Stubenrauch, Julius Ritter von, ✠4. ⚔. BGM.

- Dürsch, Friedrich Frh. von, ⚔. ⚔.
- Jouvin, Joseph, ⚔. ⚔.
- Heß, Heinrich, ✠4. ⚔.
- Münich, Friedrich, ⚔. ⚔. BdZL4. RA3.
- Coulon, Theodor von, ⚔.
- Wilhelm, Alexander, ⚔. SEK3.
- Esenwein, Hugo von, ✠4. ⚔. ⚔.
- Hörmann von Hörbach, Baptist, ⚔.
- Hofmann, Heinrich, ✠4. ⚔.
- Muck, Carl, ⚔.
- Jungermann, Joseph, ⚔. ⚔.
- Münzing, Georg, ⚔. ⚔.

II. Freyschlag von Freyenstein, Ignaz, ✠4. ⚔.

I. Kleinschrod, Florentin, ✠4. ⚔. BIL5. Abj. des GLt und GCmbtn Frh. von der Tann,

II. Cramer, Heinrich, ⚔. ⚔.

- Hoffmann, Gustav, ⚔.
- Rücker, Ernst von, ⚔. ⚔.
- Schmitt, Jacob, ⚔.
- Hutter, Franz, ⚔.
- Straub, Oscar, ⚔.
- Lindhamer, Carl, ⚔.
- Puchpöck, Maximilian von,
- Reitzenstein, Carl Frh. von, ⚔.
- Dittmann, Michael, ⚔.
- de Taillez, Ludwig, ⚔.
- Hofreiter, Otto, ✠4. ⚔.
- Savoye, Otto von, ⚔.
- Kunstmann, Franz, ⚔.
- Kellner, Heinrich, ⚔.
- Zu Rhein, Friedrich Frh. von, ⚔.
- Schmidt, Maximilian, ✠4. ⚔.
- Zeis, Heinrich, ⚔.
- Köstler, Carl. ⚔.

Oberlieutenants.

Helbig, Hugo, ⚔. com. beim GOmstr Stb,

Dietl, Carl, ✠4. ⚔.

May, Maximilian, ⚔.

Asch, Adolph Frh. von, ⚔. RAbj.,

Völderndorff und Warabein, Theodor Frh. von, ⚔.

Coulon, Ferdinand von,

Bürklein, Friedrich, ⚔.

Dihm, Friedrich, ⚔.

Wenkland, Robert, ⚔.

Ungelter, Eugen Frh. von, ⚔.

Rusch, Oscar, ⚔.

Poißl, Carl Frh. von, ⚔.

Wilhelm, Oscar, ⚔.

Meyer, Edwin von, ⚔.

Gäßler, Theodor von, ✠4. ⚔. BAbj.,

Appel, Wilhelm, ⚔. BAbj.,

Schenk, Arnulph, ⚔. BAbj.,

Cramon, Paul von, ⚔.

Gundermann, Carl, ⚔.

Steyrer, Georg,

Reitmayr, Ludwig, ⚔.

Zu Rhein, August Frh. von, ⚔.

Bebat, Johann, ⚔.

Petri, Eugen, ⚔.

Sensburg, Franz,

Popp, Ludwig, ⚔.

Heyder, Carl von, ⚔.

Büller, Maximilian. ⚔.

Hartz, Carl von, ⚔.

Rusch, Theodor,

Meier, Ludwig, ⚔.

Krane, Wilhelm, ⚔.

Prand, Leonhard. ✠4. ⚔.

Unterlieutenants.

Prielmayer, Max. Frh. von, ⚔4. ✠.
Horn, Carl Frh. von, ✠.
Bauer, Julius, ✠.
Prand, Georg, ✠.
Kirchner, Friedrich, ✠.
Tarnoczy, Alphons von, ✠.
Mayerhofen, Joseph von,
Beball, Caspar, ✠.
Kreußer, Ralph Frh. von, ✠.
Freyberg, Ludwig Frh. von, ✠.
Poißl, Eduard Frh. von, ✠.
Raith, Maximilian, ✠.
Nusch, Carl, ✠.
Schallhammer, Adalbert, ✠.
Baunach, Clemens, ✠.
Koch, Friedrich, ✠.
Ferchel, Eduard, ✠.
Fischer, Heinrich von, ✠.
Ruland, Ferdinand, ✠.
Rotthafft Frh. von Weißenstein, Maximilian, ✠.
Bernhard, Heinrich Frh. von, ✠.

Schmid, Anton, ✠.
Hutter, Franz, ✠.
Castell, Joseph, ✠.
Werner, August, ✠.
Reitzenstein, Philipp Frh. von, ✠.
Gradinger, Maximilian, ✠.
Schultheiß, Ferdinand, ✠.
Hirsch, Johann, ✠.
Gerstner, Georg,
Tämmler, Carl, ✠.
Lang, Lothar, ✠.
Zehetmaier, Michael, ✠.
Heintz, Carl, ✠.
Stolz, Eugen,
Popp, Luitpold, ✠.
Effner, Oscar von, ✠.
Brebisius, Franz,
Müller, August,
Arendts, Wilhelm, ✠.
Härtinger, Carl, ✠.
Weißmann, Christian, ✠.
Stobäus, Ludwig.

Junker.

— — — | — — —

Vom Stabe.

Aerzte.	Mühlbauer, Dr Xaver, RArzt 1. Cl. ✠ ✠.
	Neuhöfer, Dr Moriz, RArzt 2. Cl. ✠ BGM.
	Kunstmann, Dr Edmund, BArzt. ✠.
	Obermüller, Dr Johann, BArzt. ✠.
	Stransky, Dr Hugo von, BArzt. ✠.
Quartiermstr.	Schulz, Georg, RQmstr 2. Cl. ✠ ✠.
	Schubert, Ludwig, UQmstr. ✠.
Actuare.	Huth, Bernhard, ✠.
	Bayerlein, Jacob, ✠.
	Frank, Carl, ✠.
	Oberndorfer, Sebastian, ✠.
	Blumberger, Wilhelm. ✠.
Auditor.	Grimm, Albert, RAud. 1. Cl. ✠.

2. Infanterie-Regiment Kronprinz.

Garnison München mit 1 Compagnie in Laufen; das 1. Bataillon in Germersheim.

1682 wurde aus den 3 Compagnien La Perusa, Stanga und Minucz, welche erstere schon 1672 gegen Genua diente, das neue Regiment Graf La Perusa errichtet, und 1683 Friedrich von Rummel, 1686 Prinz Belbenz, 1689 Schwanenfeld, seit 10. Januar 1694 immer Churprinz, — vom 18. Sept. 1789: 2tes Grenadier-Regiment Churprinz, 6. Juni 1799 zum Füsilier-Regiment umgewandelt und Regiment Churprinz, — dann vom 1. Januar 1806 an Kronprinz genannt. Demselben wurde 1799 das im Jahre 1789 errichtete 3. Grenadier-Regiment Graf Ysenburg, 1814 ein Bataillon des übernommenen großherzoglich würzburgischen Infanterie-Regiments, und 1815 das 4. National-Feld-, und die noch übrigen Bataillone der im Jahre 1813 errichteten mobilen Legion des Salzachkreises einverleibt; 28. October 1835 erhielt es die Benennung „Infanterie-Regiment Kronprinz", welcher seit 26. April 1848 auch die Nummer beigesetzt wird.

Proprietäre: nebst den oben benannten, 10. Januar 1694 Churprinz Joseph Ferdinand; 5. September 1699 Churprinz Carl Albrecht; 28. März 1727 Churprinz Maximilian Joseph; 21. Februar 1799 Ludwig Carl August, Chur-, 1. Januar 1806 Kronprinz; 13. October 1825 Kronprinz Maximilian; 20. März 1848 Kronprinz Ludwig, nun König.

Proprietär-Lieutenants: 1721 de Florimont, GFM.; 1752 von Gattermann, GLt; 1759 Frh. von Seiboltsdorff, GFM.; 1775 Graf von Campana, FMLt; 1778 Graf von Pappenheim, GdC.; 1792 Graf von Zedtwitz, GLt.

Feldzugsjahre seit der Errichtung: 1683, 84, 85, 86, 87 und 88; 1689 —1691; 1694—97; 1702—14; 1717 und 18; 1738 und 39; 1741—45; 1757 und 58; 1794, 1800, 1805, 1806 und 7, 1809, 1812, 1813, 14 und 15; 1866.

Schlachten und Belagerungen: 1683 Entsatz von Wien; 1684 Belagerung von Ofen; 1685 Sturm von Neuhäusel, Einnahme von Kaschau; 1686 Eroberung von Ofen; 1687 Schlacht von Mohacz; 1688 Erstürmung von Belgrad; 1689 Einnahme von Mainz; 1702 Einnahme von Ulm; 1703 Einnahme von Neuburg, Kufstein, Rattenberg und Augsburg; 1704 Schlacht am Schellenberg und bei Höchstädt; 1705 Ueberfall der Linien von Martax; 1706 Schlacht von Ramillies; 1709 Eroberung von Tournay, Vertheidigung von Mons, Schlacht bei Malplaquet; 1712 Einnahme von Douay; 1713 Belagerung von Landau; 1717 Schlacht bei Belgrad, Einnahme von Semendria, Sabatsch und Orsowa; 1739 Schlacht bei Krotzka; 1742 Vertheidigung von Braunau; 1757 Einnahme von Schweidnitz und Breslau, Schlacht bei Leuthen; 1758 Einnahme von Troppau, Vertheidigung von Olmütz, Belagerung von Neisse; 1794 Vertheidigung von Mannheim; 1800 Schlachten von Möskirch, Memmingen, Neuburg und Hohenlinden; 1806 Belagerung von Breslau; 1809 Schlachten von Abensberg und Eggmühl; 1812 Schlacht von Poloczl; 1813 Vertheidigung von Thorn; 1814 Schlachten von Brienne, Bar sur Aube und Arcis sur Aube.

Uniform: Kragen und Aufschläge schwarz mit scharlachrothem Vorstoße, wie Nr. 11; Knöpfe gelb.

Regiments-Inhaber.

— — —

Stabs-Officiere.

Oberst-Cmdt. Dietl, Carl. ⚔4. ⚔4. ⚔. ⚔.
Oberstlieut. Leythäuser, August. ⚔.
Majore.   Murmann, Franz, ⚔. ⚔ ⚔ PrA3.
        Bedall, Adolph, ⚔. ⚔.
        Tattenbach, Heinrich Graf von, ⚔4. ⚔.
        Duntze, Ludwig, ⚔4. ⚔.
        Friedel, Paul, ⚔4. ⚔4. ⚔. ⚔.
        Grabinger, Maximilian, ⚔. ⚔.
        Reschreiter, Maximilian. ⚔. ⚔.

Hauptleute.

I. Steurer, Gotthard, ⚔. ⚔.
- Bouhler, Xaver, ⚔.
- Täuffenbach, Gustav Ritter von, ⚔. ⚔.
- Mehn, Maximilian, ⚔. ⚔.
- Bechtold, Leopold, ⚔. ⚔.
- Sauer, Anton von, ⚔. ⚔. Krstr,
- Fritsch, Eduard, ⚔.
- Bedall, Clemens, ⚔.
- Parseval, Otto von, ⚔. OP3. RA3.
- Mühlhölzl, Johann, ⚔4. ⚔. ⚔. ⚔.
- Dichtel, Franz, ⚔.
- Simon, Maximilian, ⚔. ⚔. HE3.
- Effner, Nepomuk von, ⚔.
- Ruoesch, Joseph von, ⚔.

II. Binder, Johann, ⚔4. ⚔. ⚔.
- Duntze, Friedrich, ⚔. ⚔.
- Lauer, Maximilian, ⚔.
- Rothhaft, Michael, ⚔.

II. Wechinger, Otto, ⚔.
- Ehrne von Melchthal, Anton, ⚔.
    ⚔ ⚔. Krstr,
- Schmitt, Christian, ⚔ RSt3.
- Reitter, Ferdinand, ⚔.
- Krauß, Gustav, ⚔.
- Melchior, Franz, ⚔.
- Hagn, Christoph von,
- Schmitt, Friedrich, ⚔. HP4.
- Cella, Adolph, ⚔.
- Unrein, August, ⚔.
- Ludwig Prinz von Bayern, K.H.
    ⚔. ⚔4. ⚔ GE1. HL1. TJ1.
- Klein, Joseph, ⚔.
- Sainte-Marie-Eglise, Carl Frh.
    von, ⚔4. ⚔.
- Stengel, Leopold Frh. von, ⚔.
    Adj. des GM. und Brgbr Cella,
- Gundermann, Joseph. ⚔.

Oberlieutenants.

Baligand, Max. von, ⚔. Krstr, RAdj.
Ruffin, Kuno Frh. von, ⚔.
Branca, Wilhelm von, ⚔. MWK4.
   PK3. begleitender Officier S.K.H.
   des Prinzen Otto von Bayern,
Weinig, Maximilian, ⚔.
Peller von Schoppershof, Friedrich, ⚔.
Weiß, Heinrich, ⚔.
Fleckinger, Robert von, ⚔.

Annetsberger, Carl, ⚔.
Malsen, Albert Frh. von, ⚔4. ⚔
   Krstr, JJ.KK.HH. den Prinzen Lud-
   wig und Leopold von Bayern zur
   Hofdienstleistung zugetheilt,
Du Prel, Carl Frh. von, ⚔.
Hareu, Ludwig, ⚔.
Durlacher, Hermann, ⚔.
Bacherle, Joseph, ⚔.

Förster, Briz, ⚔.
Pracher, Carl, ⚔. BAdj.,
Bernhardt, Ludwig, ⚔.
Krauß, Heinrich Frh. von, ⚔.
Gulielmo, Theodor, ⚔.
Dihm, Carl, ⚔.
Rummel, Eduard Frh. von, ⚔.
Hemmer, Anton, ⚔. Adj. des GM.
 ad latus v. Schedel,
Händl, Friedrich, ⚔.
Gulder, Georg, ⚔.
Tautphoeus, Richard Frh. von, ⚔.
 Krjtr,
Gail, Otto, ⚔.
Zu Rhein, Otto Frh. von, ⚔.

Diez, Carl, ⚔.
Grießmayer, Julius, ⚔.
Gruntzherr zu Altenthann und Weyher-
 haus, Friedrich von, ⚔.
Messow, Eugen, ⚔.
Reichlin-Meldegg, Theophil Frh. von,
 ⚔.
Bürklein, Gottfried, ⚔. BAdj.,
Tattenbach, Julius Graf von, ⚔.
Reichlin-Meldegg, Carl Frh. von, ⚔.
Lufft, Hermann, ⚔.
Branca, Paul von, ⚔.
Bothmer, Carl Graf von, ⚔.
Fortenbach, Jacob. ⚔.

Unterlieutenants.

Tann, Luitpold Frh. von der,
Kolb, Luitpold, ⚔.
Schubärt, Carl von, ⚔.
Bocke, Heinrich, ⚔.
Horn, Hermann, ⚔.
Wagner, Julius, ⚔.
Dönniges, Maximilian von, ⚔4. ⚔.
Wolkenstein-Rodenegg, Philipp Graf
 von, ⚔.
Barth zu Harmating, Hugo Frh. von, ⚔.
Rumpel, Andreas, ⚔.
Winther, Ludwig, ⚔.
Effner, Heinrich von,
Geißler, Heinrich, ⚔.
Schmelcher, Edmund, ⚔.
Laumer, Heinrich, ⚔.
Dietl, Friedrich, ⚔.
Mantel, Carl, ⚔.
Branca, Carl von, ⚔.
Langmantel, Valentin, ⚔.
Theun, Joseph, ⚔.

Dollmann, Paul,
Dürk, Wilhelm,
Fürholzer, Franz, ⚔.
Morgenroth, Leopold, ⚔.
Nieberer, Emil, ⚔.
Mayer, Maximilian, ⚔.
Leeb, Heinrich, ⚔.
John, Walther,
Zürn, Joseph, ⚔.
Zierl, Heinrich, ⚔.
Reichensperger, Ludwig, ⚔.
Pausch, Ludwig, ⚔.
Rau, Julius, ⚔.
Stauber, Johann,
Breyer, Friedrich,
Wagner, Ludwig, ⚔.
Schüler, Ludwig, ⚔.
Gruber, Joseph, ⚔.
Bronberger, Otto, ⚔.
Enzensberger, Michael, ⚔.
Ott, Otto. ⚔.

Junker.

— — — | — — —

Vom Stabe.

Aerzte.	Fellerer, Dr Johann, RArzt 1. Cl. ☓.
	Deisch, Dr August, RArzt 2. Cl. ☓4. ☓.
	Ettinger, Dr Joseph, BArzt. ☓.
	Schulze, Dr Emil, BArzt. ☓.
	Hilz, Dr Joseph, BArzt. ☓.
Quartiermstr.	Mahler, August, ROmstr 2. Cl.
	Reisinger, Wilhelm, UOmstr. ☓.
	Weinrich, Alfred von, UOmstr. ☓.
	Caries, Edmund, UOmstr. ☓.
Actuare.	Gerubauer, Joseph, ☓.
	Krauß, Friedrich, ☓.
	Ernst, Wilhelm, ☓.
	Werkmann, Anton,
	Hofer, Ferdinand. ☓.
Auditor.	Gartner, Joseph, RAud. 1. Cl.

---

3. Infanterie-Regiment Prinz Carl von Bayern.

Garnison Augsburg mit 1 Compagnie in Kaisheim; das 2. Bataillon in Neuulm.

1698. 1. Februar errichtet durch Churfürst Johann Wilhelm in Düsseldorf von ausgewählter Mannschaft der churpfälzischen Regimenter von Lübeck, Graf Würtby, Frh. von Bourscheid und Herzog Ernst von Sachsen-Meiningen als Garde-Grenadier-, 1757 Leib-, später Garde-Regiment zu Fuß. Hievon bildete das 1. Bataillon im Jahre 1778 mit dem 2. des churbayerischen Leib-Regiments das churpfalz-bayerische Leib-, nun Infanterie-Regiment König. Das 2. und 3. Bataillon aber wurde das Füsilier-Regiment Pfalzgraf Wilhelm von Birkenfeld. 1789. 2. Füsilier-Regiment, 19. Juli 1790. 2. Füsilier-Regiment Pfalzgraf Max, und 1. April 1795 Herzog Max von Zweybrücken; 21. Februar 1799 Herzog Carl; 1. Juni 1799 mit dem im Jahre 1690 (als Effern) errichteten 10. Füsilier-Regiment Hohenhausen vereinigt, doch nur 1 Bataillon unter dem OberstLt. Frh. von Buseck bildend, aus diesem und dem im Jahre 1799 in der Rheinpfalz durch Sammlung beurlaubter und zurückgebliebener Mannschaft der pfälzischen Regimenter, aus einem Theile der ehemaligen Zweybrücker-Garde und aus freier Werbung von dem nachmaligen Feld-Marschall und Fürsten Wrede errichteten Bataillon Wrede bildete sich den 16. Juni 1801 das alte 2. Infanterie-Regiment Herzog Carl wieder, dieses 1804 das 3. Linien-Infanterie-Regiment, 1806 Prinz Carl, — dem 1815 das 1. und 10. National-Feld-Bataillon der im Jahre 1813 errichteten mobilen Legion des Oberdonaukreises einverleibt wurden, — und seit 28. October 1835 nach seinem Inhaber, seit 26. April 1848 nach Nummer und Inhaber genannt, dessen Namen es zum Andenken an die zwischen dem Regimente und Seiner Königllichen Hoheit dem Prinzen Carl von Bayern bestandenen Beziehungen, sowie zum steten Gedächtnisse der großen Verdienste Höchstdesselben für alle Zeiten führen soll.

Inhaber: 1698 Johann Ernst Graf von Nassau-Weilburg; 1717 Pfalzgraf Joseph Carl, Erbprinz von Sulzbach; 1729 Frh. von Kubla, GM.; 1733 Pfalzgraf Carl Theodor von Sulzbach; 1743 Casimir Frh. von Zastrow, GM.; 1757 Churfürst Carl Theodor; 1778 Pfalzgraf Wilhelm von Birkenfeld; 1790 Pfalzgraf Max, seit 1795 Herzog Max von Zweybrücken; 1799 Herzog Carl, seit 1806 königlicher Prinz von Bayern.

Feldzugsjahre seit der Errichtung: 1702 — 14, 1741 — 45, 1757 — 62, 1790 und 1791, 1794 und 1795, 1799, 1800, 1805, 1806 und 1807, 1809, 1812, 1813, 1814 und 1815; 1866.

Schlachten und Belagerungen: 1702 Belagerung von Landau; 1703 Schlacht bei Heiligenstein; 1704 Belagerung von Landau; 1708 Belagerung von Lille, Einnahme von Gent; 1709 Belagerung von Tournay und Mons, Schlacht bei Malplaquet; 1710 Belagerung von Douay, von Betbune, Aire und St. Venant; 1713 Vertheidigung von Landau und der Rheinschanze; 1742 Vertheidigung von Braunau; 1759 Belagerung von Torgau; 1760 Eroberung von Wittenberg; 1794 Vertheidigung von Mannheim; 1800 Schlachten von Möskirch, Biberach, Memmingen, Neuburg und Hohenlinden; 1806 Belagerung von Breslau; 1809 Schlachten von Abensberg, Landshut, Wagram und Znaym; 1812 Schlacht von Poloczl; 1813 Vertheidigung von Thorn, Schlachten von Bautzen und Dennewitz; 1814 Schlachten von Brienne, Bar sur Aube und Arcis sur Aube.

Uniform: Kragen und Aufschläge scharlachroth wie Nr. 6; Knöpfe gelb.

Stabs-Officiere.

Oberst-Cmdt. Hößlinger, Leopold. ☩. ☩.

Oberstlieut. — — —

Majore. Otting-Fünfstetten, Ludwig Graf von, ☩.

Neßelrode-Hugenpoet, Hermann Frh. von, ☩. ☩.

Oswald, Anton Ritter von, ☩. ☩.

Hiller, Jacob, ☩. ☩.

Muck, Eduard. ☩. ☩.

Hauptleute.

I. Keck, Anton, ☩. ☩.

- Harrach, Anton, ☩. ☩.

- Reichlin-Meldegg, Anton Frh. von, ☩. ☩. ☩.

- Damboer, Wilhelm, ☩. ☩. ÖEK3.

- Reitzenstein, Eduard Frh. von, ☩. HP4.

- Hutter, Otto, ☩.

- Würbinger, Joseph, ☩.

I. Dörmühl, Georg, ☩. ☩. ☩.

- Roßmann, Ludwig, ☩. ☩. ☩. GDF.

- Karthaus, Carl, ☩. ☩.

- De Bruyn, August, ☩. ☩.

- Birkmann, Joseph, ☩.

- Parseval, Ferdinand von, ☩.

- Schönfeßl, Ludwig, ☩.

- Lösch, Ludwig Graf von, ☩. ☩.

- Wagner, Friedrich, ☩. ☩.

II. Weiß, Eduard, ⚔.

  - Rebay von Ehrenwiesen, Joseph, ⚔. ⚔.

  - Allweyer, Bernhard von, ⚔. Krjtr,

  - Horn, Alexander, ⚔.

  - Angstwurm, Theodor, ⚔. com. beim
    GQmstrStb,

  - Abel, Maximilian, ⚔.

  - Schmidbauer, Martin, ⚔.

  - Dick, Joseph, ⚔. ⚔.

  - Steinberger, Carl,

II. Halber, Julius,

  - Heigl, Xaver,

  - Zech, Carl Graf von,

  - Birkmann, Johann,

  - Steinmayr, Joseph, ⚔.

  - Wibel, Moriz, ⚔.

  - Fürst, Leopold, ⚔.

  - Fabris, August von, ⚔.

  - Breſſensdorf, Adolar Breſſelau von.
    ⚔.

Oberlieutenants.

Pendele, Maximilian,

Lehmann, Friedrich, ⚔.

Lenk, Anton, ⚔.

Schumacher, Carl, ⚔.

Schraudolph, Johann, ⚔. RAdj.,

Breſſensdorf, Robert Breſſelau von, ⚔.

Burger, Otto, ⚔. ◉.

Graßer, Otto, ⚔.

Staudwaſſer, Joseph, ⚔. BAdj.,

Pappus von Trazberg Frh. von Rauchenzell u. Laubenberg, Wilhelm, ⚔.

Abel, Heinrich, ⚔. BAdj.,

Thiereck, Albin Ritter von, ⚔.

Grundherr zu Altenthann und Weyherhaus, Carl von, ⚔.

Misani, Wilhelm, ⚔.

Sichart, Carl, ⚔.

Hoffmann, Georg, ⚔.

Bätz, Anton, ⚔.

Meier, Friedrich, BAdj.,

Bram, Adolph,

Breſſensdorf, Camill Breſſelau von, ⚔.

Brockdorff, Ulrich Graf von, ⚔.

Hofmann, Adalbert von, ⚔.

Armansperg, Cajetan Graf von, ⚔.

Bentele, Christian, ⚔.

Andrian-Werburg, Maximilian Frh.
von, ⚔.

Heiden, Hippolyt,

Tausch, Eugen von, ⚔.

Müller, Franz, ⚔.

Biechy, Theodor, ⚔.

Langenmantel, Wilhelm von, ⚔.

Hößlinger, Baptist, ⚔.

Hauer, Albert, ⚔.

Wunder, Friedrich. ⚔.

Unterlieutenants.

Soubinger, Peter, ⚔.

Gräf, Oscar, ⚔.

Dietrich, August, ⚔.

Steger, Ferdinand, ⚔.

Flügel, Ferdinand, ⚔.

Höfl, Michael, ⚔.

Dillkofer, Ferdinand, ⚔.

Seel, Lorenz, ⚔.

Späth, Otto, ⚔.

Reinbl, Maximilian, ⚔.

Rees, David, ⚔.

König, Medardus, ⚔.

Appell, Maximilian Ritter von, ⚔.

Schmid, Albert, ⚔.

Rampini, Carl, ⚔.

Gramm, Anton,

Körbler, Gustav,

Merkl, Hermann,

Bechtold, Carl, ⚔.

Langenmantel, Friedrich von,

Pechmann, Ludwig Frh. von, ☩.
Vollmar anf Veltheim, Georg Ritter
   von, ☩.
Krapfenbauer, Nikolaus,
Winkler, Leonhard,
Baldauf, Otto,
Häfel, Johann, ☩.
Rübel, Albert,
Heindl, Georg, ☩.
Scheu, Ludwig,
Riedner, Hermann,
Riedesel, Carl von, ☩.

Zoglmaier, Joseph, ☩.
Vogt, Carl,
Neßelrode-Hugenpoet, Oscar Frh. von,
   ☩.
Hohensteiner, Xaver,
Klein, Carl, ☩.
Müller, Joseph,
Uhland, Adolph,
Scherm, Hermann,
Auracher, Ludwig, ☩.
Hofbauer, Joseph. ☩.

Junker.

— — — | — — —

Vom Stabe.

Aerzte.	Ullmann, Dr David, RArzt 2. Cl. ☩.
	Lulinger, Dr Carl, BArzt. ☩.
	Arnold, Dr Joseph, BArzt. ☩.
	Hell, Dr Joseph, BArzt. ☩.
Quartiermstr.	Schmitt, Simon, BQmstr. ☩.
	Krämer, Peter, BQmstr. ☩.
	Hiller, Stephan, UQmstr. ☩.
	Kohler, Carl, UQmstr. ☩.
Actuare.	Fischer, Wilhelm, ☩.
	Halder, Caspar, ☩.
	Meister, Georg.
Auditor.	Sommer, Eduard, RAud. 2. Cl.

---

4. Infanterie-Regiment vacant Gumppenberg.

Garnison Aschaffenburg mit 1 Compagnie in Ebrach; das 1. Bataillon in Germersheim.

1706 errichtet in Alessandria auf Befehl des Churfürsten Max Emanuel durch den Obersten Baptist Graf Mercy aus versprengten, der Gefangenschaft entkommenen, vorzüglich aber aus, während der Besitzhaltung ihres Landes durch die Oesterreicher von diesen mit Gewalt in die kaiserlichen Regimenter eingereihten, aber wieder sich selbst befreit habenden Bayern. Um das Jahr 1716 wurde aus der Leib- und Reding'schen Compagnie dieses Regiments

das französische Regiment royal Bavière errichtet. 1789 wurde jenes das
5. Füsilier-, 1804 das 4. Linien-Infanterie-Regiment, und demselben 1815
das 9. und 20. National-Feldbataillon der im Jahre 1813 errichteten mobilen
Legion des Regenkreises einverleibt; seit 28. October 1835 nach seinem Inhaber, seit 26. April 1848 nach Nummer und Inhaber genannt.

    Inhaber: 1706 Comte de Bavière, GM.; 1716 Joseph Franz Frh.
von Lerchenfeld, GLt; 1718 Alexander Marq. Maffei, FMLt; 1730 Ossalco
Graf Minucci, GLt; 1759 Franz Frh. von Larosee, GLt; 1764 Max Frh.
von Lerchenfeld, Gen.; 1775 Max Emanuel Graf Wahl, Gen.; 1791 Julius
Frh. von Zedtwitz, GM.; 1792 Clemens Frh. von Weichs, GLt; 1804 Joseph
Graf Salern, GFZM.; 1805 vacant; 1811. 8. Januar Friedrich Herzog
von Sachsen-Hildburghausen, seit 1827 Herzog von Sachsen-Altenburg;
19. September 1834 vacant; 1835. 28. October Carl von Theobald, GLt;
1837. 10. October vacant; 1838. 29. November Anton Frh. von Gumppenberg, GM., dann GLt und GdJ.; 1855. 5. April vacant.

    Feldzugsjahre seit der Errichtung: 1706—14; 1717, 1718; 1738, 1739,
1741—45; 1757—59; 1793—96; 1800, 1805, 1806 u. 1807, 1809, 1812,
1813, 1814, 1815; 1849; 1866.

    Schlachten und Belagerungen: 1706 Schlacht bei Turin; 1713 Belager-
ung von Landau; 1717 Belagerung und Schlacht von Belgrad; 1738 Belagerung von Ratscha; 1739 Schlacht bei Krotzka und Panzowa; 1743 Schlacht
bei Braunau; 1757 Belagerung von Schweidnitz und Breslau, Schlacht bei
Leuthen; 1758 Einnahme von Troppau, Vertheidigung von Ollmütz, Belagerung von Neisse; 1793 Belagerung von Mainz; 1796 Schlacht von Biberach;
1800 Vertheidigung von Philippsburg; 1806 Belagerung von Glogau und
Breslau; 1807 Belagerung von Brieg und Kosel; 1809 Schlachten von Abensberg und Eggmühl; 1812 Schlacht von Polozk; 1813 Schlacht von Hanau;
1814 Belagerung von Hüningen und Schlettstadt.

    Uniform: Kragen und Aufschläge hellgelb wie Nr. 8; Knöpfe weiß.

Regiments-Inhaber.

Stabs-Officiere.

Oberst-Cmdt.	Thiereck, Heinrich Ritter von. ✠4. ✠. ✠. ✠.
Oberstlieut.	Bösmiller, Georg, ✠. ◉. ✠. GD.
Majore.	Höfler, Edmund, ✠. ✠.
	Leoprechting, Heinrich Frh. von, ✠. ✠.
	Wirthmann, Otto, ✠. ✠.
	Fink, Carl, ✠. ✠. BGM.
	Oesterreicher, Eduard. ✠. ✠.

Hauptleute.

I. Müller, Carl, ✠.	I. Guttenberg, Guido Frh. von, ✠. ✠.
- Großschedel, Carl Frh. von, ✠.	- Pachmayer, Friedrich, ✠.
- Herber, Emil von, ✠. ◉. ✠.	- Seyfried, Wilhelm, ✠. ✠. BGM.
- Gropper, Carl von, ✠. ✠.	- Fink, Maximilian, ✠. ✠.

I. Krauß, Joseph, ☷ ☷ ☷.
- Hanfstingl, Joseph, ☷ ☷ ☷.
- Tettenborn, Maximilian von, ☷ ☷.
- Müller, Joseph, ☷.
- Hirschberg, Ernst Graf von, ☷ ☷.
- Westermaier, Jacob, ☷ ☷. KA3.
- Pfeilschifter, Michael, ☷.
- Reichmann, Heinrich von.
II. Bausenwein, Leonhard, ☷ ☷.
- Kopp, Carl, ☷ BGM.
- May, Bartholomäus, ☷ ☷.
- Pfeiffer, Johann,

II. Haller von Hallerstein, Christian Frh. ☷.
- Perißhoff, Carl von, ☷.
- Prechtl, Eduard, ☷.
- Weniger, Maximilian, ☷.
- Heyder, Joseph, ☷ ☷.
- Schwemmer, Friedrich, ☷.
- Seidensticker, Eduard, ☷.
- Schrepfer, Friedrich, ☷.
- Flintsch, Benno, ☷.
- Winneberger, Hermann, ☷.
- Elblein, Adolph, ☷.

Oberlieutenants.

Sartori, Maximilian, ☷.
Zobel zu Giebelstadt, Carl Frh. von, ☷.
Clanner, Maximilian von, ☷.
Nachtigall, Georg, ☷.
Riehmer, Carl, ☷.
Gießler, Christian, ☷.
Störkl, Ludwig, ☷.
Schmidt, Heinrich, ☷ RAdj.,
Sicherer, Franz von, ☷.
Tremel, Johann, ☷.
Heußler, Georg, ☷.
Roth, Adam, ☷ BAdj.,
Wolff, Friedrich, ☷ BAdj.,
Weidner, Heinrich, ☷.
Egloffstein, Wilhelm Frh. von,

Schlesing, Ludwig,
Rottmann, Maximilian,
Frönau, Adalbert Frh. von, ☷.
Dimroth, Otto, ☷.
Feilitzsch, Ferdinand Frh. von, ☷.
Bayl, Constantin, ☷.
Löffelholz von Colberg, Hermann Frh., ☷.
Thiered, Adolph Ritter von, ☷.
Schneider, Maximilian, ☷.
Fischer, Franz, ☷.
Riedl, Ernst Ritter von, ☷.
Gobin, Ludwig Frh. von, ☷.
Kabner, Otto, ☷.

Unterlieutenants.

Feilitzsch, Carl Frh. von, ☷.
Müller, Peter, ☷.
Cerbes, Friedrich, ☷.
Linder, Johann,
Stöckl, Jacob, ☷.
Grünbauer, Ludwig, ☷.
Goppert, Wilhelm, ☷.
Endres, Heinrich, ☷.
Schöffler, Christian,
Ludart, Heinrich, ☷.
Beuß, Otto von, ☷.
Schönhammer, Wilhelm,

Belasco, Conrad von,
Stiglhofer, Ludwig,
Schmidt, Carl,
Hertlein, Heinrich,
Kürschner, Arthur,
Ehrensberger, Carl, ☷.
Maier, Albert, ☷.
Holnstein aus Bayern, Theodor Graf von, ☷.
Haller, Johann, ☷.
Guttenberg, Carl Frh. von, ☷.
Zeier, Adolph, ☷.

5*

Schaumberg, Eugen Frh. von,
Mörs, Oscar von,
Rauck, Alois,
Pfaff, Adolph,
Schuster, August,
Bock, Franz,
Kamm, Anton,
Holzheimer, Ludwig,
Handl, August,
Gerlach, Franz,
Buhr, Baptist,
Baumüller, Michael,
Grelat, Joseph,
Fischer, Julius,

Hauerwaas, Alois,
Phyldius, Anton,
Strauß, Heinrich,
Syffert, August,
Spegg, Casimir,
Steinweg, Johann,
Rüttger, Andreas,
Schuller, Ludwig,
Loster, Franz,
Golsong, Georg,
Dietz, Caspar,
Leimbach, Ferdinand,
Firmbach, Joseph.

Junker.

— | —

Vom Stabe.

Aerzte.	Weber, Dr Nepomuk, RArzt 1. Cl.
	de Crignis, Dr Baptist, BArzt.
	Neumeyer, Dr Sebastian, BArzt.
	Zick, Dr Friedrich, BArzt.
Quartiermstr.	Hahn, Anton, ROmstr 2. Cl.
	Lizius, Joseph, BOmstr.
Actuare.	Pfeiffer, Heinrich,
	Schuster, Michael,
	Unfried, Anton,
	Bayer, Peter,
	Stutzmann, Christoph.
Auditor.	Marx, Carl, RAud. 1. Cl.

5. Infanterie-Regiment Großherzog von Hessen.

Garnison Bamberg mit 1 Comp. in Rosenberg; das 2. Bataillon in Landau.

1722 den 1. Juli errichtet aus der von den drei Bataillonen des churbayerischen Leib-Regiments und des Regiments Maffei abgegebenen Mannschaft. Es führte stets den Namen seiner Inhaber, veränderte aber 1789 seine Benennung in 9. Füsilier- und 1804 in 5. Linien-Infanterie-Regiment. Im Jahre 1815 wurden demselben das 17. National-Feld- und das 2. Bataillon ter im Jahre 1813 errichteten mobilen Legion des Rezatkreises einverleibt; 1835. 28. October ward es nach seinem Inhaber und seit 26. April 1848 nach Nummer und Inhaber benannt.

Inhaber: 1. Juli 1722 Marquis de Cano, GM.; 5. November 1734 Heinrich Tepor Frh. von Morawitzky, GLt; 1770 Carl Graf Daun, GLt; 28. Juli 1786 Clemens Frh. von Weichs, GLt; 1. Juli 1790 Sigismund Graf Preysing, GLt und Statthalter von Ingolstadt; 24. Juli 1811 vacant; 25. August 1833 Se. Königl. Hoh. Erbgroßherzog Ludwig von Hessen, nun Großherzog.

Feldzugsjahre seit der Errichtung außer den Feldzügen seiner Stamm-Regimenter: 1738, 39; 1741, 42, 43, 44, 45; 1757, 58, 59; 1793, 94, 95; 1800, 1805, 1806 und 7; 1809, 1812, 1813, 1814 und 1815; 1866.

Schlachten und Belagerungen: 1738 Belagerung von Ratscha; 1739 Schlachten bei Krotka und Panzowa; 1741 Einnahme von Passau und Prag; 1743 Schlacht bei Braunau; 1757 Einnahme von Schweidnitz und Breslau; Schlacht bei Leuthen; 1758 Einnahme von Troppau, Vertheidigung von Olmütz, Belagerung von Neisse; 1806 Belagerung von Glogau und Breslau; 1807 Belagerung von Brieg und Kosel; 1809 Schlachten von Abensberg und Eggmühl, Einnahme von Regensburg; 1812 Schlacht von Polozk; 1813 Vertheidigung von Thorn, Schlachten von Bautzen, Jüterbock und Hanau; 1814 Schlachten von Brienne, Bar sur Aube und Arcis sur Aube.

Uniform: Kragen und Aufschläge rosenroth wie Nr. 7; Knöpfe weiß.

Oberst-Inhaber.

Ludwig, Großherzog von Hessen, K. H. 25. August 1833.

Stabs-Officiere.

Oberst-Cmdt. Hößlinger, Felix. ⚔. ⚔.
Oberstlieut. Ritter, Theodor. ⚔. ⚔. PrA3.
Majore. Schwalb, Joseph, ⚔. ⚔. HL3. HP4.
Högele, Eduard, ⚔. ⊙. ⚔. HL3.
Feilitzsch, Hugo Frh. von, ⚔.
Goes, Carl, ⚔. ⚔. HP4. ÖFJ3.
Gebhard, Ludwig. ⚔. ⚔.

Hauptleute.

I. Kreß von Kreßenstein, Joseph Frh., ⚔. ⚔. HP4.
- Heydenaber, Traugott von, ⚔. ⚔. GE5. GDF. HP4.
- Egloffstein, Carl Frh. von, ⚔. ⚔.
- Herrmann, Carl, ⚔.
- Crailsheim, Carl Frh. von, ⚔. ⚔.
- Seekirchner, Carl, ⚔.
- Lindenfels, Franz Frh. von, ⚔.

I. Lindig, Ottmar, ⚔. ⚔.
- Schlegler, Georg, ⚔. ⊙. ⚔.
- Günther, Ludwig, ⚔. ⊙. ⚔.
- Montigny, Carl, ⚔. ⚔.
- Reitz, Friedrich von, ⚔. ⊙. ⚔.
- Uebler, Conrad, ⚔. HP4.
- Fix, Conrad, ⚔.

II. Reichert, Heinrich Ritter von, ⚔.
- Gros, Franz, ⚔.

II. Oberländer, Daniel, ⚔.
- Goldschmidt, Franz, ⚔. ◉
- Ernst, Michael, ⚔.
- Dorst, Peter,
- Schön, Otto, ⚔.
- Tann, August Frh. von der, ⚔. ◉
- Hilbebrand, Mathias, ⚔.
- Ziegler, Ludwig, ⚔.
- Ament, Andreas,

II. Günther, Conrad, ⚔.
- Ebner von Eschenbach, Paul Frh., ⚔. ÖFJ3.
- Neumann, Adolph, ⚔.
- Dennerl, Ludwig, ⚔.
- Rohe, Julius, ⚔. HP4.
- Herrgott, Carl, ⚔.
- Schleich, August von, ⚔.
- Kühlmann, Maximilian. ⚔.

Oberlieutenants.

Bomhard, Moriz, ⚔. HP4 Adj. des GM. und Bgbr von Schleich,
Tannstein genannt Fleischmann Joseph von, ⚔.
Günther, Ernst, ⚔4. ⚔.
Heiland, August, ⚔.
Kolb, Valentin, ⚔.
Höpfel, Ludwig, ⚔.
Baur-Breitenfeld, Carl von, ⚔.
Drexel, Carl, ⚔.
Albertus, Friedrich, ⚔4. ⚔. RAdj.,
Kerth, Wilhelm, ⚔.
Mayr, Heinrich, ⚔4. ⚔.
Weigand, Albert, BAdj.,
Sebald, Georg, ⚔.
Recknagel, Albin, ⚔. BAdj.,
Uhl, Heinrich. ⚔.
Stöber, Anton, ⚔.
Ruith, Maximilian,

Roth, August,
Baur-Breitenfeld, Anton von, ⚔.
Hoffmann, Richard, ⚔. BAdj.,
Demmler, Friedrich,
Reck, Heinrich, ⚔.
Ott, Carl, ⚔.
Mayer, Bernhard, ⚔.
Schmalz, Ferdinand,
Fischer, Thomas, ⚔.
Sonbinger, Adolph, ⚔4. ⚔.
Schaumberg, Carl Frh. von,
Dall'Armi, Joseph Ritter von, ⚔.
Delamotte, Philipp,
Kürschner, Ludwig,
Dippert, Heinrich, ⚔.
Rittmann, Oscar,
Wölfel, Georg, ⚔.
Wisbacher, Carl. ⚔.

Unterlieutenants.

Erckert, Maximilian,
Schweighäuser, Georg,
Zeitler, Albert, ⚔.
Meyer, Friedrich, ⚔.
Mayer, Michael, ⚔.
Ditfurth, Arthur Frh. von, ⚔.
Buhl, Anton, ⚔.
Spreither, Franz, ⚔.
Hausner, Friedrich, ⚔.
Hilpert, David, ⚔.
Thomas, Carl, ⚔.

Wittig, Carl, ⚔.
Schneidawind, Johann, ⚔.
Schuhmann, Otto, ⚔.
Leopolder, Eugen,
Göhringer, Heinrich,
Heller, Alois, ⚔.
Fuchs, Maximilian, ⚔.
Reil, Martin, ⚔.
Stuirbrink, Franz,
Dimpfl, Joseph,
Reimer, Franz,

König, Ferdinand,
Strehler, Richard,
Müller, Philipp, O. ✠.
Schmiedigen, Wilhelm,
Bickel, Martin, ✠.
Holle, Wilhelm, ✠.
Fischer, Otto, ✠.
Maier, Ludwig, ✠.
Wittmann, Friedrich,

~~Seyer, Ludwig.~~
Strauß, Sigfried,
Schmitt, Franz,
Lindig, Otto, ✠.
Schmitt, Anton,
Dolles, Johann,
Dickhaut, Georg,
Laaba, Ludwig. ✠.

Junker.

—   —   — | —   —   —

Vom Stabe.

Aerzte.	Schmalz, Dr Gregor, RArzt 1. Cl. ✠. ✠.
	Stuchy, Dr Adam, RArzt 2. Cl. ✠. HP4.
	Haußner, Dr Carl, BArzt. ✠4. ✠.
	Fiedler, Dr Albert, BArzt. ✠.
	Frohwein, Dr Otto, BArzt. ✠.
Quartiermstr.	Hechtl, Norbert, ROmstr 1. Cl. ✠. HP4.
	Dollhopf, Georg, UOmstr. ✠.
Actuare.	Gareiß, Heinrich, ✠.
	Klinger, Michael, ✠.
	Gruber, Christoph,
	Kirchner, Florentin.
Auditor.	Deisch-Rosenberg, Joseph, RAud. 2. Cl.

6. Infanterie-Regiment König Wilhelm von Preußen.

Garnison Amberg, das 2. Bataillon in Sulzbach, das 3. Bataillon in Germersheim.

1725 errichtet von Churfürst Carl Philipp von der Pfalz in den Ober-ämtern der Churpfalz, als ein Landbataillon nur für die Exercierzeit zusammen-gezogen und verpflegt. 1740 wurde es ein Feldbataillon, und 1746 mit einem zweybrückischen Bataillon vereinigt, welches Herzog Christian IV. von Zwey-brücken unter der Bedingung an den Churfürsten Carl Theodor überließ, daß dieser das Reichs-Contingent stelle und ein Regiment aus demselben bilde. Es erhielt den Rang nach dem Leib-Regimente, wurde 1789 das 1. Füsilier- und im Jahre 1804 das 6. Linien-Infanterie-Regiment, dann 1835. 28. October nach seinem Inhaber und seit 26. April 1848 nach Nummer und Inhaber genannt.

Inhaber: 1746 Pfalzgraf Friedrich von Zweybrücken; 1751 Pfalzgraf Carl August, seit 1775 Herzog Carl II. von Zweybrücken; 1795 Herzog Wilhelm zu Pfalz-Birkenfeld, seit 1799 Herzog in Bayern; 1837. 8. Januar vacant; 1853. 2. August Seine Majestät Friedrich Wilhelm IV. König von Preußen; 1861. 2. Januar vacant; 1861. 14. Januar Seine Majestät Wilhelm, König von Preußen.

Feldzugsjahre seit der Errichtung: 1741, 42, 43, 44, 45; 1757, 58, 59; 1793, 94, 95, 96; 1800, 1805, 1806 und 7, 1809, 1812, 1813, 1814 und 1815; 1866.

Schlachten und Belagerungen: 1757 Schlacht bei Hastenbeck; 1758 Vertheidigung von Minden, 1793 Belagerung von Mainz, Einnahme von Lauterburg; 1794 Schlacht bei Kaiserslautern, Vertheidigung von Mainz; 1796 Schlachten bei Malsch, Neresheim und Biberach; 1800 Schlachten von Memmingen und Hohenlinden; 1807 Belagerung von Glatz und Silberberg; 1809 Schlachten von Abensberg, Landshut, Wagram und Znaym; 1812 Schlacht von Polozk; 1813 Vertheidigung von Thorn, Schlacht von Hanau; 1814 Belagerung von Hüningen.

Das 1. Bataillon dieses Regiments gehörte zu dem am 25. October 1832 nach Griechenland entsendeten bayerischen Hilfscorps.

Uniform: Kragen und Aufschläge scharlachroth wie Nr. 3; Knöpfe weiß.

Oberst-Inhaber.

Seine Majestät Wilhelm, König von Preußen, 14. Januar 1861.

Stabs-Officiere.

Oberst-Cmdt. Brückner, Carl von. ✠ ✠.
Oberstlieut. Berg genannt Schrimpf, Conrad von. ✠ ✠. PG3.
Majore.   Schuch, Michael, ✠ ✠. CHW4.
      Frey, Ludwig, ◉ ✠.
      Sebus, Carl, ✠4. ✠ ✠. HP4.
      Ball, Jacob, ✠ ◉ ✠.
      Eberth, Gabriel. ✠ ✠.

Hauptleute.

I. Ebner von Eschenbach, Sigmund Frh., ✠ ✠.
- Köppel, Friedrich, GE5. GDF.
- Leublfing, Alexander Graf von, ✠ ◉ ✠.
- Juncker-Bigatto, Alois Frh. von, ✠.
- Seida, Carl, ✠ ✠.
- Reichmann, Edmund von, ✠ ✠.
- Libl, Carl, ✠ ✠.
- Rainprechter, Wilhelm, ✠ ◉ ✠.
- Berg genannt Schrimpf, Friedrich von, ✠. HP4. Krjlr,

I. Riebl, Rudolph Ritter von, ✠. ✠ ✠.
- Ziegler, Fridolin, ✠ ✠.
II. Burger, Eduard, ✠ ◉.
- Tartter, David, ✠ ◉.
- Mann-Tiechler, August Ritter von,
- Hirschmann, Paul, ✠.
- Michell, Joseph, ✠ ◉. PrA4.
- Gröbl, Theodor, ✠.
- Nieß, Ludwig, ◉.
- Faber, Ludwig, ◉.
- Reim, Georg,

II. Höfl, Christian, ⚔. ⚔.
- Bernhold, Hubert, ⚔.
- Bibra, August Frh. von, ⚔.
- Stark, Friedrich, ⚔.
- Berg, Franz, ⚔.
- Schäffer, Ludwig, ⚔.
- Dietz, Gustav, ⚔.
- Arthalb, Nepomuk Ritter von, ⚔.
- Holnstein aus Bayern, Maximilian Graf von, ⚔.

II. Rosenschon, Conrad, ⚔4. ⚔.
- Schißler, Joseph,
- Petzoldt, Georg, ⚔.
- Nürmberger, Hermann, Adj. des ch. Olt ad latus Frh. von Lindenfels,
- Grundherr zu Altenthann und Weyherhaus, Wilhelm von. ⚔

Oberlieutenants.

Popp, Carl, ⚔.
Forster, Adolph, ⚔.
Ritter, Georg, ⚔.
Sondinger, Ludwig, ⚔.
Scheftlmayr, Carl, ⚔.
Velasco, Adalbert von, ⚔.
Büttner, Michael, ⚔.
Stürzer, Franz Ritter von, ⚔.
Gemming, Theodor,
Gack, Gustav, ⚔.
Röttinger, Michael, ⚔.
Scheben, Clemens Frh. von, ⚔.
Feilitzsch, Friedrich Frh. von, ⚔4. ⚔.
Hertling, Maximilian Frh. von, ⚔.
Schulz, Benno, ⚔.
Binstadt, Anton, ⚔.

Willinger, Adolph Ritter von, ⚔.
Dolwczel, Ernst. ⚔.
Tattenbach, Maximilian Graf von, ⚔.
Schallern, Hanns von, ⚔4. ⚔. RAdj.,
Kreß von Kreßenstein, Gustav Frh., ⚔ BAdj.,
Hettinger, Heinrich, ⚔.
Bauer, Heinrich, BAdj.,
Döberlein, Alfred, ⚔.
Ott, Adolph, ⚔.
Franzowitz, Peter,
Holler, Gustav, ⚔.
Steiner, Sebastian, ⚔.
Bayl, Ernst, ⚔.
Herrmann, Ludwig. ⚔

Unterlieutenants.

Frank, Georg,
Gigl, Raimund, ⚔4. ⚔.
Kellermann, Jacob,
Hochreuther, Heinrich, ⚔.
Zembsch, Wilhelm, ⚔.
Mann, Friedrich Ritter von, ⚔.
Wolf, Joseph, ⚔.
Fried, August, ⚔.
Egloffstein, Ludwig Frh. von, ⚔.
Schleiß von Löwenfeld, Friedrich,
Daser, Edmund, ⚔.
Oberle, Carl, ⚔.
Abel, Rudolph, ⚔.

Emonts, Wilhelm, ⚔.
Welsch, Emil Ritter von, ⚔.
Hirsch, Eduard,
Engelbrecht, Gustav,
Reithner, Ludwig,
Ehrenreich, Ferdinand,
Herrmann, Philipp,
Nieberl, Johann,
Lohwasser, Joseph, ⚔.
Kroiß, Michael, ⚔.
Zink, Xaver,
Zahn, Balthasar,
Beichele, Anton, ⚔.

Sauer, Friedrich, ⚔.

Ziegelmüller, Eduard, ⚔.

Feigele, Clemens, ⚔.

Ott, Joseph, ⚔.

Schlink, Richard, ⚔.

Nüßler, Carl, ⚔.

Burger, Ludwig, ⚔.

Schuirer, Nepomul,

Müller, August,

Schieder, Quirin,

Bauer, Franz,

Hierl, Georg,

Reiserer, Andreas, ⚔.

Stahlbauer, Johann,

Hänlein, Wilhelm,

Zahner, Ludwig.

Junker.

— — — | — — —

Vom Stabe.

Aerzte.	Bauer, Dr Anton, RArzt 1. Cl. ⚔. ✿.
	Lindenmayr, Dr Maximilian, RArzt 2. Cl. ⚔.
	Dieminger, Dr Mathias, BArzt.
	Hoffmann, Dr Joseph, BArzt. ⚔.
	Rußwurm, Dr Georg, BArzt. ⚔.
Quartiermstr.	Sorg, Georg, ROmstr 1. Cl. ✿. ⚔.
	Horn, Johann, BOmstr. ⚔. ✿.
	Schönhärl, Joseph, UOmstr. ⚔.
	Kolb, Johann, UOmstr. ⚔.
	Kunbmüller, Michael, UOmstr. ⚔.
Actuare.	Walberer, Joseph, ⚔.
	Hell, Anton. ⚔.
Auditor.	Sand, Wilhelm, BAud.

7. Infanterie-Regiment Hohenhausen.

Garnison Bayreuth mit 1 Compagnie in Plassenburg, das 3. Bataillon in München.

　　　1732 zu Landshut errichtet von Churfürst Carl Albrecht aus Mannschaften der übrigen Infanterie-Regimenter. Im Jahre 1789 erhielt es die Benennung 8. Füsilier- und 1804. 7. Linien-Infanterie-Regiment, dem 1815 das 2. und 14. National-Feld-Bataillon der im Jahre 1813 errichteten mobilen Legion des Rezatkreises einverleibt wurden; seit 1835. 28. October nach seinem Inhaber, und seit 26. April 1848 nach Nummer und Inhaber benannt.
　　　Inhaber: 1732 Prinz Joseph Ludwig; 1733 Herzog Max in Bayern; 1738 Herzog Clemens von Bayern; 1770 Ludwig Graf Holnstein, GLt: 1781 Gerhard Graf von Rambaldi, GLt; 1792 Topor Graf Morawitzky,

Olt; 1806 bis 1814 Constantin Fürst von Löwenstein-Wertheim, Olt; 28. October 1835 Carl Graf zu Pappenheim, Olt, dann FZM.; 29. November 1852 Leonhard Frh. von Hohenhausen, Olt, nun ch. GdC.

Feldzugsjahre seit der Errichtung, außer jenen seiner Stammregimenter: 1738 und 1739; 1757, 58, 59, 60, 61, 62 und 63; 1794 und 95; 1800, 1805, 1806 und 1807, 1809, 1812, 1813, 1814 und 1815; 1849; 1866.

Schlachten und Belagerungen: 1738 Belagerung von Ratscha; 1739 Schlacht bei Krotzka, Belagerung von Belgrad; 1757 Einnahme von Schweidnitz, von Breslau, Schlacht bei Leuthen; 1758 Einnahme von Troppau, Vertheidigung von Olmütz, Belagerung von Neisse; 1794 Vertheidigung von Mannheim; 1800 Schlachten von Neuburg und Hohenlinden; 1806 Belagerung von Breslau; 1809 Schlachten von Abensberg, Landshut, Wagram und Znahm; 1812 Schlacht von Polozk; 1813 Vertheidigung von Thorn, Schlachten von Bautzen, Jüterbock und Hanau; 1814 Schlachten von Brienne, Bar sur Aube und Arcis sur Aube.

Uniform: Kragen und Aufschläge rosenroth wie Nr. 5; Knöpfe gelb.

Regiments - Inhaber.

Hohenhausen, Leonhard Frh. von, Exc., ch. GdC. 2c. 29. November 1852.

Stabs - Officiere.

Oberst-Cmdt.	Wißell, Börries von, ✠ ⚔. ÖL3.
Oberstlieut.	Andrian-Werburg, Emil Frh. von, ⚔. Kritr.
Majore.	Narciß, Georg, ⚔. ⚔.
	Gambs, Heinrich, ✠4. ⚔. ⚔.
	Boehe, Eugen, ⚔. ⚔.
	Stöckel, Maximilian, ⚔. ⚔. CHW4. ÖEK3.
	Leichtenstern, Maximilian, ⚔. ⚔.

Hauptleute.

I. Endres, Baptist, ⚔. ⚔.
- Murmann, Joseph, ⚔. ⚔. BGM.
- Kohlermann, Gustav, ⚔.
- Stauber, Philipp, ✠4. ⚔.
- Popp, Carl, ✠4. ⚔. ⚔.
- Roth, Friedrich, ⚔. ⚔.
- Schlägel, Maximilian von, ⚔. ⚔.
- Reitzenstein, Eduard Frh. von, ⚔.
- Kunstmann, Otto, ⚔.
- Schleicher, Georg, ⚔.
- Siber, Carl, ⚔. ⚔.
- Brenneisen, Baptist, ⚔. ⚔. BGM.
- Horneck, Theobald Frh. von, ⚔. ⚔.
- Tauschmann, Gottfried, ✠4. ⚔. ⚔. BGM.
- Sonntag, Matthäus, ⚔. ✠.

I. Drechsel, Georg, ⚔. ⚔.
II. Betz, Johann, ⚔. ⚔.
- Sommer, Theodor, ⚔. ✠.
- Savoye, August, ⚔. ⚔.
- Schoch, Oscar, ⚔. ✠.
- Körbling, August, ⚔.
- Schwarzenberger, Joseph, ⚔. ✠.
- Bilabel, Friedrich, ⚔. ◎.
- Schreyer, Jacob, ⚔.
- Redenbacher, Maximilian, ⚔.
- Geißler, Peter, ⚔.
- Krug, Heinrich, ⚔. ◎.
- Funk, Daniel, ✠4. ⚔. ✠.
- Bischoff, Oscar, ⚔.
- Gleichauf, Eduard, ✠4. ✠.
- Nees, Johann, ⚔.

Oberlieutenants.

Braun, Friedrich von, ⚔.

Fabrice, Friedrich von, ⚔. RAdj.,

Mayer, Anton, ⚔.

Mieg, Armand, ⚔.

Kühl, Johann, ⚔.

Fischer, Feodor, ⚔.

Scherer, Carl Frh. von, ⚔.

Vogl, Gustav, ⚔.

Sievogt, Eugen, ⚔.

Merz, Maximilian, ⚔.

Arneth, Urban, ⚔. BAdj.,

Inderwies, Andreas, ⚔.

Harlander, Oscar, ⚔.

Schmid, Edmund von, ⚔.

Schollwöck, Maximilian, ⚔.

Winckhler, Carl von, ⚔.

Renaud, Franz, ⚔.

Neuberger, Jacob, ⚔.

Schießl, Alois, ⚔.

Sacchi-Palestrini, Ludwig de, ⚔4. ⚔.

Raila, Richard, ⚔. BAdj.,

Pflaumer, Anton, ⚔4. ⚔.

Kienle, Moriz Ritter von, ⚔.

Scharrer, Johann, ⚔.

Waizmann, Joseph, ⚔.

Pendele, Joseph, ⚔.

Leeb, Carl, ⚔.

Popp, Anton, ⚔.

Geiger, Franz, ⚔.

Leichtenstern, Carl, ⚔.

Neumeyer, Ludwig, ⚔.

Unterlieutenants.

Wächter, Johann, ⚔.

Lehmann, Ludwig, ⚔.

Rell, Mathias, ⚔.

Schnitzelbaumer, Ludwig,

Beyschlag, Ludwig, ⚔.

Herold, Mathias, ⚔.

Baur, Otto, ⚔.

Stöger, Ludwig, ⚔.

Höggenstaller, Ludwig, ⚔.

Binder, Wilhelm, ⚔.

Munzert, Friedrich, ⚔.

Lintl, Theodor, ⚔.

Deißböck, Alois, ⚔.

Popp, Eduard, ⚔.

Leberer, Ferdinand, ⚔.

Riedmann, Caspar, ⚔.

Rehm, Adalbert,

Sartorius, Franz, ⚔.

Hartlieb, Otto von,

Jungmann, Joseph, ⚔.

Unger, Carl,

Hilpl, Joseph,

Schäzler, Maximilian,

Schleifer, Wilhelm, ⚔.

Spitzer, Carl, ⚔.

Mühlbaur, Carl, ⚔.

Müller, Ferdinand, ⚔.

Stock, Johann, ⚔.

Döberlein, Friedrich, ⚔.

Kühlwein, Lorenz, ⚔.

Richard, Carl, ⚔4. ⚔.

Munsch, Michael, ⚔.

Schink, Carl, ⚔.

Longuet, Rudolph,

Marberger, Carl,

Heumann, Wilhelm, ⚔.

Bögl, Franz,

Horschelt, Friedrich, ⚔.

Brunninger, Joseph, ⚔.

Leberer, Johann,

Staller, Anton, ⚔.

Sperber, Friedrich, ⚔.

Haumann, Johann, ⚔.

Junker.

— — — | — — —

Vom Stabe.

Aerzte.	Schneider, Dr Franz, RArzt 1. Cl. ✠.
	Greb, Dr Joseph, RArzt 2. Cl. ✠.
	Henke, Dr Christoph, BArzt. ✠.
	Karpeles, Dr Bernhard, BArzt.
	Glaser, Dr Leopold, BArzt.
Quartiermstr.	Eichelsbacher, Franz, RQmstr 1. Cl. ✠.
	Bürkner, Jacob, UQmstr. ✠.
	Barth, Otto, UQmstr. ✠.
	Edel, Joseph, UQmstr. ✠.
Actuare.	Meyer, Johann, ✠.
	Holzhey, Joseph, ✠.
	Weigl, Joseph, ✠.
Auditor.	Schellerer, Valentin, BAud.

---

8. Infanterie-Regiment vacant Seckendorff.

Garnison Passau und Oberhaus, das 1. Bataillon in Ingolstadt.

1753. 1. October aus mehreren Compagnien des churbayerischen Leib-Regiments (s. Infanterie-Regiment Nr. 10) errichtet, wurde es 1789 das 6. Füsilier-, und 1804 das 8. Linien-Infanterie-Regiment, dann demselben 1815 das 19. National-Feld-Bataillon (Passau) und sämmtliche Bataillone der im Jahre 1813 errichteten mobilen Legion des Unterdonaukreises einverleibt; seit 1835. 28. October nach seinem Inhaber, und seit 26. April 1848 nach Nummer und Inhaber benannt.

Inhaber: 1753 Joseph Frh. von Pechmann, GM.; 1759 Frh. von Meindres, GM.; 1761 Christian Frh. von Herold, Gen.; 1780 Pfalzgraf Maximilian von Zweybrücken; 1790 Pfalzgraf Wilhelm von Birkenfeld; 1795 Pfalzgraf Pius von Birkenfeld, seit 1799 Herzog in Bayern; 1837. 3. August vacant; 1838. 29. November Georg Frh. von Seckendorff, GM., dann GLt; 1855. 20. Mai vacant.

Feldzugsjahre seit der Errichtung außer jenen seines Stammregiments: 1757—1763; 1793—1796; 1799, 1800, 1805, 1807, 1809, 1812, 1813, 1814, 1815; 1849; 1866.

Schlachten und Belagerungen: 1758 Belagerung von Sonnenstein; 1759 Einnahme von Torgau und Dresden; 1760 Eroberung von Wittenberg; 1762 Schlacht bei Freiberg; 1793 Belagerung von Mainz, Erstürmung der Weissenburger-Linien, Einnahme von Lauterburg; 1794 Schlacht bei Kaisers-lautern; 1795 Vertheidigung von Mainz; 1796 Schlachten bei Malsch, Würz-burg und Biberach; 1799 Vertheidigung von Philippsburg; 1809 Schlachten von Abensberg und Eggmühl; 1812 Schlacht von Polocz; 1813 Schlachten von Bautzen, Jüterbock und Hanau; 1814 Schlachten von Brienne, Bar sur Aube und Arcis sur Aube.

Uniform: Kragen und Aufschläge hellgelb wie Nr. 4; Knöpfe gelb.

Regiments-Inhaber.

— — —

Stabs-Officiere.

Oberst-Cmdt.	Fink, Ludwig. ⚔4. ⚬. ⚬.
Oberstlieut.	Schönfeld, Friedrich von, ⚬. ⚬.
Majore.	Lachemair, Franz von, ⚬. ⚬.
	Reichert, Theodor Ritter von, ⚬. ⚬.
	Mayer, Ferdinand, ⚬. ⚬. ⚬.
	Leythäuser, Ludwig, ⚬. ⚬. ⚬.
	Schönhueb, Anton Frh. von. ⚬. ⚬. HP4.

Hauptleute.

I. Gleissenthal, Heinrich Frh. von, ⚬.
- Abelein, August, ⚬. ⚬. ⚬.
- Tattenbach, Maximilian Graf von, ⚬. ⚬.
- Esenwein, Rudolph von, ⚬. ⚬.
- Bolckamer, Johann von, com. im KrMstrm,
- Rebay von Ehrenwiesen, Franz, ⚬. ⚬.
- Wulffen, Emil Frh. von, ⚬4. ⚬.
- Maillinger, Fridolin, ⚬. ⚬.
- Burgartz, Theodor, ⚬. ⚬. ⚬.
- Winneberger, Rudolph, ⚬. ⚬.
- Eichenauer, Maximilian. ⚬.
- Endres, Baptist, ⚬. ⚬.
- Drexler, Joseph,
- Lippl, Johann, ⚬. ⚬.

II. Stubenrauch, Maximilian von, ⚬. ⚬.
- Zieglwalner, Maximilian, ⚬. ⚬.

II. Maillinger, Ludwig,
- Savoye, Friedrich von, ⚬. ⚬.
- Uhlmann, Adam, ⚬.
- Rechenmacher, Cajetan, ⚬.
- Wörlein, Johann,
- Kurz, Ferdinand, ⚬.
- Schallern, Ludwig Ritter von,
- Planett, Jacob, ⚬. ⚬.
- Ehrne von Melchthal, Jacob, PrA4.
- Schwarzmann, Leonhard, ⚬.
- Geys, Ludwig, ⚬.
- Sommer, Hermann, ⚬.
- Sartor auf Gansheim, Theodor Frh. von, BGM.
- Butler-Haimhausen, Walther Graf von, ⚔4. ⚬.
- Brunnenmayr, Friedrich von, ⚬.
- Meyer, Alfred von, ⚬.
- Casella, Theodor. ⚬.

Oberlieutenants.

Hirschberg, Emil Frh. von, ⚬.
Pfetten-Arnbach, Ernst Frh. von, ⚬.
Ertel, Joseph, ⚬.
Schmalzl, Franz, ⚬.
Neuhierl, Xaver, ⚬. RAbj.,
Fischer, Joseph, ⚬.
Haller von Hallerstein, Friedr. Frh. ⚬.

Holnstein aus Bayern, Theodor Graf von, ⚬.
Widder, Adolph, ⚬.
Tauffkirchen-Lichtenau, Maximilian Graf von, ⚬.
Cella, Gustav, ⚬.
Eiber, Anton, ⚬.

Steppes, Edmund, ☩.
Speer, Victor, ☩.
Brand, Carl, ☩.
Höpfel, Eduard, ☩.
Schedel, Johann, ☩.
Paur, Julius, ☩.
Karl, August, ☩.
Brückner, Joseph von, ☩.
Schunck, Carl, ☩.
Stadelmayr, Adolph, ☩.
Lossow, Adolph, ☩.

Steppes, Carl,
Danzer, Carl, ☩.
Hatzler, Luitpold, ☩.
Wimmer, Eduard, BAdj.,
Loy, Heinrich,
Fiferius, Eduard,
Sennefelder, Wilhelm,
Stockhammern, Anton von,
Schneider, Albert, ☩.
Hartmann, Wilhelm. ☩.

Unterlieutenants.

Zimmerer, Rupert, ☩.
Knies, Johann, ☩.
Stubenrauch, Julius Ritter von, ☩.
Pracher, Franz, ☩.
Wagner, Ferdinand, ☩.
Schmaufer, Georg, ☩.
Pündter, Franz, ☩.
Reichert, Eugen Ritter von, ☩.
Müller, Johann, ☩.
Freßl, Johann, ☩.
Müller, Carl, ☩.
Rauffer, Ludwig von, ☩.
Vollharbt, Oscar, ☩.
Stengl, Friedrich, ☩.
Strobl, Anton, ☩.
Wüst, Michael, ☩.
Renner, Friedrich, ☩.
Bärmann, Friedrich,
Pfannenstiel, Eugen, ☩.

Stöhr, August, ☩.
Krauß, Ludwig,
Glafer, Julius, ☩.
Hebberling, Emil,
König, August, ☩.
Metzler, Raimund, ☩.
Dütsch, Carl,
Benzinger, Joseph,
Schötz, Joseph, ☩.
Schlotthauer, Eduard, ☩.
Himmelstoß, Heinrich, ☩.
Haufer, Joseph, ☩.
Reigersberg, Heinrich Frh. von, ☩.
Boithenberg, Ludwig Boith von,
Spickart, Ludwig,
Steibl, Joseph,
Coulon, Ludwig von,
Amer, Johann,
Huber, Heinrich.

Junker.

— — — | — — —

Vom Stabe.

Aerzte. Hatzler, Dr Hugo, RArzt 2. Cl. ☩.
Kühbacher, Dr Carl, BArzt. ☩.
Maiberger, Dr Bonifaz, BArzt. ☩.
Geis, Dr Oscar, BArzt.

Quartiermſtr. Meyer, Wilhelm, ROmſtr 2. Cl. ✠.

Storr, Anton, UOmſtr. ✠.

Biller, Joſeph, UOmſtr. ✠.

Actuare.   Strobl, Adolph,

Gaßner, Georg, ✠.

Gebrath, Julius, ✠.

Straßner, Joſeph.

Auditer.   Weinzierl, Baptiſt, RAub. 1. Cl. ✠. ✠.

---

9. Infanterie-Regiment Wrede.

Garniſon Würzburg.

1803 den 21. März errichtet durch Vereinigung des ehemaligen fürſt-
biſchöflich bambergiſchen Infanterie-Bataillons mit dem, ein Bataillon ſtarken,
rheinpfälziſchen Infanterie-Regimente Graf Yſenburg; 1804 wurde es das
9. Linien-Infanterie-Regiment und demſelben 1814 das Reſervebataillon der
übernommenen großherzoglich würzburgiſchen Infanterie, und 1815 das 2.
und 4. Bataillon der im Jahre 1813 errichteten mobilen Legion des Main-
Kreiſes einverleibt; ſeit 1831. 8. Mai nach ſeinem Inhaber genannt, deſſen
Namen es zum dankbaren Andenken der ausgezeichneten Verdienſte des Feld-
Marſchalls Fürſten von Wrede für immer führen ſoll. Dieſer Benennung
wird ſeit 26. April 1848 auch die Regiments-Nummer beigeſetzt.

Stamm des Regiments Yſenburg: den 1. Juni 1799 war aus den beiden
jedes auf eine Compagnie reducirten und im Jahre 1755 errichteten 3. und
12. Füſilier-Regimentern (Nodenhauſen und Belderbuſch), dann aus den noch
übrigen 2 Compagnien der ſchon im 16. Jahrhundert beſtandenen, durch die
Vereinigung des Herzogthums Zweybrücken mit Churpfalzbayern aber aufge-
löſten Zweybrücker-Garde, ein Bataillon zuſammengeſetzt und bis zum Jahre
1800 Sibein, dann de la Motte, und 1801 rheinpfälziſches Infanterie-Regiment benannt worden.

Die bambergiſche Infanterie kommt ſchon ſeit dem 30jährigen Kriege
unter verſchiedener Stärke und Geſtaltung als ein Theil der fränkiſchen Kreis-
Truppen und des Reichs-Contingentes vor; ſie ward im Jahre 1802 mit
dem Bisthume Bamberg übernommen.

Inhaber: vom 16. Juni 1801 bis 21. November 1822 Georg Auguſt
Graf Yſenburg-Büdingen, OLt; vom 12. März 1824 bis 22. Januar 1830
Herzog Maximilian in Bayern; vom 29. April 1831 Carl Philipp Fürſt
von Wrede, FM, geſtorben am 12. Dec. 1838.

Feldzugsjahre der pfälziſchen Stammregimenter, der Zweybrücker-Garde
und der fürſtlich bambergiſchen Infanterie: 1620—26; 1664 und 65; 1683
—88; 1689—92; 1702—14; 1734 und 35; 1757—63; 1790 und 91;
1792—97; 1799—1800. Seit der Errichtung des Regiments: 1805, 1807,
1809, 1812, 1813, 1814 und 1815; 1866.

Schlachten und Belagerungen: 1664 Schlacht bei St. Gotthard; 1683
Entſatz von Wien, Eroberung von Gran; 1684 Belagerung von Ofen; 1685
Schlacht bei Gran, Erſtürmung von Neuhäuſel; 1686 Eroberung von Ofen;

1687 Schlacht von Mohacz; 1688 Erstürmung von Belgrad; 1795 Vertheidigung von Mainz; 1796 Vertheidigung von Mainz; 1799 Schlacht bei Zürich; 1800 Schlachten von Möslirch, Biberach, Neuburg und Hohenlinden, Vertheidigung von Marienberg. — Seit der Errichtung: 1809 Schlachten von Abensberg und Eggmühl, Einnahme von Regensburg; 1812 Schlacht von Poloczl; 1813 Schlachten von Bautzen, Jüterbock und Hanau; 1814 Schlachten von Brienne, Bar sur Aube und Arcis sur Aube..

Uniform: Kragen und Aufschläge carmoisinroth wie Nr. 10; Knöpfe gelb.

Stabs-Officiere.

Oberst-Cmdt.	Maillinger, Joseph. ✠4. ✠4. ✠. ÖEK3.
Oberstlieut.	— — —
Majore.	Schrott, Adolph, ✠4. ✠. ✠.
	Dietrich, August, ✠. ⊛. ✠.
	Narciß, Ferdinand, ✠. ✠. ✠. HP4.
	König von Königsthal, Christian, ✠4. ✠. ✠. HP4.
	Loe, Carl. ✠. ⊛. ✠.

Hauptleute.

I. Tein, Gustav von, ✠. ✠. ✠.
- Ammann, Joseph, ✠. ⊛. ✠.
- Bösmiller, Anton, ✠4. ✠. ⊛. ✠. Adj. des GLt und GCmdtn Ritt. v. Hartmann,
- Baur, Johann, ✠. ⊛. ✠.
- Schellerer, Maximilian Ritter von, ✠. ✠.
- Plötz, Martin, ✠. ⊛. ✠.
- Sieß, Eduard, ✠. ✠.
- Damboer, Carl, ✠. ✠. PK4.
- Tettenborn, Joseph von, ✠.
- Hoberlein, Friedrich, ✠. ⊛.
- Weißmann, Hermann, ✠. ⊛.
- Winneberger, Ludwig, ✠. ✠.
- Steinhauer, Georg, ✠. ⊛.
- Hien, Adolph, ✠. ⊛. ✠.
- Günther, Johann, ✠. ⊛.

II. Aufin, Friedrich von, ✠. ✠.

II. Reber, Eduard, ✠4. ✠. ✠.
- Schmidlkofer, Philipp, ✠. ✠.
- Horn, Wilhelm, ✠.
- Veith, Wilhelm, ✠. verwendet zum Unterricht bei den MBildAnst.,
- Lottersberg, Ludwig Frh. von,
- Pfeiffer, Jacob, ✠. ⊛.
- Reiser, Leonhard, ✠.
- Bernhold, Eduard, ✠.
- Habermann, Adam, ✠.
- Höffner, Carl, ✠. ✠. ÖTM.
- Macher, Georg, ✠.
- Kärner, Wilhelm, ✠.
- Bienenfeld, Heinrich, ✠.
- Schulze, Gustav, ✠. Adj. des GM. ad latus von Hagens,
- Faulhaber, Heinrich, ✠4. ✠. ⊛.
- Schieder, Julius.

Oberlieutenants.

Welsch, Franz, ✠. RAdj.,
Schmidt, Carl, ✠. BAdj.,
De Ahna, Jacob, ✠.

Reis, Maximilian, ✠.
Bouhler, Philipp, ✠. BAdj.,
Trulsa, Lorenz, ✠.

Bothmer, Robert Graf von, ⚕.

Reinel, Hugo, ⚕.

Metzler, Maximilian, ⚕.

Vincenti, Theodor Ritter von, ⚕.

Reitzenstein, Heinrich Frh. von, ⚕. BAdj.,

Stephan, Georg, ⚕.

Beitelrock, Heinrich, ⚕.

Betz, Carl, ⚕.

Schleiß von Löwenfeld, Joseph, ⚕.

Michaeli, Maximilian, ⚕.

Schmitt, Ewald, ⚕.

Hertling, Wilhelm Frh. von, ⚕. Adj. des GM. und Brgbr Alboßer,

Pöhlmann, Carl, ⚕.

Laval, Albert, ⚕.

Geyer, Paul, ⚕.

Massenbach, Ludwig Gemmingen Frh. von, ⚕.

Hoffmann, Adolph, ⚕4. ⚕.

Fraundorfer, August, ⚕.

Heilmair, Joseph, ⚕.

Rieberer, Ludwig, ⚕.

Huber, Joseph, ⚕.

Zobel zu Giebelstadt, Hugo Frh. von, ⚕.

Wiedenmann, Carl, ⚕.

Wirth, Wilhelm, ⚕.

Oelling, Anton. ⚕.

Unterlieutenants.

Claus, Gustav, ⚕.

Cantzler, Friedrich, ⚕.

Meier, Friedrich, ⚕.

Weiß, Friedrich, ⚕.

Pfreimter, Friedrich, ⚕.

Flintsch, Adolar, ⚕.

Dietz, Adam, ⚕.

Bausewein, Alfred, ⚕.

Pöllath, Ludwig, ⚕.

Martin, Christian, ⚕.

Rupprecht, Anton Frh. von, ⚕.

Suckau, Maximilian von, ⚕.

Waldenfels, Oscar Frh. von, ⚕.

Ingenbrand, Carl,

Bernhard, Julius, ⚕.

Maier, Friedrich, ⚕.

Siebenlist, Christian, ⚕.

Dütsch, Nikolaus, ⚕.

Heppel, Johann, ⚕.

Schloßer, Johann, ⚕.

Lüst, Adolph, ⚕.

Pröstler, Leonhard, ⚕.

Schneider, Anton, ⚕.

Drißl, Joseph, ⚕.

Spörl, Carl, ⚕.

Alzmann, Carl, ⚕.

Mörschell, Ludwig, ⚕.

Feuerlein, Carl, ⚕.

Spruner von Merz, Robert, ⚕.

Nothaas, Clemens, ⚕.

Borst, Anton, ⚕.

Merz, Carl, ⚕.

Werner, Michael, ⚕.

Engel, August, ⚕.

Gütler, Heinrich, ⚕.

Schmidt, Peter, ⚕.

Gähler, Theodor von, ⚕.

Würth, Lorenz, ⚕.

Todt, Carl, ⚕.

Lippert, Heinrich, ⚕.

Rambauer, Heinrich,

Rütsch, Simon, ⚕.

Born, Gualbert, ⚕5. ⚕.

Spahn, Joseph, ⚕.

Braungart, Richard, ⚕.

Bauer, Franz, ⚕.

Bühler, Otto. ⚕.

Junker.

— — — | — — —

Vom Stabe.

Aerzte.   Merkel, Dr Wilhelm, RArzt 2. Cl. ⚔4. ⚔.
           Weiß, Dr Johann, BArzt. ⚔4. ⚔.
           Hoffmann, Dr Johann, BArzt. ⚔.
           Gaßner, Dr Ulrich, BArzt. ⚔.

Quartiermstr. Burkhard, Leonhard, ROmstr 2. Cl. ⚔.
           Sommer, Friedrich, UOmstr. ⚔.
           Pfingstl, Franz, UOmstr. ⚔.
           Kronberger, Johann, UOmstr. ⚔.

Actuare.   Helmes, Traugott, ⚔.
           Schmitt, Anton. ⚔.

Auditor.   Rottenhäuser, Adam, RAud. 2. Cl. ⚔.

---

10. Infanterie-Regiment vacant Albert Pappenheim.

Garnison Ingolstadt, das 2. Bataillon in Germersheim.

1682 den 12. October errichtet aus den drei alten Compagnien Berlo, Mercy und Rotthafft und fünf neu formirten Compagnien als neues Regiment Berlo, wurde es am 5. Juli 1684 churbayerisches Leibregiment. Das 2. Bataillon dieses Regiments bildete 16. Mai 1778 durch Vereinigung mit dem 1. Bataillon des churpfälzischen Leibregiments das churpfalzbayerische Leib-, nun 1. Infanterie-Regiment König. Das 1. und 3. Bataillon erhielten den Namen Füsilier-Regiment Graf Larosee, 1789 aber 11. Regiment, dessen beide Bataillone für die Dauer des Feldzugs von 1800 getrennt, nach ihren Commandanten Graf Pompei und Frh. von Dallwigl benannt, und 1801 wieder in ein Regiment vereinigt wurden. Dieses empfing 1804 die Benennung 10. Linien-Infanterie-Regiment, und 1815 wurden demselben das 3. und 12. National-Feld-Bataillon (beide „Amberg" genannt) der im Jahre 1813 errichteten mobilen Legion des Regenkreises einverleibt; seit 28. October 1835 nach seinem Inhaber und seit 26. April 1848 nach Nummer und Inhaber genannt.

Inhaber: 12. October 1682 Johann Adolph Graf Berlo, GbJ.; 12. Juni 1683 Frh. von Mercy; 5. Juli 1684 Churfürst Max Emanuel; 26. Februar 1726 Churfürst Carl Albert, seit 24. Januar 1742 Kaiser Carl VII.; 20. Januar 1745 Churfürst Maximilian III.; 1. Juli 1778 Franz Graf Larosee, GLt; 3. December 1781 Sigmund Graf Preysing, GM.; 1. Juli 1790 Clemens Frh. von Weichs, GM.; vom 1. Mai 1792 bis 5. Januar 1821 Anton Frh. von Juncker, GLt; vom 28. October 1835 bis 3. Januar 1836 Clemens von Raglovich, GbJ.; 1837. 29. August Albert Graf zu Pappenheim, GLt, dann ch. GdC., 1860. 1. Juli vacant.

Feldzugsjahre seit der Errichtung: 1683 — 1688; 1689 — 91; 1692 und 93; 1694 — 97; 1702 — 14; 1717, 18; 1738, 39; 1741 — 45; 1746 — 48; 1757; 1758; 1794, 1795; 1800, 1805, 1806 und 1807, 1809, 1812, 1813, 1814 und 1815; 1866.

6*

Schlachten und Belagerungen: 1683 Entsatz von Wien, Eroberung von Gran; 1684 Belagerung von Ofen; 1685 Schlacht bei Gran; 1686 Eroberung von Ofen; 1687 Schlacht bei Mohacz; 1688 Erstürmung von Belgrad; 1689 Belagerung von Mainz; 1691 Eroberung von Carmagnola; 1693 Schlacht bei Orbassano; 1694 Einnahme von Huy; 1695 Eroberung von Namur; 1702 Einnahme von Ulm; 1703 Schlacht bei Eisenbirn, Einnahme von Kufstein und Rattenberg, Schlacht bei Höchstädt; 1704 Schlacht am Schellenberg und bei Höchstädt; 1706 Schlacht bei Ramilliers, Belagerung von Antwerpen; 1709 Vertheidigung von Mons, Schlacht bei Malplaquet; 1717 Schlacht bei Belgrad; 1738 Belagerung von Ratscha; 1739 Schlacht bei Krotzka und Panzowa; 1741 Einnahme von Passau, Eroberung von Prag; 1743 Schlacht bei Braunau; 1746 Schlacht bei Rocour; 1747 Schlacht bei Lawfeld, Vertheidigung von Berg-op-zoom; 1748 Vertheidigung von Maastricht; 1757 Eroberung von Schweidnitz und Breslau; 1758 Einnahme von Troppau, Vertheidigung von Ollmütz, Belagerung von Neisse; 1794 Vertheidigung von Mannheim; 1800 Schlachten von Mößkirch, Biberach, Neuburg und Hohenlinden; 1806 Belagerung von Glogau und Breslau; 1807 Belagerung von Brieg, Kosel, Glatz und Silberberg; 1809 Schlachten von Abensberg, Eggmühl, Einnahme von Regensburg; 1812 Schlacht von Poloczl; 1813 Schlachten von Bautzen und Jüterbock; 1814 Schlachten von Brienne, Bar sur Aube und Arcis sur Aube.

Das 1. Bataillon dieses Regiments gehörte zu dem am 25. October 1832 nach Griechenland entsendeten bayer. Hilfscorps.

Uniform: Kragen und Aufschläge carmoisinroth wie Nr. 9.; Knöpfe weiß.

Regiments-Inhaber.

— — —

Stabs-Officiere.

Oberst-Cmdt. Joner-Tettenweiß, Clemens Graf von. ✠3. ✠4. ✠4. ✠. ◉
        ✠. CHW4. ÖEK3. ꝑ.
Oberstlieut. Mühlbaur, Gustav. ✠. ✠.
Majore. Frönau, Maximilian Frh. von, ✠.
      Baur-Breitenfeld, Eduard von, ✠. ✠.
      Westermayer, Conrad, ✠. ✠.
      Leeb, Alfred. ✠. ✠. GE5. GDF.

Hauptleute.

I. Ille, Gustav, ✠.
- Leykam, Franz, ✠. ✠.
- Heeg, Thomas von, ✠. ✠.
- Liersch, Georg, ✠. ✠.
- Waldenfels, Christian Frh. von, ✠. ✠.
- Lacher, Gustav von, ✠4. ✠. BGM.
- Gabler, Gustav, ✠. ◉.

I. Roth, Albin, ✠.
- Erhard, Adolph, ✠.
- Eppler, Theodor, ✠.
- Murmann, Friedrich, ✠. BGM.
- Glockner, Carl, ✠.
- Lehr, Thomas, ✠. ✠. ✠.
- Aichinger, Sebastian, ✠. ✠.
- Lindner, Johann, ✠.

I. Schmitt, Maximilian, ⚔. ⚔.
II. Bleymüller, Johann,
- Filenscher, Christoph, ⚔.
- Bernreither, Eugen, ⚔.
- Albert, Eugen,
- Bausewein, Hermann, ⚔.
- Hünn, Peter,
- Pündter, Carl, ⚔.

II. Hilger, Xaver Ritter von, ⚔.
- Kraft, Johann, ⚔. ⚔.
- Philipp, Heinrich, ⚔.
- Häffner, Ernst, ⚔4. ⚔.
- Schirnding, Ulrich von, ⚔.
- Dittner, Maximilian, ⚔.
- Lohrer, Gustav, ⚔.
- Tarnoczy, Heinrich von. ⚔.

Oberlieutenants.

Meier, Wilhelm, ⚔.
Meier, Franz, ⚔.
Bruggaier, Thomas,
Niggl, Georg, ⚔. RAdj.,
Kreuzer, Jacob, ⚔4. ⚔.
Mayrhofer, Adolph von, ⚔.
Steinmayr, Ignaz, ⚔.
Mühlbaur, Maximilian, ⚔. BAdj.,
Schmitt, Franz, ⚔.
Feuerlein, August, ⚔.
Kraus, Georg, ⚔.
Schmäbel, Max. Ritter von, ⚔.
Murmann, Bernhard, ⚔.
Leipold, Eduard,
Reisberger, Peter, ⚔.
Holzner, Ignaz, ⚔.
Hirschauer, Alois,

Miller, Johann, ⚔. BAdj.,
Stiller, Adolph, ⚔.
Dümlein, Carl, ⚔.
Schab, Guido von, ⚔.
Sartorius, Philipp, ⚔.
Schab, Hermann von, ⚔.
Dafer, Eduard,
Poli, Emanuel, BAdj.,
Huber, Conrad, ⚔.
Ruedorffer, Rudolph von,
Goes, August, ⚔.
Piller, Maximilian, ⚔.
Daumann, Joseph,
Sailer, Ludwig, ⚔.
Mühlbaur, Theodor, ⚔.
Koch, Friedrich. ⚔.

Unterlieutenants.

Büchele, Franz, verwdt als Aufsichts-
  Officier bei der Cdtschft der VetA.,
Seehann, Ludwig, ⚔.
Schreyer, Carl, ⚔.
Erber, Joseph, ⚔.
Birklicht, Georg, ⚔.
Miller, Otto, ⚔.
Brendel, Georg, ⚔.
Moralt, August, ⚔.
Gräf, Johann,
Grüb, Carl,
Boshart, August, ⚔.
Kaiser, Albert,

Mühlbaur, Luitpold, ⚔4. ⚔.
Stier, Eduard, ⚔.
Lippl, Emil, ⚔.
Rascher, Johann, ⚔.
Schierlitz, Joseph, ⚔.
Lettenbaur, Johann, ⚔.
Hilburger, Friedrich,
Mirwald, Rudolph,
Rügemer, Ludwig,
Funk, Johann,
Wehrl, Heinrich,
Andrian-Werburg, Victor Frh. von, ⚔.
Leeb, Adolph, ⚔.

Spitzl, Joseph von, ☩.   Höß, Georg, ①. ☩.
Wölfle, Joseph, ☩.   Koch, Emil,
Egler, Friedrich, ☩.   Filchner, Carl,
Ruppert, Friedrich, ☩.   Ernst, Jacob,
Lüftl, Franz, ☩.   Schmitt, Johann, ☩.
Eben, Simon, ☩.   Hofbauer, Emeran,
Maier, Joseph, ☩.   Baber, Alois, ☩.
Grill, Sebastian,   Bauernschmitt, Baptist. ☩.
Müller, Adam, ☩.

Junker.

Vom Stabe.

Aerzte.	Beck, Dr Augustin, RArzt 1. Cl. ☩. ☩.
	Waltl, Dr Johann, BArzt. ☩.
	Schiestl, Dr Emil, BArzt. ☩.
	Helfreich, Dr Friedrich, BArzt. ☩.
Quartiermstr.	Hosp, Heinrich, ROmstr 2. Cl.
	Hoffmann, Anton, BOmstr. ◉.
	Nißelbeck, Jacob, UOmstr. ☩.
	Pfaffenlehner, Friedrich, UOmstr. ☩.
Actuare.	Salberg, Christian, ☩.
	Koch, Jacob.
Auditor.	Fischer, Georg, RAud. 1. Cl. ☩.

11. Infanterie-Regiment vacant Ysenburg.

Garnison Regensburg; das 1. Bataillon in Lindau.

1805 den 1. October errichtet in Würzburg als 13. Linien-Infanterie-Regiment aus Abtheilungen aller damals bestandenen zwölf Linien-Infanterie-Regimenter. Den 29. April 1811 erhielt es die Benennung 11. Linien-Infanterie-Regiment Kinkel, statt des bisher so genannten, und an diesem Tage aufgelösten Regiments. Demselben wurden 1815 das 6. und 16. National-Feld-Bataillon (Lindau und Kempten), und die übrigen Bataillone der im Jahre 1813 errichteten mobilen Legion des Illerkreises einverleibt. Seit 28. October 1835 nach seinem Inhaber, und seit 20. April 1848 nach Nummer und Inhaber genannt.

Inhaber: Vom 29. April 1811 bis 25. November 1827 August Frh. von Kinkel, GLt; 28. October 1835 Peter Frh. von Lamotte, GLt; 30. December 1836 Friedrich Frh. von Hertling, GM.; 13. Januar 1837 wieder Peter Frh.

von Lamotte, GLt; 21. November 1837 vacant; 30. März 1838 Wilhelm Graf von Ysenburg, GM., zuletzt GdJ.; 29. Februar 1860 vacant.

Feldzugsjahre seit der Errichtung: 1805, 1806 und 1807, 1809, 1812, 1813, 1814 und 1815; 1866.

Schlachten und Belagerungen: 1806 Belagerung von Breslau; 1809 Schlachten von Abensberg, Landshut, Wagram und Znaym; 1812 Schlacht von Poloczk; 1813 Vertheidigung von Thorn, Schlacht von Hanau; 1814 Schlachten von Brienne, Bar sur Aube und Arcis sur Aube.

Das 2. Bataillon dieses Regiments gehört zu dem am 25. October 1832 nach Griechenland entsendeten bayerischen Hilfscorps.

Uniform: Kragen und Aufschläge schwarz mit scharlachrothem Vorstoße wie Nro. 2; Knöpfe weiß.

Regiments-Inhaber.

— — —

Stabs-Officiere.

Oberst-Cmdt. Strauß, Philipp. ⚔4. ⚭. ⚜. ÖL3.
Oberstlieut. Streiter, Wilhelm. ⚜. ◎. ⚜.
Majore. Tausch, Franz von, ⚔4. ⚜. ⚜.
　　　Fluck, Peter, ✠. ⚜.
　　　Lauböck, Georg, ⚜. ⚜.
　　　Bäumen, August von. ⚜. ⚜. SpF3. SpAM.

Hauptleute.

I. Fabris, Franz von, ⚜. ⚜.
- Baader, Maximilian, ⚜. ⚜.
- Safferling, Benignus, ⚔4. ⚜. GDF.
- Reck, Gottfried, ⚜. ⚜. BGM.
- Tünnermann, Friedrich, ⚜4. ⚜. ◎. ⚜.
- Pöllnitz, Alexander Frh. von, ⚜. ⚜.
- Hofstetter zu Platzol, Hugo von, ⚜. ⚜.
- Dall'Armi, Friedrich Ritter von, ⚜.
- Bramberger, Jacob, ⚜. ⚜.
- Lösch, Heinrich Graf von, ⚜. ⚜.
- Jäger, Anton von, ⚜. ⚜.
- Hausner, Ludwig, ⚜.
- Stubenrauch, Otto von, ⚜4. ⚜.
- Bettschart, Maximilian Frh. von, ⚜4. ⚜. ✠.
- Oertel, Albin, ⚜.

II. Pöllnitz, Ludwig Frh. von, ⚜.
- Gruntal, Ferdinand, ⚜.
- Schilling, Friedrich, ⚜.
- Porzelius, Christian, ⚜.
- Wackenreiter, Julius, ⚜.
- Zech, Julius Graf von, ⚜. PK4. ✠.
- Pellet, Wilhelm, ⚜.
- Martin, Albin, ⚜.
- Reichlin-Meldegg, Ludw. Frh. v. ⚜.
- Popp, Franz, ⚜. Adj. des GM. und Brgdr von Ribaupierre,
- Scholler, Conrad, ⚜.
- Reidl, Joseph, ⚜.
- Schirndinger von Schirnbing, Friedrich Frh., ⚜.
- Eichenherr, Philipp, ⚜.
- Opel, Georg, ⚜.
- Schneider, Emil, ⚜.
- Groll, Hermann. ⚜.

Oberlieutenants.

Tänzl-Trazberg, Max. Frh. von, ☙.
Hefner, Maximilian, ☙.
Lösch, Maximilian Graf von, ☙.
Mayr, Philipp, ☙.
Ulrich, August, ☙.
Oerthel, Carl, ☙.
Herter, Joseph, ☙.
Lindner, Friedrich, ☙.
Lossow, Ludwig, ☙.
Ruchti, Friedrich, ☙.
Geyer, Johann, ☙. RAdj.,
Pfetten, Oscar Frh. von, ☙.
Lammfromm, Andreas, ☙. BAdj.,
Klöbel, Georg, ☙.

Winneberger, Ludwig, ☙.
Waldenfels, Hanns Frh. von, ☙.
Muzel, Hermann, ☙.
Arnold, Hugo, ☙.
Geiger, Wilhelm, ☙.
Schneider, Ludwig,
Brand, Adolph, ☙. BAdj.,
Held, Carl, ☙. BAdj.,
Kappes, Conrad, ☙.
Urban, Franz, ☙.
Löhner, Eduard, ☙.
Harrach, Aquilin, ☙.
Metz, Hugo, ☙.

Unterlieutenants.

Keyser, Abolar, ☙.
Zwickh, Nepomuk, ☙.
Hofmann, Alois, ☙.
Hörner, Heinrich, ☙.
Walther, Otto, ☙.
Hirschauer, Johann, ☙.
Pausch, Christian, ☙.
Redenbacher, Gottfried, ☙.
Wieninger, Virgil, ☙.
Haas, Franz, ☙.
Dering, Franz, ☙.
Geißler, Michael, ☙.
Geyer, Christoph, ☙.
Rüdiger, Carl, ☙.
Wiedenmann, Peter, ☙.
Frommel, Heinrich,
Spachtholz, Alfred, ☙.
Herrlein, Hermann von,
Geyer, Jacob, ☙.
Scheichenzuber, Franz, ☙.
Schütz, Carl, ☙.
Bentzel-Sternau und Hohenau, Franz
    Graf von, ☙.
Höfner, Philipp, ☙.
Weber, Hugo, ☙.
Wagner, Maximilian,

Wagner, Georg, ☙.
Kunz, Gustav, ☙.
Rothhammer, Ferdinand, ☙.
Wohlfahrt, Nepomuk,
Gutbrod, Johann, ☙.
Reisner, Otto,
Kinkelin, Hermann,
Teicher, Friedrich, ☙.
Hösch, Wolfgang, ☙.
Gleissenthal, Heinrich Frh. von, ☙.
Horn, Ludwig,
Mayer, Eduard, ☙.
Müller, Adolph, ☙.
Deuscher, Joseph. ☙.
Popp, Ludwig, ☙.
Kreuzer, Joseph, ☙.
Müller, Alois, ☙.
Tausch, Adolph von, ☙.
Baumgartner, Xaver, ☙.
Pößl, Carl, ☙.
Mann-Tiechler, Maximilian Ritter
    von, ☙.
Mann-Tiechler, Otto Ritter von, ☙.
Freundorfer, Theodor,
Hacker, Hubert. ☙.

Junker.

— — — i — — —

Vom Stabe.

Aerzte.	Babinger, Dr Franz, RArzt 2. Cl. ⚔4. ⬡.
	Wandner, Dr Gottfried, BArzt. ⬡.
	Schöppler, Dr Andreas, BArzt. ⬡.
	Vogl, Dr Maximilian, BArzt. ⚔4. ⬡.
	Sartorius, Dr August, BArzt ⬡.
Quartiermstr.	Munzert, Jacob, ROmstr 2. Cl.
	Sartorius, Otto, UOmstr. ⬡.
	Kellhammer, Maximilian, UOmstr. ⬡.
Actuare.	Müller, Joseph, ⬡.
	Strauß, Anton.
Auditor.	Hirschberg, Christian Frh. von, RAud. 1. Cl. ⬡.

---

12. Infanterie-Regiment König Otto von Griechenland.

Garnison Neuulm, das 2. Bataillon in Landau.

1814 den 16. Juli errichtet nach der erfolgten Wiedervereinigung des Großherzogthums Würzburg mit der Krone Bayern, aus den ersten zwei Bataillonen des schon seit 1714 in verschiedener Stärke und Gestalt bestandenen würzburgischen Haus-Infanterie-Regiments, und dem königlich bayerischen 3. leichten Infanterie-Bataillon. Dieses Bataillon (s. 3. Jäger-Bataillon) war ursprünglich das 1. Bataillon des 1753 errichteten Musketier-Regiments, welches 1791 bis 1804 die Benennung „2. Feldjäger-Regiment" führte, dessen beide Bataillone aber seit 1791 unter selbstständigen Commandanten getrennt, und vom 31. März 1804 an nach diesen benannt, als 3. und 4. leichtes Infanterie-Bataillon bestanden. Seit 28. October 1835 nach seinem Inhaber, und seit 26. April 1848 nach Nummer und Inhaber genannt.

Inhaber: des würzburgischen Hausregiments immer die regierenden Fürst-Bischöfe. Während der ersten Besitznahme Bayerns von 1803 bis 1806 Dominik Constantin Fürst von Löwenstein-Wertheim, k. bayer. GLt.; 1806 der neue Landesregent Ferdinand, Großherzog von Würzburg.

Commandanten des 3. leichten Infanterie-Bataillons: 1804 Friedrich Graf Preysing, Major, später OberstLt; 1808 Friedrich von Berndau, OberstLt; 1812 Ferdinand von Scherer, OberstLt.

Inhaber des 12. Linien-Infanterie-Regiments: Otto, königlicher Prinz von Bayern, nun König von Griechenland, 1. Juni 1823.

Feldzugsjahre, außer jenen seiner Stammabtheilungen der würzburgischen Infanterie: 1621; 1664, 65; 1696, 97; 1702—14; 1717, 18; 1733—35; 1738, 39; 1745—48; 1756—63; 1792—96; 1799, 1800, 1805, 1806; 1808—1813 in Spanien, 1809, 1812, 1813, 1814, und jenen des bayerischen

3. leichten Infanterie-Bataillons 1756—63; 1792—96; 1799, 1800, 1805, 1806 und 1807, 1809, 1812, 1813 und 1814; seit seiner Errichtung: 1815; 1866.
Schlachten und Belagerungen in diesem Jahrhundert: Würzburgische Infanterie: 1800 Vertheidigung von Philippsburg; 1807 Belagerung von Danzig; 1809 Belagerung, Einnahme und Vertheidigung von Gerona; 1813 Schlachten von Lützen, Bautzen, Großbeeren, Jüterbock und Leipzig. — Bayerisches 3. leichtes Infanterie-Bataillon: 1800 Vertheidigung von Philippsburg; 1806 Belagerung von Breslau; 1812 Schlacht von Poloczk; 1813 Schlachten von Bautzen und Jüterbock; 1814 Schlachten von Brienne, Bar sur Aube und Arcis sur Aube.
Das 2. Bataillon dieses Regiments gehörte zu dem am 25. October 1832 nach Griechenland entsendeten bayerischen Hilfscorps.
Uniform: Kragen und Aufschläge orangegelb wie Nr. 15; Knöpfe weiß.

Oberst-Inhaber.

Seine Majestät Otto, König von Griechenland, 1. Juni 1823.

Stabs-Officiere.

Oberst-Cmdt.	Leoprechting, Christoph Frh. von. ⚔4. ⚔. ⚔. RA3.
Oberstlieut.	Heyl, August. ⊙. ⚔.
Majore.	Kohlermann, Wilhelm, ⚔4. ⚔. ⚔. GD.
	Nesselrode-Hugenpoet, Carl Frh. von, ⚔. ⚔.
	Gilardi, Alexander von, ⚔. ⚔. ⚔.
	Hellingrath, Eduard von, ⚔. WF4.
	Schönfeßl, Maximilian. ⚔. ⚔.

Hauptleute.

I. Schintling, Oscar von, ⚔. WF4.
- Pausch, Wilhelm, ⚔.
- Müller, Ludwig, ⚔4. ⚔. GE5.
- Seutter, August von, ⚔. ⚔.
- Tann, Guido Frh. von der, ⚔. ⚔.
- Langensee, Friedrich, ⚔.
- Nero, Maximilian, ⚔4. ⚔.
- Rietzschel, Maximilian, ⚔. ⚔.
- Bürgel, August, ⚔. ⚔.
- Pierron, Maximilian von, ⚔. ⚔.
- Greger, Julius, ⚔. ⚔.
- Ballade, Heinrich von, TMV4.
  Erzieher S. K. H. des Prinzen
  Arnulph von Bayern,
- Merkel, Nepomuk, ⚔. ⚔. BGM.
- Binner, Franz, ⚔. ⚔. GE5.
- Uebelacker, Heinrich, ⚔. ⚔.

I. Schmidtler, Johann, ⚔. ⚔.
- Pappus von Tratzberg Frh. von Rauchenzell und Laubenberg, Maximilian, ⚔. Krstr.
II. Braun, Friedrich, ⚔.
- Kühlmann, Emil, ⚔.
- Hoberlein, Ludwig, ⚔.
- Lehning, Joseph,
- Hiller, Leonhard, ⚔.
- Pauli, Emil, ⚔. Adj. des GM. und Brgbr von Steinle,
- Haas, Johann,
- Sainte-Marie-Eglise, Hugo Frh. von, ⚔.
- Rosenmerkel, Adolph, ⚔. ⚔.
- Strähuber, Eugen, ⚔.
- Pflaum, Ludwig,

II. Zimmer, Heinrich, ⚔. ⚙.

\- Wachter, Friedrich von, ⚔.

\- Diez, Carl, ⚔.

II. Baligand, Ludwig von, ⚔.

\- Holnstein aus Bayern, Wilhelm
  Graf von. ⚔.

Oberlieutenants.

Euler-Chelpin, Rigas, ⚔. Adj. des
  GLt und GCmdtn von Feder,

Bibra, Alfred Frh. von, ⚔.4. ⚔.

Düppel, Raimund, ⚔.

Stöcklein, August, ⚔. RAdj.,

Hausner, Anton, ⚔.

Pöhlmann, Georg, ⚔.

Ehrne von Melchthal, Fried., ⚔. BAdj.,

Dichtl, Eduard, ⚔.

Lechner, Otto, ⚔. BAdj.,

Degen, Eduard, ⚔.

Leeb, Hermann, ⚔.

Küffner, Ludwig, ⚔.

Prielmayer, Otto Frh. von, ⚔.

Weißmann, Ferdinand, ⚔.

Schmuckermair, Gustav, ⚔.

Schmelcher, Rudolph, ⚔.

Schmid auf Holzhammer, Adolph von,
  ⚔.

Neumann, Otto, ⚔.

Lindenfels, Adolph Frh. von,

Keller, Theodor, ⚔.4. ⚔. BAdj.,

Haas, Jacob, ⚔.

Maiholzer, Friedrich, ⚔.

Schlatter, Ludwig, ⚔.

Gobin, Carl Frh. von, ⚔.

Sontinger, Hugo,

Törring-Minucci, Joseph Graf von,

Koch, Eginhard, ⚔.

Baumgartner, Maximilian, ⚔.

Sterneder, Carl, ⚔.

Lobenhoffer, Carl, ⚔.

Müller, Alfred, ⚔.4. ⚔.

Hastreiter, Cajetan, ⚔.

Michel, Raimund,

Colin, Friedrich, ⚔.

Mayer von Wandelheim, Otto, ⚔.

Sonntag, Michael. ⚔.

Unterlieutenants.

Bischoff, Eduard, ⚔.

Bräntl, Joseph, ⚔.

Ast, Philipp, ⚔.

Zierhut, Ludwig, ⚔.

Becker, Joseph,

Simeth, Franz,

Schmädel, Johann Ritter von,

Treffer, Alois,

Klein, Albrecht,

Martin, Franz,

Hirschberg, Carl Graf von,

Holnstein aus Bayern, Friedrich Graf
  von, ⚔.

Gabler, Christian, ⚔.

Lösch, Johann, ⚔.

Martin, Xaver, ⚔.

Schraudolph, Claudius, ⚔.

Elsäßer, Martin, ⚔.

Barth, Heinrich,

Albrecht, Friedrich,

Kraus, Carl,

Brand, Adalbert, ⚔.

Berchtenbreiter, Johann, ⚔.

Helmsauer, August, ⚔.

Schulz, Ludwig, ⚔.

Reichlin-Meldegg, Cornelius Frh. von,
  ⚔.

Haas, Friedrich,

Portune, Friedrich,

Wiedemann, Adolph,

Stürm, Carl,

Heydemann, Carl.

Kunkel, Martin, ⚔.4.

Fellermaier, Joseph, ⚔.

Wollinger, Joseph, ⚔.	Riegel, Joseph, ⚔.
Grimminger, Wilhelm,	Buchner, Joseph, ⚔.
Anschütz, Friedrich,	Weilbach, Maximilian,
Lechner, Carl, ⚔.	Baber, Georg.
Greck, Eduard, ⚔.	Günther, Johann, ⚔.
Krembs, Eduard, ⚔.	Vogl, Friedrich. ⚔.

Junker.

— — — | — — —

Vom Stabe.

Aerzte.	Teppisch, Dr Otto, RArzt 1. Cl. ⚔. ⊙.
	Hartmann, Dr Jacob, BArzt. ⚔.
	Gerber, Dr Friedrich, BArzt. ⚔.
	Ghillany, Dr Friedrich, BArzt.
Quartiermstr.	Grundler, Ferdinand, ROmstr 1. Cl. ⚔.
	Heim, Michael, UOmstr. ⚔.
	Körner, Carl, UOmstr. ⚔.
Actuare.	Müller, Joseph, ⚔.
	Wüstner, Carl.
Auditor.	Lampel, August, RAud. 2. Cl. ⚔.

13. Infanterie-Regiment Kaiser Franz Joseph von Oesterreich.

Garnison Ingolstadt mit 2 Comp. in Würzburg; das 1. Bataillon in Zweybrücken mit Detachement in Kaiserslautern.

1806 ben 31. Mai errichtet als 14. Linien-Infanterie-Regiment aus den Cadres des durch die Abtretung des Fürstenthums Würzburg aufgelösten baherischen 12. Linien-Infanterie-Regiments, — aus den mit dem Fürstenthume Ansbach übergegangenen Dienstpflichtigen des preußischen Regiments Tauenzien (vom Markgrafen Georg Friedrich von Ansbach im Jahre 1696 errichtet, im Jahre 1792 von Preußen unter dem Namen Reitzenstein übernommen und zuletzt Tauenzien genannt), sowie endlich aus der durch die Einverleibung der hohenlohe-schillingsfürst'schen Lande und der Gebietstheile der beiden öttingen-spielbergischen und wallersteinischen Häuser erhaltenen dienstpflichtigen Mannschaft. Im Jahre 1811 wurde es zum 13. Linien-Infanterie-Regiment, und diesem 1815 das 15. National-Feld-Bataillon (Bayreuth), dann das 1. und 3. Bataillon der im Jahre 1813 errichteten mobilen Legion des Mainkreises einverleibt. Seit 28. October 1835 nach seinem Inhaber, und zwar 13. Januar 1837 „Friedrich Hertling" und seit 19. Juli 1846 nur „Hertling", dann seit 26. April 1848 nach Nummer und Inhaber genannt.

Inhaber: 1835. 28. October Max. Graf von Seyssel d'Aix, GLt; 1837. 13. Januar Friedrich Frh. von Hertling, GM. dann GLt; 1850. 18. August vacant; 1851. 4. Juni Seine Majestät Franz Joseph I., Kaiser von Oesterreich.

Feldzugsjahre, außer jenen seiner Stammabtheilungen namentlich der ansbachischen Truppen im 30-, 7jährigen und im amerikanischen Freiheits-Kriege, seit seiner Errichtung: 1806 und 1807; 1809, 1812, 1813, 1815; 1849; 1866.

Schlachten und Belagerungen in diesem Jahrhundert: 1809 Schlachten von Abensberg und Eggmühl, Einnahme von Regensburg; 1813 Vertheidigung von Danzig.

Uniform: Kragen und Aufschläge stahlgrün mit scharlachrothem Vorstoße wie Nr. 14; Knöpfe weiß.

Oberst-Inhaber.

Seine Majestät Franz Joseph I., Kaiser von Oesterreich, 15. Mai 1851.

Stabs-Officiere.

Oberst-Cmdt.	Reichlin-Meldegg, Eduard Frh. von. ✠. ✠. ✠. ÖEK2.
Oberstlieut.	Bayl, Julius. ✠.
Majore.	Kramer, Maximilian von, ✠. ✠.
	Faber, Christian, ✠. ✠. ÖEK3.
	Wirthmann, Heinrich, ✠4. ✠. ✠.
	Schönhueb, Carl Frh. von. ✠. ✠.

Hauptleute.

I. Schreiner, Ludwig, ✠4. ✠. ✠. ✠.
- Heydenaber, Wilhelm von, ✠. ✠.
- Eberhard, Ludwig, ✠. ÖEK3.
- Schirnbinger v. Schirnbing, Friedr. Frh., ✠. ✠. ✠.
- Köppelle, Carl von, ✠. ✠. ✠.
- Klessinger, Ludwig, ✠. ✠. ✠.
- Lissignolo, Friedrich, ✠. ✠. SpF3.
- Reitzenstein, Ernst Frh. von, ✠.
- Haag, Johann, ✠. ⊙. ✠.
- Schübel, Casimir, ✠. ✠. ✠.
- Merche, Heinrich, ✠. ✠.
- Schmitt, Maximilian, ✠. ✠.
- Maller, Franz, ✠. ✠. ÖFJ3.
II. Mägelen, Maximilian, ✠. ✠.
- Handschuch, Gotthard, ✠. ✠.
- Vollmar auf Veltheim, Heinrich Ritter von, ✠.

II. Körber, Wilhelm, ✠.
- Müller, Ernst, ✠. ✠.
- Arnold, Emil, ✠. ✠.
- Hoberlein, Theodor, ✠.
- Kätenpeckh, Wilhelm, ✠.
- Künnell, Joseph, ✠.
- Eberhard, Eduard, ✠.
- Traitteur, Oscar Ritter von, ✠.
- Römer, Joseph, ✠.
- Görtz, Christoph, ✠.
- Haack, Jacob, ✠.
- Strömsdörfer, Franz, ✠. ✠. ÖTM.
- Eitzenberger, Otto, ✠.
- Dohrer, Carl, ✠.
- Schmid, Hermann von. ✠.

Oberlieutenants.

Sattler, August, ☩.
Rabenstein, Wolfgang, ☩.
Hetterich, Oscar, ☩.
Stiefel, Johann, ☩.
Betzwieser, Joseph, ☩.
Conradi, Carl, ☩.
Berg genannt Schrimpf, Conrad von, ☩.
Fischer, Christoph, ☩.
Schraudenbach, Joseph, ☩.
Grundherr zu Altenthann und Weyher- haus, Friedrich von, ☩.
Faber, Friedrich, ☩. RAdj.,
Warmuth, Simon, ☩.
Schöner, Urban, ☩.
Bauerschubert, Joseph, ☩.

Grohe, Adolph, ☩.
Schieder, August, ☩.
Stapp, Carl, ☩.
Waldenfels, Carl Frh. von, ☩. BAdj.,
Millitzer, Sophian, ☩.
Keyl, Adolph, ☩.
Röbel, Gustav, ☩.
Maurer, Anton, ☩.
Ullmer, Carl, ☩. BAdj.,
Holderer, Carl, ☩. BAdj.,
Storch, Justus, ☩.
Pöllath, Carl,
Schieder, Wolfgang, ☩.
Weiß, Julius, ☩.
Oberländer, Albert von, ☩.
Gigl, Carl. ☩.

Unterlieutenants.

Knies, Joseph, ☩.
Zacherl, Xaver, ☩.
Buckel, Baptist, ☩.
Widemann, Ernst, ☩.
Hilpert, Jacob, ☩.
Weech, Sigmund von, ☩.
Kollmann, Emil, ☩.
Egloffstein, Camill Frh. von,
Brückner, Carl von, ☩.
Obele, Joseph, ☩.
Walter, Edmund, ☩.
Jägerhuber, Maximilian, ☩.
Oesterreicher, Adolph, ☩.
Vogl, Alphons, ☩.
Weber, Franz, ☩.
Mayer, Friedrich, ☩.
Back, Michael, ☩.
Beichbold, Carl, ☩.
Brust, Damian, ☩.
Koch, Ludwig, ☩.
Gebhard, Franz, ☩.

Dischler, Joseph, ☩.
Müller, Gustav, ☩.
Killinger, German, ☩.
Meuth, Robert, ☩.
Greger, Heinrich, ☩.
Dütsch, Philipp,
Müller, Georg, ☩.
Kunkel, Ludwig, ☩.
Wiesner, Adalbert, ☩.
Barnickel, Heinrich, ☩.
Schmidt, Johann, ☩.
Hafner, Martin, ☩.
Steinberger, Joseph, ☩.
Klimmet, Augustin,
Gränzer, Ludwig, ☩.
Baumgärtner, Baptist,
Beck, Martin, ☩.
Kiener, Adam,
Söllner, Christoph,
Nebinger, Friedrich, ☩.
Spätt, Maximilian. ☩.

Junker.

— — — | — — —

Vom Stabe.

Aerzte.	Rogg, Dr Joseph, RArzt 1. Cl. ✠.
	Baumann, Dr Gustav, BArzt. ✠.
	Hopf, Dr Julius, BArzt. ✠.
Quartiermstr.	Merkel, Anton, ROmstr 2. Cl.
	Holz, Michael, BOmstr. ✠.
	Kurz, Wilhelm, UOmstr. ✠. ✠.
	Mauberer, Joseph, UOmstr. ✠.
Actuare.	Winterstein, Johann, ✠.
	Büttner, Heinrich. ✠.
Auditor.	Leithner, Adolph, RAud. 2. Cl. ✠.

14. Infanterie-Regiment ~~Zandt.~~

Garnison Nürnberg mit 1 Comp. in Lichtenau.

1814 ben 16. Juli errichtet aus dem im Jahre 1803 aus Abtheilungen der schwäbischen Kreis-Infanterie-Regimenter (Landgraf von Fürstenberg und Graf von Wolfeck), den Contingenten des Hochstiftes Augsburg und anderer mediatisirten Reichsstände gebildeten 6. leichten Infanterie-Bataillon und aus dem großherzoglich frankfurtischen Infanterie-Regimente Zweyer. Dieses früher churmainzische Regiment erscheint schon seit dem 17. Jahrhundert unter verschiedener Stärke und Gestalt bei dem Reichscontingente dieses Churfürstenthums und kam durch Einverleibung des Fürstenthums Aschaffenburg an Bayern.

Im Jahre 1815 wurde dem Regimente die in den Jahren 1813 und 1814 errichtete Landwehr des Fürstenthums Aschaffenburg einverleibt und dasselbe seit dem 28. October 1835 nach seinem Inhaber, seit 26. April 1848 aber nach Nummer und Inhaber genannt.

Inhaber: 1835. 28. October Georg von Weinrich, GLt; 12. December 1836 vacant; 29. August 1837 Max. von Zandt, GLt, nun ch. GbC. Inhaber: a) des Regiments Zweyer; 1792 Graf Hatzfeld, GLt; 1795 v. Faber, GLt; 1810 Frh. von Zweyer, GLt; b) des schwäbischen Kreis-Regiments: schon in frühester Zeit die Landgrafen von Fürstenberg in Mähren.

Commandanten: a) des schwäbischen Kreisregiments: Oberst Clemens von Raglovich; b) des schwäbischen Contingent-Bataillons: Major Sebastian von Braunn; c) des bayerischen 6. leichten Infanterie-Bataillons: 1803 OberstLt Max. Lessel; 1804 OberstLt Frh. von Weinbach; 1806 OberstLt Friedrich Graf Thurn und Taxis; 1809 OberstLt Joseph von La Roche; 1812 OberstLt Peter Palm; 1814 OberstLt Friedrich von Flad.

Feldzugsjahre: Regiment Zweyer: unter seinen auf einander folgenden Regierungen nahm es an allen Reichs- und späteren Kriegen Theil. In diesem Jahrhundert: 1800; 1806 und 1807; 1808 bis 1813 (in Spanien), 1809; 1812 und 1813; 1814. — Stammabtheilungen des 6. leichten Infanterie-Bataillons: wie beim Regiment Zweyer; in diesem Jahrhundert: 1800 mit der Reichsarmee. — 6. leichtes Infanterie-Bataillon: 1805; 1806 und

1807; 1809; 1812, 1813, 1814. — Seit der Errichtung als 14. Regiment: 1815; 1866.

Schlachten und Belagerungen in diesem Jahrhundert: Aschaffenburger: 1809 Schlachten von Medellin, Talavera, Occana; 1810 Entsetzung von Ciudad Real; Vertheidigung von Almagro und Ciudad Real; 1812 Schlacht bei Madrid; 1813 Vertheidigung von Danzig; Schlacht bei Lützen und Bautzen, Vertheidigung von Glogau; Schlachten von Vittoria und an der Bidassoa. — Schwäbische Kreis-Infanterie-Regimenter und Contingente: 1800 Vertheidigung von Philippsburg, Schlacht bei Stockach. — Das bayerische 6. leichte Infanterie-Bataillon: 1806 Belagerung von Glogau: 1807 Belagerung von Breslau, Brieg, Kosel und Glatz; 1809 Schlachten von Abensberg, Landshut und Wagram; 1812 Schlacht von Poloczk; 1813 Schlachten von Bautzen, Jüterbock und Hanau; 1814 Belagerung von Hüningen.

Uniform: Kragen und Aufschläge stahlgrün mit scharlachrothem Vorstoße wie Nr. 13; Knöpfe gelb.

Regiments-Inhaber.

Zandt, Max. Frh. von, Exc., ch. GdC. 2c. 29. August 1837.

Stabs-Officiere.

Oberst-Cmdt. Schiber, Achilles. ☩. ✠.
Oberstlieut. Pflaum, Georg, ☼. ✠.
     Leublfing, Max. Graf von. ☩. ✠. ÖEK3. PrA4. SpC2m.St.
Majore. Pechmann, Friedrich Frh. von, ☩. ✠.
     Dichtel, Friedrich, ☩. ✠.
     Michels, Theodor von, ☩. ✠.
     Remich von Weißenfels, Otto, ☩. ☼. ✠.
     Kohlermann, Adolph. ☩. ☼. ✠. BGM.

Hauptleute.

I. Gropper, Joseph von, ☩4. ☩. ✠.
- Kaizer, Carl, ☩.
- Bibra, Friedrich Frh. von, ☩.
- Eckmayer, Wilhelm, ☩.
- Train, Carl von, ☩. ✠.
- Thüngen, Ludwig Frh. von, ☩.
- Birkmann, Carl, ☩.
- Scheler, Johann, ☩.
- Schellerer, Anton Ritter von, ☩.
- Ruttor, Michael, ☩. ☼. ✠.
- Sibin, Carl, ☩. ☼. ✠.
- Löhr, Julius, ☩.
- Harrach, Carl, ☩4. ☩. ☼.

I. Rubenbauer, Nepomuk, ☩. ☼. ✠.
- Horlomus, Conrad, ☩. ☼. ✠.
II. Welz, Daniel, ☩. ☼.
- Trabert, Georg, ☩. ✠.
- Albert, Lorenz, ☩. ✠.
- Menges, Carl, ☩. Adj. des GM. und Brgdr. Schumacher,
- Mattenheimer, Albin, ☩.
- Bening, August,
- Kolb, Oscar,
- Benz, Heinrich von, ☩.
- Cramer, Gerhard, ☩.
- Lauterbach, Friedrich, ☩.

II. Hüttner, Christian, ☩. | II. Altmann, Georg, ☩.
- Poland, Maximilian, ☩ ☩. | - Feuerlein, Georg. ☩.

Oberlieutenants.

Baubenbach, Julius, ☩. ☩.
Lauterbach, Christoph, ☩. RAdj.,
Schumacher, Arthur, ☩.
Imhoff, Wilhelm von, ☩.
Ertl, Anton, ☩.
Günther, Franz, ☩.
Schleich, Carl von, ☩.
Hoberlein, Georg, ☩.
Raab, Otto, ☩.
Wöckel, Friedrich, ☩.
Schund, Oscar, ☩.
Burger, Arthur, ☩.
Cammerloher, Otto Ritter von, ☩. ☩.
Claus, Carl, ☩. BAdj.,
Hagens, Julius von,
Sped, Carl, ☩.
Hacker, Tobias, ☩. BAdj.,

Gemming, August, ☩.
Spiegel, Theodor, ☩.
Mangold, Hermann, ☩.
Stepf, Julius, ☩.
Hahn, Gottlieb, ☩.
Esch, Philibert, ☩.
Löffelholz von Colberg, Eduard Frh., ☩.
Müller, Michael, ☩.
Brößler, Donatus, ☩.
Hönig, Adolph, ☩. BAdj.,
Grauvogl, Ludwig von, ☩.
Schund, Hermann, ☩.
Meißner, Sigmund, ☩.
Seyler, Emanuel, ☩.
Pechmann, Heinrich Frh. von, ☩.
Stengel, Georg Frh. von. ☩. ☩.

Unterlieutenants.

Braun, Conrad, ☩.
Brandel, Michael, ☩.
Hornung, Friedrich,
Sommer, Emil, ☩.
Strauß, Sebastian, ☩.
Schöpf, Johann, ☩.
Scheller, Ernst, ☩.
Minderlein, Theodor, ☩.
Bidel, August,
Haller von Hallerstein, Georg Frh., ☩.
Höch, Johann,
Leitner, Xaver, ☩.
Stenzer, Ludwig, ☩.
Rotthafft Frh. von Weißenstein, Benno,
☩.
Sattler, Joseph,
Seuffert, Georg, ☩.
Altwegher, Joseph von,
Faber, Conrad, ☩.

Brößler, Joseph, ☩.
Pechmann, Joseph Frh. von, ☩. ☩.
Wiedenmann, Friedrich, ☩.
Zeiß, Carl, ☩.
Kleiner, Heinrich, ☩.
Zerzog, Adalbert, ☩.
Schmitt, Georg, ☩.
Sedelmair, Eduard Ritter von,
Bomhard, Paul, ☩.
Nentwig, Heinrich, ☩.
Kieser, Guntram, ☩.
Ulmer, Edmund, ☩.
Hanauer, Johann, ☩.
Pleitner, Carl, ☩.
Grießmeyer, Julius, ☩.
Wolf, Adalbert, ☩.
Weber, Joseph,
Herrmann, Carl, ☩.
Ochs, Eugen, ☩.

Pöllath, Eduard, ⚔	Pöhlmann, Hermann, ⚔
Mang, Philipp,	Meyer, Wilhelm, ⚔
Wittmann, Gotthard, ⚔	Vogt, Theodor. ⚔

Junker.

Vom Stabe.

Aerzte — Graubogl, Dr Eduard von, RArzt 1. Cl. ⚔ ⚔.
Aurnhammer, Dr Carl, BArzt. ⚔ RKM.
Schneiter, Dr Alois, BArzt. ⚔
Riegel, Dr Franz, BArzt. ⚔

Quartiermstr. Speiser, Wilhelm, RQmstr 1. Cl. ⚔
Reuß, Ludwig, UQmstr. ⚔
Abel, Christoph, UQmstr. ⚔

Actuare. Spänkuch, Georg, ⚔
Volkert, Adolph, ⚔
Amm, Julius, ⚔
Speiser, Joseph, ⚔

Auditor. Dorsch, Franz, RAub. 1. Cl. ⚔

---

15. Infanterie-Regiment König Johann von Sachsen.

Garnison Neuburg; das 2. Bat. in Landau mit Detachement in Ludwigshafen.

1722 den 1. Juli errichtet aus den britten Bataillonen der Regimenter Churprinz und Maffei als Füsilier-Regiment, wurde es am 18. September 1789 1. Feldjäger-Regiment und bis zum 1. April 1800 nach seinem Inhaber benannt; von da an wurden dessen beide Bataillone als selbstständig getrennt, bildeten das 1. und 2. leichte Infanterie-Bataillon und wurden nach ihren Commandanten benannt. Am 10. August 1815 wurden diese beiden Bataillone abermals und zwar als 15. Linien-Infanterie-Regiment vereinigt.

Inhaber: 1. Juli 1722 Graf von Seyboldsdorff; 12. October 1725 Scipio Frh. v. Balais; 27. August 1738 Joseph Graf Preysing, GFZM; 27. Mai 1768 Sigmund Graf Preysing; 5. Februar 1777 Joseph Graf Piosasque; 6. Juni 1784 Joseph Ernest Graf Schwiegeld, GLt; 28. October 1835 Franz Frh. v. Hertling, GM., dann GLt und KrMstr; 13. September 1844 vacant; 18. Juli 1846 Johann Nepomuk, köngl. Prinz von Sachsen, nun König von Sachsen.

Commandanten: a) des 1. leichten Infanterie-Bataillons: 1800 Oberst Wilhelm v. Metzen; 1807 OberstLt Georg Frh. v. Habermann; 1810 Oberst Joseph v. Geboni; 1812 OberstLt Franz Frh. v. Hertling; 1813 OberstLt Carl

Frh. v. Fick; 1815 Major Wilhelm von Fortis. b) Des 2. leichten Infanterie-Bataillons: 1800 Oberstl't Joseph v. Clossmann; 1803 Oberstl't Carl
v. Vincenti; 1805 Oberstl't Carl v. Dietfurt; 1809 Oberstl't Dominikus Wreden;
1812 Oberstl't Friedrich v. Treuberg; 1813 Oberstl't Carl v. Merz; 1815 Major
Carl Sebus.

Feldzugsjahre seit der Errichtung: 1738 und 39; 1741—45; 1746—48;
1757—59; 1793—96; 1799, 1800, 1805, 1806 und 1807, 1809, 1812,
1813, 1814 und 1815; 1866.

Schlachten und Belagerungen: 1738 Belagerung von Ratscha; 1739
Schlacht bei Krotzka und Panzowa; 1741 Einnahme von Passau und Prag;
1743 Schlacht bei Braunau; 1746 Schlacht bei Rocour; 1747 Schlacht bei
Lawfeld, Vertheidigung von Berg-op-zoom; 1748 Vertheidigung von Maastricht;
1757 Eroberung von Schweidnitz und Breslau, Schlacht bei Leuthen; 1758
Einnahme von Troppau, Vertheidigung von Olmütz, Belagerung von Neisse;
1794 Schlacht bei Kaiserslautern; 1796 Schlachten bei Würzburg und Biberach; 1798 Vertheidigung der Rheinschanze bei Mannheim; 1799 Vertheidigung von Philippsburg; 1800 Schlachten von Möslirch, Biberach,
Memmingen, Neuburg und Hohenlinden; 1809 Schlachten von Abensberg
und Eggmühl; 1812 Schlacht von Poloczk; 1813 Vertheidigung von Thorn,
Schlacht von Hanau; 1814 Belagerung von Hüningen, Schlachten von
Brienne, Bar sur Aube und Arcis sur Aube.

Uniform: Kragen und Aufschläge orangegelb wie Nr. 12; Knöpfe gelb.

Oberst-Inhaber.

Seine Majestät Johann, König von Sachsen, 18. Juli 1846.

Stabs-Officiere.

Oberst-Cmdt. Eichheim, Theodor, ⊛ ⚔.
Oberstlieut. Nürnberger, Philipp, ⚔.
Majore. Brückner, Joseph von, ⚔ ✠ ⚔.
Moor, Adolph von, ⚔ ⚔.
Pöllath, Friedrich, ✠4. ⚔ ⚔.
Steger, Joseph, ✠ ✠ ⚔.
Schenk, Maximilian, ⚔. ✠ ⚔.

Hauptleute.

I. Schieber, Theodor, ⚔. ✠ ⚔.
- Ritter, Ernst, ⚔. ⚔.
- Pestalazzi, Ludwig, ⚔.
- Deyrer, Gottfried, ⚔. ⚔.
- Kohlermann, Otto, ✠4. ⚔. ⚔.
- Bemmel, Amandus, ✠4. ⚔.
- Corred, Otto, ⚔.
- Gurk, Franz, ⚔. ⊛ ⚔.
- Pix, Stephan, ⚔. ⚔. ⚔.

I. Sammiller, Joseph, ⚔. ⚔.
- Knittlmayer, Philipp, ⚔. ⚔.
- Schmidt, Johann, ⚔. ⚔.
- Franz, Baptist, ✠. ⚔.
II. Paraviso, Julius, ⚔.
- Clarmann von Clarenau, Ignaz, ⚔.
- Knöllinger, Christian, ⚔.
- Biering, Nikolaus, ⚔.
- Köppel, Christian,

7*

II. Möllinger, Ludwig, O. ⚫.
- Stritzl, Caspar,
- Rebenbacher, Eduard, ⚔.
- Sonntag, Theodor, ⚔.
- Albert, Johann, ⚔.
- Eckart, Jacob, ⚔.

II. Vornschaft, Maximilian,
- Franz, Carl, ⚔.
- Luz, Friedrich, ⚔.
- Reser, Joseph, ⚔.
- Becker, Augustl, ⚔.
- Geuppert, Heinrich, ⚔4. ⚔.

Oberlieutenants.

Ruß, Alois, ⚔. RAdj.,
Sigl, Otto, ⚔.
Strelin, Julius, ⚔.
Schanz, Bernhard, ⚔.
Geisendörfer, Carl, ⚔.
Habermann, Conrad, ⚔.
Leveling, Joseph Ritter von, ⚔.
Meindl, Franz, ⚔. ⚔.
Fuchs, Paul, ⚔.
Hörhammer, Wilhelm, ⚔. BAdj.,
Kumuier, Albrecht, ⚔.
Franz, Maximilian, ⚔4. ⚔.
Schöller, Carl, ⚔. BAdj.,
Wölfle, Edmund, ⚔.

Schoberth, Friedrich, ⚔4. ⚔.
Ausin, Ernst von, ⚔.
Preislinger, Joseph von, ⚔.
Moosmair, Adolph, ⚔.
Kramer, Hermann von, ⚔.
Herbst, Hermann, BAdj.,
Schmitt, Wilhelm, ⚔.
Gosen, Carl von, ⚔.
Emmerich, Otto, ⚔.
Schmidt, Ludwig, ⚔.
Ulrich, Otto, ⚔.
Wolf, Wilhelm, ⚔.
Backof, Gottlieb, ⚔.

Unterlieutenants.

Gronen, Johann, ⚔.
Meinel, August, ⚔.
Fleischmann, Carl, ⚔.
Schuster, Joseph, ⚔.
Ney, Adolph, ⚔.
Pfeffer, Joseph, ⚔.
Schmid, Edmund, ⚔.
Haller, Ferdinand, ⚔.
Schobert, Carl, ⚔.
Burkhardt, Ludwig, ⚔.
Treubeit, Albert, ⚔.
Heydenaber, Maximilian von,
Narholz, Maximilian,
Gullmann, August,
Blaimberger, Franz,
Steubel, Carl,
Bentele, Anton, ⚔.
Mayerhofen, Heinrich von, ⚔.
Vogt, Maximilian, ⚔.

Heininger, Joseph, ⚔.
Stangl, Hermann,
Leeb, Ferdinand, ⚔.
Rüth, Ludwig,
Graßmann, Franz, ⚔.
Schmid, Maximilian,
Stoffel, Jacob,
Negele, Alois, ⚔.
Buchner, August, ⚔.
Dachs, Richard, ⚔.
Kerr Eduard,
Fischer, Carl,
Spiegel, Engelbert,
Schleider, Theodor,
Simon, Rupert, ⚔.
Fischer, Ernst, ⚔.
Neumaier, Alois, ⚔.
Weiß, Johann, ⚔.
Heldrich, Friedrich, ⚔.

Eichheim, Ludwig,
Pöhlmann, Ludwig, ☩.
Weber, Xaver,
Kuhwandl, Dominikus, ☩.
Forster, Wilhelm, ☩.
Beutlhauser, Heinrich,
Vanlerl, Johann, ☩.

Scheuer, Ludwig, ☩.
Schepp, Franz, ☩.
Nörr, Ernst, ☩.
Wild, Wilhelm, ☩.
Wild, Christian,
Egerer, Adolph. ☩.

Junker.

— — | — —

Vom Stabe.

Aerzte.	Fruth, Dr Wilhelm, KArzt 1. Cl. ☩.
	Oberwegner, Dr Friedrich, BArzt. ☩.
	Ziegler, Dr Michael, BArzt. ☩. PKD.
Quartiermstr.	Straßner, Theodor, ROmstr 1. Cl. ☩.
	Pitzner, Carl, UOmstr. ☩.
	Michel, Julius, UOmstr. ☩.
	Uebel, Joseph, UOmstr. ☩.
Actuare.	Ottmann, Xaver, ☩.
	Vanfelder, Christian.
Auditor.	Clauß, Robert, BAud. ☩.

Jäger-Bataillone.

Uniform: Waffenrock, Beinkleider und Grabauszeichnung wie jene der Linien-Infanterie, jedoch Kragen, Aufschläge, Vorstoße und an den Waffenröcken der Mannschaft vom Oberjäger abwärts Achselwulste von grünem Tuche; gelbe Metallknöpfe mit erhaben geprägter Nummer des Bataillons. Mäntel wie die Infanterie, jedoch mit grünpassepoilirtem Kragen. Helme wie die Infanterie; Huppen, Schnurgeflechte und Patrouillen-Pfeischen wie die Schützen-Compagnien bei der Infanterie. Die Hornisten wie bei der Infanterie, die Stabshornisten wie die Musikmeister, jedoch ohne Schulterblätter. Die Officiere gelbe Schulterblätter mit grünem Unterfutter.

Bewaffnung: Gezogene Gewehre wie die Linien-Infanterie und zwar: Modell Nro. 2 (Schützen-Gewehr) für die Hälfte der Gefreiten und Gemeinen, Modell Nro. 3 (Büchse) für sämmtliche Unterofficiere und für die andere Hälfte der Gefreiten und Gemeinen.

Sämmtliche Mannschaft, vom Oberjäger abwärts den Säbel wie die Linien-Infanterie.

Schwarzlederne Gürtelkuppel; die Patrontasche mit einem auf dem Deckel angebrachten gelbmetallenen Schützenhörnchen.

Die Officiere und Junker den Säbel wie die Infanterie, ebenso die Pferderüstung.

1. Jäger-Bataillon.

Garnison Kempten.

1815 den 27. November errichtet aus den im Jahre 1813 zur Bildung einer Reserve-Armee im Innern des Königreiches gestellten freiwilligen Jäger-Bataillonen des Regen-, Unterdonau-, Iller-, Isar- und Salzachkreises.

Eine Stammabtheilung dieses Bataillons, nämlich das freiwillige Jäger-Bataillon des Isarkreises, das Feldzugsjahr 1815; seit der Errichtung 1866.

Commandant.   Schmidt, Otto, Major. ⚔. ⚔.

Hauptleute.

I. König, Eugen, ⚔. ⚔.	II. Gries, Eduard, ⚔.
- Behringer, Friedrich, ⚔.	- Eber, Friedrich, ⚔.
- Fürst, Clemens, ⚔. ⚔.	- Schenk, Carl. ⚔.

Oberlieutenants.

Zu Rhein, Ferdinand Frh. von, ⚔.	Dettl, Maximilian, ⚔.
Jacobi, Otto, ⚔.	Waldenfels, Wilhelm Frh. von, ⚔.
Golch, Franz, ⚔.	Hamm, Carl, ⚔. BAdj.
Guttenberg, Hermann Frh. von, ⚔.	

Unterlieutenants.

Schmeckenbecher, Oscar, ⚔.	Kirmayer, Albert, ⚔.
Auffeß, Hanns Frh. von, ⚔.	Rauh, Joseph, ⚔.
Steibtner, Georg,	Altstädter, Joseph, ⚔.
Albert, Jacob, ⚔.	Reigersberg, Ludwig Graf von, ⚔.
Neumüller, Carl, ⚔.	Wörlein, Georg. ⚔.
Ulmer, Albert, ⚔.	

Junker. — — —

Vom Stabe.

Aerzte.   Bürchl, Dr Carl, RArzt 2. Cl. ⚔. BGM.

       Mayrhofer, Dr Leonhard, BArzt. ⚔.

Quartiermſtr.	Rabenſtein, Georg, RQmſtr 2. Cl. ☩. ☩.
	Huber, Carl, BQmſtr.
	Krahl, Johann, UQmſtr. ☩.
Actuar.	Sulter, Heinrich, RAct. ☩.
Auditor.	Pöllmann, Johann, BAud.

2. Jäger-Bataillon.

Garniſon Burghauſen.

1815. 27. November errichtet aus den im Jahre 1813 gebildeten frei-willigen Jäger-Bataillonen des Main-, Oberdonau- und Rezatkreiſes, und dem freiwilligen Jäger-Bataillon des ehemaligen Großherzogthums Würzburg. Sämmtliche Stamm-Abtheilungen dieſes Bataillons das Feldzugsjahr 1815; ſeit Errichtung des Bataillons: 1849; 1866.

Commandant.	Treuberg, Friedrich Frh. von, Major. ☩4. ☩4. ☩. ☩.
Major.	Kohlermann, Ferdinand. ☩4. ◉. ☩. BGM.

Hauptleute.

I. Häusler, Michael, ☩. ☩. ODF.　　　I. Hann, Moriz von, ☩. ☩. BGM.
- Burger, Alois, ☩. ◉. ☩.　　　　　　II. Orthmayer, Carl, ☩.
- Harold, Heinrich Frh. von, ☩4.
　☩. ☩. BGM.

Oberlieutenants.

Waldenfels, Ferd. Frh. von, ☩4. ☩.　　Weißbrod, Carl, ☩.
Xylander, Heinrich Ritter von, ☩4. ☩.　Ott, Maximilian, ☩.
Lorch, Carl, ☩4. ☩. BAdj.,　　　　　Hilbert, Wilhelm. ☩.
Hartmann, Emil, ☩4. ☩.

Unterlieutenants.

Müller, Joſeph,　　　　　　　　　Scheidter, Johann, ☩.
Bruch, Theodor, ☩.　　　　　　　Oberſt, Friedrich, ☩.
Pöllath, Joſeph, ☩.　　　　　　　Sensburg, Albert, ☩.
Horadam, Franz, ☩.　　　　　　　De Ahna, Friedrich.
Hinterkircher, Johann, ☩.

Junker. — — —

Vom Stabe.

Aerzte.	Ris, Dr Philipp, RArzt 2. Cl. ⚔4. ☧.
	Schmid, Dr Franz, BArzt. ⚔4. ☧.
Quartiermstr.	Lingg, Alois, ROmstr 2. Cl. ☧.
	Schneider, Ernst, UOmstr.
Actuar.	Hötzler, Joseph, RAct. ☧.
Auditor.	Lilgenau, Clemens Frh. von, BAud. ☧.

---

3. Jäger-Bataillon.

Garnison Eichstädt.

1825. 1. December gebildet aus dem 1. Bataillon des am 10. August 1815 aus dem ehemaligen 4. und 5. leichten Infanterie-Bataillon zusammengesetzten 16. Linien-Infanterie-Regiments, welchem 1815 noch das 11. National-Feld-Bataillon (Ingolstadt) und das Depot der im Jahre 1813 errichteten mobilen Legion des Oberdonaukreises einverleibt wurde. Das 4. leichte Infanterie-Bataillon war ursprünglich das 2. Bataillon des im Jahre 1753 errichteten Musketier-, von 1790 bis 1804 genannten 2. Feldjäger-Regiments (s. Infanterie-Regiment Nr. 12).

Commandanten dieses Regiments: 1753 Ludwig Graf von Holnstein; 1770 Georg Ignaz Frh. v. Hegnenberg; 1787 Joseph Alexander de la Motte; 1788 Theodor Graf Königsfeld; 1789 Friedrich Wilhelm Fürst von Ysenburg; 1792 Joseph Graf Salern.

Commandanten des 4. leichten Infanterie-Bataillons: 1804 Carl Frh. v. Stengel, OberstLt; 1806 Friedrich Frh. v. Zoller, OberstLt; 1807 Dominikus Wreden, OberstLt; 1809 Sebastian Frh. von Donnersberg, OberstLt; 1811 Carl von Theobald, OberstLt; 1813 Nepomuk Frh. von Cronegg, OberstLt.

Feldzugsjahre: Als 2. Bataillon des im Jahre 1753 errichteten Musketier-, später genannten 2. Feldjäger-Regiments, und dann 4. leichte Infanterie-Bataillon: 1757—1763; 1793—1800; 1805, 1806 und 1807, 1809, 1812, 1813, 1814 und 1815. Als 3. Jäger-Bataillon: 1849; 1866.

Schlachten und Belagerungen: 1793 Belagerung von Mainz, Erstürmung der Weissenburger Linien, Einnahme von Lauterburg, Belagerung von Fort Louis; 1794 Schlacht bei Kaiserslautern; 1796 Schlacht bei Neresheim und Würzburg; 1799 Vertheidigung von Philippsburg; 1800 Vertheidigung von Ulm; 1806 Belagerung von Breslau; 1812 Schlacht von Polockz; 1813 Vertheidigung von Thorn, Schlachten von Bautzen und Jüterbock; 1814 Schlachten von Brienne, Bar sur Aube und Arcis sur Aube.

Commandant. Heeg, Baptist von, Majdr. ⚔4. ☧. ☧. BGM.

Hauptleute.

I. Hohenhausen, Philipp, Frh. von, ☧. ☧. | I. Baur, Eduard, ⚔4. ☧. ☧.

- Gülde, Georg, ☧.

II. Schelling, Ferdinand von,
- Heerwagen, Wilhelm, ✠.

II. Fugger von Kirchberg und Weißenhorn, Franz Graf, ✠.
- Ditfurth, Carl Frh. von. ✠.

Oberlieutenants.

Holl, Joseph, ✠ BAdj.,
Geiger, Christoph, ✠.
Tattenbach, Sigmund Graf von, ✠.
Schreyer, Wilhelm, ✠.

Suckow, Emil, ✠.
Reisenegger, Wilhelm, ✠.
Salzberger, Maximilian, ✠.
Hoppe, Bruno. ✠4. ✠.

Unterlieutenants.

Seehann, Joseph, ✠.
Gumppenberg, Ludwig Frh. von, ✠.
Stümmler, Michael, ✠.
Ott, Eugen, ✠.
Banfield, Thomas, ✠.

Dolles, Heinrich, ✠.
Plobeck, Ignaz,
Hermann, Franz, ✠.
Fräunberg, Georg Frh. von. ✠.

Junker. — — —

Vom Stabe.

Aerzte.   Reisenegger, Dr Alois, BArzt. ✠4. ✠.
          Böll, Dr Edmund, BArzt. ✠.
Quartiermstr. Störtzenbach, Heinrich, ROmstr 2. Cl.
          Möser, Ludwig, BOmstr. ✠. ⊙.
Actuar.   Prabarutti, Anton, RAct. ✠.
Auditor. Hauer, Joseph, BAud.

4. Jäger - Bataillon.

Garnison München.

1825. 1. December gebildet aus dem 2. Bataillon des 16. Linien-
Infanterie-Regiments. Dieses wurde den 10. August 1815 aus dem 4. und
5. leichten Infanterie-Bataillon zusammengesetzt, und ihm 1815 noch das
11. National-Feld-Bataillon (Ingolstadt) und das Depot der im Jahre 1813
errichteten mobilen Legion des Oberdonaukreises einverleibt. Das 5. leichte
Infanterie-Bataillon wurde am 1. April 1803 aus dem, als fränkisches
Kreis-Contingent zur Reichsarmee gestellten, mit dem Fürstenthume Würz-
burg übernommenen Infanterie-Bataillon errichtet, wozu 1806 das mit der
Reichsstadt Nürnberg und deren Gebiete übernommene Militär kam.
Commandanten des 5. leichten Infanterie-Bataillons: 1803 Peter de la
Motte, OberstLt; 1807 Franz Frh. von Dallwigl, OberstLt; 1808 Cajetan

Graf Buttler, OberstLt; 1812 Edmund v. Herrmann, Major, später OberstLt;
1814 Eginhard von Treuberg, OberstLt.

Feldzugsjahre: Als würzburgisches Kreis-Bataillon: 1795, 1799, 1800.
Als bayerisches 5. leichtes Infanterie-Bataillon: 1805, 1806 u. 1807, 1809,
1812, 1813, 1814 und 1815. Als 4. Jäger-Bataillon: 1866.

Schlachten und Belagerungen: 1795 Vertheidigung von Mainz; 1799
Vertheidigung von Philippsburg; 1807 Belagerung von Kosel; 1809 Schlachten
von Abensberg und Eggmühl, Einnahme von Regensburg; 1812 Schlacht
von Polocz!; 1813 Vertheidigung von Thorn, Schlachten von Bautzen, Jüterbock und Hanau; 1814 Belagerung von Hüningen.

Commandant. Berchem, Maximilian Frh. von, ObstLt. ✠. BGM. ℐ.

Hauptleute.

I. Flotow, Maximilian Frh. von, ✠.
✠ ℐ.
- Rod, Ludwig, ✠.
- Wöhr, Joseph, ✠. ✠.
- Brandl, Peter, ✠. ✠.

I. Sartor auf Gansheim, Eugen Frh.
von, ✠. BGM.
II. Sievogt, Friedrich, ✠3. ✠.
- Kollmann, Theodor. ✠.

Oberlieutenants.

Grünwald, August, .
Thiereck, Heinrich Ritter von, ✠.
Berchem, Theodor Frh. von, ✠.
Leoprechting, Marquard Frh. von, ✠.

Kollmann, Luitpold, ✠. BAdj.,
Hofbauer, Friedrich,
Berchem, Maximilian Frh. von. ✠.

Unterlieutenants.

Donnersperg, Max. Frh. von, ✠.
Knott, Friedrich, ✠.
Lindhamer, Eduard, ✠.
Imhoff, Eugen Frh. von, ✠.
Seetze, Wilhelm Frh. von, ✠.
Kramer, Ernst Frh. von, ✠4. ✠.

Adam, Franz, ✠.
Thoma, Rudolph,
Lehrnbecher, Ignaz, ✠.
Kellner, Carl,
Rickinger, Otto.

Junker. — — —

Vom Stabe.

Aerzte.　Wingefelder, Dr Adam, BArzt. ✠.
　　　　Seggel, Dr Carl, BArzt. ✠.
Quartiermstr. Haine, Carl, ROmstr 2. Cl. ✠. ✠.
Actuare.　Nebl, Albert, RAct. ✠.
　　　　Wagner, Johann, RAct. ✠.
Auditor.　Baust, Carl, BAud. ✠.

5. Jäger-Bataillon.

Garnison Speyer.

1851. 1. Januar gebildet aus Abtheilungen des bisherigen 1. und 3. Jäger-Bataillons.

Feldzugsjahr seit der Errichtung: 1866.

Commandant.	Deßloch, Heinrich, ObstLt. ✠. GE5.
Major.	Gumppenberg, Rudolph Frh. von. ✠4. ✠. ✠. GD.

Hauptleute.

I. Ziegler, Carl, ✠. BdZL4. BGM. | II. Boche, August, ✠.
- Bram, Johann, ✠. ✠. BGM. | - Ney, Maximilian, ✠. ✠.
II. Emonts, Ferdinand, ✠. BGM. | - Gloß, Johann. ✠.

Oberlieutenants.

Grundherr zu Altenthann und Weyher- | Bergmann, Alois, ✠.
   haus, Friedrich von, | Hohe, Adolph, ✠.
Hell, Carl, ✠. BAbj., | Urban, Otto, ✠.
Dorsch, Anton, ✠. | Jacobi, Armin. ✠.
Graubogl, Eduard von, ✠.

Unterlieutenants.

Spiel, Martin, ✠. | Feigel, Georg, ✠.
Grimm, Daniel, ✠. | Malter, Christian, ✠.
Sartorius, Carl, ✠. | Bischoff, Baptist, ✠.
Gries, Albert, ✠. | Fuchs, Johann, ✠. BGM.
Urban, Adalbert, ✠. | Riegel, Peter, ✠.
Kleespies, Otto, ✠. | Petzold, Carl. ✠.

Junker. — — —

Vom Stabe.

Aerzte.	Eckart, Dr August, RArzt 2. Cl. ✠. HP4. ÖVKg.m.Kr.
	Stabler, Dr Franz, BArzt. ✠.
Quartiermstr.	Fichtelberger, Carl, UOmstr. ✠. ÖTM.
Actuar.	Welsch, Heinrich, RAct. ✠.
Auditor.	Richter, Rudolph, BAud. ✠.

6. Jäger-Bataillon.

Garnison Forchheim.

1851. 1. Januar gebildet aus Abtheilungen des bisherigen 2. und 4. Jäger-Bataillons.

Feldzugsjahr seit der Errichtung: 1866.

Commandant. Guttenberg, Albert Frh. von, Major. ⚔4. ✠. ⚔. ÖEK3. ?

Hauptleute.

I. Caries, Wilhelm, ✠. BGM.
- Curtius, Joseph, ✠. ⚙.
- Ruoesch, Nepomuk von, ✠. ⚔.
  BGM. GDF.
- Grauvogl, Maximilian von, ✠.
  ⚙. ⚔.

I. Beith, Georg, ✠.
- Gutmann, Michael, ✠. ⚙. ⚔.
II. Rösling, Wilhelm, ✠.
- Braunmühl, Adolph von. ⚔4.

Oberlieutenants.

Schell, Ludwig, ✠. BAdj.,
Poißl, Anton Frh. von, ✠.
Lindhamer, Ludwig, ✠.
Hirschberg, Albert Frh. von, ✠.

Wörlein, Carl, ✠. ÖEK3. OVK.
　PG. PM.
Lochner, Heinrich, ✠.
Muschi, Georg, ✠.
Mayer, German, ✠.

Unterlieutenants.

Bauer, Xaver, ✠.
Engel, Lorenz, ✠.
Grafenstein, Anton von, ✠.
Henigst, Heinrich,
Ramer, Joseph,
Steinhauser, Georg, ✠.
Baptistella, Gallus, ✠.
Schneider, Carl, ✠.

Fleischhauer, Johann, ✠.
Gantner, Joseph,
Steible, Joseph, ✠.
Sebald, Anton, ✠.
Knode, Alois, ✠.
Roch, Ludwig,
Renner, Carl.

Junker. — — —

Vom Stabe.

Aerzte. Marchart, Dr Anton, RArzt 2. Cl. ✠.
　　　Moser, Dr Christian, BArzt.
Quartiermstr. Frisch, Franz, ROmstr 2. Cl. ✠.
　　　Nützel, Friedrich, BOmstr. ✠.
Auditor. Hütter, Heinrich, BAud. ✠.

7. Jäger - Bataillon.

Garnifon Landsberg.

1863. 2t. December gebildet aus Abtheilungen des bisherigen 2., 3. und
4. Jäger-Bataillons.
Feldzugsjahr seit der Errichtung: 1866.

Commandant. Schultheiß, Conrad, Major. ✠4. ⚔. ⚔.
Major. Ballade, Carl von. ⚔. ⚔. CHW4.

Hauptleute.

I. Gumppenberg, Otto Frh. von, ⚔.
⚔. BGM.
- Mayer, Maximilian von,
- Wetzger, Gottfried, ⚔. BGM.
- Raizer, Maximilian, ⚔. ⚔.

II. Geiger, Joseph, ⚔.
- Löhr, Eduard, ⚔. ⚔.
- Fleischmann, Franz, ⚔.
- Gobin, Christoph Frh. von, ⚔.
  com. beim GOmstrStb.

Oberlieutenants.

Birkmann, Eugen, ⚔.
Alles, Edmund, GAdj.,
Lützelburg, Philipp Frh. von, ⚔.
Reinhard, Maximilian, ⚔.

Rehm, Carl, ⚔.
Helnzler, Carl, ⚔.
Spruner von Mertz, Wilhelm, ⚔.
Manz, Carl. ⚔.

Unterlieutenants.

Paulus, Wilhelm, ⚔.
Lützelburg, Ernst Frh. von,
Zacher, Hugo, ⚔.
Edel, Philipp,
Fraunberg, Albert Frh. von, ⚔.
Weber, Ludwig, ⚔.

Lynker, Gustav, ⚔.
Weugner, Johann, ⚔.
Grad, Joseph, ⚔.
Ditz, Joseph, ⚔.
Egger, Leopold.

Junker. — —

Vom Stabe.

Aerzte. Rösch, Dr Gustav, KArzt 2. Cl. ⚔.
Friedreich, Dr Nikolaus, BArzt. ⚔.
Quartiernstr. Saint-George, Leopold, BOmstr.
Grebel, Pankraz, UOmstr. ⚔.
Actuar. Schmidt, Ludwig, RAct. ⚔.
Auditor. Linbl, Peter, BAud.

8. Jäger-Bataillon.

Garnison Straubing.

1863. 21. December gebildet aus Abtheilungen des bisherigen 1., 5. und 6. Jäger-Bataillons.
Feldzugsjahr seit der Errichtung: 1866.

Commandant. Täuffenbach, Anton Ritter von, ObstLt. ☩4. ⚔. ⚜.
Major. Rudolf, Adolph, ☩4. ⚔. ⚜.

Hauptleute.

I. Fleischmann, Joseph, ⚔. ⚜.
 - Saalmüller, Jacob, ⚔. ⚜.
 - Winkhler, Nepomuk von, ⚔. ⚜.
 - Hofmann, Maximilian, ⚔. BGM.

I. Cammerloher, Albert Ritter von, ⚔. ⚜.
II. Moro, Wilhelm von, ⚔. ◎ ⚜. BGM.
 - Abel, Eugen. ◯. ◎

Satterling

Oberlieutenants.

Hölzl, Heinrich, ⚔.
Merkel, Wilhelm, ⚔.
Schönprunn, Wilhelm Frh. von, ⚔.
Merkel, August, —

Rampf, Georg, ⚔.
Feser, Georg, ⚔. BAdj.
Leoprechting, Ferdinand Frh. von, ⚔.
Schöberl, Eduard. ⚔.

Unterlieutenants.

Rudolf, Maximilian, ⚔.
Hartmann, Oscar,
Treuberg, Carl Frh. von, ⚔.
Sensburg, Michael, ⚔.

Klemens, Peter,
Ball, Joseph, ⚔.
Gantner, Ignaz, ⚔.
Gries, Gustav. ⚔.

Junker. — · —

Vom Stabe.

Aerzte. Schwerdtfeger, Dr Robert, RArzt 2. Cl. ⚔. SpAM.
 Strelin, Dr Ludwig, BArzt.
Quartiermstr. Feicht, Joseph, ROmstr 2. Cl.
 Spangler, Anton, UOmstr. ⚔.
Actuar. Maderer, Erhard, RAct. ⚔. BGM.
Auditor. Stuhlreiter, Carl, BAud.

Cavalerie.

Cuirassier-Regimenter.

Uniform: Vom ersten Wachtmeister abwärts den Waffenrock von hellblauem — Kragen, Aufschläge und Vorstoße beim 1. und 2. Cuirassier-Regiment von scharlachrothem, beim 3. Cuirassier-Regiment von carmoisinrothem Tuche, eine Reihe mit 9 Metallknöpfen; hellblautuchene Spenser mit Kragen und Vorstoß wie beim Waffenrock. Beinkleider von hellblauem Tuche mit breiten Streifen von der Farbe des Vorstoßes; Reithosen von hellblauem Tuche bis über's Knie mit Leder besetzt; nach der Jahreszeit und Witterung zum kleinen Dienste Grablhosen. Stiefel oder Bundschuhe mit stählernen Anschraubspornen. Mäntel von weißem Tuche mit weißen Metallknöpfen, umliegendem Kragen von hellblauem Tuche mit Vorstoße und Kragenlitzen nach der Farbe des Rockkragens, die beiden Knöpfe an dem Kragen gleich jenen des Waffenrockes. Weiße lederne Handschuhe. Helme von Eisen mit erhabenem Kamme und Sturmbändern von Messing, die Raupe von Roßhaaren; die Kokarde auf dem Helme, dann auch die Schirmmütze wie die Infanterie. Schulterblätter von weißem Metalle in der Breite der Schulter mit dem Unterfutter nach der Farbe des Rockkragens.

Die Junker dieselbe Uniform wie die Officiere, ohne Gradauszeichnung; die Stickerei auf der Schirmmütze von Seide.

Die Officiere den Waffenrock und die Beinkleider in Form und Farbe wie jene der Mannschaft; nach der Jahreszeit im kleinen Dienste Nanking, außer Dienst auch weißleinene Beinkleider; bei Hoffesten Beinkleider von weißem Casimir. Mäntel von weißem Tuche in zwei Theilen wie bei der Infanterie zu tragen; Halskragen von hellblauem Tuche mit dem Vorstoße nach der Farbe des Rockkragens. Helme wie die Mannschaft, jedoch die Messingtheile vergoldet, die Kammblätter verziert und die Raupe von Bärenpelz. Die Schirmmütze und die Schulterblätter wie die Infanterie-Officiere.

Die Gradauszeichnung wie bei der Infanterie.

Der Stabstrompeter wie der Musikmeister, und zudem wie die Trompeter auf dem Rücken Tuchflügel scharlach- oder carmoisinroth mit weißen oder gelben wollenen Borten nach der Farbe der Knöpfe, für ersteren mit Silber- oder Goldborten eingefaßt.

Bewaffnung: Als Schutzwaffe den blanken schußfesten Cuiraß von Eisen mit Messingverzierung und der Cuiraßmanschette scharlach- oder carmoisinroth mit weißer Schnur eingefaßt. Gerade 37,2 rh. Zoll lange Säbel in eiserner Scheide und mit gelbem Gefäße, Schlagriemen von weißem Leder, bei den Unterofficieren und Trompetern mit Quaste; der Stabstrompeter, der Profos und die ersten Wachtmeister das Portepee wie die Feldwebel. Eine Pistole mit glatter Bohrung vom Caliber 0,681 rh. Zoll; Cartouche von schwarzem Blankleder mit gewichstem Deckel; weißes Riemenwerk.

Die Trompeter ohne Cuiraß und Cartouche, und nur eine Pistole.

Die Junker Cuirasse wie die Mannschaft, sonst bewaffnet wie die Officiere jedoch nur eine Pistole; das Junkersportepee.

Die Officiere die Bewaffnung wie die Mannschaft, jedoch zwei Pistolen, die Messingtheile des Cuiraßes vergoldet, die Cuiraßmanschetten mit Silberschnüren eingefaßt; Säbelkuppel von rothem Saffian mit aufgenähten Silberborten, welche mit einem hellblauseidenen Streifen durchwirkt sind; Schließe, Ringe,

Schnallen, Kettchen und Aufhänghaken von weißem Metalle; das Officiers-
Portepee. Keine Cartouche.

Pferderüſtung: Die Unterofficiere und Cuiraſſiere Sattelböcke, blanke
eiserne Steigbügel, schwarzes Riemenwerk ohne Verzierung, Schabracken
und runde Mantelſäcke aus hellblauem Tuche mit Besatz, Kronen und Regi-
ments-Nummern nach der Farbe der Aufschläge eingefaßt, die rückwärtigen
Ecken der Schabracke abgerundet. Die Officiere wie der Generalquartiermeister-
Stab, jedoch die Oberofficiere silbergestickte Kronen in den rückwärtigen Ecken
der Schabracke.

1. Cuiraſſier-Regiment Prinz Carl von Bayern.

Garniſon München.

1814 den 16. Juli errichtet aus Officieren und Mannschaft aller Ca-
valerie-Regimenter als Garde du Corps-Regiment. Am 1. December 1825
in das 1. Linien-Cuiraſſier-Regiment (Prinz Carl) umgebildet, wurden demselben 2 Escadronen des bisherigen 1. Cuiraſſier-Regiments (Prinz Carl)
einverleibt, welches den 23. März 1815 aus der ersten Hälfte des am 26.
März 1813 errichteten 7. National-Feld-, später 7. Chevaulegers-Regiments
(Prinz Carl) formirt worden war. Seit 28. October 1835 nach seinem Inhaber; und seit 26. April 1848 nach Nummer und Inhaber genannt, dessen
Namen es zum Andenken an die zwischen dem Regimente und Seiner Königlichen Hoheit dem Prinzen Carl von Bayern bestandenen Beziehungen sowie
zum steten Gedächtnisse der großen Verdienste Höchstdesselben für alle Zeiten
führen soll.

Inhaber: Carl, königlicher Prinz von Bayern, vom 7. National-Feld-
Chevaulegers-Regiment den 26. März 1813, vom 1. Cuiraſſier-Regiment den
23. März 1815.

Feldzugsjahre — außer den Feldzügen des 7. National-Feld-Chevaulegers-
Regiments (Prinz Carl): 1813 und 1814 — seit seiner Errichtung: 1815; 1866.

Schlachten: 1813 von Hanau; 1814 von Brienne, Bar sur Aube und
Arcis sur Aube.

Uniform: Kragen, Aufschläge und Vorstoße scharlachroth wie Nr. 2;
Knöpfe weiß.

Stabs-Officiere.

Oberstlieut-Cmdt. Feichtmayr, Johann. ⚬ ⚬.
Oberstlieut. Kreith, Caspar Graf von, ⊕4. ⚬4. ⚬ ⚬. HL3. HP2.
  SpC2m.St. J. Hofmarschall und 1. Adj. S. K. H. des
  Prinzen Adalbert von Bayern,
Majore. Deym, Arnulf Graf von. ⊕4. ⚬ ⚬. ÖEK3.
  Ruffin, Julius Frh. von. ⚬ ⚬.

Rittmeister.

Hertling, Philipp Frh. von, ⚬. | Beulwitz, Camill Frh. von, ⚬ ⚬.
Seinsheim, Julius Graf von, PK3. ⚬. | Krſtr,

Limpöck, Carl Frh. von, ⚔. HP4.
ÖEK3. PK4. ⚔. Adj. des FZM.
Prinz Luitpold von Bayern, K. H.,
Zech-Lobning, Friedrich Graf von,
HL3. HP4. WF4. ⚔. 2. Adj. und
Hofcavalier S. K. H. des Prinzen
Adalbert von Bayern,

Louisenthal, Albert Frh. de Lasalle von,
⚔.
Regemann, Julius von, Aufsichtsoffi-
cier beim Landgestüt,
Steinling, Friedrich Frh. von, ⚔.
Adj. des GLt und GCmdtn Frh.
von der Tann.

Oberlieutenants.

Malaisé, Carl, ⚔. Begleiter S. K. H.
des Herzogs Max Emanuel in
Bayern,
Kraft, Carl von, ⚔.
Bacinetti, Ludwig Graf, ⚔. SpC3.
Lerchenfeld-Brennberg, Alphons Graf
von, ⚔. Krztr.
Rechberg und Rothenlöwen, Ernst
Graf von, ⚔. BdZL4. BIL5.
HP4. WF4.

Heusler, Ludwig von, RA3.
Seinsheim auf Grünbach, Albrecht
Graf von, ⚔.
Montgelas, Maximilian Graf von,
Drechsel auf Deuffstetten und Karl-
stein, Maximilian Graf von, ⚔.
Preysing-Lichtenegg-Moos, Caspar
Graf von, ⚔. RAdj.,
Pocci, August Graf von, ⚔. SA4.
Krztr.

Unterlieutenants.

Muffat, Carl, ⚔.
Wiedmann, Ludwig, ⚔.
Frankl, Otto, ⚔.

Mühle, Carl Graf von der, ⚔.
Buz, Franz, ⚔.
Rummel, Philipp Frh. von. ⚔.

Junker.

— — —

Vom Stabe.

Aerzte.	Handschuch, Dr Alfred, RArzt 2. Cl. ⚔.
	Wagner, Dr Carl, BArzt. ⚔.
	Anderl, Dr Maximilian, BArzt. ⚔.
Quartiermstr.	Klarmann, Georg, BQmstr.
	Kehl, Theodor, BQmstr. ⚔.
	Billmeier, Joseph, UQmstr. ⚔.
Actuar.	Dümmlein, Anton. ⚔.
Auditor.	Mehn, Ludwig, RAud. 2. Cl. ⚔.
Veterinäre.	Probstmayr, Wilhelm, RBArzt 2. Cl. ⚔ ⚔.
	Kränzle, Joseph, DBArzt. ⚔.
	Wolf, Ludwig von, UBArzt. ⚔.

2. Cuirassier-Regiment Prinz Adalbert.

Garnison Landshut.

1815 den 10. September errichtet als 2. Cuirassier-Regiment aus der 2. Hälfte des am 23. März 1815 in das 1. Cuirassier-Regiment umgeschaffenen, am 26. März 1813 errichteten 7. National-Feld-Chevaulegers-Regiments (Prinz Carl). Demselben wurden am 30. November 1825 bei erfolgter Vereinigung des Garde du Corps- und 1. Cuirassier-Regiments 2 Escadronen des letztern einverleibt. Seit 28. October 1835 nach seinem Inhaber, und seit 26. April 1848 nach Nummer und Inhaber genannt.

Inhaber: Johann Nepomuk, königl. Prinz von Sachsen, 8. Mai 1823; Adalbert, königl. Prinz von Bayern, 19. Juli 1846.

Feldzugsjahre: Jene seines Stammregiments 1813, 1814 und 1815; seit der Errichtung: 1866.

Schlachten: 1813 von Hanau; 1814 von Brienne, Bar sur Aube und Arcis sur Aube.

Uniform: Kragen, Aufschläge und Vorstöße scharlachroth wie Nr. 1; Knöpfe gelb.

Regiments-Inhaber.

Adalbert, Prinz von Bayern, K. H., GLt ꝛc. 19. Juli 1846.

Stabs-Officiere.

Oberst-Cmdt.   Tattenbach, Ludwig Graf von. ✠4. ⚔. ⚔.
Oberstlieut.   Pflummern, Constantin Frh. von. ⚔. ⚔.
Majore.   Esebeck, Friedrich Frh. von, ⚔. ⚔.
    Podewils, Constantin Frh. von, ✠4. ⚔. Aufsichtsofficier beim Landgestüt.

Rittmeister.

Seckendorff, Clemens Frh. von, ⚔.	Sixt, Heinrich, ✠4. ⚔.
Stransky von Stranka und Greifenfels, Balduin Ritter, ⚔.	Wenninger, Xaver, ⚔. ⚔.
Saur, Carl, ✠4. ⚔.	Hertling, Johann Frh. von, ⚔. Adj. des GLt und GCmdtn von Feder.

Oberlieutenants.

Kehl, Hermann, ⚔. RAdj.,	Künsberg Frh. von Fronberg, Friedrich, ⚔.
Rummel, Alphons Frh. von, ⚔.	Heusler, Theodor von, ⚔.
Limmer, Wilhelm,	Hornig, Ewald. ✠4. ⚔.
Lehfeld, Hermann, ✠4. ⚔.	

Unterlieutenants.

Redwitz, Philipp Frh. von, ⚔.	Götz, Hermann, ⚔.
Gelbern, Richard Graf von, ⚔.	Schäzler, Edmund Frh. von, ⚔.

Hartmann, Maximilian, ☩.
Pfetten-Füll, Joseph Frh. von, ☩.
Redwitz, Adalbert Frh. von, ☩.
Pöllnitz, Arthur Frh. von, ☩.

Lippmann, Friedrich, ☩.
Kreittmayr, Ignaz Frh. von, ☩.
Käuß, Otto.

Junker.

— — — | — — —

Vom Stabe.

Aerzte.	Baumüller, Dr Emil, RArzt 1. Cl. ☩. ✠.
	Faltermeier, Dr August, BArzt. ☩.
	Wigand, Dr Georg, BArzt. ☩.
Quartiermstr.	Grau, Conrad, RQmstr 2. Cl.
Actuare.	Hernögger, Joseph, ☩.
	Joseph, Julius. ☩.
Auditor.	Ulsamer, Emil, RAud. 2. Cl. ☩.
Veterinäre.	Urban, Caspar, RBArzt 1. Cl. ☩. ☩. GDF.
	Albrecht, Michael, UBArzt. ☩.
	Pfann, Bernhard, UBArzt. ☩.

---

3. Cuirassier-Regiment Großfürst Constantin Nikolajewitsch.

Garnison Freysing, 1 Escadron in Nymphenburg.

1863. 21. December gebildet aus der 3. Division des 1. und 2. Cuirassier-Regiments.

Inhaber: 22. Juni 1864 Se. Kaiserl. Hoh. Großfürst Constantin Niko-lajewitsch von Rußland.

Feldzugsjahr seit der Errichtung: 1866.

Uniform: Kragen, Aufschläge und Vorstoß carmoisinroth; Knöpfe weiß.

Oberst-Inhaber.

Constantin Nikolajewitsch, Großfürst von Rußland, Kaiserl. Hoh. ꝛc. 22. Juni 1864.

Stabs-Officiere.

Oberst-Cmdt.	Mayer, Anton von. ☩4. ☩. ☩. PrA4. RA2. SEH4.
Majore.	Flotow, Gustav Frh. von, ☩. ☩. PrA4. RW4.
	Leonrod, Joseph Frh. von. ☩. ☩.

8*

Rittmeister.

Rhomberg, Edmund,

Bieber, Carl von, ⚔. ☉.

Rübt, August von, ⚔.

Scheffer, Hermann, ⚔.

Rott, Carl von, ⚔.

Pückler-Limpurg, Eduard Graf von. ⚔.

Oberlieutenants.

Schmauß, Friedrich, ⚔.

Red, Albert Frh. von, ⚔.

Rapp, Hermann, ⚔. ⚔.

Schütz, Friedrich von,

Feuri, Otto Frh. von, ⚔. Adj. des GM. und Brgdr von Schubärt,

Wieser, Oscar, ⚔.

Rübt, Anton von, ⚔.

Rotberg, August Frh. von. ⚔.

Unterlieutenants.

Molitor von Mühlfeld, Ernst, ⚔. Krstr,

Beulwitz, Ernst, ⚔. RAdj.,

Baricourt, Lambert Frh. von, ⚔.

Mayer auf Starzhausen, Carl von, ⚔.

Treuberg, Friedrich Frh. von, ⚔.

Schenk, Otto, ⚔.

Lindpaintner, Ludwig, ⚔.

Bonnet zu Meautry, August Frh. von, ⚔.

Forster, Johann von, ⚔.

Esebeck, Oscar Frh. von.

Junker.

— — — | — — —

Vom Stabe.

Aerzte.	Buxbaum, Dr Eugen, RArzt 2. Cl. ⚔. ⚔.
	Ebenhöch, Dr Philipp, BArzt. ⚔.
	Lang, Dr Adolph, BArzt.
Quartiermstr.	Fischer, Baptist, ROmstr 2. Cl.
	Wunderlich, Christoph, BOmstr. ⚔.
	Wimmer, Joseph, UOmstr. ⚔.
Actuar.	Bölkel, Emil. ⚔.
Auditor.	Glück, Ludwig, BAud. ⚔.
Veterinäre.	Müller, Nepomuk, RBArzt 2. Cl. ⚔.
	Brandl, Adolph, DBArzt. ⚔.
	Stock, Anton, UBArzt. ⚔.

Chevaulegers-Regimenter.

Uniform: Vom ersten Wachtmeister abwärts den Waffenrock von stahlgrünem Tuche mit 7 Metallknöpfen auf jeder Seite; Klappen, Kragen und Aufschläge bei je zwei Regimentern gleich und diese nur durch weiße oder gelbe Metallknöpfe unterschieden; Kragenvorstoß stahlgrün. Stahlgrüntuchene Spenser mit 2 Reihen Knöpfen, Kragen und Vorstoß wie bei dem Waffenrocke. Beinkleider von stahlgrünem Tuche mit breiten Streifen nach der Farbe des Krageus; Reithosen mit Lederbesatz bis über das Knie, nach der Jahreszeit und Witterung zum kleinen Dienste Grablhosen. Stiefel oder Bundschuhe mit stählernen Anschraubspornen. Mäntel von grauem Tuche mit weißen Metallknöpfen, umliegendem stahlgrünen Kragen, den Mantellitzen und dem Vorstoße von der Farbe der Aufschläge, die beiden Knöpfe an dem Kragen gleich jenen des Waffenrockes. Weiße lederne Handschube. Helme wie die Infanterie mit Messingeinfassung am Vorderschirme und 2 Spangen von Messing auf jeder Seite, weiße Roßhaarbüsche, der Kamm für die Unterofficiere und Trompeter von Bärenpelz, für die Mannschaft von schwarzer Wolle. Schulterblätter von weißem Metalle in der Breite der Schulter mit dem Unterfutter nach der Farbe des Rockkragens; Schirmmützen von stahlgrünem Tuche mit Vorstoß wie der Kragen, Krone von weißem oder gelbem Tuche und schwarzledernem Schirme.

Die Junker dieselbe Uniform wie die Officiere, ohne Gradauszeichnung; die Stickerei auf der Schirmmütze von Seide.

Die Officiere den Waffenrock und die Beinkleider wie die Mannschaft Sommerbeinkleider wie die Officiere der Cuirassier-Regimenter. Mäntel von grauem Tuche mit kurzem stahlgrünen Halskragen und dem entsprechenden Vorstoße, in zwei Theilen wie bei der Infanterie zu tragen. Helme wie die Mannschaft, jedoch schwarz lackirt, die Beschlägtheile vergoldet, der Kamm von Bärenpelz, weiße Federbüsche; Schirmmützen wie die Mannschaft, jedoch mit Gold- oder Silberstickerei. Schulterblätter von weißem Metalle in der Breite der Schulter mit dem entsprechenden Unterfutter.

Die Gradauszeichnung und die Tuchflügel für die Trompeter wie bei den Cuirassieren.

Bewaffnung: Säbel mit Korb und Scheide von Eisen, wenig gekrümmt, 34,6 rh. Zoll lang, der Schlagriemen wie bei den Cuirassieren. Eine Pistole mit glatter Bohrung vom Caliber 0,681 rh. Zoll; Cartouche und Riemenwerk wie die Cuirassiere. Die Pioniere nebst ihrer besondern Ausrüstung eine Pistole mit Charnier-Ladstock.

Die Junker dieselbe Bewaffnung wie die Officiere jedoch nur eine Pistole; kein Dienstzeichen; das Junkersportepee.

Die Officiere Säbel ähnlich wie die Chevaulegers und zwei Pistolen. Als Dienstzeichen den Cartouche von rothem Saffian mit Silberborten analog der Kuppel, der Deckel mit einer weißen Metallplatte, worauf das bayerische Wappen.

Pferderüstung: Für die Unterofficiere und die Mannschaft Sattelböcke und eiserne blanke Bügel; schwarzes Riemenwerk ohne Verzierung, Schabracken und runde Mantelsäcke aus grünem Tuch mit Besatz, Kronen und Regiments-Nummer nach der Farbe der Aufschläge eingefaßt, die rückwärtigen Ecken in spitzen Winkeln; für die Officiere englische Sättel mit einem Löffel rückwärts; Zäume gleich der Mannschaft; schwarze Sattelpelze mit grünem Tuchbesatz, an den rückwärtigen Ecken in Galla mit dem allerhöchsten Namenszug und Krone aus gelbem Metalle.

1. Chevaulegers-Regiment Kaiser Alexander von Rußland.

Garnison Nürnberg, 2 Escadronen in Neumarkt.

1682. 29. Juli errichtet von Churfürst Max Emanuel als Cuirassier-Regiment Harancourt; 1804. 31. März 1. Dragoner-, 1811. 29. April 1. Chevaulegers-Regiment; seit 28. October 1835 nach seinem Inhaber, und seit 26. April 1848 nach Nummer und Inhaber genannt.

Inhaber: 29. Juli 1682 Carl Marquis von Harancourt; 14. Juli 1683 Johann Baptist Graf von Arch; 15. April 1715 Graf Törring-Jettenbach; 23. August 1763 Carl Graf von Minucci; 29. August 1778 Friedrich Wilhelm Fürst von Ysenburg; 28. September 1789 Ferdinand Graf von Minucci; 22. Februar 1795 Pfalzgraf Ludwig August von Zweybrücken, nun Seine Majestät Ludwig I. König von Bayern; 6. Februar 1799 bis 24. Juli 1807 Ferdinand Graf von Minucci; 3. November 1814 bis 2. März 1835 Seine Majestät Franz I. Kaiser von Oesterreich; 9. September 1835 Maximilian Kronprinz; 31. März 1848 Eduard, Prinz von Sachsen-Altenburg, GLt; 16. Mai 1852 vacant; 29. November 1852 Carl Graf zu Pappenheim, Feldzeugmeister; 26. August 1853 vacant; 20. Juli 1857 Seine Majestät Alexander II. Kaiser von Rußland.

Feldzugsjahre seit der Errichtung: 1683—1688; 1689, 1690 und 1691; 1694—1697; 1702—1714; 1741—45; 1794, 1800, 1805, 1806 und 1807, 1809, 1812, 1813, 1814 und 1815; 1866.

Schlachten und Belagerungen: 1683 Entsatz von Wien, Eroberung von Gran; 1684 Belagerung von Ofen; 1685 Schlacht und Entsatz von Gran; 1686 Eroberung von Ofen; 1687 Schlacht von Mohacz; 1688 Erstürmung von Belgrad; 1689 Einnahme von Mainz; 1691 Eroberung von Carmagnola; 1694 Einnahme von Huy; 1695 Eroberung von Namur; 1702 Einnahme von Ulm; 1703 Schlacht von Eisenbirn und von Höchstädt; 1704 Schlacht von Höchstädt; 1706 Schlacht bei Ramilliers, Belagerung von Antwerpen; 1709 Schlacht von Malplaquet; 1741 Einnahme von Passau, Eroberung von Prag; 1743 Schlacht von Brannau; 1806 Belagerung von Glogau und Breslau; 1807 Belagerung von Kosel, Glatz und Silberberg; 1809 Schlachten von Abensberg und Eggmühl; 1812 Schlachten von Smolensk, an der Moskwa, Uebergang über die Berezina; 1813 Schlachten von Bautzen, Jüterbock und Hanau; 1814 Schlachten von Brienne, Bar sur Aube und Arcis sur Aube.

Uniform: Kragen, Aufschläge und Klappen carmoisinroth wie Nr. 2; Knöpfe gelb.

Oberst-Inhaber.

Seine Majestät Alexander II. Kaiser von Rußland, 20. Juli 1857.

Stabs-Officiere.

Oberst-Cmdt. Mulzer, Wilhelm Frh. von. ✠ HP3. RA2. ☙.
Majore.   Froberg-Montjoye, Carl Graf von. ✠.
           Langenmantel, Joseph von. ✠ RW4.

Rittmeister.

Stetten, Otto von, ✠.	Auffeß, Ludwig Frh. von, ✠.
Gigl, Xaver, ✠. ✠.	Tretzel, Gustav. RA3.

Oberlieutenants.

Scherf, Heinrich,
Tattenbach, Franz Graf von, ☙
Marc, Maximilian,
Schmidt, Albert, ☙ RAdj.,

Herman, Adalbert, ☙
Fürthmaier, Georg,
Dotzauer, Alexander, ☙
Schwarz, Gottlieb von. ☙

Unterlieutenants.

Pückler-Limpurg, Wilhelm Graf von,
Feilitzsch, Wilhelm Frh. von, ☙
Dümm, Friedrich, ☙
Schubärt, Franz von, ☙
Kirchgeßner, Carl, ☙

Lamezan, Carl Frh. von, ☙
Wolffskeel-Reichenberg, Carl Frh. von,
Rittmann, Alfred, ☙
Froberg-Montjoye, Johann Graf von,
Bech, Gustav.

Junker.

— — — | — — —

Vom Stabe.

Aerzte.	Fuchs, Dr Eduard, RArzt 2. Cl.
	Wallenstätter, Dr Carl, BArzt.
	Ferber, Dr Joseph, BArzt.
Quartiermstr.	Schwarz, Jacob, BOmstr.
	Knab, Otto, UOmstr. ☙
	Stahl, Matthäus, UOmstr.
Actuar.	Sörgel, Johann.
Auditor.	Wirth, Joseph, RAud. 2. Cl. ☙
Veterinäre.	Mohr, Maximilian, RBArzt 1. Cl. ☙
	Greger, Richard, DBArzt. ☙
	Sesar, Alois, DBArzt.

---

2. Chevaulegers-Regiment Taxis.

Garnison Ansbach; 1 Escadron in Schwabach, 1 Escadron in Neustadt a/A.

Errichtet 1682. 29. Juli als Cuirassier-Regiment, wurde es vom 1. Mai 1742 an (Decret vom Churfürsten Maximilian III. am 1. Mai 1742 wegen eines unter Höchstdessen Herrn Vaters kaiserlichen Majestät vom fürstlichen Hause Thurn und Taxis errichteten Dragoner-Regiments) Fürst Taxisches Cuirassier-Regiment benannt; dann 1788. 2. October 2. Dragoner-Regiment, 1811. 29. April 2. Chevaulegers-Regiment Fürst von Thurn und Taxis, und seit dem 28. October 1835 blos nach dem Fürsten von Thurn und Taxis genannt, welcher Benennung seit 26. April 1848 auch die Regiments-Nummer beigesetzt wird.

Demselben wurden 1822. 30. Juni 2 Escadronen des 1. Husaren-Regiments einverleibt. (S. Chevaulegers-Regiment Nr. 3.)

Inhaber: 29. Juli 1682 Louis Marquis de Beauvau; 1684 Franz Ferdinand Graf von Salaburg; 1691 Johann Lothar Frh. von Bequel (Weickel von Wackerstein), FMLt; 1715 von Peth; 27. März 1722 Frh. von Rechberg; 1735 Graf v. Raymond; 1. August 1743 Graf v. Holnstein: 21. Januar 1747 Friedrich Fürst von Thurn und Taxis; 29. September 1755 Carl Anselm Fürst von Thurn und Taxis; 29. April 1772 Maximilian Fürst von Thurn und Taxis; 3. Juni 1798 Carl Theodor Fürst von Thurn und Taxis.

Feldzüge des Regiments seit seiner Errichtung: 1683—1688; 1689—1691; 1694—1697; 1702—1714; 1733—1735; 1739; 1741—1745; 1800, 1805, 1806 u. 1807, 1809, 1812, 1813, 1814 u. 1815; 1866.

Schlachten und Belagerungen: 1683 Entsatz von Wien, Eroberung von Gran; 1684 Belagerung von Ofen; 1685 Sturm von Neuhäusel; 1686 Eroberung von Ofen; 1687 Schlacht von Mohacz; 1688 Erstürmung von Belgrad; 1689 Einnahme von Mainz; 1691 Eroberung von Carmagnola; 1694 Einnahme von Huy; 1695 Eroberung von Namur; 1702 Einnahme von Ulm; 1703 Schlacht von Eisenbirn und von Höchstädt; 1704 Schlacht von Höchstädt; 1706 Schlacht von Ramillies, Belagerung von Antwerpen: 1709 Schlacht von Malplaquet; 1741 Einnahme von Passau, Eroberung von Prag; 1743 Schlacht von Braunau; 1806 Belagerung von Glogau und Breslau; 1807 Belagerung von Glatz; 1809 Schlachten von Abensberg und Eggmühl; 1812 Schlachten von Smolensk, an der Moskwa, Uebergang über die Berezina; 1813 Schlachten von Bautzen und Hanau; 1814 Schlachten von Brienne, Bar sur Aube und Arcis sur Aube.

Uniform: Kragen, Aufschläge und Klappen carmoisinroth wie Nr. 1; Knöpfe weiß.

Regiments-Inhaber.

Taxis, Theodor Fürst von Thurn und, GbE. ꝛc. 3. Juni 1798.

Stabs-Officiere.

Oberst-Cmdt. Horadam, Friedrich. ✠4. ⚜. ⚜.
Oberstlieut. Marc, Adalbert. ✠4. ⚜. ⚜. GE5. GDF.
Major. Guttenberg, Philipp Frh. von. ⚜. ⚜.

Rittmeister.

Lesuire, Maximilian von,
Sazenhofen, Eduard Frh. von, ⚜.
Schrottenberg, Ferdinand Frh. von, ⚜.

Taxis, Theodor Fürst von Thurn und, ✠3. ⚜. NO3. PMR.
Gumppenberg - Pöttmes, Ferdinand Frh. von.

Oberlieutenants.

Hertlein, Franz, ⚜.
Petz, Wilhelm von, ⚜.

Ellenrieder, Albert Ritter von, ⚜.
Seyssel d'Aix, Camill Graf von, ⚜.

Spruner von Mertz, Franz, ✠. RAdj.,
Rotenhan, Hermann Frh. von, ✠.
Dippel, Maximilian Ritter von, ✠.
Neßelrode-Hugenpoet, Heinrich Frh. von. ✠.

Unterlieutenants.

Pechmann, Eduard Frh. von, ✠.
Pechmann, Carl Frh. von, ✠.
Seefried auf Buttenheim, Ludwig Frh. von, ✠.
Schmaltz, Christian von, ✠.
Horabam, Carl, ✠.
Yrsch, Christian Graf von,
Killinger, Friedrich, ✠.
Feyer, Christian.

Junker.

— — — | — — —

Vom Stabe.

Aerzte.	Schipper, Dr Benedikt, RArzt 1. Cl. ✠.
	Roth, Dr Franz, RArzt 2. Cl. ✠.
	Lobter, Dr August, BArzt.
	Held, Dr Heinrich, BArzt. ✠4. ✠.
Quartiermstr.	Ludwig, Michael, BQmstr.
	Windfelder, Peter, UQmstr. ✠. ✠.
	Wiedemann, Caspar, UQmstr. ✠.
	Falkner, Franz, UQmstr. ✠.
	Fluhrer, Andreas, UQmstr. ✠.
Auditor.	Feilbusch, Franz, RAud. 1. Cl.
Veterinäre.	Hofbauer, Michael, RVArzt 1. Cl. ✠. ✠. ✠.
	Köhler, Johann, DVArzt. ✠.
	Maurer, Ferdinand, DVArzt. ✠.

---

3. Chevaulegers-Regiment Herzog Maximilian.

Garnison Dillingen; 2 Escadronen in Augsburg.

17. Januar 1724 errichtet als Dragoner-Regiment aus den vom Churfürst Max Emanuel zu Ende des 17. Jahrhunderts gebildeten Garde-Abtheilungen der Carabiniers und Grenadiers à cheval, wurde es den 18. September 1789 leichtes Reiter- (Chevaulegers-) Regiment, und nach Einverleibung des im Jahre 1735 als Dragoner-Regiment Piosasque errichteten Chevaulegers-Regiments Fürst Bretzenheim 1801 das 3. unter den leichten Cavalerie-Regimentern, 1804 das 1., dann am 29. April 1811 wieder das 3. Chevaulegers-Regiment, seit dem 28. October 1835 nach seinem Inhaber, und seit 26. April 1848 nach Nummer und Inhaber genannt.

1822 den 30. Juni wurde demselben das 2. Husaren-Regiment und 1 Escadron des 1. Husaren-Regiments einverleibt, welche beide am 18. März 1815 aus dem, seit dem 11. Mai 1814 zu 8 Escadronen bestandenen und aus den im Jahre 1813 zusammengezogenen freiwilligen Land-Husaren errichteten National-Husaren-Regiment, als Linien-Cavalerie-Regimenter zu 5 Escadronen gebildet, und den 30. October 1821 jedes auf 3 Escadronen vermindert worden waren.

Inhaber des 3. Chevaulegers-Regiments: 17. Januar 1724 Graf von Minucci; 7. Januar 1730 Joseph Fürst von Hohenzollern; 17. December 1769 Graf von Livizzani; 10. December 1774 Franz Graf von der Wahl; 21. November 1791 Joseph Graf Fugger; 16. Juli 1804 Carl Ludwig August, Churprinz von Bayern, seit 1. Januar 1806 Kronprinz; 23. November 1825 vacant; 22. Januar 1830 Herzog Maximilian in Bayern, K. H.

Feldzugsjahre seit der Errichtung: 1738 u. 1739; 1741 — 1745; 1757 und 1758; 1793 und 1794; 1799 und 1800; 1805, 1806 und 1807; 1809, 1812, 1813, 1814 und 1815; 1866.

Schlachten und Belagerungen: 1738 Belagerung von Ratscha; 1739 Schlachten bei Krotzka und Panzowa; 1741 Einnahme von Passau und Oberhaus; 1742 Ueberfall des österreichischen Lagers bei Ried; 1743 Schlacht bei Braunau; 1793 Erstürmung der Weissenburger Linien; 1794 Schlacht bei Kaiserslautern; 1800 Schlacht von Hohenlinden; 1806 Belagerung von Glogau; 1807 Schlachten bei Preußisch-Eylau, Heilsburg u. Friedland; 1809 Schlachten von Abensberg und Eggmühl; 1812 Schlachten an der Moskwa, Malojaroslawez, Wiasma, Uebergang über die Bereczina; 1813 Schlachten von Bautzen, Jüterbock, Hanau; 1814 Belagerung von Hüningen.

Die erste Escadron dieses Regiments gehörte zu dem am 25. October 1832 nach Griechenland entsendeten bayerischen Hilfscorps.

U n i f o r m : Kragen, Aufschläge und Klappen pfirsichroth wie Nr. 6; Knöpfe gelb.

Regiments-Inhaber.

Maximilian, Herzog in Bayern, K. H., GdC. ꝛc. 22. Januar 1830.

Stabs-Officiere.

Oberst-Cmdt.   Leonrod, August Frh. von. ✠4. ⚔4. ⬦. ✱. HL3. OEK3. PrA3. RW4. RSt2. �†.

Majore.   Besserer-Thalfingen, Maximilian Frh. von. ⬦. ✱. �†.
Carl Theodor, Herzog in Bayern, K. H. ⬦. HL1. MWK1. ÖGV. SRK.

Fuchs, Emil, ⬦. ✱.

Rittmeister.

| Messina, Joseph Frh. von, ⬦. ✱. | Zenetti, Albert, ⬦. |
| Policzka, Maximilian, ⬦. | Wrede, Oscar Fürst von. ⬦. |

Oberlieutenants.

| Sax, Carl, ⬦. RAdj., | Michal, Carl, ⬦. |
| Weinz, Julius von, | Geib, Carl, ⬦. |

d'Orville, Eugen, ⚔.
Genève, Gustav, ⚔.

Kraft von Festenberg auf Frohnberg,
  Otto, ⚔.
Stöber, Carl. ⚔.

Unterlieutenants.

Müller, Wilhelm, ⚔.
Hartmann, Ferdinand, ⚔.
Schellerer, Maximilian von, ⚔.
Klöber, Alexander von, ⚔.
Muffel, Adolph von, ⚔.

Floßmann, Maximilian,
Wolf, Ottokar, ⚔.
Schüler, Maximilian, ⚔.
Geuder genannt Rabensteiner, Georg
  Frh. von. ⚔.

Junker.

— — — | — — —

Vom Stabe.

Aerzte.	Steyrer, Dr Carl, RArzt 1. Cl. ⚔.
	Holzapfel, Dr Wolfgang, BArzt.
	Apoiger, Dr Joseph, BArzt. ⚔.
Quartiermstr.	Zopf, Johann, BOmstr. ⚔.
	Herrmann, Anton, UOmstr. ⚔.
Actuar.	Tröber, Peter. ⚔.
Auditor.	Bally, Gustav von, RAud. 1. Cl. ⚔.
Veterinäre.	Ableitner, Caspar, RVArzt 2. Cl. ⚔. ◉.
	Schreyer, Christian, DVArzt. ⚔.
	Lehr, Carl, UVArzt. ⚔.

---

4. Chevaulegers-Regiment König.

Garnison Augsburg, 1 Escabron in Kempten, 1 Escabron in Ottobeuern.

1744 den 1. September als Cuirassier-Regiment errichtet aus einer Carabinier-Escabron des Regiments Elliot und des Regiments Taxis, dann aus einer oberrheinischen Kreis-Escabron, wurde es am 1. September 1789 das 2. Cuirassier-Regiment, 6. Februar 1799 mit den herzoglich zweybrückischen Garde-Chevaulegers vereinigt und zu einem Chevaulegers-Regiment Nr. 4 umgebildet, 21. Februar 1799 als Churfürst Chevaulegers-Regiment das 1., 1804 das 2., am 29. April 1811 das 4. Chevaulegers-Regiment; seit 28. October 1835 für immer Chevaulegers-Regiment König genannt, welcher Benennung seit 26. April 1848 auch die Regiments-Nummer beigesetzt wird.

Den 30. Juni 1822 wurden demselben 2 Escabronen des am 19. August 1813 errichteten Uhlanen-Regiments einverleibt.

Inhaber: 1. September 1744 Graf Elliot de Morhange; 3. October 1748 Pfalzgraf Carl August von Zweybrücken; 8. Mai 1751 Pfalzgraf Friedrich von Zweybrücken; 17. October 1767 Pfalzgraf Maximilian von Zweybrücken; 19. Februar 1781 Pfalzgraf Carl August Friedrich von Zweybrücken; 17. September 1784 Friedrich Frh. von Lee, genannt Winkelhausen; 14. Juni 1792 Pfalzgraf Carl Ludwig August von Zweybrücken; 22. Februar 1795 Ferdinand Graf Minucci; 21. Februar 1799 Churfürst Maximilian Joseph IV., seit 1 Januar 1806 Maximilian Joseph I., König von Bayern; 13. October 1825 Ludwig I., König von Bayern; 20. März 1848 Maximilian II., König von Bayern; 10. März 1864 Ludwig II., König von Bayern.

Feldzugsjahre seit der Errichtung: 1757—1763; 1790, 1800, 1805, 1806 und 1807; 1809, 1812, 1813, 1814 und 1815; 1866.

Schlachten und Belagerungen in diesem Jahrhundert: 1800 Schlachten von Möskirch, Memmingen, Neuburg und Hohenlinden; 1806 Belagerung von Glogau; 1807 Belagerung von Kosel und Glatz; 1809 Schlachten von Abensberg, Landshut, Wagram und Znaym; 1812 Schlachten an der Moskwa, Malojaroslawez, Wiasma, Uebergang über die Berezina; 1813 Schlachten von Bautzen, Jüterbock und Hanau; 1814 Schlachten von Brienne, Bar sur Aube und Arcis sur Aube.

Die 1. Escadron dieses Regiments gehörte zu dem am 25. October 1832 nach Griechenland entsendeten bayerischen Hilfscorps.

Uniform: Kragen, Aufschläge und Klappen scharlachroth wie Nr. 5: Knöpfe weiß.

Regiments-Inhaber.

Seine Majestät der König.

Stabs-Officiere.

Oberst-Cmdt. Leonrod, Carl Frh. von.

Oberstlieut. Hößlin, Moriz von, GD. Aufsichtsofficier beim Landgestüt,

Bosch, Hugo.

Major. Stein, Wilhelm Frh. von. RW4. ACSt3.

Rittmeister.

Fuchs, Otto, Aufsichtsofficier beim Landgestüt.

Seyssel d'Aix, Ludwig Graf von,

Egloffstein, Maximilian Frh. von, ✱4.

Dürig, Maximilian, Adj. des Erbpr. Fürst von Thurn und Taxis. ÖEK3.

Ott, Robert,

Dürig, Eduard,

Ermarth, Carl.

Oberlieutenants.

Fischer, Theobald,

Xylander, Emil Ritter von, PK4. Adj. des Glt und GCmdtn Ritter von Hartmann,

Oettingen-Wallerstein, Moriz Fürst von, RAdj.,

Hartmann, Hermann Ritter von, ÖEK3. PrA4. ScF3.

Rotberg, Theodor Frh. von, ⚔4. ⚜.
Frommel, Wilhelm, ⚜.
Reitzenstein, Christoph Frh. von, ⚜.

Bonnet zu Meautry, Edmund Frh. von,
Schäzler, Egon Frh. von, ⚜.
Pöllnitz, Walter Frh. von, ⚜.

Unterlieutenants.

Poschinger, Ludwig Ritter von, ⚜.
Spreti, Adolph Graf von, ⚜.
Bethmann, Carl Frh. von, ⚜. Krstr.
Ermarth, Albert, ⚜.
Stauffenberg, Carl Schenk Frh. von, ⚜.
Schönborn=Wiesentheid, Arthur Graf
von, ⚜.

Reuß=Köstritz, Heinrich XIX. Prinz
von, ⚜.
Vacchiery, Clemens von, ⚜.
Wolffskeel, Alexander Frh. von, ⚜.
Klein, Carl.

Junker.

Vom Stabe.

Aerzte. Würth, Dr Raimund, RArzt 1. Cl. ⚜.
Bauer, Dr David, RArzt 2. Cl. ⚜.
Heidenreich, Dr Eugen, BArzt. ⚜.
Rug, Dr Carl, BArzt. ⚜.
Quartiermstr. Schmitt, Paul, BOmstr.
Henchel, Sigmund, BOmstr. ⚜.
Actuar. Uhlmann, Alphons. ⚜.
Auditor. Wurzer, Otto, BAud. ⚜.
Veterinäre. Marggraff, Paul, DBArzt. ⚜.
Koch, Otto, DBArzt. ⚜.
Ochs, Georg, UBArzt. ⚜.

5. Chevaulegers - Regiment vacant Leiningen.

Garnison Speyer, 2 Escadronen in Zweybrücken, Detachements in Landau
und Germersheim.

6. December 1775 als Dragoner=Regiment aus 3 Escadronen des 1.
Dragoner=Leib=, und aus 2 Escadronen des 2. Cuirassier=Regiments vom
1. April 1776 an errichtet, wurde es 1. August 1788 leichtes Reiter=Re-
giment, und ihm die rheinpfälzischen Jäger=Compagnien einverleibt, hierauf
1799. 6. Februar 1., 1799. 27. Februar 4., 1801. 5. Mai 2., 1811. 29. April
5. Chevaulegers=Regiment; seit dem 28. October 1835 nach seinem Inhaber,
und seit 26. April 1848 nach Nummer und Inhaber benannt.

Demselben ward am 30. Juni 1822 eine Escadron des am 19. August 1813 errichteten Uhlanen-Regiments einverleibt.

Inhaber: 30. December 1775 Carl Friedrich Fürst von Leiningen-Hartenburg; 2. Juli 1785 bis 4. Juli 1814 Carl Emich Fürst von Leiningen; vom 17. April 1816 bis 23. November 1825 Maximilian, königl. Prinz von Bayern; 28. November 1833 Kronprinz Maximilian von Bayern; 9. September 1835 Carl Friedrich Wilhelm Emich Fürst zu Leiningen-Hardenburg, ch. GM, dann ch. GLt; 13. November 1856 vacant.

Feldzugsjahre seit der Errichtung: 1790, 1794 und 1795, 1799, 1800, 1805, 1806 und 1807, 1809, 1812, 1813, 1814 und 1815; 1849; 1866.

Schlachten und Belagerungen in diesem Jahrhundert: 1800 Schlachten von Möskirch, Memmingen und Hohenlinden; 1806 Belagerung von Glogau und Breslau; 1809 Schlachten von Abensberg, Landshut, Wagram und Znaym; 1812 Schlachten an der Moskwa, Malojaroslawez, Wiasma, Uebergang über die Berezina; 1813 Schlachten von Bautzen, Jüterbock und Hanau; 1814 Schlachten von Brienne, Bar sur Aube und Arcis sur Aube.

Uniform: Kragen, Aufschläge und Klappen scharlachroth wie Nr. 4.; Knöpfe gelb.

Regiments-Inhaber.

— — —

Stabs-Officiere.

Oberst.   Himmelstoß, Friedrich, Rfct im KrMstrm. ♦4. ♦.

Oberstlieut.-Cmdt. Weinrich, Carl von. ♦. ♦.

Majore.   Lilier, Eduard von, ♦. ♦. ♦.

            Job, Albert, ♦. ♦. ♦. GDF.

Rittmeister.

Mann, Ernst Ritter von, ♦. ♦. | Eitzenberger, Wilhelm, ♦.
Kieffer, Otto, ♦. ♦. | Veit, Maximilian. ♦.

Oberlieutenants.

Greding, Ottmar, ♦. | Hundt, Alphons Graf von, ♦.
Wrede, Edmund Fürst von, ♦. verwdt | Pückler-Limpurg, Hermann Graf von,
zum Unterricht bei den MBildAnst., | ♦.
Zwidth, Eugen, ♦. RAdj., | Hirschberg, Hermann Graf von, ♦.
Hirschberg, Moriz Graf von, ♦. | Berg, Ludwig von. ♦.

Unterlieutenants.

Barth zu Harmating, Erwin Frh. von, | Schack auf Schönfeld, Carl Frh. von,
♦. |
Berchem, Egon Frh. von, ♦. | Brockdorff, Hugo Graf von, ♦.
Rosenbusch, Eugen, ♦. | Hanfstängl, Eugen, ♦.
Guttenberg, Rudolph Frh. von, ♦. | Reiber, Georg von,
Schedel, Wilhelm, ♦. | Grathwol, Wolfgang, ♦.

Junker.

— — | — — —

Vom Stabe.

Aerzte.	Guttenhöfer, Dr Stephan, RArzt 1. Cl. ⚔. ⚔.
	Albert, Dr Theodor, BArzt. ⚔.
	Kempf, Dr Jacob, BArzt. ⚔.
Quartiermstr.	Drexler, Wolfgang, ROmstr 1. Cl.
	Lauer, Joseph, BOmstr. ⚔.
	Schmitt, Stephan, UOmstr. ⚔.
Actuare.	Angermann, Gottlieb,
	Breininger, Joseph, ⚔.
Auditor.	Fischbacher, Christoph, RAud. 2. Cl. ⚔.
Veterinäre.	Hoppe, Ludwig, RBArzt 1. Cl. ⚔ ⚔.
	Böck, Anton, DBArzt. ⚔.
	Weigand, Ludwig, UBArzt. ⚔.

———

6. Chevaulegers-Regiment vacant Herzog von Leuchtenberg.

Garnison Bayreuth, 2 Escadronen in Amberg.

1803 den 31. März errichtet aus den mit den Fürstbisthümern Würzburg und Bamberg übernommenen Dragonern und Husaren, und aus einem Theile des vacanten Düsseldorfer Dragoner-Regiments, als 4. Chevaulegers-Regiment wurde es 1811. 29. April 6. Chevaulegers-Regiment, und seit dem 28. October 1835 nach seinem Inhaber, seit 26. April 1848 aber nach Nummer und Inhaber benannt.

Den 30. Juni 1822 wurden demselben 2 Escadronen des am 19. August 1813 errichteten Uhlanen-Regiments einverleibt.

Inhaber: Vom 31. März 1803 bis 2. April 1814 Wilhelm Frh. von Bubenhofen; vom 15. November 1817 bis 20. Februar 1824 Eugen Herzog von Leuchtenberg; 12. März 1824 August Herzog von Leuchtenberg; 28. März 1835 vacant; 1837. 9. August Maximilian Herzog von Leuchtenberg, seit 12. Juli 1839 Kaiserliche Hoheit; 1. November 1852 vacant.

Feldzugsjahre seit seiner Errichtung, außer jenen seiner Stammabtheilungen: 1805, 1807, 1809, 1812, 1813, 1814 und 1815; 1866.

Schlachten und Belagerungen: 1809 Schlachten von Abensberg und Eggmühl; 1812 Schlachten an der Moskwa, Malojaroslawez, Wiasma, Uebergang über die Bereczina; 1813 Schlachten von Bautzen, Jüterbock und Hanau; 1814 Belagerung von Hüningen.

Uniform: Kragen, Aufschläge und Klappen pfirsichroth wie Nr. 3; Knöpfe weiß.

Regiments-Inhaber.

— — —

Stabs-Officiere.

Oberstlieut-Cmdt. Krauß, Friedrich Frh. von. ☩. ✠. ⚜.
Majore.   Baumüller, Adolph, ✠4. ⚜.
    Lilien, Sigmund von. ✠4. ⚜.

Rittmeister.

Zanzinger, Christian, ✠. ⚜.
Stetten, Friedrich von, ✠4. ⚜. Krstr,
Riedheim, Ludwig Frh. von, ⚜.

Leyden-Schönburg, Alfred Graf von, ⚜. Krstr,
Hutten, Carl Frh. von, ⚜.
Nagel, Heinrich von. ⚜.

Oberlieutenants.

Lindenfels, Carl Frh. von,
Nagel, Ludwig von, ⚜. RAdj.,
Jenisch, Theodor Ritter von, ⚜.
Kreß von Kreßenstein, Carl Frh., ⚜.
Stein, Ernst Frh. von,

Kornburger, Friedrich,
Könitz, Albert Frh. von, ⚜. Adj. des GM. und Brgdr von Tausch,
Reigersberg, Carl Graf von, ⚜.
Auffeß, Friedrich Frh. von. ⚜.

Unterlieutenants.

Podewils, Carl Frh. von, ⚜.
Gräf, Gustav, ⚜.
Unterrichter Frh. von Rechtenthal, Oscar, ⚜.
Schropp, Franz, ✠4. ⚜.
Lienhardt, Alfred, ⚜.

Schmidt, Wilhelm, ⚜.
Heußlein Frh. von Eußenheim, Carl, ⚜. PG2.
Hofstetten, Eugen von, ⚜.
Lilien, Anton von. ⚜.

Junker.

— — —

Vom Stabe.

Aerzte.   Stein, Dr Julius, RArzt 2. Cl. ⚜.
    Moser, Dr Anton, BArzt. ⚜.
    Mozilewsky, Dr Ludwig, BArzt. ⚜.
Quartiermstr.   Gnätz, Ferdinand, ROmstr 2. Cl.
    Heidenreich, Maximilian, BOmstr.
    Wetzstein, Georg, UOmstr. ⚜.
Actuare.   Lindner, Michael,
    Koch, Ludwig. ⚜.
Auditor.   Reulbach, Franz, RAud. 1. Cl.
Veterinäre.   Lang, Joseph, RBArzt 1. Cl. ⚜.
    Wägele, Maximilian, DBArzt. ⚜.
    Weigand, Friedrich, UBArzt. ⚜.

Uhlanen-Regimenter.

Uniform: Vom ersten Wachtmeister abwärts den Waffenrock von stahlgrünem Tuche wie bei den Chevaulegers-Regimentern; Klappen, Kragen,
Aufschläge und Vorstöße von carmoisinrothem Tuche, letztere am Waffenrocke
auch noch an den Nähten des Rückenblattes und an den mit diesen gerundet
zusammenstoßenden hinteren Aermelnähten, die Aermelaufschläge geschweift
geschnitten und mit je einem Knopfe versehen; weiße Metallknöpfe mit erhaben geprägter Nummer des Regiments; Kragenvorstoß stahlgrün. Tuchspenser
wie die Chevaulegers mit carmoisinrothem Kragen und Vorstoße. Beinkleider
von stahlgrünem Tuche mit carmoisinrothem Vorstoße, neben welchem zu beiden
Seiten 1½" breite Tuchstreifen von gleicher Farbe aufgenäht sind. Reithosen
und zum kleinen Dienste Grabhosen wie die Chevaulegers. Stiefel oder
Bundschuhe mit stählernen Anschraubsporen. Mäntel von grauem Tuche mit
weißem Metallknöpfen und umliegendem carmoisinrothem Kragen. Weiße lederne Handschuhe. Czapken von carmoisinrothem Tuche und schwarzlackirtem
Leder mit weißmetallenen Beschlägtheilen; Ueberzüge aus amerikanischem Leder-
tuche; weiße hängende Roßhaarbüsche. Schirmmützen von stahlgrünem Tuche
mit carmoisinrothem Vorstoße, Krone von weißem Tuche, schwarzlederne Schirme.
Schulterblätter von weißem Metalle mit carmoisinrothem Unterfutter.

Die Junker dieselbe Uniformirung wie die Officiere, ohne Gradauszeichnung; die Stickerei auf der Schirmmütze von Seide.

Die Officiere den Waffenrock und die Beinkleider wie die Mannschaft.
Sommerbeinkleider wie die übrigen Cavalerie-Officiere, eben solche Mäntel,
der umliegende Kragen carmoisinroth. Die Czapka mit vermehrter Ausschmück-
ung nach Form und Farbe wie die Mannschaft, den Czapka-Ueberzug aus
Regentuch; Schirmmützen mit Silberstickerei; Schulterblätter von weißem
Metalle mit dem entsprechenden Unterfutter.

Die Gradauszeichnung wie bei der Infanterie; die Tuchflügel für die
Trompeter carmoisinroth mit weißen Borten.

Bewaffnung: Säbel und Pistole wie die Chevaulegers; die Gefreiten
und Gemeinen noch die Lanze mit weißblauen Fähnchen. Cartouche und
Riemenwerk wie bei den übrigen Cavalerie-Regimentern. Pioniere wie bei
den Chevaulegers-Regimentern.

Die Junker die Bewaffnung wie die Officiere, jedoch nur eine Pistole;
ohne Cartouche; das Junkersportepee.

Die Officiere den Säbel, Pistolen und den Cartouche wie die Chevau-
vaulegers-Officiere.

Pferderüstung: für die Mannschaft und Officiere wie bei den Chevaulegers-Regimentern, nur den allerhöchsten Namenszug und Krone an dem
Sattelpelze aus weißem Metalle und für die Mannschaft die Steigbügel mit
einer dem daran befestigten Lanzenschuh entsprechenden Form.

1. Uhlanen-Regiment vacant Großfürst Thronfolger Nikolaus von Rußland.

Garnison Dillingen.

1863. 21. December gebildet aus der 3. Division des 3. und 4. Chevaulegers-Regiments.

Inhaber: 27. Mai 1864 Ludwig II., König von Bayern; 6. Juli 1864
Se. Kaiserl. Hoh. Großfürst Thronfolger Nikolaus Alexandrowitsch von Rußland;
22. April 1865 vacant.

Feldzugsjahr seit der Errichtung: 1866.

Oberst-Inhaber.
———

Stabs-Officiere.

Oberstlieut.-Cmdt.   Ysenburg-Philippseich, Moritz Graf von. ⚜. ⚜. RSt2.
Majore.   Kiliani, Emanuel, ⚜. ⚜. HGu4. PK3. PDE. WMVK2.
    Heydte, Friedrich Frh. von der. ⚜.

Rittmeister.

Leiningen-Westerburg, Thomas Graf | Sazenhofen, Maximilian Frh. von, ⚜.
von, ⚜. ⚜. | Horn, Gustav Frh. von, ⚜. ⚜.
Kiliani, Friedrich, ⚜. ⚜. HGu4. | Passavant, Alfred. ⚜.

Oberlieutenants.

Eyb, Richard Frh. von, ⚜. RA3. | Delhafen, Friedrich von, ⚜.
Deuringer, Carl, ⚜. RSt3. RAdj., | Niedermayer, Franz, ⚜.
Feuri, Alfred Frh. von, ⚜. | Waldenfels, Wilhelm Frh. von. ⚜.
Dessauer, Otto, ⚜. |

Unterlieutenants.

Possert, Eugen, ⚜. | Gräff, Nepomuk, ⚜.
Geuder genannt Rabensteiner, Frie- | Ruffin, Aemilian Frh. von, ⚜.
drich Frh. von, ⚜. | Bischoff, Julius, ⚜.
Pöllnitz-Frankenberg, Luitpold Frh. | Cronnenbold, Friedrich, ⚜.
von, ⚜. | Hofenfels, Maximilian Frh. von, ⚜
Köppelle, Carl Frh. von, ⚜. | Pfordten, Maximilian Frh. von d
Gutermann, Eugen von, |

Junker.
———

Vom Stabe.

Aerzte. König, Dr Friedrich, RArzt 2. Cl. ⚔. ◉.
Papellier, Dr Cornelius, BArzt. ⚔.
Quartiermstr. Baumann, Georg, RQmstr 2. Cl.
Ehbauer, Jacob, BQmstr. ⚔.
Actuare. Kögler, Lorenz, ⚔.
Müller, Thomas. ⚔.
Auditor. — — —
Veterinäre. Seitz, Carl, RVArzt 2. Cl. ⚔.
Mertt, Ferdinand, UBArzt. ⚔.
Kolbeck, Leopold, UBArzt. ⚔.

---

2. Uhlanen-Regiment König.

Garnison Ansbach.

1863. 21. December gebildet aus der 3. Division des 1. und 5. Chevau-
legers-Regiments.
Inhaber: 6. Juli 1864 Ludwig II., König von Bayern.
Feldzugsjahr seit der Errichtung: 1866.

Regiments-Inhaber.

Seine Majestät der König.

Stabs-Officiere.

Oberst-Cmdt. Diez, Philipp Frh. von. ⚔. ⚔.
Oberstlieut. Grundherr zu Altenthann und Weyherhaus, Carl von. ⚔. ⚔.
RW4.
Major. Faber, Friedrich. ⚔. CHW4. SA4.

Rittmeister.

Cronnenbold, Adolph, ⚔. Sichlern, Oscar von, ⚔. ⚔.
Oertel, Gustav, ⚔. Syller, Ferdinand. ⚔.
Fels, Carl, ⚔. ⚔.

Oberlieutenants.

Morett, Edmund von, ⚔. Rotberg, Albert Frh. von, ⚔.
Trombetta, Carl, ⚔. Crailsheim, Friedrich Frh. von, ⚔.

9*

Vogel, Georg, RAdj.,
Roman, Otto Frh. von, ⚔. Adj. des
  GLt und GCmdtn Stephan,
Wolf, Hugo, ⚔.

Gernler, Gustav von, ⚔. Adj. des
  GM. und Brgdr Herzog Ludwig in
  Bayern, K. H.,
Schachy auf Schönfeld, Maximilian
  Frh. von. ⚔.

Unterlieutenants.

Maximilian Emanuel, Herzog in
  Bayern, K. H., ⚔.
Faltenhausen, Alexander Frh. von, ⚔.
Madroux, Eduard von, ⚔.
Seckendorff-Aberdar, Alfred Frh. von,
  ⚔.

Schüler, Adalbert, ⚔.
Schlagintweit, Alois, ⚔.
Meyer, Friedrich, ⚔.
Popp, Martin, ⚔.
Lesuire, Günther von, ⚔.
Oelhafen, Emil von. ⚔.

Junker.

— — — | — — —

Vom Stabe.

Aerzte.	Döberlein, Dr Gustav, RArzt 2. Cl. ⚔
	Nigst, Dr Michael, BArzt. ⚔
	Gutmann, Dr Julius, BArzt. ⚔
Quartiermstr.	Schleier, Johann, ROmstr 2. Cl.
Actuare.	Brüderlein, Paul, ⚔.
	Mayer, Engelbert. ⚔.
Auditor.	— — —
Veterinäre.	Steinhäuser, Friedrich, RVArzt 2. Cl. ⚔
	Heiß, Carl, UVArzt. ⚔.

---

3. Uhlanen-Regiment.

Garnison Bamberg.

1863. 21. December gebildet aus der 3. Division des 2. und 6. Chevaulegers-Regiments.
Feldzugsjahr seit der Errichtung: 1866.

Regiments-Inhaber.

— — —

Stabs-Officiere.

Iberst-Cmdt. Brück, Eduard Frh. von. 1. ✠ ✠ ✠.
Majore. Lichtenstern, Anton Reisner Frh. von, ✠ ✠.
Podewils, Theobald Frh. von.

Rittmeister.

Stromer v. Reichenbach, Theodor Frh., ✠ ✠. | Malsen, Bernhard Frh. von, ✠. Hof-cavalier JJ. KK. HH. des Herzogs Carl Theodor und der Herzogin Sophie in Bayern,
Negrioli, Albrecht, ✠. |
Pfretzschner, Eduard, ✠ ✠. |
Schulze, Julius, ✠. FEL5. | Possert, Alfred. ✠. RA3.

Oberlieutenants.

Dobeneck, Rudolph Frh. von., ✠. RAbj. | Regemann, Hugo von, ✠.
Fugger-Babenhausen, Friedrich Graf von, ✠. | Stein, Maximilian Frh. von, ✠.
| Gebren, Ludwig Frh. von, ✠.
Aufseß, Julius Frh. von, ✠. | Krauß, Maximilian. ✠.
Egloffstein, Wilhelm Frh. von, ✠. |

Unterlieutenants.

Rittmann, Carl, ✠. | Bedh, Otto, ✠.
Riegler, Eugen, ✠. | Winkler von Mohrenfels, Carl,
Geldern, Eugen Graf von, . | Falkenhausen, Julius Frh. von, ✠.
Ziegler, Alfred Frh. von, ✠. | Blesinger, Jacob. ✠.
Grundner, Christian Ritter von, |

Junker.

— — — | — — —

Vom Stabe.

Aerzte. Bohlinger, Dr Maximilian, RArzt 1. Cl. ✠ ✠. BGM.
Pfirsch, Dr Carl, BArzt. ✠.
Haltenberger, Dr Franz, BArzt. ✠.
Quartiermstr. Schüle, Melchior, ROmstr 2. Cl. ✠
Tiefel, Johann, UOmstr.
Hiller, Joseph, UOmstr. ✠.
Albrecht, Christoph, UOmstr. ✠.
Auditor. Widder, Wilhelm, RAud. 2. Cl.
Veterinäre. Raab, Georg, RBArzt 2. Cl. ✠.
Schardtner, Georg. DBArzt ✠.
Mayer, Johann, UBArzt. ✠.

Artillerie.

Uniform: Vom Oberfeuerwerker abwärts den Waffenrock von dunkelblauem Tuche mit einer Reihe von 9 gelben Metallknöpfen, auf welchen zwei gekreuzte Kanonenrohre und darüber die Nummer des Regiments geprägt sind. Kragen und Aufschläge von schwarzem Tuche mit scharlachrothem Vorstoße; Spenser von dunkelblauem Tuche mit schwarztuchenem Kragen, scharlachrothem Vorstoße und zwei Reihen Knöpfen. Beinkleider von dunkelblauem Tuche mit scharlachrothem Vorstoße, bei der reitenden Artillerie mit breiten scharlachrothen Streifen; für die Berittenen Reithosen von dunkelblauem Tuche mit scharlachrothem Vorstoße und mit Lederbesatz bis über das Knie; nach der Jahreszeit und Witterung Gradlhosen für die Unterofficiere, Trompeter, Bombardiere und Kanoniere des 1, 2. und 4. Regiments. Stiefel und Bundschuhe, die Berittenen mit stäblernen Anschraubspornen. Mäntel von dunkelgrauem Tuche mit weißen Metallknöpfen, dunkelblauem umliegenden Kragen und scharlachrothem Vorstoße, auf dem Kragen rothunterlegte Tuchlitzen von der Farbe der Aufschläge mit Knöpfen gleich jenen des Waffenrockes; die Mäntel der Berittenen nach dem Schnitte für die leichte Cavalerie, die der übrigen Mannschaft nach jenem der Infanterie. Die Unterofficiere, Trompeter und berittene Mannschaft weißlederne Handschuhe.

Helme wie die Chevaulegers, rothwollene Huppen, die reitende Artillerie jedoch rothe hängende Roßhaarbüsche; der Kamm für die Oberfeuerwerker und Trompeter des 1, 2. und 4. Regiments, dann für alle Unterofficiere und Trompeter der reitenden Artillerie von Bärenpelz. Schirmmützen von dunkelblauem Tuche mit scharlachrothem Vorstoße, gelbtuchenen Kronen und schwarzledernem Schirme; die Schulterblätter von gelbem Metalle in der Breite der Schulter mit scharlachrothem Unterfutter.

Die Junker dieselbe Uniform wie die Officiere, jedoch ohne Gradauszeichnung; die Stickerei an der Schirmmütze von gelber Seide.

Die Officiere den Waffenrock und die Beinkleider wie die Mannschaft; nach der Jahreszeit im kleinen Dienste weißleinene und Nanking-Beinkleider; bei Hoffesten Beinkleider von weißem Casimir. Mäntel wie die Officiere der leichten Cavalerie, jedoch den Halskragen von dunkelblauem Tuche mit scharlachrothem Vorstoße. Helme wie die Officiere der Chevaulegers-Regimenter mit scharlachrothen Federbüschen, die Officiere der reitenden Artillerie rothe hängende Roßhaarbüsche. Schirmmützen wie die Mannschaft, jedoch mit Goldstickerei. Gelbmetallene Schulterblätter wie die Infanterie-Officiere mit scharlachrothem Unterfutter. Anschraubsporne.

Die Gradauszeichnungen für die Officiere, Unterofficiere und Trompeter wie bei der Cavalerie; die Bombardiere und Fahrbombardiere auf dem Rockkragen eine gelbwollene Borteneinfassung, die Ober- und Fahrkanoniere zu beiden Seiten zwei, die Unterkanoniere ein gelbwollenes Schnürchen. Der Stabstrompeter und die Trompeter auf dem Rücken Tuchflügel wie bei der Cavalerie.

Bewaffnung: Die Bombardiere und Kanoniere des 1., 2. und 4. Regiments einen geraden 23 rh. Zoll langen zweischneidigen Säbel mit gelbmetallenem Griffe, einfacher Parirstange und schwarzlederner Scheide mit Riemenbügel; weißlederne Gürtelkuppel und für den Wachtdienst die Charnier-Pistole und dazu die Reiterpatrontasche, welche mit einer weißledernen Tragschleife an der Gürtelkuppel befestigt wird. Die Berittenen mäßig gekrümmte 32 rh. Zoll lange Säbel mit einfach gebogenem Bügel und Parirstange in

eiserner Scheibe; Schlagriemen wie die Cavalerie. Unterofficiere und Trompeter
der vier Regimenter, dann die Bedienungs-Mannschaft der reitenden Artillerie eine Pistole wie jene der Cavalerie. Auf dem Cartouche der Artillerie-
Unterofficiere und auf jenem der Mannschaft zwei gekreuzte Kanonenrohre
von Messing.

Die Junker dieselbe Bewaffnung wie die Officiere, jedoch ohne Dienstzeichen und das Junkersporthepée.

Die Officiere den Säbel, die Säbelkuppel und den Cartouche wie die
leichte Cavalerie, jedoch die beiden letzteren mit Goldborten und dunkelblauen
Streifen, dann die Beschlägtheile von gelbem Metalle und vergoldet. Zwei
Pistolen.

Pferderüstung: Officiere, Unterofficiere, Trompeter und Mannschaft
wie die leichte Cavalerie, jedoch englische Sättel mit Löffel; die Officiere
schwarze Sattelpelze mit dunkelblauem Tuchbesatze und in Galla an den rückwärtigen Ecken den allerhöchsten Namenszug mit Krone aus gelbem Metalle.
Unterofficiere und Trompeter aller, sowie Kanoniere des 3. reitenden Artillerie-
Regiments dunkelblaue Tuchschabracken mit scharlachrothem Besatze und eben
solchen Kronen, runde Mantelsäcke von gleichem Tuche, und Vorstoße nebst
betreffender Regimentsnummer.

Fuhrwesen.

Uniform: Wie die Artillerie, jedoch Kragen und Aufschläge von dunkelblauem Tuche wie der Waffenrock, bei den Fuhrwesens-Soldaten ohne Grad-
Auszeichnung; die Knöpfe gelb ohne Gepräge. Neben der Hose von dunkelblauem Tuche eine Reithose mit Lederbesatz gleich jener der Berittenen der
Artillerie. Die Mannschaft schwarz-, die Unterofficiere und Trompeter weißlederne Handschuhe; Helm und Kamm, dann Schulterblätter wie die reitende
Artillerie; rothe Huppen.

Bewaffnung: Für die Officiere, Unterofficiere und Trompeter gleich
jener der Artillerie, für die Fuhrwesens-Soldaten Säbel und Kuppel wie die
Berittenen dieser Waffe.

Pferderüstung: Officiere, Unterofficiere, Trompeter und Mannschaft
wie die Artillerie, die Mannschaft statt der Fahrstangen Fahrtrensen.

Artillerie-Berathungs-Commission.

(München.)

Gebildet und den unmittelbaren Befehlen des Artillerie-Corps-Commandos
unterstellt am 30. Januar 1853 zur Berathung, Vornahme von Versuchen,
Abgabe von Gutachten und Stellung von Anträgen namentlich über den Dienst,
die Uebungen und den Unterricht der Artillerietruppen, das Artilleriematerial
in seinem ganzen Umfange, die bezüglichen Vorschriften, die Entdeckungen und
Erfindungen, welche in Beziehung zur Artillerie und zur Heeresbewaffnung stehen.

Uniform und Bewaffnung: Die Mitglieder dieser Commission tragen
die für die Artillerie-Officiere vorgeschriebene Uniform, Kopfbedeckung, Bewaff-

nung und Rüstung; die Knöpfe jenes Artillerie-Regiments, aus welchem sie entnommen wurden.

Vorstand. Der jeweilige Generalmajor und Brigadier der Artillerie.
Mitglieder. Pillement, Johann von, ObstLt. ✠4. ⚔4. 🎖. 🎖.
Löffelholz von Colberg, Ludwig Frh., Major. ⚔4. 🎖. 🎖.
Will, Franz, Hptm. ✠4. 🎖.
Speck, Maximilian, Hptm. 🎖.
Weigand, Wilhelm, Hptm. ✠4. 🎖.
Streiter, Theodor, Hptm.

---

1. Artillerie-Regiment Prinz Luitpold.

Garnison München, 4 Fußbatterien in Ingolstadt, Detachement auf Oberhaus.

Stamm sämmtlicher Zweige und Abtheilungen der Artillerie: In den frühesten Zeiten Bedienung der Geschütze durch Bürger der Städte. Das Personelle und Materielle unter den nämlichen Befehlshabern und gleicher Verwaltung. — Schon im Anfange des 15. Jahrhunderts Geschütze vorhanden. Errichtung einer stehenden Artillerie zu Ende des 16. Jahrhunderts durch Maximilian I.; Ende des 17. Jahrhunderts die Pontoniers und Mineurs in dem Stande der Artillerie. Bestand einer eigenen Bombardiers-Compagnie 1709. — Formirung der Artillerie in eine Brigade 1715, in 4 Divisionen (Compagnien) 1743, in ein Artillerie-Corps 1763, in ein Artillerie-Bataillon zu 4 Divisionen, die Pontoniers und Mineurs bei dem Stabe, dann Aufhebung der Mineurs 1776. — Vereinigung der 3 pfälzischen mit den 4 bayerischen Divisionen und Formirung derselben in ein Bataillon zu 3 pfälzischen und 3 bayerischen Divisionen 1777. — Umbildung des Artillerie-Bataillons in ein Artillerie-Regiment zu 2 Bataillonen jedes zu 4 Compagnien 1791, dann zu 6 Compagnien 1796. — Bildung des Artillerie-Regiments aus 9 Fußcompagnien in 3 Brigaden, 1 reitende und 1 Ouvriers-Compagnie 1800. — Einverleibung der Artillerie der Fürstenthümer Würzburg und Bamberg in die bayerische 1803. Bildung des Artillerie-Regiments in 3 Bataillone jedes in 4 Compagnien, Auflösung der reitenden Artillerie 1804. Bildung des Artillerie-Regiments in 4 Bataillone zu 5 Compagnien, worunter 4 leichte (fahrende), die Ouvriers-Compagnie und die Individuen des Laboratoriums für sich bestehend, aber dem Regimente zugetheilt 1806. Trennung der Ouvriers-Compagnie vom Artillerie-Regiment und Stellung derselben unter die Zeughaus-Haupt-Direction 1807. — Trennung des Laboratoriums vom Artillerie-Regiment und Stellung unter die Zeughaus-Haupt-Direction 1811. — Errichtung von 3 Land-Artillerie-Compagnien bei dem Artillerie-Regiment und Auflösung derselben 1814. — Einverleibung der Artillerie des vormaligen Großherzogthums Würzburg und des Fürstenthums Aschaffenburg 1814. — Bildung des Artillerie-Regiments in 22 Compagnien 1815, in 24 Compagnien 1817, und Bildung des 5. und 6. (Reserve-) Bataillons (bei welchen die Ausgedienten in Listen geführt werden) 1816 und 1817. — Trennung des bisherigen Artillerie-Regiments durch Formirung von zwei Artillerie-Regimentern, nämlich des 1. Artillerie-Regiments aus dem 1. und 3., nebst 1 Reserve-Bataillon, und des

2. Artillerie-Regiments aus dem 2. und 4., nebst 1 Reserve-Bataillon im Jahre 1824. Einverleibung eines Theiles des vormaligen Artillerie- und Armeefuhrwesens-Bataillons in das 1. Artillerie-Regiment, und hiedurch neue Formation des letztern den 21. December 1825. Einführung der Trompeter bei den Linienbatterien 1831. Gleichstellung sämmtlicher Artillerie-Compagnien 1839. Formation des 1. und 2. Artillerie-Regiments zu 15 Compagnien 1848. Neue Formation der Artillerie-Regimenter 1 und 2 den 13. März 1855: Umwandlung der bisherigen Artillerie-Compagnien in Batterien, und zwar in Feldbatterien (zu 8 Geschützen) und in Fußbatterien, wovon je zwei, drei oder vier eine Division bilden, dadurch Aufhebung der Bataillonseintheilung. Stärke jedes dieser zwei Regimenter: 5 Feld- und 10 Fußbatterien. Einverleibung eines Theiles der Fuhrwesens-Soldaten als Fahrbombardiere und Fahrkanoniere bei den Feldbatterien. Formirung des übrigen Fuhrwesens bei jedem dieser Regimenter in eine Division zu zwei Escadronen, welche im Frieden auf den Rahmen einer Escadron zurückgeführt wird. Errichtung von 3 neuen Batterien (2 Feld- und 1 Fußbatterie) im 1. und im 2. Artillerie-Regiment, dann Formation eines 4. Artillerie-Regiments aus je 6 älteren Batterien jener Regimenter 30. März 1859. Vertheilung des Armeefuhrwesens auf die 4 Artillerie-Regimenter, bei jedem Regimente 1 Fuhrwesens-Escadron auf dem Kriegsfuße und 1 Fuhrwesens-Abtheilung auf dem Friedensfuße.

Seit 1. November 1839 nach seinem Inhaber, und seit 26. April 1848 nach Nummer und Inhaber benannt.

Inhaber: 1576 Zeugmeister Hans Neuchinger; 1583 FZM. Hans Albrecht Frh. von Springenstein; 1595 Gen.- Land- und FZM. Caspar Plankenmayer; 1609 Alexander von Groote; 1619 ObstZM. Hans Melchior von Schwabach; 1623 ObstZM. Levin von Mortaigne; 1630 GFZM. Franz Frh. von Schönburg; 1634 GFZM. Graf Fugger; 1636 GFZM. Frh. von Mercy; 1638 GFZM. Frh. von Rainach; 1644 GFZM. von Rauschenberg; 1648 GFZM. von Truckmiller; 1649 GFZM. von Holz; 1650 GFZM. Frh. v. Royer; 1670 Gen.-Feld- und Landzeugmeister Prosper Graf Arco; 1730 Max. Graf von Törring-Seefeld; 1742 Graf von der Mark; 1745 Fürst von Grünberg; 1752 Graf v. Minucci; 1761 Graf Morawitzky; 1762 GFM. und OberstLdZM. Graf Törring-Jettenbach; 1763 Joseph Graf von Salern, GM.; von 1792—1799 Thompson Graf von Rumford; von 1800—1809 Frh. von Manson, GLt; 1839 1. November Luitpold, königl. Prinz von Bayern, GLt, nun FZM.

Feldzugsjahre: Außer den früheren Feldzügen von 1450 angefangen: 1607—11, 1618—48, 1661—64, 1683—88, 1688—99, 1702—14, 1717—18, 1736—39, 1740—45, 1746—48, 1756—63, 1790—91, 1792—99, 1800, 1805, 1806 und 1807, 1809, 1812, 1813, 1814 und 1815; 1849; 1866.

Die Artillerie nahm an allen Schlachten und Belagerungen, wo Bayern fochten, Antheil.

Die damalige 9. Linienbatterie gehörte zu dem am 25. October 1832 nach Griechenland entsendeten bayerischen Hilfscorps.

Regiments-Inhaber.

Luitpold, Prinz von Bayern, K. H., FZM. ꝛc. 1. November 1839.

Stabs-Officiere.

Oberst-Cmdt. Tann, Rudolph Frh. von der. ⚔4. ✠. ♦. BIL4. FEL5. SpJ3.
Oberst. Fortenbach, Carl, ⚔4. ♦. GE5. GDF. Rfrt im KrMrstrm.

Oberstlieut. Halber, Korbinian, ✠4. ⚔. ✠.

Speibl, Edmund Frh. von, ✠4. ⚔4. ✠. GE4. HP3. ÖEK3. ÖFJ2. PrA3. PK2. TJ3. TMV2. ⚔. Hofmarschall und Adj. S. K. H. des Prinzen Luitpold von Bayern.

Majore. Freyberg, Alexander Frh. von, ✠4. ✠4. ⚔4. ✠. ✠. ÖEK3. PrA3. RA3. SA3. SEH3. Adj. S. K. H. des Prinzen Carl von Bayern,

Neubeck, Carl Frh. von, ⚙. ✠.

Stengel, Franz Frh. von, ✠4. ✠. ✠.

Lerchenfeld-Aham, August Frh. von, ⚔4. ✠. ⚔. Pagenhofmeister,

Vollmar auf Veltheim, Joseph Ritter von, ✠. ✠.

Muck, Friedrich, ✠1. ✠. ✠.

Cöster, Carl Frh. von. ✠. ✠.

Hauptleute.

Daffner, Franz,

Mussinan, Ludwig, ✠4. ✠.

Büller, Ernst von, ✠. Adj. des Olt und ArtCpsEmbtn Ritter von Brodeßer,

Gramich, Victor, ✠4. ✠.

Redenbacher, Carl, ⚔4. ✠.

Hutten, Ulrich Frh. von, ✠3. ✠. ⚔.

Kriebel, Theodor, ✠4. ✠.

Reder, Heinrich, ✠4. ✠.

Engelbreit, Carl, ✠4. verwbt zum Unterricht bei den MBildAnst.,

Baumüller, Ernst, ✠.

Olivier, Julius, verwbt zum Unterricht bei den MBildAnst.,

Bauer, Baptist,

Siebenlist, Carl, ✠. ✠.

Ehrlich, Gustav, ✠.

Cramer, Albert,

Bezold, Hermann von,

Hörmann von Hörbach, Ludwig, com. im KrMstrm,

Gruithuisen, Wilhelm,

Schropp, Carl. ✠4 ✠.

Oberlieutenants.

Kriebel, Carl, ✠.

Grundherr zu Altenthann und Weyherhaus, Ferdinand von, Adj. des GM. und Brgdr Hüly,

Schleich, Wilhelm von, ✠.

Dietrich, Friedrich, ✠.

Heiden, Hugo, ✠.

Schwarz, Rudolph, ✠.

Vogl, Ludwig,

Raila, Otto, ✠.

Mayr, Joseph, ✠. RAdj.,

Passavant, Philipp,

Hartlieb genannt Wallsporn, Maximilian von, ✠.

Schnitzlein, Eugen, ✠.

Borzaga, Joseph, ✠.

Mertl, Robert, ✠.

Hasler, Ludwig, ✠.

Lenz, Hermann, ✠.

Zöhnle, Rudolph, ✠.

Bomhard, Theodor, ✠.

Behe, Gottfried, ✠. BAdj.,

Brück, Hugo Frh. von, ✠.

Hermann, Theodor, ✠.

Stengel, Emil Frh. von, ✠.

Lamezan, Ferdinand Frh. von, ✠.

Andrian-Werburg, Victor Frh. von, ✠.

Rambaldi, Heinrich Graf von, ✠.

Lenz, Franz, ✠.

Hiller, Paul, BAdj.

Unterlieutenants.

Trentini, Alois von, ⚔.
Schreyer, Alois, ⚔.
Schönninger, Alfred, ⚔.
Deininger, Rudolph, ⚔.
Dennerl, Julius, ⚔.
Schleich, Franz Frh. von, ⚔.
Schöller, Maximilian, ⚔.
Schöller, Friedrich, ⚔.
Millauer, Robert,
Günther, Robert, ⚔.
Landmann, Carl, ⚔.
Imhoff, Gustav von,
Bürklein, Rudolph,
Belleville, Carl, ⚔.
Schlegel, Gustav, ⚔.
Barth zu Harmating, Franz Frh. von, ⚔.
Reichert, Julius Ritter von,
Pflaum, Friedrich, ⚔.
Tünnermann, Friedrich, ⚔.
Gerstner, Maximilian, ⚔.
Glaßer, Ludwig, ⚔.

Achner, August, ⚔.
Schöller, Hermann,
Höß, Carl,
Lupin, Carl Frh. von, ⚔.
Tautphoeus, Franz Frh. von, ⚔.
Hertel, Gottlob, ⚔.
Oelhafen, Georg von, ⚔.
Beck, Carl,
Fuchs, Friedrich, ⚔.
Grimm, Ludwig, ⚔.
Fuchs, Wilhelm, ⚔.
Bergmann, Adolph, ⚔.
Jahn, Anton,
Fraunberg, Ludwig Frh. von, ⚔.
Keyl, Christian, ⚔.
Zink, Maximilian,
Dallmer, Alfred, ⚔.
Roman, Carl Frh. von, ⚔.
Hartlieb genannt Wallsporn, Ludwig von, ⚔.
Mann, Friedrich Ritter von, ⚔.
Winterling, Heinrich.

Junker.

— — — I. — — —

Fuhrwesens-Abtheilung.

Rittmstr.	Jerg, Joseph. ⚔. ⚔.
Oberlieut.	Riehl, Joseph, ⚔. ◎.
	Weißmann, Adalbert, ⚔.
	Kratzer, Johann,
	Büttner, Joseph. ⚔. ◎.
Unterlieut.	Wusta, Robert, ⚔.
	Wittstatt, Theodor, ⚔.
	Remlein, Johann, ⚔.
	Windisch, Jacob, ⚔.
	Dreyer, Joseph.

Vom Stabe.

Aerzte.	Horlacher, Dr Carl, RArzt 2. Cl.
	Teubner, Dr Conrad, BArzt. ⚔.
	Schiltberg, Dr Jacob von, BArzt. ⚔4. ⚔.
	Neumaier, Dr Eginharb, BArzt. ⚔.

Quartiermstr.	Streck, Joseph, ROmstr 2. Cl.
	Friedl, Friedrich, POmstr. ⚔
	Heidenthaler, Joseph, UOmstr.
	Augustin, Andreas, UOmstr.
	Ruedl, Ferdinand, UOmstr.
Actuare.	Krieger, Michael, ⚔
	Carl, Eugen,
	Maurer, Felix,
	Scherbauer, Joseph,
	Feiner, Johann.
Auditor.	Erl, Michael, KAud. 1. Cl.
Veterinäre.	Weiß, Constantin, RVArzt 2. Cl. ⚔
	Korbler, Joseph, DVArzt. ⚔
	Hemberger, Joseph, UVArzt. ⚔

2. Artillerie-Regiment vacant Lüder.

Garnison Würzburg, 1 Feldbatterie in Nürnberg, 2 Fußbatterien in Germertheim, 2 Fußbatterien in Landau, Detachements in Rosenberg und Wülzburg.

　　1824 den 11. October Bildung dieses Regiments aus dem 2., 4. und einem Reserve-Bataillon des vormaligen Artillerie-Regiments; Einverleibung eines Theils des vormaligen Artillerie- und Armeefuhrwesens-Bataillons und hierauf neue Formation des Regiments den 21. December 1825. Das Regiment von 12 auf 14 Compagnien gestellt 1841. Siehe im Uebrigen 1. Artillerie-Regiment Prinz Luitpold.

　　Feldzugsjahre: Außer jenen seiner Stammabtheilungen, seit der Errichtung: 849; 1866.

　　Inhaber: 1. November 1839 Carl Frh. von Zoller, GLt, dann ⚔ FZM., 26. August 1849 vacant; 24. November 1852 Ludwig von Lüder, GM, dann GLt und ⚔ FZM., 6. März 1862 vacant.

Regiments-Inhaber.

— — —

Stabs-Officiere.

Oberst-Cmdt.	Schultze, Febor. ✠4. ⚔ ◎ ⚔.
Oberstlieut.	Feilitzsch, August Frh. von. ✠4. ⚔ ⚔. PJ.
Majore.	Steinbauer, Wolfgang, ◎. ⚔.
	Harsdorf, Carl Frh. von, ⚔. ⚔.
	Blanc, Joseph, ✠4. ⚔. ◎. ⚔.
	Hollenbach, Carl. ⚔. ⚔.

Hauptleute.

Königer, Maximilian,

Hang, Georg,

Pottersberg, Carl Frh. von,

Minges, Peter,

Hausmann, Otto,

Schuster, Heinrich,

Mehn, Otto,

Branca, Maximilian Frh. von,

Söldner, Michael,

Blume, Frido,

Lurz, Albert Frh. von,

Zu Rhein, Theodor Frh. von,

Ebner von Eschenbach, Hermann Frh.

Oberlieutenants.

Weber, Jacob,

Gößner, Ferdinand,

Sulzbeck, Heinrich,

Helmes, Wolfgang,

Linprun, Maximilian Ritter von,

Petri, Ferdinand,

Keinath, Julius,

Hasselwander, Joseph,

Rüber, Guntram,

Fischach, Ernst,

Keyl, Hugo, RAdj.,

Carl, Conrad,

Reber, Ludwig,

Teubern, Andreas,

Wolff, Carl,

Moser, Birgil,

Bischoff, Franz,

Schmitt, Ludwig,

Engel, Friedrich, BAdj.,

Halder, Joseph,

Ruedorffer, Robert von,

Thüngen, Rudolph Frh. von,

Bethel, Adam,

Kramer, Rudolph von,

Kaiser, Joseph,

Bezold, Friedrich von.

Unterlieutenants.

Hausner, Robert,

Schröder, Ludwig,

Popp, Conrad,

Volk, Peter,

Schmidt, Philipp,

Fuchs von Bimbach und Dornheim, Reinhold Frh.,

Haag, Oscar, BAdj.,

Franck, Heinrich,

Mahler, Joseph,

Herrmann, Georg,

Stinglwagner, Gustav,

Bösmiller, Maximilian,

Lufft, Ludwig,

Schuster, Ludwig,

Schmitt, Franz,

Höggenstaller, Emil,

Sartor, Gustav,

Jäger, Richard,

Fabrice, Heinrich von,

Heimpel, Carl,

Hecht, Theodor,

Lamm, Johann,

Fröber, Carl,

Schweninger, Hermann,

Layritz, Ottfried,

Oertel, Carl,

Bscherer, Georg,

Dietl, Friedrich,

Beck, Friedrich,

Hertter, Carl,

Mottes, Carl,

Bleyer, Joseph,

Drienbl, Robert,

Greßer, Hermann,

Mayerhofer, Otto,

Müller, Carl,

Stelzner, Carl,

Lohrey, Thomas.

Junker.

— — — | — — —

Fuhrwesens-Abtheilung.

Rittmstr.	Burghardt, Rudolph, ☩. ☩.
Oberlieut.	Euler, Ludwig, ☩.
	Michal, Georg,
	Marschall, Hieronymus,
	Zeitner, Balthasar. ☩.
Unterlieut.	Winter, Andreas, ☩.
	Lohringer, Jacob, ☩.
	Stenger, Georg, ☩.
	Huber, Maximilian, ☩.
	Schmitz, Nepomuk. ☩.

Vom Stabe.

Aerzte.	Wacker, Dr Ludwig, RArzt 1. Cl. ☩. ☩.
	Mohr, Dr Franz, BArzt.
	Pachmayr, Dr Otto, BArzt. ☩. BdZL4.
	Bocke, Dr Carl, BArzt. ☩.
Quartiermstr.	Jordan, Theobald, ROmstr 1. Cl. ☩.
	Hörner, Friedrich, UOmstr.
	Rhein, Joseph, UOmstr.
	Bauer, Friedrich, UOmstr. ☩.
Actuare.	Schwager, Joseph, ☩.
	Lindner, Friedrich.
Auditor.	Stritzl, Maximilian, RAud. 2. Cl.
Veterinäre.	Weber, Conrad, RBArzt 1. Cl. ☩. ☩.
	Hahn, Leonhard, DBArzt. ☩.
	Brüller, Maximilian, UBArzt. ☩.

---

3. reitendes Artillerie-Regiment Königin Mutter.

Garnison München.

1848 den 16. März errichtet aus Officieren des 1. u. 2. Artillerie-Regiments, und aus Unterofficieren und Mannschaften dieser beiden Regimenter, dann des 1. und 2. Cuirassier-, 1., 2., 4. und 6. Chevaulegers-Regiments — zu 4 Batterien. unter Einführung von Fahrkanonieren, sodann 1849 von Fahr-Bombardieren. Kriegsformation der reitenden Batterien zu 6 Geschützen 25. November 1863.

Feldzugsjahre: Außer jenen seiner Stammabtheilungen seit der Errichtung: 1866.

Inhaber: 8. September 1849 Marie, Königin von Bayern.

Regiments-Inhaber.

Ihre Majestät die Königin Mutter.

Stabs-Officiere.

Oberst-Cmdt.   Luß, Heinrich. ✠4. ⬡. ⬡. GD. CHW4.

Oberstlieut.   Bronzetti, Heinrich. ⬡.

Majore.   Tann, Hugo Frh. von der, ✠4. ⬡. ⬡. MEA3. ÖEK3. PK3. ⬡.

Horn, Carl Frh. von, ✠4. ⬡. ⬡. HP4. OP3.

Schleitheim, Joseph Keller Frh. von. ⬡. ⬡. Adj. S. K. H. des Prinzen Otto von Bayern.

Hauptleute.

Lepel, Emil Frh. von, ✠4. ⬡. ACSt3.   La Roche, August du Jarrys Frh. von, ⬡.

Hellingrath, Friedrich von, ✠4. ⬡.   Lößl, Ernst Ritter von, ⬡.

Maffenbach, Carl Gemmingen Frh. von,   La Roche, Maximilian du Jarrys Frh.
✠4. ⬡. Krfr,   von. ⬡. ÖEK3.

Oberlieutenants.

Malaisé, Eugen, ⬡.   Schuß, Max., ⬡. Adj. des GM. und

Schulze, Otto, ⬡.   funct. Brgbr Grafen von Bothmer,

Mieg, Malkolm, ⬡. Adj. des GLt und   Elgershausen, Luitpold, ⬡.
ArtCpsCmbtn Ritter von Brobeßer,   Hofmann, Carl, ⬡. KAdj.,

Rollmann, Eugen, ⬡.   Luß, Maximilian, ✠4. ⬡.

Leopold, Prinz von Bayern, K. H.,   Brandt, Philipp Frh. von, ⬡.
G. ✠4. ⬡. HLf. TJf.   Brandt, Carl Frh. von, ⬡.

Rogifter, Hermann Ritter von, ⬡.   Arco-Zinneberg, Carl Graf von. ✠3.
                            ✠4. ⬡.

Unterlieutenants.

Prätorius von Dallhausen, Otto, ⬡.   Kalb, Emil, ⬡.

Schnizlein, Friedrich, ⬡.   Krempelhuber, Maximilian von, ⬡.

Riedheim, Xaver Frh. von, ⬡.   Tamboſi, Maximilian, ⬡.

Wanner, Friedrich, ⬡.   Oelhafen, Carl von,.

Schmädel, Paul Ritter von, ⬡.   Arco-Zinneberg, Maximilian Graf von.

Schwarzmann, Hermann,

Junker.

— — — | — · — —

Fuhrwesens-Abtheilung.

Oberlieut.	Dörfer, Carl, ☖.
	Lienhardt, Carl, ☖.
	Huber, Anton.
Unterlieut.	Winkler, Joseph, ☖.
	Huber, Daniel, ☖.
	Brümmer, Caspar, ☖.
	Kirchner, Joseph.

Vom Stabe.

Aerzte.	Hirschinger, Dr Johann, RArzt 1. Cl. ☖.
	Bratsch, Dr Eduard, RArzt 2. Cl. ☖.
	Buchetmann, Dr Anton, BArzt. ☖. PK4. PKD.
	Solbrig, Dr Veit, BArzt.
Quartiermstr.	Steichele, Adalbert, BQmstr.
	Rohrmüller, Mathias, UQmstr. ☖.
	Haydt, Georg, UQmstr. ☖.
	Streck, Maximilian, UQmstr. ☖.
Actuar.	Emmerich, Georg.
Auditor.	Stöber, Otto, RAub. 2. Cl. ☖.
Veterinäre.	Flint, Wolfgang, DVArzt. ☖.
	Schneider, Stephan, DVArzt. ☖.
	Zenner, Nikolaus, UVArzt. ☖.

---

4. Artillerie-Regiment.

Garnison Augsburg, 2 Fußbatterien in Germersheim, 2 Fußbatterien in Landau, 1 Fußbatterie in Neuulm.

    1859 den 30. März errichtet in der Stärke von 12 (4 Feld- u. 8 Fuß-) Batterien durch Ausscheidung von je 6 Batterien aus dem 1. und 2. Artillerie-Regiment.

    Feldzugsjahre: Außer jenen seiner Stammabtheilungen seit der Errichtung: 1866.

Regiments-Inhaber.

— — —

Stabs-Officiere.

Oberst-Cmdt.	Müller, Nepomuk Frh. von. ☖4. ☖. ☖.
Oberstlieut.	Vogl, Ludwig, ☖4. ☖. ☖.

Majore. Kitzing, Carl, ⚛.
Eckart, Edmund, ⚛4. ⚛. ⚛. verwbt als funct. Artillerie-
  Director der Veste Marienberg,
Crailsheim, Anton Frh. von, ⚛4. ⚛. ⚛.
Brandt, Carl, ⚛. ⚛. verwbt als funct. Artillerie-Director der
  Festung Ulm.
Mehler, Anton. ⚛. ⚛.

Hauptleute.

Aign, Wilhelm, ⚛4. ⚛. ⚛.
Zeller, Georg, ⚛4. ⚛. ⚛.
Kirchhoffer, Franz, ⚛4. ⚛.
Girl, Celsus, ⚛4. ⚛4. ⚛.
Hofmeister, Carl, ⚛.
Herold, Paul, ⚛. ⚛.
Schropp, Eduard,
Mauerer, Theodor, ⚛.

Reuß, Lothar,
Belli de Pino, Alphons von,
Sewalder, Joseph,
Schmauß, Matthäus, ⚛.
Neu, Oscar, ⚛.
Peringer, Ludwig,
Schubert, Friedrich, ⚛.
Wurm, Ernst. ⚛.

Oberlieutenants.

Thürheim, Hermann Graf von, ⚛.
Baur, Franz, ⚛.
Neverbys, Baptist, ⚛.
Endres, Ludwig, ⚛.
Schmauß, Joseph,
Metz, Johann, ⚛.
Ammon, Carl, ⚛. RAdj.,
Metz, Eduard,
Jamin, Wilhelm,
Gullmann, Eugen, ⚛.
Cucumus, Carl, ⚛.
Heberer, Oscar,

Heerwagen, Oscar, ⚛.
Seuffert, Bernhard, ⚛.
Meyer, Justin,
Buonaccorsi, Carl von, ⚛.
Scheurl von Defersdorf, Carl, ⚛.
Böll, Carl, ⚛. BAdj.
Reitzenstein, Carl Frh. von, ⚛. Krjlr,
Siebert, Franz, BAdj.
Hütz, Peter, ⚛.
Weiß, Christian, ⚛.
Behringer, Julius. ⚛.

Unterlieutenants.

Frey, Hermann, ⚛.
Neureuther, Carl, ⚛.
Geffele, Maximilian,
Dietz, Adolph von, ⚛.
Keller, Eugen, ⚛.
Sandner, Heinrich, ⚛.
Rutz, Albert,
Steinbauer, Ludwig, ⚛.
Schmädel, Franz Ritter von, ⚛.
Splitgerber, Otto,

Helfreich, Maximilian, ⚛.
Hütz, Ludwig, ⚛.
Stengel, Stephan Frh. von,
Rieberer, Moriz Frh. von, ⚛.
Rery, Carl,
Rery, Ludwig, ⚛.
Windstoßer, Eduard, ⚛.
Reichard, Johann,
Faulhaber, Manfred,
Weibner, Johann,

Steger, August, ⚔.	Ihrig, Georg,
Otto, Friedrich,	Widder, Goswin,
Rambaldi, Carl Graf von,	Ziegler, Wilhelm,
Schild, Wilhelm, ⚔.	Auanger, Xaver,
Jacobi, Hugo,	Pöller, Theodor, ⚔.
Endres, Joseph,	Vogl, Armin. ⚔
Döring, Joseph,	

Junker.

— — — | — — —

Fuhrwesens-Abtheilung.

Rittmstr.	Samhaber, Carl. ⚔.
Oberlieut.	Langhäuser, Adam, ⚔.
	Düßel, Conrad, ⚔.
	Zirngibl, Otto. ⚔.
Unterlieut.	Schmidl, Joseph, ⚔.
	Falter, Sebastian,
	Sperl, Eduard,
	Reidel, Georg, ⚔.
	Bartmann, Joseph, ⚔.
	Dupp, Martin.

Vom Stabe.

Aerzte.	Mayer, Dr Alois, RArzt 1. Cl. ⚔. ⚔.
	Müller, Dr Carl, BArzt. ⚔4. ⚔.
	Hauer, Dr Ludwig, BArzt. ⚔.
	Diruf, Dr Edmund, BArzt. ⚔.
Quartiermstr.	Pauli, Andreas, ROmstr 2. Cl. ⚘.
	Mayer, Andreas, BOmstr. ⚔.
	Knöchel, Julius, UOmstr. ⚔.
Actuare.	Lux, Heinrich,
	Schlenk, Georg. ⚔.
Auditor.	Huber, August, RAud. 1. Cl. ⚔. ÖFJ3.
Veterinäre.	Franzen, Joseph, RBArzt 1. Cl. ⚔. ⚔.
	Geyer, Nikolaus, UBArzt. ⚔.

Zeughaus - Hauptdirection.

Schon in den ältesten Zeiten findet man in Bayern die Zeughäuser mit den Artillerie-Truppen unter einer Stelle — dem Oberstlandzeugamte — verbunden. Umwandlung dieses Amtes in die Zeughaus-Hauptdirection, unmittelbar an die allerhöchste Stelle berichtend, im Jahre 1800; Stellung unter das Artillerie-Corps-Commando im Jahre 1822.

Im Uebrigen siehe die Geschichte des 1. Artillerie-Regiments Prinz Luitpold.

Uniform und Bewaffnung: Sämmtliche Officiere, dann die Ober-zeugwarte und Zeugwarte die für die Artillerie-Officiere vorgeschriebene Uniform, Kopfbedeckung, Bewaffnung und Rüstung, die Knöpfe jenes Artillerie-Regiments, aus welchem sie entnommen wurden; — die Unterzeugwarte und Werkmeister die Uniform, Kopfbedeckung, Bewaffnung und Rüstung der Artillerie-Junker; — die Magazin- und Remisenaufseher, die Zeugschreiber und Zeugdiener die Uniform, Bewaffnung und Rüstung der Artillerie-Abtheilung, welcher sie früher angehörten, jedoch ohne Pistolen und Cartouche. Der Gieß- und Bohrmeister den Waffenrock und die Uniformirung wie für die Artillerie-Officiere, jedoch Knöpfe ohne Nummer; Hut mit goldener Sternschleife, Bouillonsquaste und Kokarde; Säbel wie die Officiere der In-fanterie; als Gradauszeichnung einen goldgestickten Zweig auf dem Kragen.

Direction.
(In München.)

Vorstand.	Herdegen, Maximilian, GM. re.
Stabs-Officiere.	Reck, Carl von, Oberst, ☙. Artillerie-Director der Festung Ingolstadt.
	Schmölzl, Joseph, Oberst, ✠4. ☙. BJL5. BrR3. GE5. GDF. HP4. WK3. Artillerie-Director der Festung Germersheim.
	Tattenbach, Max. Graf von, Oberst, ✠4. ❀. GD. WF4. Artillerie-Director der Festung Landau.
	Müller, Christian, ObstLt ❀. Directions-Mitglied.
	Lamezan, Gustav Frh. von, ObstLt, ◎. ❀. Directions-Mitglied.
	Mann, Friedrich Ritter von, ObstLt, ✠4. ❀. Directions-Mitglied.
	Grundherr zu Altenthann und Weyherhaus, Sigmund von, ch. Major, ☙. BrR4. Directions-Mitglied.
	Lori, Maximilian, Major, ❀. Directions-Mitglied.
Conservator.	Klein, Franz, Hptm.
	Schwarz, Carl, OLt, dem Conservator zugetheilt.
für Maschinenwesen:	Fricker, Caspar, Hptm. ✠4. ○. ❀. BdZL4. ÖFJ3. SA4.
Werkmeister.	Mayer, Ignaz, 25. September 1849. ❀.
	Wildgruber, Alto, 13. November 1851. ❀.
	Seiler, Johann, 19. Oktober 1853. ❀.
	Markl, Johann, 9. Dec. 1866. ❀.

10*

Kriegs-Cr.	Altschuh, Christian, 🎖 ✠. zugleich Directions-Mitglied.
Quartiermstr.	Mehrlein, Conrad, BOmstr. ✠.
	Jarzinsky, Philipp, BOmstr. 🎖 ✠.
	Freund, Markus, BOmstr. 🎖.
	Keidel, Christian, BOmstr.
	Rothhaas, Caspar, BOmstr.
Secretäre.	Weiß, Johann, CzlSecr.
	Stirner, Richard, CzlSecr.
Actuare.	Güllich, Heinrich, RAct.
	Wilhelm, Andreas, RAct.
	Härtnagel, Friedrich, RAct. ✠.
	Floß, August, RAct. 🎖.
	Winterhelb, Ernst, RAct.

Laboratorien.

Vorstand des Hauptlaboratoriums. Der jeweilige Commandant der Feuerwerks-Compagnie.

Feuerwerksmstr. Reinhard, Ludwig, OLt, in Landau,
Dekinder, Philipp, OLt, in Ingolstadt,
Steinleitner, Maximilian, ULt, in Germersheim,
funct. Zweyer, Michael, ch. ULt und Zeugwart, in Marienberg.

Pulverfabrik.

Insp.-Officier. Gönner, Carl von, Hptm.

Salpeter-Raffinerie.

Insp.-Officier. Dürr, Martin, Hptm.

Gieß- und Bohrhaus.

Vorstand.	Sprengler, Eugen, Major. 🎖4. ✠. HP4.
Gießmstr.	Reißer, Xaver, 28. November 1839. ✠.
Bohrmstr.	Schwendinger, Georg, 22. Dec. 1863.
Quartiermstr.	Fürsich, Baptist, ROmstr 1. Cl. ✠.
	Strattner, Franz, UOmstr. 🎖.

Ouvriers-Compagnie.

Garnison München; Detachements in Germersheim, Ingolstadt, Marienberg
und Augsburg.

1800 den 25. März Bildung einer Ouvriers-Compagnie als 11. Com-
pagnie des Artillerie-Regiments. Trennung von diesem und Stellung unter die
Zeughaus-Hauptdirection den 21. Juni 1807. Errichtung einer 2. Ouvriers-
Compagnie 18. Juni 1847 und Auflösung derselben 1. Januar 1857.

Feldzugsjahre: die Compagnie wohnte in Abtheilungen den Feldzügen dieses Jahrhunderts bei.

Eine Abtheilung derselben war der am 25. October 1832 nach Griechenland entsendeten Batterie beigegeben.

Uniform und Bewaffnung: Vom Feldwebel abwärts wie das 1., 2. und 4. Artillerie-Regiment, nur die Knöpfe ohne Nummern. Die Uniform ꝛc. der Officiere wie jene der Zeughaus-Hauptdirection. Die Ouvriers 1. Classe haben die Kragenauszeichnung der Bombardiere, die Ouvriers 2. Classe jene der Oberkanoniere.

Hauptmann.	Reinwald, Michael. ✠.
Oberlieut.	Schäffer, Johann, ✠.
	Böck, Johann, ✠.
	Fricker, Carl. ✠.
Unterlieut.	Mayr, Angelo.
Quartiermstr.	Heckel, Georg, U.Omstr. ✠.

Feuerwerks-Compagnie.

Garnison München; Detachements in Germersheim, Ingolstadt, Landau und Marienberg.

1865 den 24. September Bildung einer Feuerwerks-Compagnie aus Chargen und Mannschaften des 1., 2. und 4. Artillerie-Regiments und Unterstellung der Zeughaus-Haupt-Direction.

Feldzugsjahre: Die Compagnie wohnte in Abtheilungen dem Feldzuge 1866 bei.

Uniform und Bewaffnung. Vom ersten Unterofficier abwärts wie die Fußbatterien der Artillerie, jedoch Knöpfe mit aufgeprägten Granaten; die Uniform ꝛc. der Officiere jene der Regimenter, aus denen sie entnommen sind.

Hauptmann.	Steinam, Ludwig. ⦿.
Oberlieut.	Sutner, August von,
	Pracher, Otto, ✠.
	Stiller, Erich, ✠.
	Traitteur, Joseph.
Quartiermstr.	Rißler, Mathias, U.Omstr.

Zeughaus - Verwaltungen.

Augsburg.

O.Zeugwart. Sigmund, Erhard, Hptm. ✠.
U.Zeugwart. Rögler, Georg. ◉. �֍.

Germersheim.

O.Zeugwart. Bauer, Anselm, Hptm.
U.Zeugwarte. Borgeitz, Peter, ✤.
Vogt, Anton. ✠ ✤.

Ingolstadt.

O.Zeugwart. Rupp, Georg, ch. Major. ◉. ✤.
U.Zeugwarte. Bidel, Franz, ✤.
Langmantel, Simon. ✤.

Landau.

O.Zeugwart. Weißenbach, Anton, Hptm.
U.Zeugwart. Ploß, Johann. ◉.

München.

O.Zeugwart. Windisch, Friedrich, Hptm. ✤.
U.Zeugwart. Kocher, Jacob. ✤.

Nürnberg.

Zeugwart. Zauner, Johann, ch. ULt. ✤.

Passau. (Oberhaus.)

Zeugwart. Beitenthal, Johann, ch. ULt. ◉. ✤.

Rosenberg.

Zeugwart. Sperl, Erhard, ch. ULt. ✠ ✠ ✤.

Wülzburg.

Zeugwart. Peters, Gottlieb, ch. ULt. ◉. ✤.

Würzburg. (Marienberg.)

O.Zeugwart. Rebenbacher, Oscar, Hptm. ✠ ✤.
Zeugwart. Zweher, Michael, ch. ULt. ✤. ✤. funct. Feuerwksmstr.
U.Zeugwart. Margraf, Ferdinand. ◐. ✠ ✤. GD.

Gewehrfabrik-Direction.

(In Amberg.)

Errichtung der Gewehrfabrik zu Amberg 1801. Stellung der Direction unter die Zeughaus-Hauptdirection 1801; unter die oberpfälzische Landes-Direction 1804; unter das Staatsministerium der Finanzen 1808; unter das Staatsministerium der Armee 1820, und unter das Artillerie-Corps-Commando 24. Januar 1830.

Uniform und Bewaffnung: Siehe Zeughaus-Hauptdirection.

Director.	Podewils, Philipp Frh. von, Oberst.H.4. ✠. IIP3. NA2bm.Schw. PrA3. PK3.
Inspector.	Fraps, Friedrich Frh. von, Hptm. J.
Aufsichts-Offic.	Stabelmann, Hugo, OLt. zu Haselmühle.
Quartiermstr.	Petzl, Heinrich, ROmstr 1. Cl. H.
	Wörlein, Christian, UOmstr.
Actuar.	Nonnenmacher, Martin, RAct.

Genie-Corps.

Uniform und Bewaffnung: Den Waffenrock von dunkelblauem Tuche mit schwarztuchenem Kragen und Aufschlägen, dann scharlachrothem Vorstoße, Knöpfe von weißem Metalle, die Gradauszeichnung von Silberborten und Litzen. Beinkleider von dunkelblauem Tuche mit scharlachrothem Vorstoße; nach der Jahreszeit im kleinen Dienste weißleinene und Nanking-Beinkleider, bei Hoffesten Beinkleider von weißem Casimir. Mäntel und Anschraubspornen wie die Officiere der Artillerie; ebenso den Helm, doch mit rother Huppe; Schirmmützen von dunkelblauem Tuche mit scharlachrothem Vorstoße und Silberstickerei. Weißmetallene Schulterblätter in der Breite der Schulter mit scharlachrothem Unterfutter. Den Säbel der leichten Reiterei. Zwei Pistolen. Als Dienstzeichen den Ringkragen.

Pferderüstung: Wie der Generalquartiermeister-Stab, jedoch die Schabracken von dunkelblauem Tuche.

Genie-Stab.

Genie-Berathungs-Commission.

(In München.)

Gebildet aus der seit 16. April 1853 bestandenen Commission zur Bearbeitung von Vorschriften für die Ingenieurdienste als Ingenieur-Berathungs-Commission, für die Berathung aller wichtigeren, in das Ingenieurwesen und ten Ingenieurdienst einschlägigen Gegenstände, 31. Mai 1855; seit 30. November 1856 Genie-Berathungs-Commission benannt.

Vorstand.   Stengel, Gabriel Frh. von, ObstLt. ✠4. ✠. ◎. ✠.
Mitglieder. Faber, Gustav, Hptm., LEK3. com. bei der Liquidations-Commission zu Frankfurt a/M.,
             Fuchs, Friedrich, Hptm. ✠. NA3m.Schw.
             Harscher, Friedrich, Hptm. ✠.
             Schreiner, Ludwig, Hptm. ✠. com. bei der MRchngsKr.

Genie-Directionen.

Errichtung der fünf Genie-Directionen in München, Augsburg, Nürnberg, Würzburg und Landau 27. November 1822; — Verminderung derselben auf drei, nämlich in München, Würzburg und Landau 1. December 1848; — Bildung von fünf Genie-Directionen mit zwei Local-Genie-Directionen, nämlich 1. in München, 2. in Augsburg mit der Local-Genie-Direction Ingolstadt, 3. in Nürnberg, 4. in Würzburg mit der Local-Genie-Direction Germersheim, 5. in Landau 1. September 1855. Bildung der Local-Genie-Direction in Neuulm 6. December 1857. Unmittelbare Unterstellung der Local-Genie-Directionen unter das Genie-Corps-Commando 29. April 1859. Bildung der Local-Genie-Direction Marienberg 18. Mai 1859. Aenderung der Benennung 5. Genie-Direction in Genie-Direction der Bundesfestung Landau 27. Juli 1859. Aenderung dieser Benennung in Local-Genie-Direction Landau 16. Januar 1867.

1. Genie-Direction.

(München.)

Schumacher, Philipp, Oberst. ✠4. ✠. Rfrt im KrMstrm.
Kollmann, Gottlieb, Major, ✠. ✠. Director.
Frieblein, Andreas, Major, ◎. ✠. com. im KrMstrm.
Kleemann, Otto, Major, ✠4. ✠. ✠. Commandant der Art.- u. Gen.-Schule.
Böll, Carl, Hptm. ✠.
Rhomberg, Ernst, Hptm. ✠. PK4.
Königsberger, Alois, Hptm. ✠. GE5. GDF.
Weiß, Conrad, Hptm. ◎.
Gläser, Mathias, Hptm. ✠. com. bei der MRchngsKr.
Lautenschläger, Michael, Hptm. verwdt zum Unterricht bei den MBildAnst.
Gaab, Ferdinand, Hptm., Adj. des GenCpsCmdn GM. Ritt. v. Buz.
Eger, Nepomuk, Hptm. com. bei der MRchngsKr.
Wolfrum, Bruno, Hptm. ✠. verwdt zum Unterricht bei den MBildAnst.
Hoffmann, Carl, OLt. ✠. verwdt zum Unterricht bei den MBildAnst.
Weidner, Demetrius, OLt.

Bezold, Carl von, OLt. ⚔.
Knorr, Adalbert, OLt. ⚔. com. beim GOmStrStb.
Spraul, Alexander, OLt. ⚔.
Maber, Franz, OLt.

---

2. Genie-Direction.

(Augsburg.)

Illing, Johann, ObstLt. ⚔4. ⚔. Director.
Körbling, Ignaz, Hptm. ⚔. PK4.
Kaiser, Anton, Hptm.
Geigel, Eugen, OLt. ⚔.
Birkhofer, Friedrich, ULt. ⚔.

---

3. Genie-Direction.

(Nürnberg.)

Leutner zu Wildenburg, Ferdinand von, Major. ⚔. WF4. Director.
Michell, August, Hptm. SEH5.
Schlicht, Christian, Hptm.
Macco, Joseph, OLt. ⚔4. ⚔.
Schwabl, Maximilian, OLt. ⚔.
Richter, Ernst, OLt. ⚔.
Faber, Carl, OLt.
Schallern, Carl Ritter von, ULt. ⚔.

---

4. Genie-Direction.

(Würzburg.)

Schrodt, Wilhelm, ObstLt. ⊙. ⚔. Director.
Mauritii, Daniel, Hptm. ⚔.
Weidner, Julius, OLt. ⚔.
Reim, Ernst, OLt.
Laber, August, OLt. ⚔.

Local-Genie-Direction Germersheim.

Kistenfeger, Eduard, Hptm.
Kern, Hugo Ritter von, Hptm.
Fid, Oscar, OLt. ⚔.

Fahrmbacher, Alfred, OLt.
Steinmetz, Adolph, OLt.
Gaa, Ignaz, OLt. ⚔.
Schell, Eugen, OLt.
Hörner, Jacob, OLt.
Schleicher, Wilhelm, ULt. ⚔.

Local-Genie-Direction Ingolstadt.

Rögner, Georg, Major, ⚔. Director.
Kehl, Jacob, Major. ◎. ⚔.
Kern, Ignaz, Hptm.
Müller, Maximilian, Hptm. ◎.
Schäffer, Moriz, Hptm.
Zimmermann, Ludwig, OLt.
Giehrl, Maximilian, OLt.
Kester, Philipp, OLt.
Grundherr zu Altenthaun und Weyherhaus, August von, ULt.
Krieg, Carl, ULt.
Jochum, Anton, ULt.
Hinsching, Ludwig, ULt. ⚔.
Hurt, Carl, ULt.
Baumeister, Georg, ULt. ⚔.
Marx, Maximilian, ULt.

Local-Genie-Direction Landau.

Fogt, Heinrich, ObstLt. ⚔4. ◎. ⚔. Director.
Schnizlein, Maximilian, Hptm.
Lingg, Ferdinand, Hptm.
Drescher, Eduard, Hptm. ⚔.
Ullerich, Carl, OLt.
Berninger, Michael, ULt. ⚔.

Local-Genie-Direction Marienberg.

Lößl, Ludwig, ObstLt. ⚔4. ⚔. ◎. ⚔. Director.
Ulrich, Alois, Hptm.
Bay, Martin, OLt. ⚔.
Riegel, Andreas, OLt.
Dechant, Ludwig, OLt. ⚔.

Local-Genie-Direction in Neuulm.

Schenk, Michael, Oberst, ⚔4. ✠. WF3. Director.
Staubacher, Carl, Hptm. ✠. ⊙. ✠.
Gerber, Jacob, Hptm. ✠. ✠. BGM.
Güthner, Christoph, Hptm. ⊙.
Bernhard, Anton, OLt.
Franck, Friedrich, ULt. ✠.
Schwind, Hermann Ritter von, ULt.

Genie-Regiment.

Garnison Ingolstadt; 1 Comp. in Landau, 1 Comp. mit zugetheiltem
Detachement in Germersheim, Detachement in Neuulm.

Ende des 17. Jahrhunderts die Pontoniers und Mineurs in dem Stande
der Artillerie; 1770 die Pontoniers und Mineurs bei dem Stabe des Artillerie-Bataillons; Aufhebung der Mineurs 1776.

1809 den 17. September Errichtung eines Pontoniers-Corps zu 2 Compagnien, (Officiere und Unterofficiere größtentheils aus dem Personale des Straßen-,
Brücken- und Wasserbaues, die Pontoniers aus den im Felde gestandenen
Truppen); Auflösung desselben den 23. November 1809. — Wiedererrichtung
einer Pontoniers-Compagnie den 27. September 1813; Stellung derselben
unter das Ingenieur-Corps-Commando den 22. December 1815, dann unter
das Artillerie-Corps-Commando den 23. October 1822.

1822 den 1. Juni Errichtung einer Mineurs- und Sapeurs-Compagnie
unter dem Artillerie-Corps-Commando, und einer Pioniers-Compagnie unter
dem Generalquartiermeister-Stabe; — Umwandlung dieser letztern in die 2.
Sapeurs-Compagnie und Stellung derselben unter das Artillerie-Corps-Commando 1824; — Stellung der 3 Compagnien unter das Ingenieur-Corps-
Commando den 31. Juli 1826. Bildung eines selbstständigen Commandos
derselben den 1. Juni 1828. Einführung der Trompeter bei der Pontoniers-
Compagnie statt der Tamboure 1842.

1844 den 11. Januar neue Formation eines Genie-Bataillons von 5 Compagnien aus den — bisher unter dem Commando der Mineurs- und Sapeurs-Compagnien gestandenen — 3 (1 Mineurs- und 2 Sapeurs-) Compagnien und der bisher unter dem Artillerie-Corps-Commando gestandenen
Pontoniers-Compagnie, unter Bildung einer neuen Compagnie mit vermehrter
Stärke der Compagnien an Mannschaft und Unterofficieren, der Stabsofficiere
und des Stabspersonals, wobei jede Compagnie aus 4 gleichen Theilen Mineurs, Sapeurs, Pionieren und Pontoniers zu bestehen hatte, und dieses Bataillon dem Ingenieur-Corps-Commando unterstellt wurde; weitere Vermehrung dieser Truppen und Formation eines Genie-Regiments mit 8 Compagnien 31. März 1848; veränderte Formation des Genie-Regiments 6.
September 1851; — Aufhebung der Gliederung der Genie-Compagnien in
Mineure, Sapeure, Pontoniere und Pioniere unter Beibehaltung der tak-
tischen Eintheilung der Genie-Compagnie in Züge und Sectionen, dann Bestimmung der 1., 2., 3. und 4. Compagnie des Genie-Regiments zum Pon-

tonier-Dienste, der 5., 6., 7. und 8. Compagnie zum Mineur- und Sapeur-Dienste, der sämmtlichen acht Compagnien aber überdieß gleichmäßig zum Pionier-Dienste 2. März 1856; — Formation des Genie-Regiments in 3 Feld- und 3 Festungs-Compagnien 1. April 1858; — Vermehrung des Genie-Regiments um 1 Feld- und 1 Festungs-Compagnie 30. März 1859.

Feldzugsjahre der frühern Pontoniers: 1809, 1813, 1814 und 1815; des Genie-Regiments: 1866.

Uniform: Vom Obermeister abwärts den Waffenrock von dunkelblauem Tuche mit einer Reihe von 9 weißen Metallknöpfen; Kragen und Aufschläge von schwarzem Tuche mit scharlachrothem Vorstoße. Die Mannschaft Spenser von dunkelblauem Tuche mit schwarztuchenem Kragen und scharlachrothem Vorstoße. Beinkleider von dunkelblauem Tuche mit scharlachrothem Vorstoße; die Obermeister, Untermeister und Trompeter nebst dem Spenser mit zwei Reihen Knöpfen, Reithosen von dunkelblauem Tuche mit scharlachrothem Vorstoße und mit Lederbesatz bis über das Knie. Stiefel und Bundschuhe. Mäntel wie die Infanterie, jedoch mit dunkelblauem Kragen, die Obermeister, Untermeister und Trompeter im Schnitte wie bei der leichten Cavalerie. Helme wie die Mannschaft des 1., 2. und 4. Artillerie-Regiments; ebenso die Schirmmützen, jedoch mit weißen Kronen. Schulterblätter von weißem Metalle in der Breite der Schulter mit scharlachrothem Unterfutter. Die weiße Gradauszeichnung für die Unterofficiere, den Stabstrompeter und die Trompeter wie bei der Cavalerie, für die Gefreiten jene der Bombardiere, für die Genie-Soldaten 1. Classe jene der Oberkanoniere, für die Genie-Soldaten 2. Classe jene der Unterkanoniere. Die Trompeter auf dem Rücken Tuchflügel wie die Cavalerie.

Die Officiere die Uniformirung wie jene des Genie-Stabs.

Bewaffnung: Die Obermeister, Untermeister und die Trompeter den Säbel, die Pistole, den Cartouche und das Lederwerk wie die leichte Cavalerie; die Führer und die Mannschaft die kurze Bajonetflinte wie die Gendarmerie, Patrontasche wie die Infanterie; den zweischneidigen Säbel ähnlich wie jener des 1., 2. und 4. Artillerie-Regiments, jedoch nur 18,6 rh. Zoll lang. Weißlederne Gürtelkuppel.

Die Officiere wie jene des Genie-Stabs.

Pferderüstung: Wie die Officiere des Genie-Stabs. Die Ober- und Unterlieutenants, die Obermeister, Untermeister und die Trompeter werden für den Feldbienst mit Dienstpferden beritten gemacht.

Stabs-Officiere.

Oberst-Cmdt.　Limbach, Maximilian. ❀4. ❀. ❀.

Majore.　Koch, Rudolph, ❀4. ❀. ❀.

Windisch, Eduard, ❀.

Grundherr zu Altenthann und Weyherhaus, August von. ◉ ❀.

Hauptleute.

Saint-Germain, Ludwig, ❀ ❀. BGM.	Bauer, Lorenz, ❀.
De Ahna, Adolph,	Ott, Maximilian, ❀.
Lorenz, Ernst,	Burdart, Baptist, ◉.
Gleich, Joseph, ❀ ❀.	Nagel, Friedrich von. BGM.
Schels, Mathias, ❀.	

Oberlieutenants.

Uhl, Ernſt, ☩ RAdj.,
Haid, Euſtach, ☩.
Kreuzer, Ernſt, ☩.
Popp, Carl, ☩ verwbt zum Unter-
　richt bei den MBildAnſt.,
Jahreiß, Heinrich ☩.
Ströbel, Friedrich,
Geßner, Wilhelm, ☩.
Freyberg-Eiſenberg, Ludwig Frh. von,
　Adj. des GenCpsCmdtn GM. Ritter
　von Buz,

Fuchs, Johann,
Bauer, Friedrich,
Hackſpacher, Joſeph,
Pilſtl, Ludwig,
Lang, Otto.
Hurſt, Michael, ☩.
Dorſch, Albert, ☩.
Eigner, Maximilian,
Hefner-Altenneck, Emil von,
Haag, Hermann, ☩.
Hair, Johann.

Unterlieutenants.

Schachy, Oscar Frh. von,
Kühn, Ferdinand, ☩.
Nobel, Wilhelm,
Dillmann, Emil, ☩.
Bonn, Ignaz, ☩.
Renauld, Joſeph Ritter von, ☩.
Müller, Franz,
Barthel, Adam,
Windiſch, Theodor,
Schweninger, Carl,

Hartmann, Maximilian,
Söder, Joſeph, ☩.
Thoma, Carl,
Leuchſenring, Eugen,
Bernhard, Otto, ☩.
Zobel, Eduard,
Sinz, Xaver,
Windiſch, Friedrich, ☩.
Müllerklein, Conrad. ☩.

Junker.

— — —

Zeugwart. Kießling, Carl, ☩. ULt.

Vom Stabe.

Aerzte.	Ell, Dr Auguſt, RArzt 2. Cl. ☩.
	Römer, Dr Friedrich, BArzt. ☩.
	Weigel, Dr Ernſt, BArzt. ☩.
Quartiermſtr.	Grabl, Eduard, ROmſtr 1. Cl. ☩.
	Lorenz, Ludwig, UOmſtr. ☩.
Actuar.	Fertig, Otto. ☩.
Auditor.	Müller, Moriz Frh. von, BAud., ☩. Krjtr.

Sanitäts-Compagnien.

1850 den 30. October Bildung zweier Sanitäts-Compagnien aus Officieren und Mannschaft der Infanterie-Abtheilungen. 1859 den 12. Mai Errichtung einer dritten Sanitäts-Compagnie aus Officieren und Mannschaft der 1. und 2. Sanitäts-Compagnie. 1863 den 21. December Errichtung einer vierten Sanitäts-Compagnie aus Officieren und Mannschaft der 1., 2. und 3. Sanitäts-Compagnie.

Feldzugsjahr seit der Errichtung: 1866.

Uniform und Bewaffnung: Vom Feldwebel abwärts den Waffenrock von hellblauem Tuche wie die Infanterie, Kragen und Aufschläge scharlachroth, die Schulterklappen hingegen von der Farbe des Rockes mit scharlachrothem Vorstoße; Achselwulste, von scharlachrothem Tuche. Knöpfe weiß mit aufgeprägtem Aesculapstab; Beinkleider von hellblauem Tuche mit scharlachrothem Vorstoße; nach der Jahreszeit und Witterung weißleinene Beinkleider. Den Mantel und die übrigen Bekleidungsstücke wie die Infanterie; den Helm der Infanterie mit rother Huppe.

Die Officiere den Waffenrock und die Beinkleider in Form und Farbe gleich jener der Mannschaft, in allem Uebrigen gleich den berittenen Officieren der Infanterie. Als Dienstzeichen den Ringkragen.

Die Gradauszeichnung nach der Farbe der Knöpfe, und zwar für Officiere, Unterofficiere, Hornisten, Gefreite, Gemeine 1. und 2. Classe wie bei dem Genie-Regimente.

Die Unterofficiere und Mannschaft die kurze Bajonetflinte wie die Gendarmerie, auch die kleinere Patrontasche; den Säbel wie die Infanterie; schwarzlederne Gürtelkuppel. Die Officiere den Säbel der Infanterie; zwei Pistolen.

Pferderüstung: Gleich jener der Subaltern-Officiere des General-Quartiermeister-Stabs.

1. Sanitäts-Compagnie.

Garnison München.

Hauptleute.	Schmuck, Guido von, 1. Cl. ✠4. ⚙.
	Blume, Emil, 1. Cl.
Oberlieut.	Horn, Johann, ⚙.
	Schuster, Heinrich, ✠4. ⚙.
	Schrenk, Leopold Frh. von, ✠4. ⚙.
Unterlieut.	Halm, Alfred. ⚙.
Arzt.	Friedrich, Dr Emil, RArzt 1. Cl. ✠4. ⚙. ⚙. PK3. PKD.
Quartiermstr.	Beimler, Johann, BOmstr. ⚙.

2. Sanitäts-Compagnie.

Garnison Würzburg.

Hauptmann.	Michel, Leonhard, 1. Cl. ⚙. ⚙.
Oberlieut.	Massenbach, Wilhelm Gemmingen Frh. von, ⚙.
	Buhl, Bruno. ⚙.

Unterlieut.	Edelmann, Michael, ⚔.
	Stock, Edmund. ⚔.
Arzt.	Schiller, Dr Carl, RArzt 1. Cl. ⚔4. ⚔.
Quartiermstr.	Pfeiffer, Anton, BOmstr. ⚔4. ⚔.

3. Sanitäts-Compagnie.

Garnison Nürnberg.

Hauptleute.	Pfeufer, Friedrich, 1. Cl. ⚔4. ⚔.
	Lochner von Hüttenbach, Christian Frh., 1. Cl. ⚔. Krjtr.
Oberlieut.	Hönig, Carl, ⚔.
	Kopf, Joseph, ⚔.
	Schieder, Guntram. ⚔.
Unterlieut.	Schätz, Wolfgang, ⚔.
	Ochs, Georg.
Arzt.	Quitzmann, Dr Ernst, RArzt 2. Cl. ⚔4. ⚔.
Quartiermstr.	Reuß, Joseph, UOmstr. ⚔.

4. Sanitäts-Compagnie.

Garnison Augsburg.

Hauptmann.	Reinhard, Augustin, 1. Cl. ⚔4. ⚔. ◎. ⚔.
Oberlieut.	Henzler, Eduard Ritter von, ⚔.
	Pappus von Trazberg Frh. von Rauchenzell und Laubenberg, Carl,
	Saalmüller, Maximilian. ⚔.
Unterlieut.	Dachs, Hermann, ⚔.
	Bickel, Anton,
	Frommel, Moriz.
Arzt.	Glocker, Dr Emil, RArzt 1. Cl. ⚔. BGM.
Quartiermstr.	Trenner, Johann, UOmstr. ⚔.

Garnifons-Compagnien.

Die Errichtung von Invaliden-Compagnien fällt in die erste Epoche des stehenden Heeres; 1718 bestanden deren 6 zur Bewachung der kleinen festen Plätze und der churfürstlichen Schlösser. — Bildung eines Garnisons-Regiments zu 2 Bataillonen und 10 Compagnien in 3 Garnisons-Stationen den 15. August 1771, und zu 6 Compagnien mit Einverleibung der Confin-Wachmannschaft 1773; — zu 8 Compagnien in 8 Stationen 1791, dann zu 6 Compagnien in 6 Stationen 1806. — Aufhebung des Garnisons-Regiments und Einführung der Benennung: Garnisons-Compagnien Donauwörth, Nymphenburg, Oberhaus, Rosenberg, Rothenberg und Wülzburg den 29. April 1811; — Uebernahme der würzburgischen Invaliden-Compagnie als

Garnisons-Compagnie Königshofen 1814; — Bildung der Garnisons-Compagnie Wasserburg 1817; successive Verminderung der Zahl dieser Compagnien in den Jahren 1822 und 1823, mit Beibehaltung jener von Nymphenburg und Königshofen den 26. August 1823; Verlegung der Garnisons-Compagnie Königshofen nach Würzburg den 7. Januar 1827, nach Forchheim den 18. September 1832, und von da nach Rosenberg am 19. August 1840; Rückverlegung nach Königshofen am 10. April 1850. — Für diese 2 Garnisons-Compagnien ist ein bestimmter Stand nicht ausgesprochen. Sie werden aus den Officieren, Unterofficieren und Soldaten gebildet, welche durch Alter oder Gebrechen zum Dienste bei einem Feldregimente zwar unfähig, jedoch nicht ganz dienstuntauglich sind.

Uniform und Bewaffnung: Vom Feldwebel abwärts den Waffenrock und die Beinkleider wie die Infanterie, jedoch von dunkelblauem, — Kragen, Aufschläge und Vorstöße von hellblauem, — der Vorstoß des Kragens aber von dunkelblauem Tuche; gelbe Knöpfe und Gradauszeichnung; Mäntel wie jene der Infanterie, jedoch mit dunkelblauem Kragen, Vorstoß und Litze von hellblauem Tuche. Helme gleich der Infanterie, Schirmmützen von dunkelblauem Tuche mit hellblauem Vorstöße und der Krone von gelbem Tuche; das Gewehr und den Säbel älterer Art der Infanterie, daher auch die Unterofficiere den Säbel mit Korbgefäß, wie die Hautboisten; die Infanterie-Patrontasche; schwarzes Riemenwerk.

Die Officiere den Waffenrock und die Beinkleider in Form und Farbe wie die Mannschaft, weißleinene und Nanking-Beinkleider, bei Hoffesten Beinkleider von weißem Casimir; Mäntel wie die Infanterie-Officiere, jedoch mit dunkelblauem Halskragen und hellblauem Vorstöße; gelbe Schulterblätter mit hellblauem Unterfutter; Helm und Säbel wie die Infanterie-Officiere. Als Dienstzeichen den Ringkragen.

Garnisons-Compagnie Nymphenburg.

Commandant. Spreti, Ferdinand Graf von, ch. Major. ⚜ ✠. HP4.
Hauptmann. Pithan, Otto, ch. ✠. ✠.
Oberlieut. Karthaus, Albert, ✠.
      Martini, Bernhard, ✠.
      Weiß, Matthäus. ✠.
Unterlieut. Pausch, Ludwig,
      Grötsch, August.
Arzt. Stägmeyr, Dr Carl, RArzt 1. Cl.
Quartiermstr. Bayer, Franz, UOmstr.

Garnisons-Compagnie Königshofen.

Commandant. Michaeli, Caspar, ch. Major. ⚜ ✠.
Oberlieut. Seitz, Joseph, ✠.
      Stuffner, Alois. ✠. GDF.
Unterlieut. Zunner, Carl, ✠.
      Abe, Albert.
Arzt. — —
Quartiermstr. Korntheuer, Anton, BOmstr.

Invaliden und Veteranen.

Die aus den Garnisons-Compagnien oder unmittelbar aus der Linie hervorgehenden Real-Invaliden, denen hohes Alter, schwere Wunden oder sonstige bedeutende Gebrechen den Erwerb ihres Lebensunterhaltes unmöglich machen, und welche gesetzlichen Anspruch auf militärische Versorgung haben, werden, wenn sie verheirathet sind, in die Veteranen-Anstalt zu Donauwörth, sind dieselben aber ledig oder Wittwer, in das Invalidenhaus zu Fürstenfeld aufgenommen. — Dieses wurde den 28. Mai 1818 gegründet; jene den 26. August 1823 bei Auflösung der Garnisons-Compagnie Donauwörth gebildet.

Uniform: Die Mannschaft einen Ueberrock mit stehendem hellblauen Kragen und einer Reihe Knöpfe, Aermelwesten und Beinkleider von dunkelblauem Tuche; statt der Helme nur Schirmmützen wie die Garnisons-Compagnien; zur Auszeichnung auf dem Ueberrocke eine Krageneinfassung von einer gelben wollenen Borte, unter dieser die Gradauszeichnungsborten.

Die Officiere die Uniform und Bewaffnung der Stadt- und Festungs-Commandantschaften.

Commandantschaft des Invalidenhauses.

(Fürstenfeld.)

Commandant.	Goes, Gottfried, Oberst. ✠. ✠. ✠.
Aufsichts-Offic.	Braun, Burkhard, ch. Major. ✠.
	funct. Nennhuber, Georg, p. ch. Hptm ✠.
	funct. Jacobi, Heinrich, t. p. OLt.
Haus-Aerzte.	Hinsberg, Dr Heinrich von, RArzt 2. Cl.
	Riedel, Dr Theodor, BArzt.
Quartiermstr.	Sturm, Baptist, ROmstr 2. Cl. ✠.

Commandantschaft der Veteranenanstalt.

(Donauwörth.)

Commandant.	Burgartz, Joseph, Oberst. ✠. ✠. CHW4.
Aufsichts-Offic.	funct. Eisenried, Carl, p. ch. Major. ✠.
	funct. Büchele, Franz, ULt im 10. JR. vac. Albert Pappenheim.
Aerzte.	Gast, Dr Xaver, RArzt 1. Cl. ✠4. ✠.
	Streeb, Dr Johann, RArzt 2. Cl. ch.
Quartiermstr.	Schwarz, Philipp, ROmstr 2. Cl. ✠.

Militär-Bildungs-Anstalten.

Inspection der Militär-Bildungs-Anstalten.

(München.)

Errichtet im Jahre 1866 und sind derselben die Artillerie- und Genie-Schule, die Kriegsschule und das Cadeten-Corps in Bezug auf den system-gemäßen Gang des Unterrichtes und die gemeinsame Verwendung der Lehr-mittel unterstellt.

Inspector.	Malaisé, Ferdinand Ritter von, GM. 2c.
Ständige Mitglieder der Oberstudien- u. Examinations-Commission.	Die jeweiligen Commandanten der Artillerie- und Genie-Schule, der Kriegsschule und des Cadeten-Corps.
	Orff, Carl von, ObstLt im GDmstrStb, ❋4. ⚔4. ⚓. ⚓. ÖEK3.
	Horn, Carl Frh. von, Major im 3. ArtR. Königin Mutter, ❋4. ⚓. ⚔. HP4. OP3.
	Riem, Julius, Major im GenStb, ❋4. ⚓.
	Friedel, Paul, Major im 2. JR. Kronprinz. ❋4. ⚔4. ⚓. ⚓.
Adjutant.	funct. Lindenfels, Carl Frh. von, OLt im 6. ChlR. vac. Herzog von Leuchtenberg.
Lehrpersonal der Militär-Bildungs-Anstalten:	
Officiere.	Engelbreit, Carl, Hptm. im 1. ArtR. Prinz Luitpold, ❋4. für darstellende Geometrie und höhere Mathematik,
	Lautenschläger, Michael, Hptm. im GenStb, für Bau-kunde,
	Schleicher, Georg, Hptm. im 7. JR. Hohenhausen, ⚓. für Taktik,
	Olivier, Julius, Hptm. im 1. ArtR. Prinz Luitpold, für Artillerie-Wissenschaft und Waffenlehre,
	Beith, Wilhelm, Hptm. im 9. JR. Wrede, ⚓. für Terrainlehre und Militärzeichnen,
	Wolfrum, Bruno, Hptm. im GenStb, ⚓. für Befesti-gung und Genietruppenlehre,
	Hoffmann, Carl, OLt im GenStb, ⚓. für niedere Mathematik,
	Popp, Carl, OLt im GenR., ⚓. Assistent für die Genie-Wissenschaften,
	Wrede, Edmund Fürst von, OLt im 5. ChlR. vac. Lei-ningen, ⚓. für Reiten,
	Feuri, Alfred Frh. von, OLt im 1. UhlR. vac. Großfürst Thronfolger Nikolaus von Rußland, ⚓. für Reiten.

ofessoren u. Lehrer. Kuhn, Carl, Lyceal-Professor, für
höhere Mathematik und Physik, 16 Apr. 1853

Hamberger, Dr Julius, Gymna-
sial-Professor, ☙4. für deutsche
Literatur, 16 Apr. 1853

Müller, Hermann, Gymnasial-
Professor, für höhere Mathematik, g. R. 19 Oct. 1853

Arendts, Dr Carl, Gymnasial-
Professor, für Geographie und
Naturgeschichte, 1 Oct. 1857

List, Dr Friedrich, Gymnasial-Pro-
fessor, für Geschichte, deutsche
und lateinische Sprache, 7 Oct. 1862

Dollhopf, Carl, Studienlehrer, für
deutsche und lateinische Sprache, 19 Apr. 1862

Schneider, Adolph, Studienlehrer,
für niedere Mathematik, 7 Oct. 1862

Trautmann, Moriz, Professor, für
französische Sprache, 1 Oct. 1865

Hannappel, Heinrich, Seminar-
lehrer, für französische Sprache, 1 Oct. 1865

Everill, Georg, Lehrer für englische Sprache, g. R. 3 Spt. 1850

Feichtinger, Dr Georg, Lehrer für
Chemie, g. R. 18 Spt. 1859

Siegert, Georg, Aushilfslehrer für
deutsche und lateinische Sprache, g. R. 13 Nov. 1865

Häcker, Franz, für Chemie, (Assi-
stent), g. R. 11 Oct. 1866

Artillerie- und Genie-Schule.

(München.)

Für die speziellen Studien der Artilleristen und Ingenieure wurden 1851
a Cadeten-Corps zwei Classen errichtet.

Seit dem 1. Januar 1857 besteht die Artillerie- und Genie-Schule als
ne besondere Anstalt für Ausbildung zu Artillerie- und Genie-Officieren.

Die Zahl der Schüler bestimmt sich für jeden der beiden Lehrcurse nach
m bei den Specialwaffen erforderlichen Zugange.

Uniform und Bewaffnung: Die Angehörigen der Schule tragen
ie Uniform und Bewaffnung ihrer Abtheilungen.

11*

Commandant. Kleemann, Otto, Major im GenStb. ✠4. ✠. ✠.
Aufsichtsofficiere. Heiden, Hugo, OLt im 1. ArtR. Prinz Luitpold, ✠.
               Haag, Hermann, OLt im GenR. ✠

Cadeten-Corps.

(München.)

1756 den 1. Juli Gründung eines Cadeten-Corps als Bildungsschule für den Infanterie-, Cavalerie-, Artillerie- und Ingenieur-Dienst; aus diesem wurde die herzoglich Marianische Landesakademie 1778, die Militärakademie 1789, und das gegenwärtige Cadeten-Corps den 19. Januar 1805 gebildet. 1851 den 22. August Aufhebung der beiden untersten der bis dahin bestandenen acht Lehrclassen und Anfügung zweier höheren für die speciellen Studien des Artilleristen und Ingenieurs. 1857 den 1. Januar Ueberweisung der speciellen Ausbildung zu Artillerie- und Genie-Officieren an die von diesem Tage sich bildende Artillerie- und Genie-Schule.

In den sechs Classen des Cadeten-Corps bestehen 170 Plätze, welche als ganze Freistellen, oder gegen jährliche Zahlung von 102, 204, 306 und 408 Gulden nach den bezfällsigen Bestimmungen verliehen werden.

Die Zöglinge der 1. und 2. Classe werden Eleven, jene der 3., 4., 5. und 6. Classe Cadeten, die Zöglinge Mitaufseher Fahnencadeten genannt.

Uniform und Bewaffnung: Den Waffenrock von hellblauem Tuche wie die Infanterie, scharlachrothe Achselwulste, Krägen und Aufschläge von schwarzem Sammet, die Cadeten auf letzteren zwei weißwollene Litzen, Vorstoß von scharlachrothem Tuche, weiße Knöpfe; hellblautuchene Beinkleider mit scharlachrothem Vorstoße, nach der Jahreszeit und Witterung weiß und blau gestreifte leinene Beinkleider; Mäntel, Helme und Schirmmützen wie die Mannschaft der Infanterie; wenig gekrümmte Säbel mit einfach gebogenem Bügel und Parirstange, schwarzlederne Scheiden mit eisernen Beschlägtheilen, die Fahnencadeten ein Korbgefäß mit Säbelgehäng; Gürtelkuppeln von schwarzem Leder.

Der Commandant den Waffenrock und Beinkleider wie die Infanterie, schwarzsammtenen Kragen und Aufschläge, Kopfbedeckung wie die Officiere des Generalquartiermeister-Stabs; weiße Schulterblätter mit scharlachrothem Unterfutter; den Säbel wie die Infanterie-Officiere; als Dienstzeichen den Ringkragen.

Commandant. Hebberling, Maximilian, ObstLt. ✠. ✠.
Vorstand der Oekonomie-Commission. funct. Webeld, Anton Frh. von, p. Hptm. ✠. Krjtr.
Aufsichtsofficiere. Becker, August, Hptm. im 15. JR. König Johann von
              Sachsen, ✠.
              Pendele, Maximilian, OLt im 3. JR. Prinz Carl von
              Bayern,
              Lehmann, Friedrich, OLt im 3. JR. Prinz Carl von
              Bayern, ✠.

Breffensborf, Robert Breffelau von, OLt im 3. IR. Prinz Carl von Bayern, ⚔.

Raab, Otto, OLt im 14. IR. Zandt, ⚔.

Loffow, Ludwig, OLt im 11. IR. vac. Yfenburg, ⚔.

Durlacher Hermann, OLt im 2. IR. Kronprinz, ⚔.

Leipold, Eduard, OLt im 10. IR. vac. Albert Pappenheim,

Ruith, Maximilian, OLt im 5. IR. Großherzog von Heffen,

Dümlein, Carl, OLt im 10. IR. vac. Albert Pappenheim, ⚔.

Müller, Michael, OLt im 14. IR. Zandt, ⚔.

Sonbinger, Hugo, OLt im 12. IR. König Otto von Griechenland.

Profefforen u. Lehrer.	Hamberger, Dr Julius, Gymnafial-Profeffor, ⚔4. für Religions- und Sittenlehre,	16 Apr. 1853
	Türk, Jacob, Profeffor, für Religions- und Sittenlehre,	g. R. 16 Oct. 1864
	Füger, Michael, RCAct. im KrMftrm, ⚔. für Schönfchreiben,	
	Behringer, Ludwig, Lehrer für freies Handzeichnen,	g. R. 13 Jun. 1862
	Berger, Anton, ⚔. Mufiklehrer und Dirigent des Mufikunterrichts,	g. R. 15 Oct. 1845
	Schulze, Wilhelm, Lehrer für Fechten,	g. R. 26 Nov. 1848
	Fenzl, Johann, p. Balletmeifter, Lehrer für Tanzen,	g. R. 1 Oct. 1859
Aerzte.	Kranich, Dr Mathias, StArzt bei der Cdtfchft München. ⚔.	
	Bratfch, Dr Albert, BArzt.	
Quartiermftr.	Holländer, Georg, KOmftr 2. Cl.	

Kriegsfchule.

(München.)

Errichtet 1. November 1858 zur Ausbildung für Officiers-Afpiranten, welche bei ihrem Zugange eine beftimmte Vorbildung, und während eines mindeftens einjährigen Waffendienftes die moralifche und dienftliche Befähigung zu höherer Beförderung erwiefen haben.

Die Kriegsschule hat zwei Lehrcurse, deren jeber ein Jahr dauert.

Uniform und Bewaffnung: Die Angehörigen der Schule tragen die Uniform und Bewaffnung ihrer Abtheilungen.

Commandant.	Diehl, Hugo, ObstLt im GDmstrStb. ✠4. ✠4. ⚔ ⚔.
Aufsichtsofficiere.	Branca, Maximilian, OLt in LeibR., ⚔.
	Lossow, Adolph, OLt im 8. JR. vac. Seckendorff. ⚔.

Operations-Curs für Militär-Aerzte.

(München.)

Errichtet ben 7. März 1860 am Militär-Krankenhause zu München zum Zwecke der Fortbildung und Uebung der Militär-Aerzte im Operiren.

Am Operations-Curse nehmen die Bataillonsärzte, welche im Wechsel aus den Heeresabtheilungen commandirt werden, so wie jene nicht schon zu diesem Curse commandirten Militär-Aerzte der Garnison München Theil, welche demselben freiwillig neben der Verrichtung ihrer Dienste beiwohnen wollen.

Vorstand.	Schubärt, Ernst von, GM. ꝛc.
Dem Vorstande beigegeben.	Sicherer, Dr Franz von, OStArzt 2. Cl. beim GCmbo München. ✠4. ⚔ ⚔. HP4. ÖFJ3.
Docent, gleichzeitig Director u. Ordinarius der chirurgischen Abtheilung im Militär-Krankenhause zu München.	Lotzbeck, Dr Carl, StArzt bei der Cdtschft München. ✠4. ⚔. ÖFJ3.
Assistent und 2. Docent.	Port, Dr Julius, BArzt bei der Cdtschft München. ⚔.

Besondere Militärstellen und Behörden.

General-Auditoriat.

(München.)

Der Hofkriegsrath hatte für die Militärjustiz in letzter Instanz ein eigenes Justizdepartement, das 1801 Selbstständigkeit unter der Benennung „Militär-Justiz-Rath" erhielt, und aus welchem den 9. März 1804 das gegenwärtige General-Auditoriat gebildet wurde.

Präsident.	Heß, Bernhard von, GLt ꝛc.
Director.	Reichlin-Meldegg, Friedrich Frh. von, General-Auditor. ✠4. ✠4. ✠. ℐ.
Ober-Auditore.	Gehm, Carl, ✠4. ✠.
	Wolf, Heinrich, ✠4. ✠.
	Vincenti, Carl Ritter von, ✠4. ✠.
	Wagenhäuser, Kilian, ✠.
	Menz, Carl Ritter von, ✠.
	Gerstner, Friedrich, ✠.
	Holzinger, Carl, ✠. HP4.
	Lesch, Ludwig, BGM.
Präsidial-Secretär.	Ihrl, Georg, RAub. 1. Cl.
Secretäre.	Gutmahr, Leopold, RAub. 1. Cl.
	Stübinger, Lorenz, DCSecr. ✠.
	Lindner, August, DCSecr.
	Fribrich, Friedrich, CzlSecr. ✠.
Registrator.	Schäffer, Georg, DCSecr.

Militär-Rechnungs-Kammer.

(München.)

Die früher als eigene und selbstständige Revisions-Behörde bestandene „Kriegs-Haupt-Buchhalterei" wurde 1801 dem Kriegs-Oeconomie-Rathe, 1817 unter der Benennung „Militär-Haupt-Buchhaltung" dem Ober-Administrativ-Collegium der Armee, sodann 1822 der Administrations-Section des Staatsministeriums der Armee untergeordnet; 1826 wieder selbstständig und unmittelbar unter dem Kriegs-Ministerium; 1829 Auflösung der Militär-Haupt-Buchhaltung und Trennung des Revisionsgeschäftes, welches an die gleichzeitig gebildete Revisions-Abtheilung der 6. Kriegs-Ministerial-Section, an die 4 Armee-Divisions-Commandos (1848 an die 2 Armee-Corps- und 1855 wieder an die 4 Armee-Divisions-Commandos) und das Artillerie-Corps-Commando überging; 1856 Auflösung der Revisions-Abtheilung der 6. Kriegsministerial-Section, Bildung der Militär-Rechnungs-Kammer, und Vereinigung des gesammten Revisions-Geschäftes der Armee bei derselben. Trennung der Buchführung von der Militär-Rechnungs-Kammer und Einverleibung beim Kriegsministerium 26. Juni 1861.

Vorstand.	Hagens, Alexander von, ch. GLt ꝛc.
Director.	Nobel, Jacob, OKrgsCr 1. Cl. ✠3. ✠. ✠.
OKrgsCr 2. Cl.	Beer, Andreas, ✠.
	Lingg, Ferdinand, ✠.
	Röder, Peter, ✠. ÖFJ3.
Revisoren.	Münch, Friedrich, KrgsCr. ✠. ◉. ✠. com. im KrMstrm.
	Beck, Ferdinand, ROmstr 1. Cl. ✠. ✠.

Müller, Conrad, ROmftr 1. El. ⚔ ⚔.

Afchauer, Wilhelm, ROmftr 1. El. ⚔ ⚔.

Fambach, Franz, ROmftr 1. El. ⚔ ⚔.

Werthmüller, Moriz, ROmftr 1. El.

Raps, Conrad, ROmftr 1. El. ⚔ ⚔.

Hermann, Guftav, ROmftr 1. El. ⚔ ⚔ ⚔. com. im KrMftrm.

Böd, Simon, ROmftr 1. El. ⚔ ⊙.

Dallner, Friedrich, ROmftr 1. El. ⚔ com. im KrMftrm.

Schlimbach, Auguft, ROmftr 2. El

Kraft, Georg, ROmftr 2. El. ⚔.

Fir, Philipp, ROmftr 2. El. ⚔.

Atzberger, Jofeph, BOmftr. ⚔ ⚔.

Winter, Richard, BOmftr. ⚔.

Hetzdörfer, Friedrich, BOmftr. ⚔.

Kraus, Johann, BOmftr. ⚔.

Schütz, Jacob, BOmftr. ⚔.

Matzinger, Jofeph, BOmftr. ⚔.

Revisoren in Medicinalsachen. Walter, Friedrich, OApthfr 1. El. ⚔.

Litzing, Auguft, OApthfr 2. El.

Rchngs-Regiftrator. Bed, Friedrich. ⚔.

Secretär.   Hüther, Michael, CzlSecr.

Unterquartiermftr. Müller, Michael, ⚔.

Henninger, Andreas, ⚔ ⚔.

Dollmann, Otto, ⚔.

Kohler, Alois, ⚔.

Schwarz, Ottmar, ⚔.

Uebelacker, Cajetan, ⚔.

Leopolder, Jofeph.

Der Militär-Rechnungs-Kammer beigegeben:

Gläfer, Mathias, Hptm. im GenStb. ⚔.

Schreiner, Ludwig, Hptm. im GenStb. ⚔.

Eger, Nepomuk, Hptm. im GenStb.

Militär-Fonds-Commission.

(München.)

Errichtet bei Auflöfung des Oberadminiftrativ-Collegiums der Armee den 30. September 1822 zur Verwaltung sämmtlicher Militär-Fonds und Stiftungen mit Uebertragung des Militär-Fiscalats.

Diese Commission verwaltet dermalen:

1) Den Militär-Wittwen- und Waisen-Fond; der Waisenfond 1789, und der Wittwenfond am 24. Juli 1803 gegründet; zu einem Fond vereinigt am 1. October 1818.

Aus den ihm zugewiesenen Schenkungen früherer Zeit, durch die ihm früher gesetzlich zugewiesenen Confiscate des Vermögens von Deserteuren und Widerspenstigen, dann der Nachsteuer von allem außer Land gehenden Militär-Vermögen, so wie aus den vorgeschriebenen Beiträgen der Officiere, Militärbeamten, Unterofficiere und Soldaten bildete sich allmählig der dermalige Vermögensstand, welcher jedes Jahr durch das Regierungsblatt veröffentlicht wird; aus dessen Renten und einem jährlichen Zuschusse, welcher als theilweiser Ersatz für die früher diesem Fonde zum Theil zugewiesenen Conscriptionsgelder aus Staatsmitteln geleistet wird, werden die Pensionen der Wittwen von Militärs aller Grade, so wie die Unterhaltsbeiträge ihrer Waisen nach festgesetzten Normen bestritten.

2) Den Invaliden-Fond; gegründet am 4. Mai 1813 durch Zuweisung verschiedener in den Kriegsjahren hiefür gemachten Schenkungen und unständiger Einnahmen, worunter insbesondere aus dem früheren Conscriptions-Gesetze von 1812 herrührende; seit 1829 erhält der Fond statt dieser letzteren einen jährlichen Zuschuß aus Staatsmitteln; aus den Renten seines Vermögens, dessen Bestand jährlich im Regierungsblatte ausgeschrieben wird, werden die Kosten des Invalidenhauses zu Fürstenfeld und der Veteranen-Anstalt zu Donauwörth, dann Unterstützungen an hilfsbedürftige pensionirte Militärs aller Grade bestritten.

3) Den milden Stiftungs-Fond; gebildet 1790 aus mehreren älteren Stiftungen, worunter namentlich eine des churfürstl. Kämmerers und Hofrathes Damian Helfried Reichsgrafen von Tilly und Breitenegg vom 13. Juni 1690 mit . . . . 6350 fl.

dann eine des am 24. August 1739 zu Belgrad verstorbenen Obersten von Moran vom Infanterie-Regiment Graf Minucci mit . . . . 10025 fl.

und eine der Oberstenwittwe de la Palme vom Jahre 1790 mit . . . . 17200 fl.

Später kamen unter anderen noch nachstehende Stiftungen hinzu:

ein Vermächtniß des geh. Legationsrathes Freiherrn von Strampfer von . . . . 550 fl.

von 1816 bis 1820 eine Schenkung des Westheimerschen Banquierhauses zu . . . . . . 24000 fl.

von 1820 bis 1826 des Generalmajors von Laurenz mit . . . . 4523 fl. 28 kr.

1825 und 1827 des Frühmesser-Beneficiaten Pfeffer in Bamberg mit . . . . 3900 fl.

1826 ein Legat des Kriegsministers und Generals der Artillerie Graf von Triba von . . . . . . 1000 fl.

1842 eine Schenkung des Stabsauditors Polster in Dominicalien, deren 1850 erfolgte Ablösung einen Reinertrag lieferte von . . . . 2816 fl. 57 kr.

1851 ein Legat des Kriegs-Administrationsrathes Sebastian Becker mit . . . . 300 fl.

1851 ein Legat des Kriegs-Ministerial-Secretärs Joseph Hoep von . . . . 100 fl.

1860 eine Schankung des Kriegscommissärs Friedrich Lang

von . . . . 150 fl.

1861 eine Schankung des Oberlieutenants vom Genie-

Regiment August Michell von . . . . 50 fl.

1865 ein Legat der verstorbenen Privatiere Margaretha

Seyfried als Fundationszuschuß von . . . . . 1000 fl.

1865 eine Schankung von einem Ungenannten als Fun-

dationszuschuß von . . . . 100 fl.

Von diesem Fonde werden Unterstützungen an ganz arme besonders hilfsbedürftige Wittwen und Waisen von Militärs verabfolgt.

Zum milden Stiftungs-Fonde gehören ferner die nachstehenden
Zustiftungen:

a) die Gußregen'sche Stiftung; die Regimentsquartiermeisters-Wittwe
Therese Gußregen hat am 30. October 1862 nach dem Wunsche ihres
verlebten Gatten ein Capital von 500 fl. mit der Erklärung deponirt,
daß die Zinsen hievon an würdige, das 15. Lebensjahr noch nicht zurück-
gelegt habende Waisenkinder brav gedienter Unterofficiere oder Soldaten
der k. b. Armee als ein jährlicher Erziehungsbeitrag verabreicht werden sollen.

b) Die Stengel'sche Stiftung; der verlebte pensionirte Kriegs-Commissär
Joseph Stengel hat durch testamentarische Stiftung vom 21. August 1862
ein Capital von 8150 fl. mit der Bestimmung ausgesetzt, daß die Zinsen
zur Unterstützung armer Militär-Wittwen verwendet werden.

c) Die von Liel'sche Militär-Waisenstiftung; der verlebte General-
Major und Kriegsminister Carl von Liel hat durch letztwillige Verord-
nung vom 12. Juli 1863 ein Legat von 2000 fl. bestimmt, dessen Zinsen
alljährlich an die bedürftigsten Militär-Waisenkinder incl. des 16. Lebens-
jahres bezahlt werden sollen.

d) Die Pfändler'sche Stiftung; der verlebte pensionirte Oberkriegs-
Commissär Baptist Pfändler hat in seinem am 12. September 1863 errichteten Testamente ein Legat von 3000 fl. bestimmt, wovon die Zinsen
alljährlich zur Unterstützung armer Militär-Wittwen und Waisen zu verwenden sind.

e) Die Kornfelder'sche Stiftung; die verlebte Regimentsquartier-
meisters-Tochter Anna Kornfelder hat in ihrem Testamente vom 31. Mai
1864 dem milden Stiftungsfonde ein Legat von 500 fl. mit der Bestimmung zugewendet, daß die Rente hieraus nur zur Unterstützung
verwaister Officierstöchter zu verwenden ist.

4) Den Officiers-Unterstützungs-Fond; gegründet den 24. Febr.
1826 zur Unterstützung hilfsbedürftiger Officiere und Militärbeamten der
activen Armee durch vorgeschriebene Beiträge der activen Officiere und
Militärbeamten, durch Ueberlassung von 3500 fl. jährlich als der Hälfte des
Kriegsministerial-Dispositions-Fonds und eine jährliche Schenkung von 400 fl.
des Generals der Cavalerie Herzog Maximilian in Bayern, Königliche Hoheit,
dann durch Zuweisung von drei Viertheilen der jährlichen Renten aus der
Graf von Preysing'schen Stiftung.

5) Den Officiers-Töchter-Erziehungs-Fond; gegründet den
20. Juni 1834, vermehrt den 29. August 1839, den 25. August 1844 und
den 28. Juli 1851 zur Erziehung von Töchtern verstorbener oder bedürftiger
Officiere und Militärbeamten durch Anweisung einer aus dem Officiers-
Unterstützungs-Fonde zu bestreitenden jährlichen, dermalen 7200 fl. betragen-
den Dotation, aus welcher Freiplätze in den weiblichen Erziehungs-Anstalten
zu Nymphenburg und Dietramszell, dann der Barbara von Stetten zu Augs-

burg bestritten werden; dieser Freistellen sind — einschließlich der schon am 19. März 1811 in dem nunmehrigen Max-Joseph-Stifte allerhöchst gewährten — gegenwärtig 36 ganze und 19 theilweise.

6) Den **Unterofficiers- und Soldaten-Unterstützungs-Fond;** gegründet den 24. Februar 1826 aus den 1824/25 erzielten Holz- und Licht-Ersparnissen der kasernirenden Mannschaft, den Beiträgen nicht regimentirter Individuen dieser Kategorie und durch Ueberlassung von 3500 fl. jährlich als der Hälfte des Kriegsministerial-Dispositions-Fonds, und durch Zuweisung von einem Viertheil der jährlichen Renten aus der Graf von Preysing'schen Stiftung, behufs Unterstützungen an hilfsbedürftige Unterofficiere und Soldaten.

1862 gelangte zu diesem Fonde ein Legat des verstorbenen Soldaten Johann Hacker der 13. Compagnie des 5. Infanterie-Regiments Großherzog von Hessen von 200 fl., wovon die Zinsen zur Unterstützung armer kranker Unterofficiere und Soldaten der genannten Compagnie zu verwenden sind.

7) Den **Fond für Militär-Freiplätze im Cadeten-Corps.** Durch allerhöchste Entschließung vom 14. August 1861 wurde dieser Fond zur Verleihung theilweiser und ganzer Freistellen im Cadeten-Corps ausschließlich für Söhne hilfsbedürftiger Officiere und Militärbeamten gegründet, wozu vom 1. October 1861 an — vorläufig in so lange, bis sich ein ausreichendes Fondsvermögen gebildet hat — alljährlich eine Dotation aus dem Officiers-Unterstützungs-Fonde mit 6000 fl. eingewiesen wurde. Von dieser Dotation sollen jährlich 3000 fl. zur Verleihung solcher Freistellen verwendet, die übrigen 3000 fl. aber, so wie die hieher zu verwendenden Ueberschüsse aus dem Verschleiße des Militär-Handbuches, dann die allenfallsigen Erübrigungen aus der ersten Dotationshälfte sollen jeweilig abmassirt und verzinslich angelegt werden. Diesem Fonde wurde noch durch allerhöchste Entschließung vom 1. October 1861 der Ueberschuß von 2548 fl. 52 kr. 5 hl. aus den Beiträgen für Anfertigung eines Seiner Königlichen Hoheit dem Feldmarschalle Prinzen Carl von Bayern vom Heere gewidmeten Ehrensäbels schaulungsweise mit der Bestimmung zugewiesen, daß die jährlichen Zinsen hieraus sofort zur Verleihung von Kostgeldbeiträgen und Freistellen verwendet werden sollen.

Als Zustiftung zu diesem Fonde gehört:

die von **Kretschmann'sche Stiftung** für Kostgeldbeiträge im Cadeten-Corps; der pensionirte Generalmajor Moriz von Kretschmann hat mittelst Urkunde vom 21. December 1863 im Einverständnisse mit seiner Gemahlin Amalie Caroline geborne Freiin von Herman eine Zustiftung zu dem Fonde für Militär-Freiplätze im Cadeten-Corps mit einem Capitale von 3000 fl. mit der Bestimmung errichtet, daß aus den Zinsen des Capitals jährlich ein Kostgeldbeitrag von 102 fl. zu bilden, der verbleibende Zinsenüberschuß aber bis zur Ansammlung einer zu einem weiteren Kostgeldbeitrage von 102 fl. zu verwendenden Summe zu abmassiren ist, und daß die Kostgeldbeiträge auf die Dauer eines Jahres an Zöglinge des Cadeten-Corps und zwar nur an Söhne von Wittwen bayerischer Officiere nach Maßgabe der Dürftigkeit und Würdigkeit verliehen werden sollen.

8) Die nachfolgenden Stiftungen:

a) Des **Freiherrn von Groß;** der vormals fürstlich würzburgische geheime Rath und Regierungs-Präsident Otto Philipp Freiherr von Groß hat durch Verfügung vom 5. November 1814 ein Capital von 400 fl. bestimmt, um dessen Zinsen jährlich auf Lebensdauer einem aus dem ehemaligen Großherzogthum Würzburg gebürtigen Unterofficier oder Solbaten, der sich durch Tapferkeit im letzten Feldzuge ausgezeichnet hat, zuzuwenden. Das Vorschlagsrecht ist dem jeweiligen Stadtcommandanten von Würzburg eingeräumt, welcher jedoch zur Wahl die höchste Genehmigung einzuholen hat.

b) Des Ernst Kämpfl; der pensionirte Hauptmann Ernst Kämpfl übergab im Jahre 1829 ein Capital von 200 fl. mit der Bestimmung, daß die Zinsen zur Anschaffung von Kleidungsstücken und anderen Bedürfnissen für ein eheliches Kind eines Unterofficiers des 11. Infanterie-Regiments vac. Isenburg vom Feldwebel abwärts verwendet werden. Das Stiftungs-Vermögen ist dem Unterstützungs-Fonde für Unterofficiere und Soldaten unter stiftungsmäßiger Verwendung einverleibt.

c) Des Freiherrn von Colonge; durch Testament dd. 15. August 1829 bestimmte der verstorbene Generallieutenant und Staatsrath im a. o. Dienste Benignus Freiherr Espiard de Colonge ein Capital von 6000 fl., um aus dessen Zinsen alljährlich am 12. Januar, 12. April, 12. Juli und 12. October Unterstützungen den bedürftigsten verheiratheten oder verwittweten Unterofficieren und Gemeinen der Artillerie-Regimenter und Ouvriers-Compagnie zuzuwenden, welche mit unerzogenen nicht erwerbsfähigen, das 15. Lebensjahr noch nicht erreicht habenden, oder auch älteren, aber wegen körperlicher Gebrechen erwerbsunfähigen Kindern versehen sind. Die Vertheilung dieser Beträge steht dem jeweiligen Artillerie-Brigade-Commando zu.

d) Des Grafen von Preysing; der am 25. November 1836 zu Schloß Moos verstorbene Generallieutenant und General-Capitän der Leibgarde der Hartschiere Maximilian Graf von Preysing-Moos hat in einem Codicill zu seinem Testamente dd. 15. December 1835 sein zu München befindliches Bräuhaus nebst allen Vorräthen zu einer Wohlthätigkeits-Anstalt bestimmt, aus welcher bedürftige Officiere und Unterofficiere der vaterländischen Armee Unterstützungen erhalten sollen. Das Legat wurde am 14. April 1838 übernommen und der Verkauf des Bräuhauses noch im nämlichen Jahre mit einem Erlöse von 83000 fl. realifirt, aus dessen Renten ¾ Theile dem Officiers-Unterstützungs-Fonde und ¼ Theil dem Fonde für Unterofficiere und Soldaten zur stiftungsmäßigen Verwendung jährlich zufließen.

e) Des Freiherrn von Hallberg; durch Testament vom 7. März 1841 bestimmte der Generallieutenant und Artillerie-Corps-Commandant Carl Theodor Freiherr von Hallberg ein Capital von 1000 fl., um aus den Zinsen alljährlich an seinem Namenstage den 9. November Schuhe und Strümpfe für die bedürftigsten Kinder verheiratheter Unterofficiere oder Soldaten der Artillerie-Regimenter und Ouvriers-Compagnie anzuschaffen. Die Vertheilung der Beträge ist dem jeweiligen Artillerie-Brigade-Commando überlassen.

f) Der Caroline von Theobald; laut Testament vom 10. Juni 1846 vermachte die Generallieutenants-Wittwe Caroline von Theobald ein Capital von 60000 fl., dessen Zinsen zur Ertheilung von Präbenden zu 200 fl. an dürftige vaterlose und ledige Officiers- und Militärbeamtens-Töchter vom Hauptmann abwärts bis einschlüßig zum Unterlieutenant in der Art zu verleihen sind, daß die Präbendirte das 36. Lebensjahr überschritten haben muß. Der Vertheilungstag ist der 24. Mai jeden Jahres, und steht die Verleihung einer Commission von Officieren unter der Commandantschaft Nürnberg zu. Dieser Stiftung wurde im Jahre 1861 eine von dem Regierungs-Secretär Dr Strasser in Augsburg im

Auftrage eines ungenannten bereits verlebten Verwandten übermittelte 5%ige österreichische Staatsschuldverschreibung von 100 fl. Conventions-Münze als Schankung zugewiesen.

g) Des Grafen von Waldkirch; der Generallieutenant Johann Graf von Waldkirch hat durch testamentarische Stiftung vom 4. Januar 1847 für die Regimentsschulen des 1. und 3. Infanterie-Regiments ein Capital von 2000 fl. mit der Bestimmung ausgesetzt, daß die Zinsen seiner Zeit zur Anschaffung geeigneter Lehrbücher behufs der Benützung der Schüler, dann zur Beischaffung der nötbigsten Schulbedürfnisse der Soldatenkinder dieser Regimenter zu ihrem Privatgebrauche je nach Bedürfniß und Würdigkeit verwendet werden, — daß bei dem 3. Infanterie-Regiment Prinz Carl aber nach alljährlich abgehaltener Prüfung der dortigen Regimentsschule gemeinnützliche Bücher als Preisbücher angeschafft und nach Beidrückung des Namens des Stifters an die preiswürdigen Schüler vertheilt werden. Die Bestimmung der Zahl der Preise bleibt dem Ermessen des jeweiligen Regiments-Commandanten überlassen. Diese Stiftung ist 1855 angefallen.

h) Seiner Kaiserlichen Hoheit des Herzogs von Leuchtenberg; Herzog Maximilian von Leuchtenberg, Kaiserliche Hoheit, hat am 5. October 1851 ein Capital von 24480 fl. zur Gründung von Freiplätzen an dem k. Cadeten-Corps eventuel in einem Militär-Waisenhause oder Erziehungshause für Söhne von Officieren und Militärbeamten gestiftet. Die betreffenden Freiplätze führen für alle Zeiten die Benennung „Herzoglich Leuchtenberg'sche Freiplätze." Das Vorschlagsrecht steht jährlich für eine Freistelle dem jeweiligen Chef des herzoglichen Hauses, für die übrigen dem Cadeten-Corps-Commando zu.

i) Des Constantin Kobler; am 27. März 1856 wendete der pensionirte Unterlieutenant Constantin Kobler ein Legat von 500 fl. dem 2. Infanterie-Regiment Kronprinz mit der Bestimmung zu, daß aus den Zinsen arme Unterofficiers- und Soldaten-Kinder dieses Regiments nach dem Ausspruche des Officierscorps mit Rücksicht auf die ärmsten und würdigsten — Unterstützungen erhalten. Das Capital ist 1857 angefallen.

k) Des Friedrich von Brenner; der zu Bamberg verstorbene Dombechant Dr Friedrich von Brenner hat in seiner letztwilligen Verfügung vom 26. Juli 1848 ein Capital von 100 fl. „zur Anlegung eines Invalidenfonds für arme, im Kriege verunglückte Militärs aus der Stadt Bamberg" legirt, wovon die jährlichen Zinsen zu dem bestimmten Zwecke verwendet werden sollen. Das Capital ist im Jahre 1849 erlegt worden und wurde dem Invaliden-Fonde einverleibt.

l) Der Oberlieutenants-Wittwe Dorothea Katharina Rosina von Biatis; durch Testament vom 12. October 1861 bestimmte dieselbe ein Capital von 3000 fl, dessen Zinsen alljährlich an ihrem Todestage den 18. October an sechs in Nürnberg heimathberechtigte Wittwen vom Gemeinen bis zum Feldwebel aufwärts zu vertheilen sind.

m) Des Kämmerers und quiescirten Forstmeisters Adolph Freiherrn von Sternbach; laut Urkunden vom 11. Februar und 10. März 1864 hat der k. Kämmerer und quiescirte Forstmeister Adolph Freiherr von Sternbach zum Andenken seines am 27. December 1863 verstorbenen Sohnes Hugo Freiherrn von Sternbach, Rittmeisters im 2. Cuirassier-Regiment Prinz Adalbert, ein Capital von 10,000 fl. östr. W. zur Unterstützung und Erziehung talentvoller, gesitteter Kinder armer Unterofficiere und Soldaten des 2. Cuirassier-Regiments gestiftet, um diesen Kindern

die Erlernung eines Handwerks oder den Besuch einer Hochschule, poly-
technischen Schule oder sonstigen Lehranstalt, oder, soferne sie dem weiblichen Geschlechte angehören, die Aufnahme in eine passende Erziehungs-
anstalt zu ermöglichen. Die jährliche Unterstützung für ein Kind soll
nicht unter 50 fl. und nicht über 150 fl. betragen. Diese Unterstützungen
werden je am 27. December durch eine aus dem Commandanten des
2. Cuirassier-Regiments und den jeweiligen Escadronscommandanten
desselben bestehenden Commission verliehen und sollen bei gleichen Ver-
hältnissen die Kinder derjenigen Unterofficiere und Soldaten, welche zugleich mit dem Rittmeister Hugo Frh. von Sternbach in der 4. Escadron
des 2. Cuirassier-Regiments Prinz Adalbert dienten, und nach deren Ab-
gang die Kinder der am längsten Dienenden den Vorzug haben.

　　n) Der Hauptmanns-Wittwe Josephine Diez gebornen Freyin von
　　　　Pflummern; laut Testament vom 15. Juni 1863 vermachte dieselbe
　　　den Capitalsbetrag von 66,170 fl., aus dessen Zinsen Präbenden von
　　　200 fl. an dürftige, vaterlose und ledige Töchter von Officieren vom Haupt-
　　　mann abwärts bis einschlüßig zum Unterlieutenant und von Militär-
　　　beamten in diesen Rangverhältnissen unter der Voraussetzung, daß die
　　　Präbendirte das 36. Lebensjahr erreicht hat, verliehen werden sollen.
　　　Die Verleihung der Präbenden steht einer Commission von Officieren
　　　unter der Commandantschaft der Haupt- und Residenzstadt München zu.

Vorstand.	Hagens, Alexander von, ch. GLt 2c.
Mitglieder.	Zwei der ältesten Obersten der Garnison.
	Orff, Carl, OKrgsCr 1. Cl. ✠4. ✠.
	Eberl, Alois, Militär-Fiscal, OAud. ✠4.
Cassier.	Stritzl, Matthäus, KrgsCr. ◉. ✠.
Controleure.	Feiler, Wilhelm, ROmstr 1. Cl. ◉.
	Pfoser, Joseph, BOmstr. ✠.
Fiscal-Adjunct.	Stöber, Hugo, RAud. 2. Cl.
Secretäre.	Töpfer, Heinrich, MSecr. 1. Cl. ✠.
	Schäffer, Paul, MSecr. 2. Cl.
	Lerchenfeld-Aham, Ferdinand Frh. von, CzlSecr.
Actuar.	Demm, Anton, RAct.

Haupt-Kriegs-Cassa.

Zugleich provisorisches Taxamt.

(München.)

　　Diese Cassa war früher dem churfürstlichen Geheimenrathe, später der
Hofkammer, und ist seit 1778 der obersten Militärbehörde untergeordnet.

Hauptcassier.	Blaimberger, Anton, OKrgsCr 1. Cl. ✠4. ✠.
HptCassaContrlr.	Schübel, Johann, OKrgsCr 2. Cl. ✠. ✠.
Buchhalter.	Seiler, Samuel, KrgsCr. ✠. ✠.

Pensions-Zahlm. Raft, Joseph, ROmstr 1. Cl. ⚔. ⚜.
Quartiermstr. Bühler, Leonhard, BOmstr. ⚜. ⚜.
 Gmeiner, Johann, BOmstr.
Actuar. Frank, Nikolaus, RAct.

Armee-Montur-Depot.

(München.)

Wurde im Jahre 1805 in München errichtet, im Jahre 1816 nach Augs-burg und im Jahre 1828 wieder nach München verlegt.

Uniform und Bewaffnung der Officiere: die der Comman-dantschaften.

Vorstand. Iylander, Wilhelm Ritter von, Oberst. ⚜. GE4. GDF.
Mitglieder. Heyber, Joseph von, Major. ⚜. GD.
 Bieber, Maximilian von, Major. ⚜.
 Luzzenberger, Adolph, p. Hptm. ⚜.
Aufsichts-Offic. Mann-Tiechler, Ludwig Ritter von, Hptm. 2. Cl. ℐ.
Verwalter. Karl, Eduard, KrgsCr. ⚜.
Controleur. Bichele, Anton, ROmstr 2. Cl.
Quartiermstr. Rabus, Friedrich, UOmstr.
Actuar. Fleßa, Franz, RAct.

Haupt-Montur- und Rüstungs-Depot.

(Nürnberg.)

Errichtet am 1. Juni 1859.

Uniform und Bewaffnung der Officiere: die der Comman-dantschaften.

Vorstand. Caspers, Maximilian von, Oberst. ⚜4. ⚜.
Mitglieder. Wendt, Maximilian von, Major. ⚜.
 Reitzenstein, Friedrich Frh. von, Hptm. 1. Cl. ⚔. ⚜. ℐ.
 Wernhard, Maximilian, Hptm. 1. Cl. ⚔. ⚜.
 Lucas, Ignaz, Hptm. 2. Cl. ⚜. GD.
Verwalter. Utz, Johann, ROmstr 1. Cl. ⚜.
Quartiermstr. Friedl, Xaver, BOmstr. ⚜.
 Worff, Theodor, UOmstr.
Actuar. Gernhard, Lazarus, RAct.

Militär-Fohlenhöfe.

Bestehen als solche seit dem 10. Februar 1826, wo das am 3. Juni 1816 gebildete Armee-Gestüt aufgelöst wurde. Am 15. Mai 1840 wurde der Wiederbeginn eines Stammgestütes ausgesprochen, und dieses am 1. October 1843 mit dem allgemeinen Landgestüte vereinigt.

Administrations-Commission der Militär-Fohlenhöfe.
(München.)

Vorstand.	funct. Wepfer, Max., p. ch. ObstLt. ⚔. GE5. HP4. RA3. WK3.
AdminstrCr.	Renz, Jacob, KrgsCr.
KrgsCr.	Kraus, Jacob, ⚔. verwbt beim Landgestüt.
Verwalter.	Mayer, Ludwig, 2. Cl., verwbt beim Stammgestüt.
Quartiermstr.	Schild, Michael, BCmstr.
	Winter, Carl, UOmstr. verwbt beim Landgestüt.
Secretär.	Trauth, Christoph, CzlSecr. HP6.

Militär-Fohlenhofs-Bezirke.
Steingaden.

Verwalter.	Ragner, Franz, 1. Cl.
Quartiermstr.	Bauer, Johann, UOmstr.
Veterinäre.	Lorz, Georg, UBArzt. ⚔.
	Burger, Georg, UBArzt. ⚔.

Schwaiganger.

Verwalter.	Klostermayer, Carl, 1. Cl.
Quartiermstr.	Alexander, Albert, UOmstr. ⚔.
Veterinäre.	Merz, August, RBArzt 2. Cl., verwbt beim Stammgestüt.
	Greinwald, August, UBArzt.

Benediktbeuern.

Verwalter.	Hänlein, Albrecht, 2. Cl.
Veterinäre.	Johannes, Friedrich, UBArzt. ⚔.
	Zippelius, Georg UBArzt. ⚔.

Fürstenfeld.

Verwalter.	Auanger, Alois, 2. Cl., verwbt bei der Cdtschft München.
	Kirchhoffer, August, 2. Cl.
Quartiermstr.	Pfündl, Xaver, UOmstr. ⚔.
Veterinär.	Beer, Johann, DBArzt.

---

reis-Commandos der Landwehr des Königreiches.

Bestehen als solche seit dem 15. November 1813.

Von Oberbayern.

·.-Cmdt. Adalbert, Prinz von Bayern, K. H., OLt, Inhaber des CuirR.
Nr. 2. :c. Landwehr-Generallieutenant.
Adj. Hoffmann, Pylades, Hptm. im 1LeibR.

·.-Inspect. Stöber, Eduard, p. ch. GM. 4. . Landwehr-Generalmajor.
Grainger, Walter Frh. von, GM. à la suite. 4. 4. HP3.
MEA3. ÖL3. ÖEK2. . Landwehr-Generalmajor.
Molitor von Mühlfeld, Ernst, Major à la suite. HP3. . Land-
wehr-Oberst.
Ruland, Carl, 4. WF4. Landwehr-Oberst.
Schneider, Joseph, Landwehr-Oberst. 4. ÖFJ3.

Von Niederbayern.

r.-Cmdt. Grainger, Robert Frh. von, Major à la suite. 4. 4. . .
Landwehr-General-Major.

r.-Inspect. Deroy, Erasmus Graf von, Hptm. à la suite, RRth. Landwehr-Oberst.

Von der Oberpfalz und Regensburg.

r.-Cmdt. Drechsel auf Deuffstetten und Karlstein, August Graf von, 4.
4. PrA2. Joh3. . Landwehr-General-Major.

r.-Inspect. Schach, Xaver Frh. von, OLt à la suite, Landwehr-Oberst.

Von Oberfranken.

r.-Cmdt. Ortenburg-Tambach, Carl Graf zu, Erl., Oberst à la suite,
RRth. PJ. SEH1. Landwehr-General-Major.

.r.-Inspect. Hirschberg, Hermann Graf von, Hptm. à la suite. 4. .
Landwehr-Oberst.

Von Mittelfranken.

:r.-Cmdt. Sundahl, Gustav Friedrich von, 4. 3. . . . BdZL4.
GE4. ÖEK3. PrA3. p. Oberpostrath und Oberpost- und Bahn-
Amts-Vorstand, Landwehr-General-Major.

12

Kr.-Inspect. Pückler-Limpurg, Friedrich Graf von, Erl., 4. HGu2. Joh3. WD. Landwehr - Oberst.

Clericus, Carl, 4. Landwehr - Oberst.

Claus, Heinrich von, p. ch. Oberst. 4. Landwehr-Oberst.

Franz, Franz, 4. Landwehr - Oberst.

Von Unterfranken und Aschaffenburg.

Kr.-Cmdt. Klinger, Christoph von, 4. 4. Landwehr - General - Major.

Kr.-Inspect. Heffner, Carl, Landwehr - Oberst.

Von Schwaben und Neuburg.

Kr.-Cmdt. Fugger - Babenhausen, Leopold Carl Fürst von, 3. Landwehr-Generalmajor.

Kr.-Inspect. Eschenbach, Eduard, 4. Landwehr-Oberst.

Lampart, Georg, Landwehr - Oberst.

Ruoesch, Johann, 4. Landwehr - Oberst.

Allgemeine Rangliste.

Active Armee, einschlüssig der Characterisirten in Activität.

Generalität.
(Siehe Seite 5.)

Leibgarde der Hartschiere.
(Siehe Seite 27.)

Generalquartiermeister-Stab und topographisches Bureau desselben.
(Siehe Seite 29.)

Commandantschaften, Cadeten-Corps, Armee-Montur-Depot, Haupt-Montur- und Rüstungs-Depot.

Obersten.

Goes, Gottfried, Cdtschft des Invalidenhauses,	31 Mrz	1855
Reichlin-Melbegg, Carl Frh. von, Cdtschft München,	31 Dec.	1858
Iylander, Wilhelm Ritter von, AMD.,	9 Mai	1859
Rittmann, Conrad, Cdtschft Nürnberg,	20 Mai	1863
Busch, Philipp, Cdtschft Wülzburg,	20 Mai	1863
Burgarth, Joseph, Cdtschft der Veteranen-Anstalt,	20 Mai	1863
Gerstner, Moriz, FstgsGouvmt Landau,	20 Mai	1863
Größler, Martin, Cdtschft Speyer,	ch. 2 Jan.	1865

12*

Rosenstengel, Franz, FstgsGouvmt Germersheim,	11 Jan.	1865
Caspers, Maximilian von, HMuRD.,	·11 Jan.	1865
Froberg-Montjoye, Ludwig Graf von, Cdtschft Ingolstadt,	20 Mai	1866
Herter, Benedikt, Cdtschft Rosenberg,	20 Mai	1866
Rottmann, Jacob, Cdtschft Würzburg, ch.	20 Mai	1866
Stralenheim-Wasabourg, Carl Graf von, Cdtschft Lindau,	17 Aug.	1866

Oberstlieutenants.

Kaiser, Carl, Cdtschft Augsburg,	14 Apr.	1856
Zentner, Friedrich Ritter von, FstgsGouvmt Landau,	20 Mai	1863
Lindhamer, Carl, Cdtschft Ingolstadt,	20 Mai	1863
Wessenig, Bruno von, Cdtschft Aschaffenburg,	20 Mai	1863
Brückner, Maximilian von, Cdtschft Würzburg, ch.	11 Jan.	1865
Pfetten, Nepomuk Frh. von, Cdtschft Ingolstadt, ch.	31 Mrz	1866
Seelkirchner, Albert, FstgsGouvmt Germersheim, ch.	20 Mai	1866
Gähler, Carl von, FstgsGouvmt Landau, ch.	20 Mai	1866
Geuder genannt Rabensteiner, Sigmund Frh. von, FstgsCmdo in Ulm, ch.	20 Mai	1866
Stöber, Maximilian, Cdtschft München, ch.	18 Jun.	1866
Schertel, Ludwig, Cdtschft München,	5 Jul.	1866
Hebberling, Maximilian, CadCps,	17 Aug.	1866

Majore.

Schmädel, Otto Ritter von, FstgsCmdo in Ulm,	9 Mai	1859
Bechtold, Wilhelm, Cdtschft München,	30 Mai	1859
Wendt, Maximilian von, HMuRD.,	11 Mai	1862
Nar, Franz, FstgsGouvmt Germersheim,	20 Mai	1863
Heyder, Joseph von, AMD.,	20 Mai	1863
Egloffstein, Maximilian Frh. von, FstgsGouvmt Germersheim,	25 Nov.	1863
Bieber, Maximilian von, AMD.,	25 Nov.	1863
Braun, Burkhard, Cdtschft des Invalidenhauses, ch.	29 Mai	1864
Rittmann, Martin, Cdtschft Wülzburg, ch.	29 Mai	1864
Bechtold, Adalbert, Cdtschft Bamberg,	29 Mai	1864
Gämmerler, Ludwig Ritter von, FstgsGouvmt Germersheim,	31 Mrz	1866
Kramer, Carl von, Cdtschft Würzburg,	20 Mai	1866
Axter, Julius Frh. von, Cdtschft Ingolstadt,	20 Mai	1866
Distlbrunner, Maximilian, Cdtschft Passau,	20 Mai	1866
Moor, Eduard von, FstgsGouvmt Landau,	20 Mai	1866
Sartor, Clemens, Cdtschft Nürnberg,	5 Jul.	1866
Flurl, Ludwig, Cdtschft Augsburg,	5 Jul.	1866
Puchpöckh, Carl von, FstgsGouvmt Landau,	5 Jul.	1866
Frays, Ferdinand Frh. von, Cdtschft München,	26 Jul.	1866
Büttner, Adolph, Cdtschft Rosenberg, ch.	7 Spt.	1866

Hauptleute.

Reitzenstein, Friedrich Frh. von, 1. Cl., HMuRD.,		20 Jun. 1850
Anger, Johann, 1. Cl., Cbtschft Augsburg,		11 Oct. 1853
Bernhard, Maximilian, 1. Cl., HMuRD.,		31 Mrz 1855
Denig, Alexander, 1. Cl., Cbtschft Würzburg,		22 Jun. 1857
Steubel, Friedrich, 1. Cl., Cbtschft Ingolstadt,	Rg v.	28 Fbr 1858
Freubel, Philipp, 1. Cl., Cbtschft Nürnberg,		16 Mai 1859
Marabini, Carl, 1. Cl., FstgsCmbo in Ulm,		16 Mai 1859
Pummerer, Alexander, 1. Cl., Cbtschft Passau,		30 Mai 1859
Kobl, Johann, 1. Cl., FstgsGouvmt Germersheim,		9 Jan. 1862
Mann-Tiechler, Ludwig Ritter von, 2. Cl., AMD.,		20 Mai 1863
Vetterlein, Ludwig, 2. Cl., FstgsGouvmt Landau,	Rg v.	20 Mai 1866
Lucas, Ignaz, 2. Cl., HMuRD.,		20 Mai 1866
Neumann, Carl, 2. Cl., Cbtschft Regensburg,	ch.	18 Jun. 1866
Albrecht, Lorenz, 2. Cl., Cbtschft Würzburg,		18 Jun. 1866
Jann, Anton, 1. Cl., Cbtschft München,		18 Jun. 1866
Müller, Benno, 2. Cl., Cbtschft Rosenberg,		5 Jul. 1866

Oberlieutenants.

Schneider, Georg, Cbtschft München,	20 Mai 1866
Schütz, Friedrich, FstgsCmbo in Ulm,	1 Aug. 1866

Unterlieutenant.

Schern, Carl, Cbtschft Aschaffenburg,	Rg v. 18 Jun. 1866

Gendarmerie.

Major.

Frays, Theodor Frh. von, GendCpsCmdo,   20 Mai 1863

Hauptleute.

Donnersperg, Hermann Frh. von, GendC. der Haupt- und
    Residenzstadt München,   10 Jul. 1855
Waldenfels, Joseph Frh. von, GendC. von Unterfranken und
    Aschaffenburg,   24 Jun. 1858
Spitzel, Alois von, GendC. von Mittelfranken,   21 Jun. 1859
Pfistermeister, Joseph Ritter von, GendCpsCmdo,   21 Jun. 1859
Sartorius Adam, GendC. der Pfalz,   20 Mai 1863
Winckhler, Balduin von, GendC. von Niederbayern,   27 Aug. 1863
Gaßner, Carl, GendC. von Schwaben und Neuburg,   27 Aug. 1863
Wintter, Ludwig, GendC. von Oberbayern,   2 Jun. 1866
Reitmeyer, Johann, GendC. der Oberpfalz und von Regens-
    burg,   2 Jun. 1866
Heiß, Rudolph, GendC. von Oberfranken,   16 Oct. 1866

Oberlieutenants.

Gros, Maximilian, GendC. von Unterfranken und Aschaffen-
    burg,   9 Jan. 1862
Sonnenburg, August Fallner von, GendC. von Oberbayern, 20 Mai 1863
Meyer, Johann, GendC. von Mittelfranken,   20 Mai 1863
Schertel, Carl, GendC. von Mittelfranken,   20 Mai 1863
Sand, Maximilian, GendC. von Schwaben und Neuburg,   20 Mai 1863
Reck, Wilhelm von, GendC. von Oberbayern,   Rg v. 20 Mai 1863
Breyer, Johann, GendC. der Oberpfalz und von Regensburg, 20 Mai 1863
Merkel, Carl, GendC. der Haupt- und Residenzstadt München, 20 Mai 1863
König, Heinrich, GendC. von Unterfranken und Aschaffen-
    burg,   20 Mai 1863
Zächerl, Heinrich, GendC. der Pfalz,   29 Mai 1864
Schedel von Greiffenstein, Adolph, GendC. der Haupt- und
    Residenzstadt München,   26 Jan. 1865
Schönprunn, Alfred Frh. von, GendC. von Schwaben und
    Neuburg,   26 Jan. 1865
Schweizer, Ferdinand, GendC. der Haupt- und Residenzstadt
    München,   26 Jan. 1865
Graf, Ludwig, GendC. von Oberbayern,   20 Mai 1866
Kilp, Bruno, GendC. von Niederbayern,   20 Mai 1866

Steppes, Adolph, GendE. von Unterfranken und Aschaffenburg, 20 Mai 1866
Hänlein, Gustav, GendE. von Niederbayern, 20 Mai 1866
Weeber, Ernst, GendE. von Oberfranken, 20 Mai 1866
Zölch, Johann, GendE. von Niederbayern, 18 Jun. 1866
Voit, Laver von, GendE. von Oberfranken, 18 Jun. 1866
Siry, Franz, GendE. der Oberpfalz und von Regensburg, 18 Jun. 1866
Berger, Theodor, GendE. von Oberbayern, 5 Jul. 1866

Unterlieutenant.

Pfauntsch, Maximilian, GendE. der Pfalz, 18 Jun. 1866

Infanterie.

Obersten.

Reichlin - Melegg, Eduard Frh. von, 13. JR. Kaiser Franz
    Joseph von Oesterreich,   20 Mai 1863
Hößlinger, Leopold, 3. JR. Prinz Carl von Bayern,   11 Jan. 1865
Pesenecker, Clemens, 1. JR. König,   11 Jan. 1865
Straub, Philipp, 11 JR. vac. Ysenburg,   11 Jan. 1865
Zoner - Tettenweiß, Clemens Graf von, 10. JR. vac. Albert
    Pappenheim,   31 Mrz 1866
Dietl, Carl, 2. JR. Kronprinz,   31 Mrz 1866
Schiber, Achilles, 14. JR. Zandt,   20 Mai 1866
Brückner, Carl von, 6. JR. König Wilhelm von Preußen,   20 Mai 1866
Leoprechting, Christoph Frh. von, 12. JR. König Otto von
    Griechenland,   25 Mai 1866
Fink, Ludwig, 8. JR. vac. Seckendorff,   18 Jun. 1866
Maillinger, Joseph, 9. JR. Wrede,   5 Jul. 1866
Hößlinger, Felix, 5. JR. Großherzog von Hessen,   17 Aug. 1866
Thiereck, Heinrich Ritter von, 4. JR. vac. Gumppenberg, 17 Aug. 1866
Höggenstaller, Adalbert, JLeibR.,   17 Aug. 1866
Eichheim, Theodor, 15. JR. König Johann von Sachsen, 17 Aug. 1866
Wißell, Börries von, 7. JR. Hohenhausen,   17 Aug. 1866

Oberstlieutenants.

Pflaum, Georg, 14. JR. Zandt,   11 Jan. 1865
Andrian-Werburg, Emil Frh. von, 7. JR. Hohenhausen,   11 Jan. 1865
Deßloch, Heinrich, 5. JgB.,   11 Jan. 1865
Schönfeld, Friedrich von, 8. JR. vac. Seckendorff,   31 Mrz 1866
Roth, Albert, 1. JR. König,   31 Mrz 1866
Leublfing, Maximilian Graf von, 14. JR. Zandt,   31 Mrz 1866
Berg genannt Schrimpf, Conrad von, 6. JR. König Wilhelm
    von Preußen,   20 Mai 1866
Nürmberger, Philipp, 15. JR. König Johann von Sachsen, 20 Mai 1866
Leythäuser, August, 2. JR. Kronprinz,   20 Mai 1866
Bösmiller, Georg, 4. JR. vac. Gumppenberg,   20 Mai 1866
Heyl, August, 12. JR. König Otto von Griechenland,   25 Mai 1866
Berchem, Maximilian Frh. von, 4. JgB.,   Rg v. 18 Jun. 1866
Ritter, Theodor, 5. JR. Großherzog von Hessen,   18 Jun. 1866
Tann, Friedrich Frh. von der, JLeibR.,   5 Jul. 1866
Gmainer, Franz von, FAdj. S. M. des Königs Ludwig I., 5 Jul. 1866
Mühlbaur, Gustav, 10. JR. vac. Ysenburg,   5 Jul. 1866
Bayl, Julius, 13. JR. Kaiser Franz Joseph von Oesterreich, 13 Jul. 1866

Streiter, Wilhelm, 11. JR. vac. Ysenburg,   17 Aug. 1866

Ysenburg-Philippseich, Ludwig Graf von, 1. JR. König,   17 Aug. 1866

Täuffenbach, Anton Ritter von, 8. JgB.,   17 Aug. 1866

Majore.

Höfler, Edmund, 4. JR. vac. Gumppenberg,   9 Mai 1859

Schwalb, Joseph, 5. JR. Großherzog von Hessen,   9 Mai 1859

Högele, Eduard, 5. JR. Großherzog von Hessen,   11 Dec. 1861

Schuch, Michael, 6. JR. König Wilhelm von Preußen,   11 Dec. 1861

Kohlermann, Wilhelm, 12. JR. König Otto von Griechenland,   11 Dec. 1861

Schrott, Adolph, 9. JR. Wrede,   20 Mai 1863

Otting-Fünffstetten, Ludwig Graf von, 3. JR. Prinz Carl von
  Bayern,   20 Mai 1863

Guttenberg, Albert Frh. von, 6. JgB.,   20 Mai 1863

Neßelrode - Hugenpoet, Carl Frh. von, 12. JR. König Otto
  von Griechenland,   20 Mai 1863

Narciß, Georg, 7. JR. Hohenhausen,   20 Mai 1863

Heeg, Baptist von, 3. JgB.,   20 Mai 1863

Brückner, Joseph von, 15. JR. König Johann von Sachsen,   20 Mai 1863

Dörmühl, Peter, JLeibR.,   20 Mai 1863

Treuberg, Friedrich Frh. von, 2. JgB.,   20 Mai 1863

Moor, Adolph von, 15. JR. König Johann von Sachsen,   20 Mai 1863

Schmidt, Otto, 1. JgB.,   20 Mai 1863

Murmann, Franz, 2. JR. Kronprinz,   25 Nov. 1863

Rudolf, Adolph, 8. JgB.,   25 Nov. 1863

Pöllath, Friedrich, 15. JR. König Johann von Sachsen,   25 Nov. 1863

Tausch, Franz von, 11. JR. vac. Ysenburg,   29 Mai 1864

Gilardi, Alexander von, 12. JR. König Otto von Griechenland, 29 Mai 1864

Bedall, Adolph, 2. JR. Kronprinz,   11 Jan. 1865

Schultheiß, Conrad, 7. JgB.,   11 Jan. 1865

Leoprechting, Heinrich Frh. von, 4. JR. vac. Gumppenberg,   11 Jan. 1865

Lachemair, Franz von, 8. JR. vac. Seckendorff,   11 Jan. 1865

Dietrich, August, 9. JR. Wrede,   11 Jan. 1865

Kramer, Max. von, 13. JR. Kaiser Franz Joseph von Oesterreich, 25 Aug. 1865

Pechmann, Friedrich Frh. von, 14. JR. Zandt,   31 Mrz 1866

Gumppenberg, Rudolph Frh. von, 5. JgB.,   31 Mrz 1866

Tattenbach, Heinrich Graf von, 2. JR. Kronprinz,   20 Mai 1866

Frey, Ludwig, 6. JR. König Wilhelm von Preußen,   20 Mai 1866

Duntze, Ludwig, 2. JR. Kronprinz,   20 Mai 1866

Kohlermann, Ferdinand, 2. JgB.,   20 Mai 1866

Faber, Christian, 13. JR. Kaiser Franz Joseph von Oesterreich, 20 Mai 1866

Dichtel, Friedrich, 14. JR. Zandt,   20 Mai 1866

Hellingrath, Eduard von, 12. JR. König Otto von Griechenland, 20 Mai 1866

Sebus, Carl, 6. JR. König Wilhelm von Preußen,	20 Mai	1866
Friebel, Paul, 2. JR. Kronprinz,	20 Mai	1866
Neßelrode-Hugenpoet, Hermann Frh. von, 3. JR. Prinz Carl von Bayern,	20 Mai	1866
Gambs, Heinrich, 7. JR. Hohenhausen,	20 Mai	1866
Michels, Theodor von, 14. JR. Zandt,	20 Mai	1866
Frönau, Max. Frh. von, 10. JR. vac. Albert Pappenheim,	20 Mai	1866
Joner-Tettenweiß, Joseph Graf von, JLeibR.,	20 Mai	1866
Reichert, Theodor Ritter von, 8. JR. vac. Seckendorff,	20 Mai	1866
Steger, Joseph, 15. JR. König Johann von Sachsen,	20 Mai	1866
Eckart, Franz, JLeibR.,	20 Mai	1866
Feilitzsch, Hugo Frh. von, 5. JR. Großherzog von Hessen,	20 Mai	1866
Verri della Bosia, Max. Graf von, JLeibR.,	20 Mai	1866
Oswald, Anton Ritter von, 3. JR. Prinz Carl von Bayern,	20 Mai	1866
Hiller, Jacob, 3. JR. Prinz Carl von Bayern,	20 Mai	1866
Grabinger, Maximilian, 2. JR. Kronprinz,	20 Mai	1866
Wirthmann, Heinrich, 13. JR. Kaiser Franz Joseph von Oesterreich,	20 Mai	1866
Wirthmann, Otto, 4. JR. vac. Gumppenberg,	20 Mai	1866
Mayer, Ferdinand, 8. JR. vac. Seckendorff,	20 Mai	1866
Boehe, Eugen, 7. JR. Hohenhausen,	20 Mai	1866
Stöckel, Maximilian, 7. JR. Hohenhausen,	20 Mai	1866
Fluck, Peter, 11. JR. vac. Isenburg,	20 Mai	1866
Narciß, Ferdinand, 9. JR. Wrede,	25 Mai	1866
Trapp, Anton, 1. JR. König,	18 Jun.	1866
Ball, Jacob, 6. JR. König Wilhelm von Preußen,	18 Jun.	1866
Daffenreither, Franz, 1. JR. König,	18 Jun.	1866
Lauböck, Georg, 11. JR. vac. Isenburg,	5 Jul.	1866
Fink, Carl, 4. JR. vac. Gumppenberg,	5 Jul.	1866
Reschreiter, Maximilian, 2. JR. Kronprinz,	5 Jul.	1866
Schönhueb, Carl Frh. von, 13. JR. Kaiser Franz Joseph von Oesterreich,	5 Jul.	1866
König von Königsthal, Christian, 9. JR. Wrede,	5 Jul.	1866
Leichtenstern, Maximilian, 7. JR. Hohenhausen,	5 Jul.	1866
Raith, Thaddä. JLeibR.,	5 Jul.	1866
Leythäuser, Ludwig, 8. JR. vac. Seckendorff,	5 Jul.	1866
Reuß, Friedrich, JLeibR.,	5 Jul.	1866
Goes, Carl, 5. JR. Großherzog von Hessen,	5 Jul.	1866
Remich von Weißenfels, Otto, 14. JR. Zandt,	5 Jul.	1866
Kohlermann, Adolph, 14. JR. Zandt,	5 Jul.	1866
Muck, Eduard, 3. JR. Prinz Carl von Bayern,	5 Jul.	1866
Schlichtegroll, Maximilian von, 1. JR. König,	5 Jul.	1866
Eberth, Gabriel, 6. JR. König Wilhelm von Preußen,	5 Jul.	1866
Schenk, Maximilian, 15. JR. König Johann von Sachsen,	5 Jul.	1866

Schäufeßl, Maximilian, 12. JR. König Otto von Griechenland, 5 Jul. 1866
Baur-Breitenfeld, Eduard von, 10. JR. vac. Albert Pappenheim, 5 Jul. 1866
Oesterreicher, Ednard, 4. JR. vac. Gumppenberg, 13 Jul. 1866
Westermayer, Conrad, 10. JR. vac. Albert Pappenheim, 13 Jul. 1866
Leeb, Alfred, 10. JR. vac. Albert Pappenheim, 13 Jul. 1866
Loe, Carl, 9. JR. Wrede, 13 Jul. 1866
Schöuhueb, Anton Frh. von, 8. JR. vac. Seckendorff, 26 Jul. 1866
Schwalb, Albert, 1. JR. König, 26 Jul. 1866
Gebhard, Ludwig, 5. JR. Großherzog von Hessen, 26 Jul. 1866
Lüneschloß, Friedrich von, JLeibR., 28 Jul. 1866
Ballade, Carl von, 7. JgB., 28 Jul. 1866
Bäumen, August von, 11. JR. vac. Ysenburg, 17 Aug. 1866

Hauptleute.

I. Cl.	Gleissenthal, Heinrich Frh. von, 8. JR. vac. Seckendorff,	20 Jun.	1850
- -	Ille, Gustav, 10. JR. vac. Albert Pappenheim,	31 Mrz	1855
- -	Fabris, Franz von, 11. JR. vac. Ysenburg,	31 Mrz	1855
- -	Leylam, Franz, 10. JR. vac. Albert Pappenheim,	22 Jun.	1857
- -	Fleischmann, Joseph, 8. JgB.,	28 Fbr	1858
- -	Ebner von Eschenbach, Sigmund Frh., 6. JR. König Wilhelm von Preußen,	28 Fbr	1858
- -	Steurer, Gotthard, 2. JR. Kronprinz,	28 Fbr	1858
- -	Parseval, Maximilian von, JLeibR., Rg v.	28 Fbr	1858
- -	Bouhler, Xaver, 2. JR. Kronprinz,	28 Fbr	1858
- -	Reck, Anton, 3. JR. Prinz Carl von Bayern,	20 Aug.	1858
- -	Täuffenbach, Gustav Ritter von, 2. JR. Kronprinz,	31 Dec.	1858
- -	Schieber, Theodor, 15. JR. König Johann von Sachsen,	31 Dec.	1858
- -	Mehn, Maximilian, 2. JR. Kronprinz,	31 Dec.	1858
- -	Hohenhausen, Philipp Frh. von, 3. JgB.,	31 Dec.	1858
- -	Tein, Gustav von, 9. JR. Wrede,	31 Dec.	1858
- -	Abelein, August, 8. JR. vac. Seckendorff,	31 Dec.	1858
- -	Endres, Baptist, 7. JR. Hohenhausen,	31 Dec.	1858
- -	Pfeufer, Friedrich, 3. SanC.,	31 Dec.	1858
- -	Kreß von Kreßenstein, Joseph Frh., 5. JR. Großherzog von Hessen,	31 Dec.	1858
- -	Ritter, Ernst, 15. JR. König Johann von Sachsen,	31 Dec.	1858
- -	Heydenaber, Traugott von, 5. JR. Großherzog von Hessen,	16 Mai	1859
- -	Köppel, Friedrich, 6. JR. König Wilhelm von Preußen,	16 Mai	1859
- -	Häusler, Michael, 2. JgB.,	16 Mai	1859
- -	Egloffstein, Carl Frh. von, 5. JR. Großherzog von Hessen,	16 Mai	1859
- -	Harrach, Anton, 3. JR. Prinz Carl von Bayern,	16 Mai	1859
- -	Rubhart, Anton, JLeibR.,	16 Mai	1859
- -	Pestalazzi, Ludwig, 15. JR. König Johann von Sachsen,	16 Mai	1859

I. Cl. Baumüller, Friedrich, ILeibR.,	16 Mai	1859
- - Heeg, Thomas von, 10. JR. vac. Albert Pappenheim,	16 Mai	1859
- - Gropper, Joseph von, 14. JR. Zandt,	16 Mai	1859
- - Bechtold, Leopold, 2. JR. Kronprinz,	16 Mai	1859
- - Sauer, Anton von, 2. JR. Kronprinz,	16 Mai	1859
- - Gumppenberg, Otto Frh. von, 7. JgB.,	16 Mai	1859
- - Reichlin-Meldegg, Anton Frh. von, 3. JR. Prinz Carl von Bayern,	16 Mai	1859
- - Berchem, Otto Frh. von, ILeibR.,	16 Mai	1859
- - Damboer, Wilhelm, 3. JR. Prinz Carl von Bayern,	16 Mai	1859
- - Raißer, Carl, 14. JR. Zandt,	16 Mai	1859
- - Caries, Wilhelm, 6. JB,	16 Mai	1859
- - Baader, Maximilian, 11. JR. vac. Ysenburg,	16 Mai	1859
- - Ammann, Joseph, 9. JR. Wrede,	16 Mai	1859
- - Schintling, Oscar von, 12. JR. König Otto von Griechenland,	16 Mai	1859
- - Stubenrauch, Julius Ritter von, 1. JR. König,	16 Mai	1859
- - Pausch, Wilhelm, 12. JR. König Otto von Griechenland,	16 Mai	1859
- - Curtius, Joseph, 6. JgB.,	16 Mai	1859
- - Herrmann, Carl, 5. JR. Großherzog von Hessen,	16 Mai	1859
- - Dürsch, Friedrich Frh. von, 1. JR. König,	16 Mai	1859
- - Bibra, Friedrich Frh. von, 14. JR. Zandt,	16 Mai	1859
- - Flotow, Maximilian Frh. von, 4. JgB.,	16 Mai	1859
- - Ziegler, Carl, 5. JgB.,	16 Mai	1859
- - Müller, Carl, 4. JR. vac. Gumppenberg,	16 Mai	1859
- - Fritsch, Eduard, 2. JR. Kronprinz,	16 Mai	1859
- - Bedall, Clemens, 2. JR. Kronprinz,	16 Mai	1859
- - Safferling, Benignus, 11. JR. vac. Ysenburg,	16 Mai	1859
- - Reck, Gottfried, 11. JR. vac. Ysenburg,	16 Mai	1859
- - Murmann, Joseph, 7. JR. Hohenhausen,	16 Mai	1859
- - Ruoesch, Nepomuk von, 6. JgB.,	16 Mai	1859
- - König, Eugen, 1. JgB.,	16 Mai	1859
- - Piersch, Georg, 10. JR. vac. Albert Pappenheim,	16 Mai	1859
- - Deyrer, Gottfried, 15. JR. König Johann von Sachsen,	16 Mai	1859
- - Baur, Eduard, 3. JgB.,	16 Mai	1859
- - Tattenbach, Max. Graf von, 8. JR. vac. Seckendorff,	16 Mai	185
- - Crailsheim, Carl Frh. von, 5. JR. Großherzog von Hessen,	16 Mai	185
- - Jouvin, Joseph, 1. JR. König,	16 Mai	185
- - Müller, Ludwig, 12. JR. König Otto von Griechenland,	16 Mai	185
- - Eckmayer, Wilhelm, 14. JR. Zandt,	16 Mai	185
- - Seekirchner, Carl, 5. JR. Großherzog von Hessen,	16 Mai	185
- - Reitzenstein, Eduard Frh. von, 3. JR. Prinz Carl von Bayern,	16 Mai	185

I. Cl. Parseval, Otto von, 2. JR. Kronprinz,	16 Mai	1859
– – Großschedel, Carl Frh. von, 4. JR. vac. Gumppenberg,	16 Mai	1859
– – Lindenfels, Franz Frh. von, 5. JR. Großherzog von Hessen,	16 Mai	1859
– – Heß, Heinrich, 1. JR. König,	16 Mai	1859
– – Lindig, Ottmar, 5. JR. Großherzog von Hessen,	16 Mai	1859
– – Bösmiller, Anton, 9. JR. Wrede,	16 Mai	1859
– – Herber, Emil von, 4. JR. vac. Gumppenberg,	16 Mai	1859
– – Seutter, August von, 12. JR. König Otto von Griechenland,	16 Mai	1859
– – Grauvogl, Maximilian von, 6. JgB.,	16 Mai	1859
– – Mühlhölzl, Johann, 2. JR. Kronprinz,	16 Mai	1859
– – Waldenfels, Christian Frh. von, 10. JR. vac. Albert Pappenheim,	16 Mai	1859
– – Rock, Ludwig, 4. JgB.,	16 Mai	1859
– – Lindenfels, Friedrich Frh. von, JLeibR.,	16 Mai	1859
– – Martin, Franz, JLeibR.,	16 Mai	1859
– – Mayerhofer, Adolph, JLeibR.,	16 Mai	1859
– – Tünnermann, Friedrich, 11. JR. vac. Ysenburg,	16 Mai	1859
– – Tann, Guido Frh. von der, 12. JR. König Otto von Griechenland,	16 Mai	1859
– – Esenwein, Rudolph von, 8. JR. vac. Seckendorff,	16 Mai	1859
– – Leublfing, Alexander Graf von, 6. JR. König Wilhelm von Preußen,	16 Mai	1859
– – Bram, Johann, 5. JgB.,	16 Mai	1859
– – Pöllnitz, Alexander Frh. von, 11. JR. vac. Ysenburg,	16 Mai	1859
– – Hoffstetter zu Platzel, Hugo von, 11. JR. vac. Ysenburg,	16 Mai	1859
– – Murmann, Conrad, JLeibR.,	16 Mai	1859
– – Schreiner, Ludwig, 13. JR. Kaiser Franz Joseph von Oesterreich,	16 Mai	1859
– – Baur, Johann, 9. JR. Wrede,	16 Mai	1859
– – Dall'Armi, Friedrich Ritter von, 11. JR. vac. Ysenburg,	16 Mai	1859
– – Pramberger, Jacob, 11. JR. vac. Ysenburg,	16 Mai	1859
– – Münich, Friedrich, 1. JR. König,	21 Jun.	1859
– – Heydenaber, Wilhelm von, 13. JR. Kaiser Franz Joseph von Oesterreich,	21 Jun.	1859
– – Schlegler, Georg, 5. JR. Großherzog von Hessen,	21 Jun.	1859
– – Günther, Ludwig, 5. JR. Großherzog von Hessen,	21 Jun.	1859
– – Beith, Georg, 6. JgB.,	21 Jun.	1859
– – Orff, Otto von, JLeibR.,	21 Jun.	1859
– – Schellerer, Max. Ritter von, 9. JR. Wrede,	21 Jun.	1859
– – Train, Carl von, 14. JR. Zandt,	21 Jun.	1859
– – Gropper, Carl von, 4. JR. vac. Gumppenberg,	21 Jun.	1859
– – Lösch, Heinrich Graf von, 11. JR. vac. Ysenburg,	21 Jun.	1859

I. Cl. Langensee, Friedr., 12. JR. König Otto von Griechenland, 21 Jun. 1859
- - Guttenberg, Guido Frh. von, 4. JR. vac. Gumppenberg, 21 Jun. 1859
- - Coulon, Theodor von, 1. JR. König,   27 Mrz 1860
- - Eberhard, Ludwig, 13. JR. Kaiser Franz Joseph von
     Oesterreich,   27 Mrz 1860
- - Pachmayer, Friedrich, 4. JR. vac. Gumppenberg,   27 Mrz 1860
- - Kohlermann, Gustav, 7. JR. Hohenhausen,   27 Mrz 1860
- - Wilhelm, Alexander, 1. JR. König,   27 Mrz 1860
- - Stauber, Philipp, 7. JR. Hohenhausen,   27 Mrz 1860
- - Volckamer, Johann von, 8. JR. vac. Seckendorff,   27 Mrz 1860
- - Lacher, Gustav von, 10. JR. vac. Albert Pappenheim, Rg v. 27 Mrz 1860
- - Mayer, Maximilian von, 7. JgB.,   27 Mrz 1860
- - Wetzger, Gottfried, 7. JgB.,   27 Mrz 1860
- - Nero, Max., 12. JR. König Otto von Griechenland,   27 Mrz 1860
- - Juncker-Bigatto, Alois Frh. von, 6. JR. König Wilhelm
     von Preußen,   3 Nov. 1861
- - Rebay von Ehrenwiesen, Franz, 8. JR. vac. Seckendorff, 3 Nov. 1861
- - Seida, Carl, 6. JR. König Wilhelm von Preußen,   3 Nov. 1861
- - Hutter, Otto, 3. JR. Prinz Carl von Bayern,   3 Nov. 1861
- - Raizer, Maximilian, 7. JgB.,   3 Nov. 1861
- - Kohlermann, Otto, 15. JR. König Johann von Sachsen,   3 Nov. 1861
- - Plötz, Martin, 9. JR. Wrede,   3 Nov. 1861
- - Würdinger, Joseph, 3. JR. Prinz Carl von Bayern,   3 Nov. 1861
- - Reichmann, Edmund von, 6. JR. König Wilhelm von
     Preußen,   3 Nov. 1861
- - Schirndinger von Schirnding, Friedrich Frh., 13. JR.
     Kaiser Franz Joseph von Oesterreich,   3 Nov. 1861
- - Tann, August Frh. von der, JLeibR.,   3 Nov. 1861
- - Rietzschel, Max., 12. JR. König Otto von Griechenland, 3 Nov. 1861
- - Köppelle, Carl von, 13. JR. Kaiser Franz Joseph von
     Oesterreich,   11 Dec. 1861
- - Bürgel, August, 12. JR. König Otto von Griechenland,   11 Dec. 1861
- - Sieß, Eduard, 9. JR. Wrede,   11 Dec. 1861
- - Montigny, Carl, 5. JR. Großherzog von Hessen,   11 Dec. 1861
- - Seyfried, Wilhelm, 4. JR. vac. Gumppenberg,   11 Dec. 1861
- - Popp, Carl, 7. JR. Hohenhausen,   11 Dec. 1861
- - Dörmühl, Georg, 3. JR. Prinz Carl von Bayern,   24 Aug. 1862
- - Roth, Friedrich, 7. JR. Hohenhausen,   24 Aug. 1862
- - Rosmann, Ludwig, 3. JR. Prinz Carl von Bayern,   24 Aug. 1862
- - Stritzl, Johann, JLeibR.,   24 Aug. 1862
- - Linl, Maximilian, 4. JR. vac. Gumppenberg,   24 Aug. 1862
- - Karthaus, Carl, 3. JR. Prinz Carl von Bayern,   24 Aug. 1862
- - Pierron, Maximilian von, 12. JR. König Otto von
     Griechenland,   24 Aug. 1862

I. Cl. Kleffinger, Ludwig, 13. JR. Kaiser Franz Joseph von
      Oesterreich,   24 Aug. 1862
– – Jäger, Anton von, 11. JR. vac. Ysenburg,   24 Aug. 1862
– – Esenwein, Hugo von, 1. JR. König,   24 Aug. 1862
– – Burger, Alois, 2. JgB.,   24 Aug. 1862
– – Wulffen, Emil Frh. von, 8. JR. vac. Seckendorff,   24 Aug. 1862
– – Schlägel, Maximilian von, 7. JR. Hohenhausen,   20 Mai 1863
– – De Bruyn, August, 3. JR. Prinz Carl von Bayern,   20 Mai 1863
– – Krauß, Joseph, 4. JR. vac. Gumppenberg,   20 Mai 1863
– – Hanfstingl, Joseph, 4. JR. vac. Gumppenberg,   20 Mai 1863
– – Reinhard, Augustin, 4. SanC.,   20 Mai 1863
– – Saalmüller, Jacob, 8. JgB.,   20 Mai 1863
– – Maillinger, Fridolin, 8. JR. vac. Seckendorff,   20 Mai 1863
– – Tettenborn, Maximilian von, 4. JR. vac. Gumppenberg,   20 Mai 1863
– – Libl, Carl, 6. JR. König Wilhelm von Preußen,   20 Mai 1863
– – Winckhler, Nepomuk von, 8. JgB.,   20 Mai 1863
– – Wöhr, Joseph, 4. JgB.,   20 Mai 1863
– – Lissignolo, Friedrich, 13. JR. Kaiser Franz Joseph von
      Oesterreich,   20 Mai 1863
– – Reitzenstein, Eduard Frh. von, 7. JR. Hohenhausen,   20 Mai 1863
– – Burgarth, Theodor, 8. JR. vac. Seckendorff,   20 Mai 1863
– – Harold, Heinrich Frh. von, 2. JgB.,   20 Mai 1863
– – Rainprechter, Wilhelm, 6. JR. König Wilhelm von
      Preußen,   20 Mai 1863
– – Hörmann von Hörbach, Baptist, 1. JR. König,   20 Mai 1863
– – Birkmann, Joseph, 3. JR. Prinz Carl von Bayern,   20 Mai 1863
– – Parseval, Ferdinand von, 3. JR. Prinz Carl von Bayern, 20 Mai 1863
– – Rubenbauer, Ludwig, JLeibR.,   20 Mai 1863
– – Damboer, Carl, 9. JR. Wrede,   20 Mai 1863
– – Schönfeßl, Ludwig, 3. JR. Prinz Carl von Bayern,   20 Mai 1863
– – Hausner, Ludwig, 11. JR. vac. Ysenburg,   20 Mai 1863
– – Hofmann, Heinrich, 1. JR. König,   20 Mai 1863
– – Reitz, Friedrich von, 5. JR. Großherzog von Hessen,   25 Nov. 1863
– – Dichtel, Franz, 2. JR. Kronprinz,   25 Nov. 1863
– – Reitzenstein, Ernst Frh. von, 13. JR. Kaiser Franz
      Joseph von Oesterreich,   25 Nov. 1863
– – Thüngen, Ludwig Frh. von, 14. JR. Zandt,   25 Nov. 1863
– – Bemmel, Amandus, 15. JR. König Johann von Sachsen,   25 Nov. 1863
– – Stubenrauch, Otto von, 11. JR. vac. Ysenburg,   25 Nov. 1863
– – Hofmann, Maximilian, 8. JgB.,   25 Nov. 1863
– – Gabler, Gustav, 10. JR. vac. Albert Pappenheim,   25 Nov. 1863
– – Muck, Carl, 1. JR. König,   25 Nov. 1863
– – Bettschart, Maximilian Frh. von, 11. JR. vac. Ysenburg, 25 Nov. 1863
– – Tettenborn, Joseph von, 9. JR. Wrede,   25 Nov. 1863

I. Cl. Cammerloher, Albert Ritter von, 8. JgB.,	25 Nov.	1863
- - Birkmann, Carl, 14. JR. Zandt,	25 Nov.	1863
- - Hoberlein, Friedrich, 9. JR. Wrede,	25 Nov.	1863
- - Roth, Albin, 10. JR. vac. Albert Pappenheim,	25 Nov.	1863
- - Oertel, Albin, 11. JR. vac. Ysenburg,	25 Nov.	1863
- - Harold, Edgar Frh. von, JLeibR.,	29 Mai	1864
- - Erhard, Adolph, 10. JR. vac. Albert Pappenheim,	29 Mai	1864
- - Kunstmann, Otto, 7. JR. Hohenhausen,	29 Mai	1864
- - Eppler, Theodor, 10. JR. vac. Albert Pappenheim,	29 Mai	1864
- - Schleicher, Georg, 7. JR. Hohenhausen,	29 Mai	1864
- - Correck, Otto, 15. JR. König Johann von Sachsen,	29 Mai	1864
- - Müller, Joseph, 4. JR. vac. Gumpenberg,	29 Mai	1864
- - Winneberger, Rudolph, 8. JR. vac. Seckendorff,	29 Mai	1864
- - Berg genannt Schrimpf, Friedrich von, 6. JR. König Wilhelm von Preußen,	29 Mai	1864
- - Gülbe, Georg, 3. JgB.,	29 Mai	1864
- - Eichenauer, Maximilian, 8. JR. vac. Seckendorff,	29 Mai	1864
- - Weißmann, Hermann, 9. JR. Wrede,	29 Mai	1864
- - Lösch, Ludwig Graf von, 3. JR. Prinz Carl von Bayern,	Rg v. 26 Jan.	1865
- - Winneberger, Ludwig, 9. JR. Wrede,	26 Jan.	1865
- - Haag, Johann, 13. JR. Kaiser Franz Joseph von Oester-reich,	26 Jan.	1865
- - Hirschberg, Ernst Graf von, 4. JR. vac. Gumppenberg,	26 Jan.	1865
- - Murmann, Friedrich, 10. JR. vac. Albert Pappenheim,	26 Jan.	1865
- - Siber, Carl, 7. JR. Hohenhausen,	26 Jan.	1865
- - Glockner, Carl, 10. JR. vac. Albert Pappenheim,	26 Jan.	1865
- - Simon, Maximilian, 2. JR. Kronprinz,	26 Jan.	1865
- - Riedl, Rudolph Ritter von, 6. JR. König Wilhelm von Preußen,	26 Jan.	1865
- - Schübel, Casimir, 13. JR. Kaiser Franz Joseph von Oesterreich,	26 Jan.	1865
- - Behringer, Friedrich, 1. JgB.,	26 Jan.	1865
- - Steinhauer, Georg, 9. JR. Wrede,	26 Jan.	1865
- - Lehr, Thomas, 10. JR. vac. Albert Pappenheim,	26 Jan.	1865
- - Merche, Heinrich, 13. JR. Kaiser Franz Joseph von Oesterreich,	26 Jan.	1865
- - Greger, Julius, 12. JR. König Otto von Griechenland,	26 Jan.	1865
- - Brenneisen, Baptist, 7. JR. Hohenhausen,	26 Jan.	1865
- - Ballade, Heinrich von, 12. JR. König Otto von Griechen-land,	14 Aug.	1865
- - Hann, Moriz von, 2. JgB.,	25 Aug.	1865
- - Schmitt, Max., 13. JR. Kaiser Franz Joseph von Oester-reich,	25 Aug.	1865

Cl. Ziegler, Fridolin, 6. JR. König Wilhelm von Preußen, 25 Aug. 1865

\- Gurk, Franz, 15. JR. König Johann von Sachsen, 25 Aug. 1865

\- Pix, Stephan, 15. JR. König Johann von Sachsen, 25 Aug. 1865

\- Scheler, Johann, 14. JR. Zandt, 31 Mrz 1866

\- Horneck, Theobald Frh. von, 7. JR. Hohenhausen, 31 Mrz 1866

\- Merkel, Nepomuk, 12. JR. König Otto von Griechenland, 31 Mrz 1866

\- Pauschmann, Gottfried, 7. JR. Hohenhausen, 31 Mrz 1866

\- Westermaier, Jacob, 4. JR. vac. Gumppenberg, 31 Mrz 1866

\- Schellerer, Anton Ritter von, 14. JR. Zandt, 31 Mrz 1866

\- Jungermann, Joseph, 1. JR. König, 31 Mrz 1866

\- Sammiller, Joseph, 15. JR. König Johann von Sachsen, 31 Mrz 1866

\- Michel, Leonhard, 2. SanC., 31 Mrz 1866

\- Otto, Prinz von Bayern, K. H., JLeibR., 27 Apr. 1866

\- Binner, Franz, 12. JR. König Otto von Griechenland, 20 Mai 1866

\- Knibtlmayer, Philipp, 15. JR. König Johann von Sachsen, 20 Mai 1866

\- Gutmann, Michael, 6. JgB., 20 Mai 1866

\- Schmidt, Johann, 15. JR. König Johann von Sachsen, 20 Mai 1866

\- Ruttor, Michael, 14. JR. Zandt, 20 Mai 1866

\- Endres, Baptist, 8. JR. vac. Seckendorff, 20 Mai 1866

\- Aichinger, Sebastian, 10. JR. vac. Albert Pappenheim, 20 Mai 1866

\- Brandl, Peter, 4. JgB., 20 Mai 1866

\- Lindner, Johann, 10. JR. vac. Albert Pappenheim, 20 Mai 1866

\- Fürst, Clemens, 1. JgB., 20 Mai 1866

\- Sibin, Carl, 14. JR. Zandt, 20 Mai 1866

\- Schmitt, Maximilian, 10. JR. vac. Albert Pappenheim, 20 Mai 1866

\- Uebler, Conrad, 5. JR. Großherzog von Hessen, 20 Mai 1866

\- Uebelacker, Heinrich, 12. JR. König Otto von Griechenland, 20 Mai 1866

\- Pfeilschifter, Michael, 4. JR. vac. Gumppenberg, 20 Mai 1866

\- Reichmann, Heinrich von, 4. JR. vac. Gumppenberg, 20 Mai 1866

\- Schmidtler, Joh., 12. JR. König Otto von Griechenland, 20 Mai 1866

\- Maller, Franz, 13. JR. Kaiser Franz Joseph von Oesterreich, 20 Mai 1866

\- Franz, Baptist, 15. JR. König Johann von Sachsen, 20 Mai 1866

\- Albrechtskirchinger, Ferdinand, JLeibR., 20 Mai 1866

\- Sonntag, Matthäus, 7. JR. Hohenhausen, 20 Mai 1866

\- Pappus von Trazberg Frh. von Rauchenzell und Laubenberg, Maximilian, 12. JR. König Otto von Griechenland, 20 Mai 1866

\- Hien, Adolph, 9. JR. Wrede, 20 Mai 1866

\- Fix, Conrad, 5. JR. Großherzog von Hessen, 20 Mai 1866

\- Drexler, Joseph, 8. JR. vac. Seckendorff, 20 Mai 1866

\- Sartor auf Gansheim, Eugen Frh. von, 4. JgB., 20 Mai 1866

\- Löhr, Julius, 14. JR. Zandt, Rg v. 20 Mai 1866

13

I. Cl. Harrach, Carl, 14. JR. Zandt,	20 Mai	1866
- - Wagner, Friedrich, 3. JR. Prinz Carl von Bayern,	20 Mai	1866
- - Effner, Nepomul von, 2. JR. Kronprinz,	20 Mai	1866
- - Günther, Johann, 9. JR. Wrede,	20 Mai	1866
- - Knoesch, Joseph von, 2. JR. Kronprinz,	20 Mai	1866
- - Rubenbauer, Nepomul, 14. JR. Zandt,	20 Mai	1866
- - Lippl, Johann, 8. JR. vac. Seckendorff,	20 Mai	1866
- - Münzing, Georg, 1. JR. König,	20 Mai	1866
- - Drechsel, Georg, 7. JR. Hohenhausen,	20 Mai	1866
- - Horlomus, Conrad, 14. JR. Zandt,	20 Mai	1866
- - Staubwasser, Friedrich, JLeibR.,	20 Mai	1866
II. Cl. Mägelen, Maximilian, 13. JR. Kaiser Franz Joseph von Oesterreich,	20 Mai	1866
- - Emonts, Ferdinand, 5. JgB.,	20 Mai	1866
- - Weiß, Eduard, 3. JR. Prinz Carl von Bayern,	20 Mai	1866
I. Cl. Schmuck, Guido von, 1. SanC.,	20 Mai	1866
II. Cl. Pöllnitz, Ludwig Frh. von, 11. JR. vac. Ysenburg,	20 Mai	1866
- - Reichert, Heinrich Ritter von, 5. JR. Großherzog von Hessen,	20 Mai	1866
- - Burger, Eduard, 6. JR. König Wilhelm von Preußen,	20 Mai	1866
- - Tartter, David, 6. JR. König Wilhelm von Preußen,	20 Mai	1866
- - Mann-Tiechler, August Ritter von, 6. JR. König Wilhelm von Preußen,	Rg v. 20 Mai	1866
- - Braun, Friedrich, 12. JR. König Otto von Griechenland,	20 Mai	1866
- - Paraviso, Julius, 15. JR. König Johann von Sachsen,	20 Mai	1866
- - Handschuch, Gotthard, 13. JR. Kaiser Franz Joseph von Oesterreich,	20 Mai	1866
- - Clarmann von Clarenau, Ignaz, 15. JR. König Johann von Sachsen,	20 Mai	1866
- - Stubenrauch, Maximilian von, 8. JR. vac. Seckendorff,	20 Mai	1866
- - Rebay von Ehrenwiesen, Joseph, 3. JR. Prinz Carl von Bayern,	20 Mai	1866
- - Zieglwalner, Maximilian, 8. JR. vac. Seckendorff,	20 Mai	1866
- - Moro, Wilhelm von, 8. JgB.,	20 Mai	1866
- - Gruntal, Ferdinand, 11. JR. vac. Ysenburg,	20 Mai	1866
- - Binder, Johann, 2. JR. Kronprinz,	20 Mai	1866
- - Allweyer, Bernhard von, 3. JR. Prinz Carl von Bayern,	20 Mai	1866
- - Hirschmann, Paul, 6. JR. König Wilhelm von Preußen,	20 Mai	1866
- - Gros, Franz, 5. JR. Großherzog von Hessen,	20 Mai	1866
- - Bollmar auf Veltheim, Heinrich Ritter von, 13. JR. Kaiser Franz Joseph von Oesterreich,	20 Mai	1866
- - Knöllinger, Christian, 15. JR. König Johann von Sachsen,	20 Mai	1866
- - Schilling, Friedrich, 11. JR. vac. Ysenburg,	20 Mai	1866
- - Neumeyer, Ludwig, JLeibR.,	20 Mai	1866

II. Cl.	Horn, Alexander, 3. JR. Prinz Carl von Bayern,	20 Mai	1866
- -	Angstwurm, Theodor, 3. JR. Prinz Carl von Bayern,	20 Mai	1866
- -	Michell, Joseph, 6. JR. König Wilhelm von Preußen,	20 Mai	1866
- -	Welz, Daniel, 14. JR. Zandt,	20 Mai	1866
- -	Freyschlag von Freyenstein, Ignaz, 1. JR. König,	20 Mai	1866
- -	Maillinger, Ludwig, 8. JR. vac. Seckendorff,	20 Mai	1866
I. Cl.	Kleinschrod, Florentin, 1. JR. König,	20 Mai	1866
II. Cl.	Schelling, Ferdinand von, 3. JgB.,	20 Mai	1866
- -	Kühlmann, Emil, 12. JR. König Otto von Griechenland,	20 Mai	1866
- -	Körber, Wilhelm, 13. JR. Kaiser Franz Joseph von Oesterreich,	20 Mai	1866
- -	Cramer, Heinrich, 1. JR. König,	20 Mai	1866
- -	Abel, Maximilian, 3. JR. Prinz Carl von Bayern,	20 Mai	1866
- -	Duntze, Friedrich, 2. JR. Kronprinz,	20 Mai	1866
- -	Grabinger, Friedrich, JLeibR.,	20 Mai	1866
- -	Fleckinger, Maximilian von, JLeibR.,	20 Mai	1866
- -	Gröbl, Theodor, 6. JR. König Wilhelm von Preußen,	20 Mai	1866
- -	Hoffmann, Gustav, 1. JR. König,	20 Mai	1866
- -	Fischer, Adolph, JLeibR.,	20 Mai	1866
- -	Hoberlein, Ludwig, 12. JR. König Otto von Griechenland,	20 Mai	1866
- -	Nieß, Ludwig, 6. JR. König Wilhelm von Preußen,	20 Mai	1866
- -	Lauer, Maximilian, 2. JR. Kronprinz,	20 Mai	1866
- -	Rücker, Ernst von, 1. JR. König,	20 Mai	1866
- -	Heerwagen, Wilhelm, 3. JgB.,	20 Mai	1866
- -	Austin, Friedrich von, 9. JR. Wrede,	20 Mai	1866
- -	Schmidbauer, Martin, 3. JR. Prinz Carl von Bayern,	20 Mai	1866
- -	Betz, Johann, 7. JR. Hohenhausen,	20 Mai	1866
- -	Dick, Joseph, 3. JR. Prinz Carl von Bayern,	20 Mai	1866
- -	Savoye, Friedrich von, 8. JR. vac. Seckendorff,	20 Mai	1866
- -	Reder, Eduard, 9. JR. Wrede,	20 Mai	1866
- -	Oberländer, Daniel, 5. JR. Großherzog von Hessen,	20 Mai	1866
- -	Sommer, Theodor, 7. JR. Hohenhausen,	18 Jun.	1866
- -	Faber, Ludwig, 6. JR. König Wilhelm von Preußen,	18 Jun.	1866
- -	Trabert, Georg, 14. JR. Zandt,	18 Jun.	1866
- -	Albert, Lorenz, 14. JR. Zandt,	18 Jun.	1866
- -	Schmidtkofer, Philipp, 9. JR. Wrede,	18 Jun.	1866
- -	Bausenwein, Leonhard, 4. JR. vac. Gumppenberg,	18 Jun.	1866
- -	Uhlmann, Adam, 8. JR. vac. Seckendorff,	18 Jun.	1866
- -	Reim, Georg, 6. JR. König Wilhelm von Preußen,	18 Jun.	1866
- -	Steinberger, Carl, 3. JR. Prinz Carl von Bayern,	18 Jun.	1866
- -	Schmitt, Jacob, 1. JR. König,	18 Jun.	1866
- -	Rothhaft, Michael, 2. JR. Kronprinz,	18 Jun.	1866
- -	Wochinger, Otto, 2. JR. Kronprinz,	18 Jun.	1866
- -	Ehrne von Melchthal, Anton, 2. JR. Kronprinz,	18 Jun.	1866

13*

II. Cl. Lehning, Joseph, 12. JR. König Otto von Griechenland, 18 Jun. 1866

- - Bleymüller, Johann, 10. JR. vac. Albert Pappenheim, 18 Jun. 1866
- - Goldschmidt, Franz. 5. JR. Großherzog von Hessen, 18 Jun. 1866
- - Ernst, Michael, 5. JR. Großherzog von Hessen, 18 Jun. 1866
- - Hutter, Franz, 1. JR. König, 18 Jun. 1866
- - Schmitt, Christian, 2. JR. Kronprinz, 18 Jun. 1866
- - Savoye, August, 7. JR. Hohenhausen, 18 Jun. 1866
- - Rechenmacher, Cajetan, 8. JR. vac. Seckendorff, 18 Jun. 1866
- - Kopp, Carl, 4. JR. vac. Gumppenberg, 18 Jun. 1866
- - Geiger, Joseph, 7. JgB., 18 Jun. 1866
- - Dorst, Peter, 5. JR. Großherzog von Hessen, 18 Jun. 1866
- - May, Bartholomä, 4. JR. vac. Gumppenberg, 18 Jun. 1866
- - Biering, Nikolaus, 15. JR. König Johann von Sachsen, 18 Jun. 1866
- - Höfl, Christian, 6. JR. König Wilhelm von Preußen, 18 Jun. 1866
- - Pfeiffer, Johann, 4. JR. vac. Gumppenberg, 18 Jun. 1866
- - Filenscher, Christoph, 10. JR. vac. Albert Pappenheim, 18 Jun. 1866
- - Straub, Oscar, 1. JR. König, 18 Jun. 1866
- - Wörlein, Johann, 8. JR. vac. Seckendorff, 18 Jun. 1866
- - Löhr, Eduard, 7. JgB., 18 Jun. 1866
- - Hiller, Leonhard, 12. JR. König Otto von Griechenland, 18 Jun. 1866
- - Köppel, Christian, 15. JR. König Johann von Sachsen, 18 Jun. 1866
- - Schoch, Oscar, 7. JR. Hohenhausen, 18 Jun. 1866
- - Horn, Wilhelm, 9. JR. Wrede, 5 Jul. 1866
- - Haller von Hallerstein, Christian Frh., 4. JR. vac.
      Gumppenberg, 5 Jul. 1866
- - Lindhamer, Carl, 1. JR. König, 5 Jul. 1866
- - Kurz, Ferdinand, 8. JR. vac. Seckendorff, 5 Jul. 1866
- - Schallern, Ludwig Ritter von, 8. JR. vac. Seckendorff, 5 Jul. 1866
- - Schön, Otto, 5. JR. Großherzog von Hessen, 5 Jul. 1866
- - Beith, Wilhelm, 9. JR. Wrede, 5 Jul. 1866
- - Fugger von Kirchberg und Weißenhorn, Franz Graf,
      3. JgB., 5 Jul. 1866
- - Möllinger, Ludwig, 15. JR. König Johann von Sachsen, 5 Jul. 1866
- - Abel, Eugen, 8. JgB., 5 Jul. 1866
- - Tann, August Frh. von der, 5. JR. Großherzog von Hessen, 5 Jul. 1866
- - Puchpöck, Maximilian von, 1. JR. König, 5 Jul. 1866
- - Lottersberg, Ludwig Frh. von, 9. JR. Wrede,   Rg v. 5 Jul. 1866
- - Orthmayer, Carl, 2. JgB., 5 Jul. 1866
- - Biondino, Friedrich, 3LeibR., 5 Jul. 1866
- - Reitzenstein, Carl Frh. von, 1. JR. König, 5 Jul. 1866
- - Pauli, Emil, 12. JR. König Otto von Griechenland, 5 Jul. 1866
- - Bernhold, Hubert, 6. JR. König Wilhelm von Preußen, 5 Jul. 1866
- - Müller, Ernst, 13. JR. Kaiser Franz Joseph von Oesterreich, 5 Jul. 1866
- - Bibra, August Frh. von, 6. JR. König Wilhelm von Preußen, 5 Jul. 1866

Cl. Rösling, Wilhelm, 6. JgB.	5 Jul.	1866
- Haas, Johann, 12. JR. König Otto von Griechenland,	5 Jul.	1866
- Planett, Jacob, 8. JR. vac. Seckendorff,	5 Jul.	1866
- Fleischmann, Franz, 7. JgB.,	5 Jul.	1466
- Stark, Friedrich, 6. JR. König Wilhelm von Preußen,	5 Jul.	1866
- Körbling, August, 7. JR. Hohenhausen,	5 Jul.	1866
- Reitter, Ferdinand, 2. JR. Kronprinz,	5 Jul.	1866
- Stritzl, Caspar, 15. JR. König Johann von Sachsen,	5 Jul.	1866
- Slevogt, Friedrich, 4. JgB.,	5 Jul.	1866
- Bernreither, Eugen, 10. JR. vac. Albert Pappenheim,	5 Jul.	1866
- Halder, Julius, 3. JR. Prinz Carl von Bayern,	5 Jul.	1866
- Gries, Eduard, 1. JgB.,	5 Jul.	1866
- Kollmann, Theodor, 4. JgB.,	5 Jul.	1866
- Albert, Eugen, 10. JR. vac. Albert Pappenheim,	5 Jul.	1866
- Dillmann, Michael, 1. JR. König,	5 Jul.	1866
- Sainte-Marie-Eglise, Hugo Frh. von, 12. JR. König Otto von Griechenland,	5 Jul.	1866
- Krauß, Gustav, 2. JR. Kronprinz,	5 Jul.	1866
- Porzelius, Christian, 11. JR. vac. Jsenburg,	5 Jul.	1866
- Rosenmertel, Adolph, 12. JR. König Otto von Griechenland,	5 Jul.	1866
- Melchior, Franz, 2. JR. Kronprinz,	5 Jul.	1866
- Redenbacher, Eduard, 15. JR. König von Sachsen,	5 Jul.	1866
- Arnold, Emil, 13. JR. Kaiser Franz Joseph von Oesterreich,	5 Jul.	1866
- Heigl, Xaver, 3. JR. Prinz Carl von Bayern,	5 Jul.	1866
- Ehrne von Melchthal, Jacob, 8. JR. vac. Seckendorff,	5 Jul.	1866
- Eber, Friedrich, 1. JgB.,	5 Jul.	1866
- Braunmühl, Adolph von, 6. JgB.,	5 Jul.	1866
- Henle, Carl, JLeibR.,	5 Jul.	1866
- Schwarzmann, Ludwig, JLeibR.,	5 Jul.	1866
- Hoffmann, Carl, JLeibR.,	5 Jul.	1866
- Wadenreiter, Julius, 11. JR. vac. Jsenburg,	5 Jul.	1866
- Zech, Julius Graf von, 11. JR. vac. Jsenburg,	5 Jul.	1866
- Peritzhoff, Carl von, 4. JR. vac. Gumppenberg,	5 Jul.	1866
- Hilbebrand, Mathias, 5. JR. Großherzog von Hessen,	5 Jul.	1866
- Prechtl, Eduard, 4. JR. vac. Gumppenberg,	5 Jul.	1866
- Schwarzenberger, Joseph, 7. JR. Hohenhausen,	5 Jul.	1866
- Bausewein, Hermann, 10. JR. vac. Albert Pappenheim,	5 Jul.	1866
- Pellet, Wilhelm, 11. JR. vac. Jsenburg,	5 Jul.	1866
- Neumann, Otto, JLeibR.,	5 Jul.	1866
- Menges, Carl, 14. JR. Zandt,	5 Jul.	1866
- Ziegler, Ludwig, 5. JR. Großherzog von Hessen,	5 Jul.	1866
- Boehe, August, 5. JgB.,	5 Jul.	1866
- Mattenheimer, Albin, 14. JR. Zandt,	5 Jul.	1866
- Netz, Maximilian, 5. JgB.,	5 Jul.	1866

II. Cl. Schwarzmann, Leonhard, 8. JR. vac. Seckendorff,	5 Jul. 1866
- - Hoberlein, Theodor, 13. JR. Kaiser Franz Joseph von Oesterreich,	5 Jul. 1866
- - Bilabel, Friedrich, 7. JR. Hohenhausen,	5 Jul. 1866
- - Rütenpeckh, Wilhelm, 13. JR. Kaiser Franz Joseph von Oesterreich,	5 Jul. 1866
- - Berg, Franz, 6. JR. König Wilhelm von Preußen,	5 Jul. 1866
- - Ament, Andreas, 5. JR. Großherzog von Hessen,	5 Jul. 1866
- - Wening, August, 14. JR. Zandt,	5 Jul. 1866
- - Hagn, Christoph von, 2. JR. Kronprinz,	5 Jul. 1866
- - Ditfurth, Carl Frh. von, 3. JgB.,	5 Jul. 1866
- - Schäffer, Ludwig, 6. JR. König Wilhelm von Preußen,	5 Jul. 1866
I. Cl. Schinner, Friedrich, JLeibR.,	5 Jul. 1866
II. Cl. Zech, Carl Graf von, 3. JR. Prinz Carl von Bayern,	5 Jul. 1866
- - Künnell, Joseph, 13. JR. Kaiser Franz Joseph von Oesterreich,	5 Jul. 1866
- - de Taillez, Ludwig, 1. JR. König,	5 Jul. 1866
- - Kolb, Oscar, 14. JR. Zandt,	5 Jul. 1866
- - Günther, Conrad, 5. JR. Großherzog von Hessen,	1 Aug. 1866
- - Pfeiffer, Jacob, 9. JR. Wrede,	1 Aug. 1866
- - Sonntag, Theodor, 15. JR. König Johann von Sachsen,	1 Aug. 1866
- - Martin, Albin, 11. JR. vac. Ysenburg,	1 Aug. 1866
- - Reichlin-Melbegg, Ludwig Frh. von, 11. JR. vac. Ysenburg,	1 Aug. 1866
- - Strähuber, Eugen, 12. JR. König Otto von Griechenland,	1 Aug. 1866
- - Pflaum, Ludwig, 12. JR. König Otto von Griechenland,	1 Aug. 1866
- - Weniger, Maximilian, 4. JR. vac. Gumppenberg,	1 Aug. 1866
- - Hoffmann, Pylades, JLeibR.,	1 Aug. 1866
- - Popp, Franz, 11. JR. vac. Ysenburg,	1 Aug. 1866
- - Schmitt, Friedrich, 2. JR. Kronprinz,	1 Aug. 1866
- - Schenk, Carl, 1. JgB.,	1 Aug. 1866
- - Reiser, Leonhard, 9. JR. Wrede,	1 Aug. 1866
I. Cl. Blume, Emil, 1. SanC.,	1 Aug. 1866
II. Cl. Wagener, Eugen, JLeibR.,	1 Aug. 1866
- - Scholler, Conrad, 11. JR. vac. Ysenburg,	1 Aug. 1866
- - Heyber, Joseph, 4. JR. vac. Gumppenberg,	1 Aug. 1866
- - Hünn, Peter, 10. JR. vac. Albert Pappenheim,	1 Aug. 1866
- - Birkmann, Johann, 3. JR. Prinz Carl von Bayern,	1 Aug. 1866
- - Steinmayr, Joseph, 3. JR. Prinz Carl von Bayern,	1 Aug. 1866
- - Reibl, Joseph, 11. JR. vac. Ysenburg,	1 Aug. 1866
- - Schwemmer, Friedrich, 4. JR. vac. Gumppenberg,	1 Aug. 1866
- - Eberhard, Eduard, 13. JR. Kaiser Franz Joseph von Oesterreich,	1 Aug. 1866
- - Hofreiter, Otto, 1. JR. König,	1 Aug. 1866

II. Cl. Traitteur, Oscar Ritter von, 13. JR. Kaiſer Franz Joſeph von Oeſterreich,   1 Aug. 1866

- - Ebner von Eſchenbach, Paul Frh., 5. JR. Großherzog von Heſſen,   1 Aug. 1866
- - Bernhold, Eduard, 9. JR. Wrede,   1 Aug. 1866
- - Schreyer, Jacob, 7. JR. Hohenhauſen,   1 Aug. 1866
- - Neumann, Adolph, 5. JR. Großherzog von Heſſen,   1 Aug. 1866
- - Savoye, Otto von, 1. JR. König,   1 Aug. 1866
- - Römer, Joſ., 13. JR. Kaiſer Franz Joſeph von Oeſterreich,   1 Aug. 1866
- - Habermann, Adam, 9. JR. Wrede,   1 Aug. 1866
- - Zimmer, Heinrich, 12. JR. König Otto von Griechenland,   1 Aug. 1866
- - Häffner, Carl, 9. JR. Wrede,   1 Aug. 1866
- - Macher, Georg, 9. JR. Wrede,   1 Aug. 1866
- - Kellner, Rupert, JLeibR.,   1 Aug. 1866
- - Schirndinger von Schirnding, Friedrich Frh., 11. JR. vac. Yſenburg,   1 Aug. 1866
- - Geys, Ludwig, 8. JR. vac. Seckendorff,   1 Aug. 1866
- - Kärner, Wilhelm, 9. JR. Wrede,   1 Aug. 1866
- - Nagelſchmidt, Franz, JLeibR.,   1 Aug. 1866
- - Grünberger, Otto, JLeibR.,   1 Aug. 1866
- - Eichenherr, Philipp, 11. JR. vac. Yſenburg,   1 Aug. 1866
- - Rebenbacher, Maximilian, 7. JR. Hohenhauſen,   1 Aug. 1866
- - Geißler, Peter, 7. JR. Hohenhauſen,   1 Aug. 1866
- - Dennerl, Ludwig, 5. JR. Großherzog von Heſſen,   1 Aug. 1866

I. Cl. Lochner von Hüttenbach, Chriſtian Frh., 3. SanC.,   1 Aug. 1866

II. Cl. Wenz, Heinrich von, 14. JR. Zandt,   1 Aug. 1866
- - Seidenſticker, Eduard, 4. JR. vac. Gumppenberg,   1 Aug. 1866
- - Cramer, Gerhard, 14. JR. Zandt,   1 Aug. 1866
- - Görtz, Chriſtoph, 13. JR. Kaiſer Franz Joſeph von Oeſterreich,   1 Aug. 1866

I. Cl. Waagen, Guſtav, JLeibR.,   1 Aug. 1866

II. Cl. Sommer, Hermann, 8. JR. vac. Seckendorff,   1 Aug. 1866
- - Albert, Johann, 15. JR. König Johann von Sachſen,   1 Aug. 1866
- - Dietz, Guſtav, 6. JR. König Wilhelm von Preußen,   1 Aug. 1866
- - Feilitzſch, Ludwig Frh. von, JLeibR.,   1 Aug. 1866
- - Wibel, Moriz, 3. JR. Prinz Carl von Bayern,   1 Aug. 1866
- - Kunſtmann, Franz, 1. JR. König,   1 Aug. 1866
- - Pündter, Carl, 10. JR. vac. Albert Pappenheim,   1 Aug. 1866
- - Cella, Adolph, 2. JR. Kronprinz,   1 Aug. 1866
- - Gobin, Chriſtoph Frh. von, 7. JgB.,   1 Aug. 1866
- - Lauterbach, Friedrich, 14. JR. Zandt,   1 Aug. 1866
- - Kellner, Heinrich, 1. JR. König,   1 Aug. 1866
- - Wachter, Friedrich von, 12. JR. König Otto von Griechenland,   1 Aug. 1866

II. Cl. Agthalb, Nepomuk Ritter von, 6. JR. König Wilhelm von Preußen,	1 Aug. 1866
- - Bienenfeld, Heinrich, 9. JR. Wrede,	1 Aug. 1866
- - Eckart, Jacob, 15. JR. König Johann von Sachsen,	1 Aug. 1866
- - Schulze, Gustav, 9. JR. Wrede,	1 Aug. 1866
- - Holnstein aus Bayern, Maximilian Graf von, 6. JR. König Wilhelm von Preußen,	1 Aug. 1866
- - Opel, Georg, 11. JR. vac. Ysenburg,	1 Aug. 1866
- - Krug, Heinrich, 7. JR. Hohenhausen,	1 Aug. 1866
- - Hüttner, Christian, 14. JR. Zandt,	1 Aug. 1866
- - Haad, Jacob, 13. JR. Kaiser Franz Joseph von Oesterreich,	1 Aug. 1866
- - Strömsdörfer, Franz, 13. JR. Kaiser Franz Joseph von Oesterreich,	1 Aug. 1866
- - Poland, Maximilian, 14. JR. Zandt,	1 Aug. 1866
- - Funk, Daniel, 7. JR. Hohenhausen,	1 Aug. 1866
- - Bischoff, Oscar, 7. JR. Hohenhausen,	1 Aug. 1866
- - Schrepfer, Friedrich, 4. JR. vac. Gumppenberg,	1 Aug. 1866
- - Schneider, Emil, 11. JR. vac. Ysenburg,	1 Aug. 1866
- - Unrein, August, 2. JR. Kronprinz,	1 Aug. 1866
- - Flintsch, Benno, 4. JR. vac. Gumppenberg,	1 Aug. 1866
- - Rosenschon, Conrad, 6. JR. König Wilhelm von Preußen.	1 Aug. 1866
- - Altmann, Georg, 14. JR. Zandt,	1 Aug. 1866
- - Schißler, Joseph, 6. JR. König Wilhelm von Preußen,	1 Aug. 1866
- - Hilger, Xaver Ritter von, 10. JR. vac. Albert Pappenheim,	1 Aug. 1866
- - Faulhaber, Heinrich, 9. JR. Wrede, Rg v.	1 Aug. 1866
- - Pornschaft, Maximilian, 15. JR. König Johann von Sachsen,	1 Aug. 1866
- - Sartor auf Gansheim, Theodor Frh. von, 8. JR. vac. Seckendorff,	1 Aug. 1866
- - Rohe, Julius, 5. JR. Großherzog von Hessen,	1 Aug. 1866
- - Franz, Carl, 15. JR. König Johann von Sachsen,	1 Aug. 1866
- - Ludwig, Prinz von Bayern, K. H., 2. JR. Kronprinz,	1 Aug. 1866
- - Klein, Joseph, 2. JR. Kronprinz,	1 Aug. 1866
- - Gleichauf, Eduard, 7. JR. Hohenhausen,	1 Aug. 1866
- - Fürst, Leopold, 3. JR. Prinz Carl von Bayern,	1 Aug. 1866
- - Fabris, August von, 3. JR. Prinz Carl von Bayern,	1 Aug. 1866
- - Groll, Hermann, 11. JR. vac. Ysenburg,	1 Aug. 1866
- - Luz, Friedrich, 15. JR. König Johann von Sachsen,	1 Aug. 1866
- - Kraft, Johann, 10. JR. vac. Albert Pappenheim,	1 Aug. 1866
- - Eitzenberger, Otto, 13. JR. Kaiser Franz Joseph von Oesterreich,	1 Aug. 1866
- - Philipp, Heinrich, 10. JR. vac. Albert Pappenheim,	1 Aug. 1866
- - Winneberger, Hermann, 4. JR. vac. Gumppenberg,	1 Aug. 1866

II. Cl. Schieder, Julius, 9. JR. Wrede,	1 Aug. 1866
- - La Roche, Ludwig Delph von, LeibR.,	1 Aug. 1866
- - Butler-Haimhausen, Walter Graf von, 8. JR. vac. Seckendorff,	1 Aug. 1866
- - Zu Rhein, Friedrich Frh. von, 1. JR. König,	1 Aug. 1866
- - Häffner, Ernst, 10. JR. vac. Albert Pappenheim,	1 Aug. 1866
- - Petzoldt, Georg, 6. JR. König Wilhelm von Preußen,	1 Aug. 1866
- - Elblein, Adolph, 4. JR. vac. Gumppenberg,	1 Aug. 1866
- - Brunnenmayr, Friedrich von, 8. JR. vac. Seckendorff,	1 Aug. 1866
- - Diez, Carl, 12. JR. König Otto von Griechenland,	1 Aug. 1866
- - Schirnding, Ulrich von, 10. JR. vac. Albert Pappenheim,	1 Aug. 1866
- - Kefer, Joseph, 15. JR. König Johann von Sachsen,	1 Aug. 1866
- - Schmidt, Maximilian, 1. JR. König,	1 Aug. 1866
- - Sainte-Marie-Eglise, Carl Frh. von, 2. JR. Kronprinz,	1 Aug. 1866
- - Bressensdorf, Adolar Bresselau von, 3. JR. Prinz Carl von Bayern,	1 Aug. 1866
- - Dohrer, Carl, 13. JR. Kaiser Franz Joseph von Oesterreich,	1 Aug. 1866
- - Herrgott, Carl, 5. JR. Großherzog von Hessen,	1 Aug. 1866
- - Nees, Johann, 7. JR. Hohenhausen,	1 Aug. 1866
- - Gloß, Johann, 5. JgB.,	1 Aug. 1866
- - Zeis, Heinrich, 1. JR. König,	1 Aug. 1866
- - Stengel, Leopold Frh. von, 2. JR. Kronprinz,	1 Aug. 1866
- - Schleich, August von, 5. JR. Großherzog von Hessen,	1 Aug. 1866
- - Feuerlein, Georg, 14. JR. Zandt,	1 Aug. 1866
- - Dittner, Maximilian, 10. JR. vac. Albert Pappenheim,	1 Aug. 1866
- - Baligand, Ludwig v., 12. JR. König Otto von Griechenland,	1 Aug. 1866
- - Lohrer, Gustav, 10. JR. vac. Albert Pappenheim,	1 Aug. 1866
- - Köstler, Carl, 1. JR. König,	1 Aug. 1866
- - Gundermann, Joseph, 2. JR. Kronprinz,	1 Aug. 1866
- - Nürmberger, Hermann, 6. JR. König Wilhelm von Preußen,	1 Aug. 1866
- - Holnstein aus Bayern, Wilhelm Graf von, 12. JR. König Otto von Griechenland,	1 Aug. 1866
- - Tarnoczy, Heinrich von, 10. JR. vac. Albert Pappenheim,	1 Aug. 1866
- - Kühlmann, Maximilian, 5. JR. Großherzog von Hessen,	1 Aug. 1866
- - Becker, August, 15. JR. König Johann von Sachsen,	1 Aug. 1866
- - Grundherr zu Altenthann und Weyherhaus, Wilhelm von, 6. JR. König Wilhelm von Preußen,	1 Aug. 1866
- - Schmid, Hermann von, 13. JR. Kaiser Franz Joseph von Oesterreich,	1 Aug. 1866
- - Tauffkirchen-Lichtenau, Wilhelm Graf von, LeibR.,	1 Aug. 1866
- - Meyer, Alfred von, 8. JR. vac. Seckendorff,	1 Aug. 1866
- - Casella, Theodor, 8. JR. vac. Seckendorff,	1 Aug. 1866
- - Seuppert, Heinrich, 15. JR. König Johann von Sachsen,	1 Aug. 1866

Oberlieutenants.

Grünwald, August, 4. JgB.,	16	Mai	1859
Aretin, Theodor Frh. von, JLeibR.,	24	Aug.	1862
Baligand, Maximilian von, 2. JR. Kronprinz,	20	Mai	1866
Bomhard, Moriz, 5. JR. Großherzog von Hessen,	20	Mai	1866
Helvig, Hugo, 1. JR. König,	20	Mai	1866
Welsch, Franz, 9. JR. Wrede,	20	Mai	1866
Pendele, Maximilian, 3. JR. Prinz Carl von Bayern,	20	Mai	1866
Euler-Chelpin, Rigas, 12. JR. König Otto von Griechenland,	20	Mai	1866
Tänzl-Trazberg, Maximilian Frh. von, 11. JR. vac. Ysenburg,	20	Mai	1866
Schell, Ludwig, 6. JgB.,	20	Mai	1866
Henzler, Eduard Ritter von, 4. SanC.,	20	Mai	1866
Ruß, Alois, 15. JR. König Johann von Sachsen,	20	Mai	1866
Baudenbach, Julius, 14. JR. Zandt,	20	Mai	1866
Pappus von Trazberg Frh. von Rauchenzell und Laubenberg, Carl, 4. SanC.,	20	Mai	1866
Schmidt, Carl, 9. JR. Wrede,	20	Mai	1866
Cucumus, Gottfried, JLeibR.,	20	Mai	1866
De Ahna, Jacob, 9. JR. Wrede,	20	Mai	1866
Hönig, Carl, 3. SanC.,	20	Mai	1866
Birkmann, Eugen, 7. JgB.,	20	Mai	1866
Praun, Friedrich von, 7. JR. Hohenhausen,	20	Mai	1866
Poißl, Anton Frh. von, 6. JgB.,	20	Mai	1866
Fabrice, Friedrich von 7. JR. Hohenhausen,	20	Mai	1866
Sartori, Maximilian, 4. JR. vac. Gumppenberg,	20	Mai	1866
Derop, Ludwig Graf von, JLeibR.,	20	Mai	1866
Zu Rhein, Ferdinand Frh. von, 1. JgB.,	20	Mai	1866
Dietl, Carl, 1. JR. König,	20	Mai	1866
Lauterbach, Christoph, 14. JR. Zandt,	20	Mai	1866
Zobel zu Giebelstadt, Carl Frh. von, 4. JR. vac. Gumppenberg,	20	Mai	1866
Holl, Joseph, 3. JgB.,	20	Mai	1866
Sigl, Otto, 15. JR. König Johann von Sachsen,	20	Mai	1866
Lehmann, Friedrich, 3. JR. Prinz Carl von Bayern,	20	Mai	1866
Grundherr zu Altenthann und Weyherhaus, Friedr. von, 5. JgB.,	20	Mai	1866
May, Maximilian, 1. JR. König,	20	Mai	1866
Tannstein genannt Fleischmann, Joseph von, 5. JR. Großherzog von Hessen,	20	Mai	1866
Stretin, Julius, 15. JR. König Johann von Sachsen,	20	Mai	1866
Horn, Johann, 1. SanC.,	20	Mai	1866
Waldenfels, Ferdinand Frh. von, 2. JgB.,	20	Mai	1866
Massenbach, Wilhelm Gemmingen Frh. von, 2. SanC.,	20	Mai	1866
Leut, Anton, 3. JR. Prinz Carl von Bayern,	20	Mai	1866
Schanz, Bernhard, 15. JR. König Johann von Sachsen,	20	Mai	1866

Hirschberg, Emil Frh. von, 8. JR. vac. Seckendorff,	20 Mai	1866
Hefner, Maximilian, 11. JR. vac. Ysenburg,	20 Mai	1866
Reis, Maximilian, 9. JR. Wrede,	20 Mai	1866
Ruffin, Kuno Frh. von, 2. JR. Kronprinz,	20 Mai	1866
Clanner, Maximilian von, 4. JR. vac. Gumppenberg,	20 Mai	1866
Hölzl, Heinrich, 8. JgB.,	20 Mai	1866
Jeetze, Arthur Frh. von, JLeibR.,	20 Mai	1866
Branca, Wilhelm von, 2. JR. Kronprinz,	20 Mai	1866
Lösch, Maximilian Graf von, 11. JR. vac. Ysenburg,	20 Mai	1866
Mayr, Philipp, 11. JR. vac. Ysenburg,	20 Mai	1866
Thiereck, Heinrich Ritter von, 4. JgB.,	20 Mai	1866
Pfetten-Arnbach, Ernst Frh. von, 8. JR. vac. Seckendorff,	20 Mai	1866
Berchem, Theodor Frh. von, 4. JgB.,	20 Mai	1866
Weinig, Maximilian, 2. JR. Kronprinz,	20 Mai	1866
Merkel, Wilhelm, 8. JgB.,	20 Mai	1866
Branca, Maximilian von, JLeibR.,	20 Mai	1866
Schumacher, Carl, 3. JR. Prinz Carl von Bayern,	20 Mai	1866
Asch, Adolph Frh. von, 1. JR. König,	20 Mai	1866
Bibra, Alfred Frh. von, 12. JR. König Otto von Griechenland,	20 Mai	1866
Schumacher, Arthur, 14. JR. Zandt,	20 Mai	1866
Sattler, August, 13. JR. Kaiser Franz Joseph von Oesterreich,	20 Mai	1866
Kopf, Joseph, 3. SanC.,	20 Mai	1866
Rabenstein, Wolfgang, 13. JR. Kaiser Franz Joseph von Oesterreich,	20 Mai	1866
Mayer, Anton, 7. JR. Hohenhausen,	20 Mai	1866
Nachtigall, Georg, 4. JR. vac. Gumppenberg,	20 Mai	1866
Geisendörfer, Carl, 15. JR. König Johann von Sachsen,	20 Mai	1866
Imhoff, Wilhelm von, 14. JR. Zandt,	20 Mai	1866
Düppel, Raimund, 12. JR. König Otto von Griechenland,	20 Mai	1866
Mieg, Armand, 7. JR. Hohenhausen,	20 Mai	1866
Hetterich, Oscar, 13. JR. Kaiser Franz Joseph von Oesterreich,	20 Mai	1866
Ulrich, August, 11. JR. vac. Ysenburg,	20 Mai	1866
Bouhler, Philipp, 9. JR. Wrede,	20 Mai	1866
Meier, Wilhelm, 10. JR. vac. Albert Pappenheim,	20 Mai	1866
Stöcklein, August, 12. JR. König Otto von Griechenland,	20 Mai	1866
Schraudolph, Johann, 3. JR. Prinz Carl von Bayern,	20 Mai	1866
Hell, Carl, 5. JgB.,	20 Mai	1866
Saalmüller, Maximilian, 4. SanC.,	20 Mai	1866
Völderndorff und Waradein, Theodor Frh. von, 1. JR. König,	20 Mai	1866
Peller von Schoppershof, Friedrich, 2. JR. Kronprinz,	20 Mai	1866
Leoprechting, Marquard Frh. von, 4. JgB.,	20 Mai	1866
Coulon, Ferdinand von, 1. JR. König,	20 Mai	1866
Lindhamer, Ludwig, 6. JgB.,	20 Mai	1866
Iylander, Heinrich Ritter von, 2. JgB.,	20 Mai	1866

Bressensdorf, Robert Bresselau von, 3. JR. Prinz Carl von Bayern,	20 Mai	1866
Günther, Ernst, 5. JR. Großherzog von Hessen,	20 Mai	1866
Berchem, Carl Frh. von, JLeibR.,	20 Mai	1866
Lorch, Carl, 2. JgB.,	20 Mai	1866
Bürklein, Friedrich, 1. JR. König,	20 Mai	1866
Hausner, Anton, 12. JR. König Otto von Griechenland,	20 Mai	1866
Weiß, Heinrich, 2. JR. Kronprinz,	20 Mai	1866
Habermann, Conrad, 15. JR. König Johann von Sachsen,	20 Mai	1866
Burger, Otto, 3. JR. Prinz Carl von Bayern,	20 Mai	1866
Riehmer, Carl, 4. JR. vac. Gumppenberg,	20 Mai	1866
Heiland, August, 5. JR. Großherzog von Hessen,	20 Mai	1866
Leveling, Joseph Ritter von, 15. JR. König Johann von Sachsen,	20 Mai	1866
Graßer, Otto, 3. JR. Prinz Carl von Bayern,	20 Mai	1866
Meindl, Franz, 15. JR. König Johann von Sachsen,	20 Mai	1866
Ertel, Joseph, 8. JR. vac. Seckendorff,	20 Mai	1866
Kolb, Valentin, 5. JR. Großherzog von Hessen,	20 Mai	1866
Höpfel, Ludwig, 5. JR. Großherzog von Hessen,	20 Mai	1866
Kühl, Johann, 7. JR. Hohenhausen,	20 Mai	1866
Gießler, Christian, 4. JR. vac. Gumppenberg,	20 Mai	1866
Staubwasser, Joseph, 3. JR. Prinz Carl von Bayern,	20 Mai	1866
Fuchs, Paul, 15. JR. König Johann von Sachsen,	20 Mai	1866
Stiefel, Johann, 13. JR. Kaiser Franz Joseph von Oesterreich,	20 Mai	1866
Pappus von Trazberg Frh. von Rauchenzell und Laubenberg, Wilhelm, 3. JR. Prinz Carl von Bayern,	20 Mai	1866
Schmalzl, Franz, 8. JR. vac. Seckendorff,	20 Mai	1866
Ertl, Anton, 14. JR. Zandt,	20 Mai	1866
Fleckinger, Robert von, 2. JR. Kronprinz,	20 Mai	1866
Pöhlmann, Georg, 12. JR. König Otto von Griechenland,	20 Mai	1866
Fischer, Feodor, 7. JR. Hohenhausen,	20 Mai	1866
Ehrne von Melchthal, Friedrich, 12. JR. König Otto von Griechenland,	20 Mai	1866
Neuhierl, Xaver, 8. JR. vac. Seckendorff,	20 Mai	1866
Fischer, Joseph, 8. JR. vac. Seckendorff,	20 Mai	1866
Oerthel, Carl, 11. JR. vac. Ysenburg,	20 Mai	1866
Hörhammer, Wilhelm, 15. JR. König Johann von Sachsen,	20 Mai	1866
Betzwieser, Joseph, 13. JR. Kaiser Franz Joseph von Oesterreich,	20 Mai	1866
Conrati, Carl, 13. JR. Kaiser Franz Joseph von Oesterreich,	20 Mai	1866
Melchior, Carl, JLeibR.,	20 Mai	1866
Mayer, Adolph, JLeibR.,	20 Mai	1866
Dichtl, Eduard, 12. JR. König Otto von Griechenland,	20 Mai	1866
Popp, Carl, 6. JR. König Wilhelm von Preußen,	20 Mai	1866
Lechner, Otto, 12. JR. König Otto von Griechenland,	20 Mai	1866
Annetsberger, Carl, 2. JR. Kronprinz,	20 Mai	1866

Meier, Franz, 10. JR. vac. Albert Pappenheim,   20 Mai 1866
Berg genannt Schrimpf, Conrad von, 13. JR. Kaiser Franz
    Joseph von Oesterreich,   20 Mai 1866
Herter, Joseph, 11. JR. vac. Ysenburg,   20 Mai 1866
Kummer, Albrecht, 15. JR. König Johann von Sachsen,   20 Mai 1866
Schieder, Guntram, 3. SanC.,   20 Mai 1866
Schönprunn, Wilhelm Frh. von, 8. JgB.,   20 Mai 1866
Günther, Franz, 14. JR. Zandt,   20 Mai 1866
Jacobi, Otto, 1. JgB.,   20 Mai 1866
Raub, Emil, JLeibR.,   20 Mai 1866
Störk, Ludwig, 4. JR. vac. Gumppenberg,   20 Mai 1866
Degen, Eduard, 12. JR. König Otto von Griechenland,   20 Mai 1866
Lindner, Friedrich, 11. JR. vac. Ysenburg,   20 Mai 1866
Fischer, Christoph, 13. JR. Kaiser Franz Joseph von Oesterreich, 20 Mai 1866
Baur-Breitenfeld, Carl von, 5. JR. Großherzog von Hessen,   20 Mai 1866
Scherer, Carl Frh. von, 7. JR. Hohenhausen,   20 Mai 1866
Trulsa, Lorenz, 9. JR. Wrede,   20 Mai 1866
Schmidt, Heinrich, 4. JR. vac. Gumppenberg,   20 Mai 1866
Dihm, Friedrich, 1. JR. König,   20 Mai 1866
Vogl, Gustav, 7. JR. Hohenhausen,   20 Mai 1866
Forster, Adolph, 6. JR. König Wilhelm von Preußen,   20 Mai 1866
Schleich, Carl von, 14. JR. Zandt,   20 Mai 1866
Bruggaier, Thomas, 10. JR. vac. Albert Pappenheim,   20 Mai 1866
Ritter, Georg, 6. JR. König Wilhelm von Preußen,   20 Mai 1866
Hoberlein, Georg, 14. JR. Zandt,   20 Mai 1866
Raab, Otto, 14. JR. Zandt,   20 Mai 1866
Horadam, Eduard, JLeibR.,   20 Mai 1866
Niggl, Georg, 10. JR. vac. Albert Pappenheim,   20 Mai 1866
Sievogt, Eugen, 7. JR. Hohenhausen,   20 Mai 1866
Lossow, Ludwig, 11. JR. vac. Ysenburg,   20 Mai 1866
Kreuzer, Jacob, 10. JR. vac. Albert Pappenheim,   20 Mai 1866
Drexel, Carl, 5. JR. Großherzog von Hessen,   20 Mai 1866
Ruchti, Friedrich, 11. JR. vac. Ysenburg,   20 Mai 1866
Schraudenbach, Joseph, 13. JR. Kaiser Franz Joseph von
    Oesterreich,   20 Mai 1866
Mayrhofer, Adolph von, 10. JR. vac. Albert Pappenheim,   20 Mai 1866
Albertus, Friedrich, 5. JR. Großherzog von Hessen,   20 Mai 1866
Steinmayr, Ignaz, 10. JR. vac. Albert Pappenheim,   20 Mai 1866
Abel, Heinrich, 3. JR. Prinz Carl von Bayern,   20 Mai 1866
Geiger, Christoph, 3. JgB.,   20 Mai 1866
Mertz, Maximilian, 7. JR. Hohenhausen,   20 Mai 1866
Wöckel, Friedrich, 14. JR. Zandt,   20 Mai 1866
Grundherr zu Altenthann und Weyherhaus, Friedrich von,
    13. JR. Kaiser Franz Joseph von Oesterreich,   20 Mai 1866

Schunck, Oscar, 14. JR. Zandt,	20 Mai 1866
Kerth, Wilhelm, 5. JR. Großherzog von Hessen,	20 Mai 1866
Mayr, Heinrich, 5. JR. Großherzog von Hessen,	20 Mai 1866
Weigand, Albert, 5. JR. Großherzog von Hessen,	20 Mai 1866
Burger, Arthur, 14. JR. Zandt,	20 Mai 1866
Cammerloher, Otto Ritter von, 14. JR. Zandt,	20 Mai 1866
Geyer, Johann, 11. JR. vac. Ysenburg,	20 Mai 1866
Malsen, Albert Frh. von, 2. JR. Kronprinz,	20 Mai 1866
Du Prel, Carl Frh. von, 2. JR. Kronprinz,	20 Mai 1866
Claus, Carl, 14. JR. Zandt,	20 Mai 1866
Franz, Maximilian, 15. JR. König Johann von Sachsen,	20 Mai 1866
Hirschberg, Albert Frh. von, 6. JgB.,	20 Mai 1866
Schöller, Carl, 15. JR. König Johann von Sachsen,	20 Mai 1866
Mühlbaur, Maximilian, 10. JR. vac. Albert Pappenheim,	20 Mai 1866
Arneth, Urban, 7. JR. Hohenhausen,	20 Mai 1866
Haren, Ludwig, 2. JR. Kronprinz,	20 Mai 1866
Bothmer, Robert Graf von, 9. JR. Wrede,	20 Mai 1866
Faber, Friedrich, 13. JR. Kaiser Franz Joseph von Oesterreich,	20 Mai 1866
Sondinger, Ludwig, 6. JR. König Wilhelm von Preußen,	20 Mai 1866
Scheftlmayr, Carl, 6. JR. König Wilhelm von Preußen,	20 Mai 1866
Golch, Franz, 1. JgB.,	20 Mai 1866
Schmitt, Franz, 10. JR. vac. Albert Pappenheim,	20 Mai 1866
Haren, Franz, JLeibR.,	20 Mai 1866
Feuerlein, August, 10. JR. vac. Albert Pappenheim,	20 Mai 1866
Durlacher, Hermann, 2. JR. Kronprinz,	20 Mai 1866
Leeb, Hermann, 12. JR. König Otto von Griechenland,	20 Mai 1866
Thiereck, Albin Ritter von, 3. JR. Prinz Carl von Bayern,	20 Mai 1866
Schönhammer, Ludwig, JLeibR., Rg v.	20 Mai 1866
Tann, Melchior Frh. von der, JLeibR.,	20 Mai 1866
Wendland, Robert, 1. JR. König,	20 Mai 1866
Ungelter, Eugen Frh. von, 1. JR. König,	20 Mai 1866
Grundherr zu Altenthann und Weyherhaus, Carl von, 3. JR. Prinz Carl von Bayern,	20 Mai 1866
Kollmann, Luitpold, 4. JgB.,	20 Mai 1866
Rusch, Oscar, 1. JR. König,	20 Mai 1866
Küffner, Ludwig, 12. JR. König Otto von Griechenland,	20 Mai 1866
Haller von Hallerstein, Friedrich Frh., 8. JR. vac. Seckendorff,	20 Mai 1866
Hagens, Julius von, 14. JR. Zandt, Rg v.	20 Mai 1866
Poißl, Carl Frh. von, 1. JR. König,	20 Mai 1866
Reinel, Hugo, 9. JR. Wrede,	20 Mai 1866
Wilhelm, Oscar, 1. JR. König,	20 Mai 1866
Kraus, Georg, 10. JR. vac. Albert Pappenheim,	20 Mai 1866
Inderwies, Andreas, 7. JR. Hohenhausen,	20 Mai 1866
Speck, Carl, 14. JR. Zandt,	20 Mai 1866

Schmädel, Max. Ritter von, 10. JR. vac. Albert Pappenheim, 20 Mai 1866

Murmann, Bernhard, 10. JR. vac. Albert Pappenheim, 20 Mai 1866

Belasco, Adalbert von, 6. JR. König Wilhelm von Preußen, 20 Mai 1866

Harlander, Oscar, 7. JR. Hohenhausen, 20 Mai 1866

Prielmayer, Otto Frh. von, 12. JR. König Otto von Griechenland, 20 Mai 1866

Metzler, Maximilian, 9. JR. Wrede, 20 Mai 1866

Hacker, Tobias, 14. JR. Zandt, 20 Mai 1866

Vincenti, Theodor Ritter von, 9. JR. Wrede, 20 Mai 1866

Reitzenstein, Heinrich Frh. von, 9. JR. Wrede, 20 Mai 1866

Sicherer, Franz von, 4. JR. vac. Gumppenberg, 20 Mai 1866

Holnstein aus Bayern, Theodor Graf von, 8. JR. vac. Seckendorff, 20 Mai 1866

Bibber, Adolph, 8. JR. vac. Seckendorff, 20 Mai 1866

Misani, Wilhelm, 3. JR. Prinz Carl von Bayern, 20 Mai 1866

Taufkirchen - Lichtenau, Maximilian Graf von, 8. JR. vac.
    Seckendorff, 20 Mai 1866

Leipold, Eduard, 10. JR. vac. Albert Pappenheim, 20 Mai 1866

Reisberger, Peter, 10. JR. vac. Albert Pappenheim, 20 Mai 1866

Cella, Gustav, 8. JR. vac. Seckendorff, 20 Mai 1866

Büttner, Michael, 6. JR. König Wilhelm von Preußen, 20 Mai 1866

Schmid, Edmund von, 7. JR. Hohenhausen, 20 Mai 1866

Bacherle, Joseph, 2. JR. Kronprinz, 20 Mai 1866

Sichart, Carl, 3. JR. Prinz Carl von Bayern, 20 Mai 1866

Pfetten, Oscar Frh. von, 11. JR. vac. Ysenburg, 20 Mai 1866

Hoffmann, Georg, 3. JR. Prinz Carl von Bayern, 20 Mai 1866

Schollwöck, Maximilian, 7. JR. Hohenhausen, 20 Mai 1866

Weißmann, Ferdinand, 12. JR. König Otto von Griechenland, 20 Mai 1866

Stürzer, Franz Ritter von, 6. JR. König Wilhelm v. Preußen, 20 Mai 1866

Sebald, Georg, 5. JR. Großherzog von Hessen, 20 Mai 1866

Schuster, Heinrich, 1. SanC., 20 Mai 1866

Eilles, Edmund, 7. JgB., 20 Mai 1866

Bätz, Anton, 3. JR. Prinz Carl von Bayern, 20 Mai 1866

Winckhler, Carl von, 7. JR. Hohenhausen, 20 Mai 1866

Gemming, August, 14. JR. Zandt, 18 Jun. 1866

Renaud, Franz, 7. JR. Hohenhausen, 18 Jun. 1866

Gemming, Theodor, 6. JR. König Wilhelm von Preußen, 18 Jun. 1866

Meyer, Edwin von, 1. JR. König, 18 Jun. 1866

Lammfromm, Andreas, 11. JR. vac. Ysenburg, 18 Jun. 1866

Tremel, Johann, 4. JR. vac. Gumppenberg, 18 Jun. 1866

Meier, Friedrich, 3. JR. Prinz Carl von Bayern, 18 Jun. 1866

Schmuckermair, Gustav, 12. JR. König Otto v. Griechenland, 18 Jun. 1866

Gäßler, Theodor von, 1. JR. König, 18 Jun. 1866

Holzner, Ignaz, 10. JR. vac. Albert Pappenheim, 18 Jun. 1866

Eiber, Anton, 8. JR. vac. Seckendorff, 18 Jun. 1866

Warmuth, Simon, 13. JR. Kaiser Franz Joseph von Oesterreich, 18 Jun. 1866

Malaisé, Ernst, JLeibR.,	18 Jun.	1866
Hirschauer, Alois, 10. JR. vac. Albert Pappenheim,	18 Jun.	1866
Steppes, Edmund, 8. JR. vac. Seckendorff,	18 Jun.	1866
Appel, Wilhelm, 1. JR. König,	18 Jun.	1866
Förster, Frix, 2. JR. Kronprinz,	18 Jun.	1866
Brant, Adolph, 3. JR. Prinz Carl von Bayern,	18 Jun.	1866
Heußler, Georg, 4. JR. vac. Gumppenberg,	18 Jun.	1866
Roth, Adam, 4. JR. vac. Gumppenberg,	18 Jun.	1866
Stephan, Georg, 9. JR. Wrede,	18 Jun.	1866
Schöner, Urban, 13. JR. Kaiser Franz Joseph von Oesterreich,	18 Jun.	1866
Neuberger, Jacob, 7. JR. Hohenhausen,	18 Jun.	1866
Recknagel, Albin, 5. JR. Großherzog von Hessen,	18 Jun.	1866
Miller, Johann, 10. JR. vac. Albert Pappenheim,	18 Jun.	1866
Bauerschubert, Joseph, 13. JR. Kaiser Franz Joseph von Oesterreich,	18 Jun.	1866
Pracher, Carl, 2. JR. Kronprinz,	18 Jun.	1866
Spiegel, Theodor, 14. JR. Zandt,	18 Jun.	1866
Speer, Victor, 8. JR. vac. Seckendorff,	18 Jun.	1866
Uhl, Heinrich, 5. JR. Großherzog von Hessen,	18 Jun.	1866
Brand, Carl, 8. JR. vac. Seckendorff,	18 Jun.	1866
Grohe, Adolph, 13. JR. Kaiser Franz Joseph von Oesterreich,	18 Jun.	1866
Gack, Gustav, 6. JR. König Wilhelm von Preußen,	18 Jun.	1866
Schenk, Arnulph, 1. JR. König,	18 Jun.	1866
Stöber, Anton, 5. JR. Großherzog von Hessen,	18 Jun.	1866
Stiller, Adolph, 10. JR. vac. Albert Pappenheim,	18 Jun.	1866
Beitelrock, Heinrich, 9. JR. Wrede,	18 Jun.	1866
Mangold, Hermann, 14. JR. Zandt,	18 Jun.	1866
Ruith, Maximilian, 5. JR. Großherzog von Hessen,	18 Jun.	1866
Roth, August, 5. JR. Großherzog von Hessen,	18 Jun.	1866
Baur-Breitenfeld, Anton von, 5. JR. Großherzog von Hessen,	18 Jun.	1866
Buhl, Bruno, 2. SanC.,	18 Jun.	1866
Rübel, Georg, 11. JR. vac. Ysenburg,	18 Jun.	1866
Bernhardt, Ludwig, 2. JR. Kronprinz,	18 Jun.	1866
Schmelcher, Rudolph, 12. JR. König Otto von Griechenland,	18 Jun.	1866
Stepf, Julius, 14. JR. Zandt,	18 Jun.	1866
Höpfel, Eduard, 8. JR. vac. Seckendorff,	18 Jun.	1866
Schießl, Alois, 7. JR. Hohenhausen,	18 Jun.	1566
Wolff, Friedrich, 4. JR. vac. Gumppenberg,	18 Jun.	1866
Winneberger, Ludwig, 11. JR. vac. Ysenburg,	18 Jun.	1866
Röttinger, Michael, 6. JR. König Wilhelm von Preußen,	18 Jun.	1866
Schrenk, Leopold Frh. von, 1. SanC.,	18 Jun.	1866
Krauß, Heinrich Frh. von, 2. JR. Kronprinz,	18 Jun.	1866
Hoffmann, Richard, 5. JR. Großherzog von Hessen,	18 Jun.	1866
Wölfle, Edmund, 15. JR. König Johann von Sachsen,	18 Jun.	1866

Schedel, Johann, 8. JR. vac. Seckendorff,	18 Jun.	1866
Betz, Carl, 9. JR. Wrede,	18 Jun.	1866
Demmler, Friedrich, 5. JR. Großherzog von Hessen,	18 Jun.	1866
Sacchi-Palestrini, Ludwig de, 7. JR. Hohenhausen,	18 Jun.	1866
Schüller, Carl, JLeibR.,	18 Jun.	1866
Schrenk, Eduard Frh. von, JLeibR.,	18 Jun.	1866
Gulielmo, Theodor, 2. JR. Kronprinz,	18 Jun.	1866
Schieder, August, 13. JR. Kaiser Franz Joseph von Oesterreich,	18 Jun.	1866
Cramon, Paul von, 1. JR. König,	18 Jun.	1866
Schoberth, Friedrich, 15. JR. König Johann von Sachsen,	18 Jun.	1866
Weidner, Heinrich, 4. JR. vac. Gumppenberg,	18 Jun.	1866
Hahn, Gottlieb, 14. JR. Zandt,	18 Jun.	1866
Schmid auf Holzhammer, Adolph von, 12. JR. König Otto von Griechenland,	18 Jun.	1866
Lützelburg, Philipp Frh. von, 7. JgB.,	18 Jun.	1866
Dorsch, Anton, 5. JgB.,	· 18 Jun.	1866
Tattenbach, Sigmund Graf von, 3. JgB.,	18 Jun.	1866
Dihm, Carl, 2. JR. Kronprinz,	18 Jun.	1866
Bey, Franz, JLeibR.,	18 Jun.	1866
Egloffstein, Wilhelm Frh. von, 4. JR. vac. Gumppenberg,	18 Jun.	1866
Dümlein, Carl, 10. JR. vac. Albert Pappenheim,	18 Jun.	1866
Scheben, Clemens Frh. von, 6. JR. König Wilhelm von Preußen,	18 Jun.	1866
Feilitzsch, Friedrich Frh. von, 6. JR. König Wilhelm von Preußen,	18 Jun.	1866
Bressensdorf, Camil Bresselau von, 3. JR. Prinz Carl von Bayern,	18 Jun.	1866
Ausin, Ernst von, 15. JR. König Johann von Sachsen,	18 Jun.	1866
Schab, Guido von, 10. JR. vac. Albert Pappenheim,	18 Jun.	1866
Klenze, Maximilian von, JLeibR.,	18 Jun.	1866
Waldenfels, Hanns Frh. von, 11. JR. vac. Ysenburg,	18 Jun.	1866
Schlesing, Ludwig, 4. JR. vac. Gumppenberg,	18 Jun.	1866
Rottmann, Maximilian, 4. JR. vac. Gumppenberg,	18 Jun.	1866
Hartmann, Emil, 2. JgB.,	18 Jun.	1666
Merkel, August, 8. JgB.,	18 Jun.	1866
Schleiß von Löwenfeld, Joseph, 9. JR. Wrede,	18 Jun.	1866
Michaeli, Maximilian, 9. JR. Wrede,	18 Jun.	1866
Neumann, Otto, 12. JR. König Otto von Griechenland,	18 Jun.	1866
Abel, Carl, JLeibR.,	18 Jun.	1866
Rummel, Eduard Frh. von, 2. JR. Kronprinz,	18 Jun.	1866
Reinhard, Maximilian, 7. JgB.,	18 Jun.	1866
Hertling, Maximilian Frh. von, 6. JR. König Wilhelm von Preußen,	18 Jun.	1866
Guttenberg, Hermann Frh. von, 1. JgB.,	18 Jun.	1866
Brockdorff, Ulrich Graf von, 3. JR. Prinz Carl von Bayern,	18 Jun.	1866

14

Schreyer, Wilhelm, 3. JgB.,	18 Jun.	1866
Schulz, Benno, 6. JR. König Wilhelm von Preußen,	18 Jun.	1866
Hofbauer, Friedrich, 4. JgB.,	18 Jun.	1866
Hemmer, Anton, 2. JR. Kronprinz,	18 Jun.	1866
Hofmann, Adalbert von, 3. JR. Prinz Carl von Bayern,	18 Jun.	1866
Rehm, Carl, 7. JgB.,	5 Jul.	1866
Reck, Heinrich, 5. JR. Großherzog von Hessen,	5 Jul.	1866
Lindenfels, Adolph Frh. von, 12. JR. König Otto von Griechenland,	5 Jul.	1866
Heinzler, Carl, 7. JgB.,	5 Jul.	1866
Oettl, Maximilian, 1. JgB.,	5 Jul.	1866
Esch, Philibert, 14. JR. Zandt,	5 Jul.	1866
Händl, Friedrich, 2. JR. Kronprinz,	5 Jul.	1866
Paur, Julius, 8. JR. vac. Seckendorff,	5 Jul.	1866
Rampf, Georg, 8. JgB.,	5 Jul.	1866
Löffelholz von Colberg, Eduard Frh., 14. JR. Zandt,	5 Jul.	1866
Muzel, Hermann, 11. JR. vac. Ysenburg,	5 Jul.	1866
Schmalix, Ludwig, JLeibR.,	5 Jul.	1866
Raisa, Richard, 7. JR. Hohenhausen,	5 Jul.	1866
Preislinger, Joseph von, 15. JR. König Johann von Sachsen,	5 Jul.	1866
Schmitt, Ewald, 9. JR. Wrede,	5 Jul.	1866
Ott, Carl, 5. JR. Großherzog von Hessen,	5 Jul.	1866
Sartorius, Philipp, 10. JR. vac. Albert Pappenheim,	5 Jul.	1866
Suckow, Emil, 3. JgB.,	5 Jul.	1866
Moosmair, Adolph, 15. JR. König Johann von Sachsen,	5 Jul.	1866
Stapp, Carl, 13. JR. Kaiser Franz Joseph von Oesterreich,	5 Jul.	1866
Gulder, Georg, 2. JR. Kronprinz,	5 Jul.	1866
Keller, Theodor, 12. JR. König Otto von Griechenland,	5 Jul.	1866
Schab, Hermann von, 10. JR. vac. Albert Pappenheim,	5 Jul.	1866
Kramer, Hermann von, 15. JR. König Johann von Sachsen,	5 Jul.	1866
Mayer, Bernhard, 5. JR. Großherzog von Hessen,	5 Jul.	1866
Haas, Jacob, 12. JR. König Otto von Griechenland,	5 Jul.	1866
Daser, Eduard, 10. JR. vac. Albert Pappenheim,	5 Jul.	1866
Müller, Michael, 14. JR. Zandt,	5 Jul.	1866
Tautphoeus, Richard Frh. von, 2. JR. Kronprinz,	5 Jul.	1866
Maiholzer, Friedrich, 12. JR. König Otto von Griechenland,	5 Jul.	1866
Poli, Emanuel, 10. JR. vac. Albert Pappenheim,	5 Jul.	1866
Karl, August, 8. JR. vac. Seckendorff,	5 Jul.	1866
Schlatter, Ludwig, 12. JR. König Otto von Griechenland,	5 Jul.	1866
Binstadt, Anton, 6. JR. König Wilhelm von Preußen,	5 Jul.	1866
Wörlein, Carl, 6. JgB.,	5 Jul.	1866
Huber, Conrad, 10. JR. vac. Albert Pappenheim,	5 Jul.	1866
Frönau, Adalbert Frh. von, 4. JR. vac. Gumppenberg,	5 Jul.	1866
Gobin, Carl Frh. von, 12. JR. König Otto von Griechenland,	5 Jul.	1866
Zoller, Friedrich Frh. von, JLeibR.,	5 Jul.	1866

Gail, Otto, 2. JR. Kronprinz,	5 Jul.	1866
Arnold, Hugo, 11. JR. vac. Ysenburg,	5 Jul.	1866
Willinger, Adolph Ritter v., 6. JR. König Wilhelm von Preußen,	5 Jul.	1866
Gundermann, Carl, 1. JR. König,	5 Jul.	1866
Brößler, Donatus, 14. JR. Zandt,	5 Jul.	1866
Schmalz, Ferdinand, 5. JR. Großherzog von Hessen,	5 Jul.	1866
Nachtigall, Emil, JLeibR.,	5 Jul.	1866
Hönig, Adolph, 14. JR. Zandt,	5 Jul.	1866
Waldenfels, Carl Frh. von, 13. JR. Kaiser Franz Joseph von Oesterreich,	5 Jul.	1866
Sondinger, Hugo, 12. JR. König Otto von Griechenland,	5 Jul.	1866
Hertling, Wilhelm Frh. von, 9. JR. Wrede,	5 Jul.	1866
Geiger, Wilhelm, 11. JR. vac. Ysenburg,	5 Jul.	1866
Armansperg, Cajetan Graf von, 3. JR. Prinz Carl von Bayern,	5 Jul.	1866
Steyrer, Georg, 1. JR. König,	5 Jul.	1866
Pöhlmann, Carl, 9. JR. Wrede,	5 Jul.	1866
Dolwezel, Ernst, 6. JR. König Wilhelm von Preußen,	5 Jul.	1866
Fischer, Thomas, 5. JR. Großherzog von Hessen,	5 Jul.	1866
Brückner, Joseph von, 8. JR. vac. Seckendorff,	5 Jul.	1866
Laval, Albert, 9. JR. Wrede,	5 Jul.	1866
Millitzer, Sophian, 13. JR. Kaiser Franz Joseph von Oesterreich,	5 Jul.	1866
Reitmayr, Ludwig, 1. JR. König,	5 Jul.	1866
Peters, Gottlob, JLeibR.,	5 Jul.	1866
Feser, Georg, 8. JgB.,	5 Jul.	1866
Schneider, Ludwig, 11. JR. vac. Ysenburg,	5 Jul.	1866
Sondinger, Adolph, 5. JR. Großherzog von Hessen,	5 Jul.	1866
Schilcher, Maximilian, JLeibR.,	5 Jul.	1866
Pflaumer, Anton, 7. JR. Hohenhausen,	5 Jul.	1866
Ruedorffer, Rudolph von, 10. JR. vac. Albert Pappenheim,	5 Jul.	1866
Brand, Adolph, 11. JR. vac. Ysenburg,	5 Jul.	1866
Schunck, Carl, 8. JR. vac. Seckendorff,	5 Jul.	1866
Geyer, Paul, 9. JR. Wrede,	5 Jul.	1866
Stadelmayr, Adolph, 8. JR. vac. Seckendorff,	5 Jul.	1866
Lossow, Adolph, 8. JR. vac. Seckendorff,	5 Jul.	1866
Kehl, Adolph, 13. JR. Kaiser Franz Joseph von Oesterreich,	5 Jul.	1866
Auer, Ludwig, JLeibR.,	5 Jul.	1866
Röbel, Gustav, 13. JR. Kaiser Franz Joseph von Oesterreich,	5 Jul.	1866
Maurer, Anton, 13. JR. Kaiser Franz Joseph von Oesterreich,	5 Jul.	1866
Weißbrod, Carl, 2. JgB.,	5 Jul.	1866
Törring-Minucci, Joseph Graf von, 12. JR. König Otto von Griechenland,	5 Jul.	1866
Zu Rhein, Otto Frh. von, 2. JR. Kronprinz,	5 Jul.	1866
Zu Rhein, August Frh. von, 1. JR. König,	5 Jul.	1866

Schaumberg, Carl Frh. von, 5. IR. Großherzog von Hessen, 5 Jul.

Waldenfels, Wilhelm, Frh. von, 1. JgB., 5 Jul.

Steppes, Carl, 8. IR. vac. Seckendorff, 5 Jul.

Bedat, Johann, 1. IR. König, 5 Jul.

Herbst, Hermann, 15 IR. König Johann von Sachsen, 5 Jul.

Bentele, Christian, 3. IR. Prinz Carl von Bayern, 5 Jul.

Petri, Eugen, 1. IR. König, 5 Jul.

Koch, Eginhard, 12. IR. König Otto von Griechenland, 5 Jul.

Berchem, Maximilian Frh. von, 4. JgB., 5 Jul.

Grauvogl, Ludwig von, 14. IR. Zandt, 5 Jul.

Danzer, Carl, 8. IR. vac. Seckendorff, 5 Jul.

Ott, Maximilian, 2. JgB., 5 Jul.

Haßler, Luitpold, 8. IR. vac. Seckendorff, 5 Jul.

Dall'Armi, Joseph Ritter von, 5. IR. Großherzog von Hessen, 5 Jul.

Ulmer, Carl, 13. IR. Kaiser Franz Joseph von Oesterreich, 5 Jul.

Grauvogl, Eduard von, 5. JgB., 5 Jul.

Baumgartner, Max., 12. IR. König Otto von Griechenland, 5 Jul.

Tattenbach, Max. Graf von, 6. IR. König Wilhelm von Preußen, 5 Jul.

Massenbach, Ludwig Gemmingen Frh. von, 9. IR. Wrede, 5 Jul.

Holderer, Carl, 13. IR. Kaiser Franz Joseph von Oesterreich, 5 Jul.

Diez, Carl, 2. IR. Kronprinz, 5 Jul.

Hamm, Carl, 1. JgB., 5 Jul.

Dimroth, Otto, 4. IR. vac. Gumppenberg, 5 Jul.

Lochner, Heinrich, 6. JgB., 5 Jul.

Grießmayer, Julius, 2. IR. Kronprinz, 5 Jul.

Schmitt, Wilhelm, 15. IR. König Johann von Sachsen, 5 Jul.

Muschi, Georg, 6. JgB., 5 Jul.

Feilitzsch, Ferdinand Frh. von, 4. IR. vac. Gumppenberg, 5 Jul.

Schallern, Hanns von, 6. IR. König Wilhelm von Preußen, 5 Jul.

Goes, August, 10. IR. vac. Albert Pappenheim, 5 Jul.

Kreß von Kreßenstein, Gustav Frh., 6. IR. König Wilhelm von Preußen, 5 Jul.

Hoffmann, Adolph, 9. IR. Wrede, 5 Jul.

Kienle, Moriz Ritter von, 7. IR. Hohenhausen, 5 Jul.

Hilbert, Wilhelm, 2. JgB., 5 Jul.

Scharrer, Johann, 7. IR. Hohenhausen, 5 Jul.

Fraundorfer, August, 9. IR. Wrede, 5 Jul.

Waizmann, Joseph, 7. IR. Hohenhausen, 5 Jul.

Bergmann, Alois, 5. JgB., 5 Jul.

Anbrian-Werburg, Maximilian Frh. von, 3. IR. Prinz Carl von Bayern, 5 Jul.

Storch, Justus, 13. IR. Kaiser Franz Joseph von Oesterreich, 5 Jul.

Sensburg, Franz, 1. IR. König, 5 Jul.

Heiden, Hippolyt, 3. IR. Prinz Carl von Bayern, 5 Jul.

Reisenegger, Wilhelm, 3. JgB.,	5 Jul.	1866
Gosen, Carl von, 15. JR. König Johann von Sachsen,	5 Jul.	1866
Heilmair, Joseph, 9. JR. Wrede,	5 Jul.	1866
Emmerich, Otto, 15. JR. König Johann von Sachsen,	1 Aug.	1866
Grundherr zu Altenthann und Weyherhaus, Friedrich von, 2. JR. Kronprinz,	1 Aug.	1866
Helb, Carl, 11. JR. vac. Ysenburg,	1 Aug.	1866
Malaisé, Maximilian, LeibR.,	1 Aug.	1866
Bayl, Constantin, 4. JR. vac. Gumppenberg,	1 Aug.	1866
Popp, Ludwig, 1. JR. König,	1 Aug.	1866
Mayer, German, 6. JgB.,	1 Aug.	1866
Schunck, Hermann, 14. JR. Zandt,	1 Aug.	1866
Salzberger, Maximilian, 3. JgB.,	1 Aug.	1866
Tausch, Eugen von, 3. JR. Prinz Carl von Bayern,	1 Aug.	1866
Delamotte, Philipp, 5. JR. Großherzog von Hessen,	1 Aug.	1866
Kappes, Conrad, 11. JR. vac. Ysenburg,	1 Aug.	1866
Pendele, Joseph, 7. JR. Hohenhausen,	1 Aug.	1866
Müller, Franz, 3. JR. Prinz Carl von Bayern,	1 Aug.	1866
Hettinger, Heinrich, 6. JR. König Wilhelm von Preußen,	1 Aug.	1866
Sternecker, Carl, 12. JR. König Otto von Griechenland,	1 Aug.	1866
Pöllath, Carl, 13. JR. Kaiser Franz Joseph von Oesterreich,	1 Aug.	1866
Wimmer, Eduard, 8. JR. vac. Seckendorff,	1 Aug.	1866
Meisner, Sigmund, 14. JR. Zandt,	1 Aug.	1866
Loy, Heinrich, 8. JR. vac. Seckendorff,	1 Aug.	1866
Kürschner, Ludwig, 5. JR. Großherzog von Hessen,	1 Aug.	1866
Biéchy, Theodor, 3. JR. Prinz Carl von Bayern,	1 Aug.	1866
Piller, Maximilian, 10. JR. vac. Albert Pappenheim,	1 Aug.	1866
Seyler, Emanuel, 14. JR. Zandt,	1 Aug.	1866
Schieber, Wolfgang, 13. JR. Kaiser Franz Joseph von Oesterreich,	1 Aug.	1866
Riederer, Ludwig, 9. JR. Wrede,	1 Aug.	1866
Messow, Eugen, 2. JR. Kronprinz,	1 Aug.	1866
Pechmann, Heinrich Frh. von, 14. JR. Zandt,	1 Aug.	1866
Bauer, Heinrich, 6. JR. König Wilhelm von Preußen,	1 Aug.	1866
Lobenhoffer, Carl, 12. JR. König Otto von Griechenland,	1 Aug.	1866
Daumann, Joseph, 10. JR. vac. Albert Pappenheim,	1 Aug.	1866
Fiserius, Eduard, 8. JR. vac. Seckendorff,	1 Aug.	1866
Döberlein, Alfred, 6. JR. König Wilhelm von Preußen,	1 Aug.	1866
Hohe, Adolph, 5. JgB.,	1 Aug.	1866
Ott, Adolph, 6. JR. König Wilhelm von Preußen,	1 Aug.	1866
Sailer, Ludwig, 10. JR. vac. Albert Pappenheim,	1 Aug.	1866
Huber, Joseph, 9. JR. Wrede,	1 Aug.	1866
Spruner von Mertz, Wilhelm, 7. JgB.,	1 Aug.	1866
Reichlin-Meldegg, Theophil Frh. von, 2. JR. Kronprinz,	1 Aug.	1866
Franzowitz, Peter, 6. JR. König Wilhelm von Preußen,	1 Aug.	1866

Manz, Carl, 7. JgB.,	1 Aug. 1866
Bothmer, Moriz Graf von, JLeibR.,	1 Aug. 1866
Langenmantel, Wilhelm von, 3. JR. Prinz Carl von Bayern,	1 Aug. 1866
Hoppe, Bruno, 3. JgB.,	1 Aug. 1866
Hößlinger, Baptist, 3. JR. Prinz Carl von Bayern,	1 Aug. 1866
Urban, Franz, 11. JR. vac. Ysenburg,	1 Aug. 1866
Bürklein, Gottfried, 2. JR. Kronprinz,	1 Aug. 1866
Dippert, Heinrich, 5. JR. Großherzog von Hessen,	1 Aug. 1866
Heyder, Carl von, 1. JR. König,	1 Aug. 1866
Büller, Maximilian, 1. JR. König,	1 Aug. 1866
Zobel zu Giebelstadt, Hugo Frh. von, 9. JR. Wrede,	1 Aug. 1866
Tattenbach, Julius Graf von, 2. JR. Kronprinz,	1 Aug. 1866
Löhner, Eduard, 11. JR. vac. Ysenburg,	1 Aug. 1866
Urban, Otto, 5. JgB.,	1 Aug. 1866
Harp, Carl von, 1. JR. König,	1 Aug. 1866
Rümmelein, Carl, JLeibR.,	1 Aug. 1866
Hauer, Albert, 3. JR. Prinz Carl von Bayern,	1 Aug. 1866
Hartmann, Wilhelm, JLeibR.,	1 Aug. 1866
Holler, Gustav, 6. JR. König Wilhelm von Preußen,	1 Aug. 1866
Löffelholz von Colberg, Hermann Frh., 4. JR. vac. Gumppenberg,	1 Aug. 1866
Harrach, Aquilin, 11. JR. vac. Ysenburg,	1 Aug. 1866
Thiered, Adolph Ritter von, 4. JR. vac. Gumppenberg,	1 Aug. 1866
Wiedenmann, Carl, 9. JR. Wrede,	1 Aug. 1866
Müller, Alfred, 12. JR. König Otto von Griechenland,	1 Aug. 1866
Weiß, Julius, 13. JR. Kaiser Franz Joseph von Oesterreich,	1 Aug. 1866
Rusch, Theodor, 1. JR. König,	1 Aug. 1866
Schmidt, Ludwig, 15. JR. König Johann von Sachsen,	1 Aug. 1866
Sennefelder, Wilhelm, 8. JR. vac. Seckendorff,	1 Aug. 1866
Schneider, Maximilian, 4. JR. vac. Gumppenberg,	1 Aug. 1866
Stockhammern, Anton von, 8. JR. vac. Seckendorff,	1 Aug. 1866
Fischer, Franz, 4. JR. vac. Gumppenberg,	1 Aug. 1866
Steiner, Sebastian, 6. JR. König Wilhelm von Preußen,	1 Aug. 1866
Ulrich, Otto, 15. JR. König Johann von Sachsen,	1 Aug. 1866
Leeb, Carl, 7. JR. Hohenhausen,	1 Aug. 1866
Hastreiter, Cajetan, 12. JR. König Otto von Griechenland,	1 Aug. 1866
Riedl, Ernst Ritter von, 4. JR. vac. Gumppenberg,	1 Aug. 1866
Reichlin-Meldegg, Carl Frh. von, 2. JR. Kronprinz,	1 Aug. 1866
Popp, Anton, 7. JR. Hohenhausen,	1 Aug. 1866
Godin, Ludwig Frh. von, 4. JR. vac. Gumppenberg,	1 Aug. 1866
Michel, Raimund, 12. JR. König Otto von Griechenland,	1 Aug. 1866
Lufft, Hermann, 2. JR. Kronprinz,	1 Aug. 1856
Colin, Friedrich, 12. JR. König Otto von Griechenland,	1 Aug. 1866
Branca, Paul von, 2. JR. Kronprinz,	1 Aug. 1866
Meier, Ludwig, 1. JR. König,	1 Aug. 1866

Butler-Haimhausen, Arthur Graf von, JLeibR.,	1 Aug.	1866
Leoprechting, Ferdinand Frh. von, 8. JgB.,	1 Aug.	1866
Bayl, Ernst, 6. JR. König Wilhelm von Preußen,	1 Aug.	1866
Geiger, Franz, 7. JR. Hohenhausen,	1 Aug.	1866
Oberländer, Albert von, 13. JR. Kaiser Franz Joseph von Oesterreich,	1 Aug.	1866
Krane, Wilhelm, 1. JR. König,	1 Aug.	1866
Ruedorffer, Oscar von, JLeibR.,	1 Aug.	1866
Rittmann, Oscar, 5. JR. Großherzog von Hessen,	1 Aug.	1866
Leichtenstern, Carl, 7. JR. Hohenhausen,	1 Aug.	1866
Bothmer, Carl Graf von, 2. JR. Kronprinz,	1 Aug.	1866
Wunder, Friedrich, 3. JR. Prinz Carl von Bayern,	1 Aug.	1866
Schöberl, Eduard, 8. JgB.,	1 Aug.	1866
Metz, Hugo, 11. JR. vac. Jsenburg,	1 Aug.	1866
Kabuer, Otto, 4. JR. vac. Gumppenberg,	1 Aug.	1866
Wirth, Wilhelm, 9. JR. Wrede,	1 Aug.	1866
Jacobi, Armin, 5. JgB.,	1 Aug.	1866
Prand, Leonhard, 1. JR. König,	1 Aug.	1866
Wölfel, Georg, 5. JR. Großherzog von Hessen,	1 Aug.	1866
Fortenbach, Jacob, 2. JR. Kronprinz,	1 Aug.	1866
Wolf, Wilhelm, 15. JR. König Johann von Sachsen,	1 Aug.	1866
Mühlbaur, Theodor, 10. JR. vac. Albert Pappenheim,	1 Aug.	1866
Mayer von Wandelheim, Otto, 12. JR. König Otto von Griechenland,	1 Aug.	1866
Neumeyer, Ludwig, 7. JR. Hohenhausen,	1 Aug.	1866
Stengel, Georg Frh. von, 14. JR. Zandt,	1 Aug.	1866
Schneider, Albert, 8. JR. vac. Seckendorff,	1 Aug.	1866
Delling, Anton, 9. JR. Wrede,	1 Aug.	1866
Rinecker, Stephan, JLeibR.,	1 Aug.	1866
Gigl, Carl, 13. JR. Kaiser Franz Joseph von Oesterreich,	1 Aug.	1866
Kitzing, Albert, JLeibR.,	1 Aug.	1866
Sonntag, Michael, 12. JR. König Otto von Griechenland,	1 Aug.	1866
Wisbacher, Carl, 5. JR. Großherzog von Hessen,	1 Aug.	1866
Koch, Friedrich, 10. JR. vac. Albert Pappenheim,	1 Aug.	1866
Grünwald, Franz, JLeibR.,	1 Aug.	1866
Herrmann, Ludwig, 6. JR. König Wilhelm von Preußen,	1 Aug.	1866
Backof, Gottlieb, 15. JR. König Johann von Sachsen,	1 Aug.	1866
Hartmann, Wilhelm, 8. JR. vac. Seckendorff,	1 Aug.	1866

Unterlieutenants.

Erckert, Maximilian, 5. JR. Großherzog von Hessen,	16 Mai	1859
Büchele, Franz, 10. JR. vac. Albert Pappenheim,	16 Mai	1859
Frankl, Georg, 6. JR. König Wilhelm von Preußen,	16 Mai	1859

Gronen, Johann, 15. JR. König Johann von Sachsen,		20 Mai	1863
Keyser, Abolar, 11. JR. vac. Ysenburg,		25 Aug.	1865
Prielmayer, Maximilian Frh. von, 1. JR. König,	Rg v.	20 Mai	1866
Robell, Friedrich von, JLeibR.,	Rg v.	20 Mai	1866
Redwitz, Melchior Frh. von, JLeibR.,		20 Mai	1866
Donnersperg, Maximilian Frh. von, 4. JgB.,		20 Mai	1866
Horn, Carl Frh. von, 1. JR. König,		20 Mai	1866
Tann, Luitpold Frh. von der, 2. JR. Kronprinz,	Rg v.	20 Mai	1866
Manz, August, JLeibR.,		20 Mai	1866
Knott, Heinrich, 4. JgB.,		20 Mai	1866
Heiden, Hamilkar, JLeibR.,		20 Mai	1866
Meinel, August, 15. JR. König Johann von Sachsen,		20 Mai	1866
Lichtenstern, Carl Reisner Frh. von, JLeibR.,		20 Mai	1866
Kolb, Luitpold, 2. JR. Kronprinz,		20 Mai	1866
Tann, Ludwig Frh. von der, JLeibR.,		20 Mai	1866
Bauer, Julius, 1. JR. König,		20 Mai	1866
Schubärt, Carl von, 2. JR. Kronprinz,		20 Mai	1866
Prand, Georg, 1. JR. König,		20 Mai	1866
Bocke, Heinrich, 2. JR. Kronprinz,		20 Mai	1866
Rudolf, Maximilian, 8. JgB.,		20 Mai	1866
Lindhamer, Eduard, 4. JgB.,		20 Mai	1866
Schweighäuser, Georg, 5. JR. Großherzog von Hessen,		20 Mai	1866
Hartmann, Oscar, 8. JgB.,		20 Mai	1866
Zwickh, Nepomuk, 11. JR. vac. Ysenburg,		20 Mai	1866
Claus, Gustav, 9. JR. Wrede,		20 Mai	1866
Bomhard, Carl, JLeibR.,		20 Mai	1866
Zeitler, Albert, 5. JR. Großherzog von Hessen,		20 Mai	1866
Zimmerer, Rupert, 8. JR. vac. Seckendorff,		20 Mai	1866
Müller, Joseph, 2. JgB.,		20 Mai	1866
Weber, Wilhelm, JLeibR.,		20 Mai	1866
Kirchner, Friedrich, 1. JR. König,		20 Mai	1866
Wächter, Johann, 7. JR. Hohenhausen,		20 Mai	1866
Seehann, Joseph, 3. JgB.,		20 Mai	1866
Tarnoczy, Alphons von, 1. JR. König,		20 Mai	1866
Meyer, Friedrich, 5. JR. Großherzog von Hessen,		20 Mai	1866
Gumppenberg, Ludwig Frh. von, 3. JgB.,		20 Mai	1866
Ehrne von Melchthal, Hermann, JLeibR.,		20 Mai	1866
Bischoff, Eduard, 12. JR. König Otto von Griechenland,		20 Mai	1866
Fleischmann, Carl, 15. JR. König Johann von Sachsen,		20 Mai	1866
Sonbinger, Peter, 3. JR. Prinz Carl von Bayern,		20 Mai	1866
Mayerhofen, Joseph von, 1. JR. König,		20 Mai	1866
Lehmann, Ludwig, 7. JR. Hohenhausen,		20 Mai	1866
Seehann, Ludwig, 10. JR. vac. Albert Pappenheim,		20 Mai	1866
Schreyer, Carl, 10. JR. vac. Albert Pappenheim,		20 Mai	1866

Horn, Hermann, 2. JR. Kronprinz,	20 Mai	1866
Erber, Joseph, 10. JR. vac. Albert Pappenheim,	20 Mai	1866
Bedall, Caspar, 1. JR. König,	20 Mai	1866
Treuberg, Carl Frh. von, 8. JgB.,	20 Mai	1866
Wagner, Julius, 2. JR. Kronprinz,	20 Mai	1866
Bruch, Theodor, 2. JgB.,	20 Mai	1866
Braun, Conrad, 14. JR. Zandt,	20 Mai	1866
Hofmann, Alois, 11. JR. vac. Ysenburg,	20 Mai	1866
Tönniges, Maximilian von, 2. JR. Kronprinz,	20 Mai	1866
Hörner, Heinrich, 11. JR. vac. Ysenburg,	20 Mai	1866
Knies, Joseph, 13. JR. Kaiser Franz Joseph von Oesterreich,	20 Mai	1866
Gräf, Oscar, 3. JR. Prinz Carl von Bayern,	20 Mai	1866
Walther, Otto, 11. JR. vac. Ysenburg,	20 Mai	1866
Wollenstein - Rodenegg, Philipp Graf von, 2. JR. Kronprinz,	Rg v. 20 Mai	1866
Kreußer, Ralph Frh. von, 1. JR. König,	20 Mai	1866
Barth zu Harmating, Hugo Frh. von, 2. JR. Kronprinz,	20 Mai	1866
Roos, Maximilian, JLeibR.,	20 Mai	1866
Feilitzsch, Carl Frh. von, 4. JR. vac. Gumppenberg,	20 Mai	1866
Birklicht, Georg, 10. JR. vac. Albert Pappenheim,	20 Mai	1866
Mayer, Michael, 5. JR. Großherzog von Hessen,	20 Mai	1866
Cantzler, Friedrich, 9. JR. Wrede,	20 Mai	1866
Edelmann, Michael, 2. SanC.,	20 Mai	1866
Müller, Peter, 4. JR. vac. Gumppenberg,	20 Mai	1866
Bauer, Xaver, 6. JgB.,	20 Mai	1866
Cordes, Friedrich, 4. JR. vac. Gumppenberg,	20 Mai	1866
Engel, Lorenz, 6. JgB.,	20 Mai	1866
Dachs, Hermann, 4. SanC.,	20 Mai	1866
Dietrich, August, 3. JR. Prinz Carl von Bayern,	20 Mai	1866
Zacherl, Xaver, 13. JR. Kaiser Franz Joseph von Oesterreich,	20 Mai	1866
Linder, Johann, 4. JR. vac. Gumppenberg,	20 Mai	1866
Stöckl, Jacob, 4. JR. vac. Gumppenberg,	20 Mai	1866
Präntl, Joseph, 12. JR. König Otto von Griechenland,	20 Mai	1866
Hirschauer, Johann, 11. JR. vac. Ysenburg,	20 Mai	1866
Rell, Mathias, 7. JR. Hohenhausen,	20 Mai	1866
Grünbauer, Ludwig, 4. JR. vac. Gumppenberg,	20 Mai	1866
Pausch, Christian, 11. JR. vac. Ysenburg,	20 Mai	1866
Ast, Philipp, 12. JR. König Otto von Griechenland,	20 Mai	1866
Miller, Otto, 10. JR. vac. Albert Pappenheim,	20 Mai	1866
Goppert, Wilhelm, 4. JR. vac. Gumppenberg,	20 Mai	1866
Brandel, Michael, 14. JR. Zandt,	20 Mai	1866
Endres, Heinrich, 4. JR. vac. Gumppenberg,	20 Mai	1866
Redenbacher, Gottfried, 11. JR. vac. Ysenburg,	20 Mai	1866
Schöffler, Christian, 4. JR. vac. Gumppenberg,	20 Mai	1866

Meier, Friedrich, 9. JR. Wrede,	20 Mai	1866
Spiel, Martin, 5. JgB.,	20 Mai	1866
Schuster, Joseph, 15. JR. König Johann von Sachsen,	20 Mai	1866
Grimm, Daniel, 5. JgB.,	20 Mai	1866
Steger, Ferdinand, 3. JR. Prinz Carl von Bayern,	20 Mai	1866
Flügel, Ferdinand, 3. JR. Prinz Carl von Bayern,	20 Mai	1866
Paulus, Wilhelm, 7. JgB.,	20 Mai	1866
Weiß, Friedrich, 9. JR. Wrede,	20 Mai	1866
Knies, Johann, 8. JR. vac. Seckendorff,	20 Mai	1866
Rumpel, Andreas, 2. JR. Kronprinz,	20 Mai	1866
Sartorius, Carl, 5. JgB.,	20 Mai	1866
Höfl, Michael, 3. JR. Prinz Carl von Bayern,	20 Mai	1866
Gigl, Raimund, 6. JR. König Wilhelm von Preußen,	20 Mai	1866
Dillkofer, Ferdinand, 3. JR. Prinz Carl von Bayern,	20 Mai	1866
Gries, Albert, 5. JgB.,	20 Mai	1866
Pfreimter, Friedrich, 9. JR. Wrede,	20 Mai	1866
Kellermann, Jacob, 6. JR. König Wilhelm von Preußen,	20 Mai	1866
Luckart, Heinrich, 4. JR. vac. Gumppenberg,	20 Mai	1866
Hochreuther, Heinrich, 6. JR. König Wilhelm von Preußen,	20 Mai	1866
Beust, Otto von, 4. JR. vac. Gumppenberg,	20 Mai	1866
Buckel, Baptist, 13. JR. Kaiser Franz Joseph von Oesterreich,	20 Mai	1866
Winther, Ludwig, 2. JR. Kronprinz,	20 Mai	1866
Ney, Adolph, 15. JR. König Johann von Sachsen,	20 Mai	1866
Seel, Lorenz, 3. JR. Prinz Carl von Bayern,	20 Mai	1866
Effner, Heinrich von, 2. JR. Kronprinz,	20 Mai	1866
Wieninger, Virgil, 11. JR. vac. Ysenburg,	20 Mai	1866
Flintsch, Adolar, 9. JR. Wrede,	20 Mai	1866
Späth, Otto, 3. JR. Prinz Carl von Bayern,	20 Mai	1866
Haas, Franz, 11. JR. vac. Ysenburg,	20 Mai	1866
Dering, Franz, 11. JR. vac. Ysenburg,	20 Mai	1866
Geißler, Michael, 11. JR. vac. Ysenburg,	20 Mai	1866
Freyberg, Ludwig Frh. von, 1. JR. König,	20 Mai	1866
Hornung, Friedrich, 14. JR. Zandt,	20 Mai	1866
Sommer, Emil, 14. JR. Zandt,	20 Mai	1866
Grafenstein, Anton von, 6. JgB.,	20 Mai	1866
Stubenrauch, Julius Ritter von, 8. JR. vac. Seckendorff,	20 Mai	1866
Zembsch, Wilhelm, 6. JR. König Wilhelm von Preußen,	20 Mai	1866
Schönhammer, Wilhelm, 4. JR. vac. Gumppenberg,	20 Mai	1866
Belasco, Conrad von, 4. JR. vac. Gumppenberg,	20 Mai	1866
Geyer, Christoph, 11. JR. vac. Ysenburg,	20 Mai	1866
Lützelburg, Ernst Frh. von, 7. JgB.,	20 Mai	1866
Schnitzelbaumer, Ludwig, 7. JR. Hohenhausen,	20 Mai	1866
Beyschlag, Ludwig, 7. JR. Hohenhausen,	20 Mai	1866
Reindl, Maximilian, 3. JR. Prinz Carl von Bayern,	20 Mai	1866

Pracher, Franz, 8. JR. vac. Seckendorff, 20 Mai 1866
Rueborffer, Constantin von, JLeibR., 20 Mai 1866
Rees, David, 3. JR. Prinz Carl von Bayern, 20 Mai 1866
Mann, Fried. Ritter von, 6. JR. König Wilhelm von Preußen, 20 Mai 1866
Pfeffer, Joseph, 15. JR. König Johann von Sachsen, 20 Mai 1866
Schmid, Edmund, 15. JR. König Johann von Sachsen, 20 Mai 1866
König, Medardus, 3. JR. Prinz Carl von Bayern, 20 Mai 1866
Haller, Ferdinand, 15. JR. König Johann von Sachsen, 20 Mai 1866
Strauß, Sebastian, 14. JR. Zandt, 20 Mai 1866
Wagner, Ferdinand, 8. JR. vac. Seckendorff, 20 Mai 1866
Appell, Maximilian Ritter von, 3. JR. Prinz Carl von Bayern, 20 Mai 1866
Herold, Mathias, 7. JR. Hohenhausen, 20 Mai 1866
Wolf, Joseph, 6. JR. König Wilhelm von Preußen, 20 Mai 1866
Schöpf, Johann, 14. JR. Zandt, 20 Mai 1866
Stiglhofer, Ludwig, 4. JR. vac. Gumppenberg, 20 Mai 1866
Brendel, Georg, 10. JR. vac. Albert Pappenheim, 20 Mai 1866
Ditfurth, Arthur Frh. von, 5. JR. Großherzog von Hessen, 20 Mai 1866
Schmidt, Carl, 4. JR. vac. Gumppenberg, 20 Mai 1866
Scheller, Ernst, 14. JR. Zandt, 20 Mai 1866
Baur, Otto, 7. JR. Hohenhausen, 20 Mai 1866
Schmid, Albert, 3. JR. Prinz Carl von Bayern, 20 Mai 1866
Widemann, Ernst, 13. JR. Kaiser Franz Joseph von Oesterreich, 20 Mai 1866
Schmeckenbecher, Oscar, 1. JgB., 20 Mai 1866
Buhl, Anton, 5. JR. Großherzog von Hessen, 20 Mai 1866
Schobert, Carl, 15. JR. König Johann von Sachsen, 20 Mai 1866
Burkhardt, Ludwig, 15. JR. König Johann von Sachsen, 20 Mai 1866
Rampini, Carl, 3. JR. Prinz Carl von Bayern, 20 Mai 1866
Minderlein, Theodor, 14. JR. Zandt, 20 Mai 1866
Gramm, Anton, 3. JR. Prinz Carl von Bayern, 20 Mai 1866
Spreither, Franz, 5. JR. Großherzog von Hessen, 20 Mai 1866
Treuheit, Albert, 15. JR. König Johann von Sachsen, 20 Mai 1866
Fried, August, 6. JR. König Wilhelm von Preußen, 20 Mai 1866
Bickel, August, 14. JR. Zandt, 20 Mai 1866
Haller von Hallerstein, Georg Frh., 14. JR. Zandt, 20 Mai 1866
Zierhut, Ludwig, 12. JR. König Otto von Griechenland, 20 Mai 1866
Hoch, Johann, 14. JR. Zandt, 20 Mai 1866
Leitner, Xaver, 14. JR. Zandt, 20 Mai 1866
Egloffstein, Ludwig Frh. von, 6. JR. König Wilhelm von Preußen, 20 Mai 1866
Becker, Joseph, 12. JR. König Otto von Griechenland, 20 Mai 1866
Hilpert, Jacob, 13. JR. Kaiser Franz Joseph von Oesterreich, 20 Mai 1866
Simeth, Franz, 12. JR. König Otto von Griechenland, 20 Mai 1866
Stenzer, Ludwig, 14. JR. Zandt, 20 Mai 1866
Stöger, Ludwig, 7. JR. Hohenhausen, 20 Mai 1866
Rüdiger, Carl, 11. JR. vac. Ysenburg, 20 Mai 1866

Wiedenmann, Peter, 11. JR. vac. Ysenburg, 20 Mai

Heydenaber, Max. von, 15. JR. König Johann von Sachsen, 20 Mai

Weech, Sigmund v., 13. JR. Kaiser Franz Joseph von Oesterreich, 20 Mai

Schleiß von Löwenfeld, Friedrich, 6. JR. König Wilhelm von
    Preußen, 20 Mai

Notthafft Frh. von Weißenstein, Benno, 14. JR. Zandt, 20 Mai

Tietz, Adam, 9. JR. Wrede, 20 Mai

Sattler, Joseph, 14. JR. Zandt, 20 Mai

Hertlein, Heinrich, 4. JR. vac. Gumppenberg, 20 Mai

Kollmann, Emil, 13. JR. Kaiser Franz Joseph von Oesterreich, 20 Mai

Narholz, Maximilian, 15. JR. König Johann von Sachsen, 20 Mai

Frommel, Heinrich, 11. JR. vac. Ysenburg, 20 Mai

Gullmann, August, 15. JR. König Johann von Sachsen, 20 Mai

Höggenstaller, Ludwig, 7. JR. Hohenhausen, 20 Mai

Eglosffstein, Camill Frh. von, 13. JR. Kaiser Franz Joseph von
    Oesterreich, 20 Mai

Pöllath, Joseph, 2. JgB., 20 Mai

Poißl, Eduard Frh. von, 1. JR. König, 20 Mai

Bausewein, Alfred, 9. JR. Wrede, 20 Mai

Moralt, August, 10. JR. vac. Albert Pappenheim, 20 Mai

Schmädel, Joh. Ritter von, 12. JR. König Otto von Griechenland, 20 Mai

Daser, Edmund, 6. JR. König Wilhelm von Preußen, 20 Mai

Blaimberger, Franz, 15. JR. König Johann von Sachsen, 20 Mai

Treffer, Alois, 12. JR. König Otto von Griechenland, 20 Mai

Spachtholz, Alfred, 11. JR. vac. Ysenburg, 20 Mai

Seuffert, Georg, 14. JR. Zandt, 20 Mai

Körbler, Gustav, 3. JR. Prinz Carl von Bayern, 20 Mai

Binder, Wilhelm, 7. JR. Hohenhausen, 20 Mai

Geißler, Heinrich, 2. JR. Kronprinz, 20 Mai

Stümmler, Michael, 3. JgB., 20 Mai

Pöllath, Ludwig, 9. JR. Wrede, 20 Mai

Schmauser, Georg, 8. JR. vac. Seckendorff, 20 Mai

Raith, Maximilian, 1. JR. König, 20 Mai

Brückner, Carl von, 13. JR. Kaiser Franz Joseph von Oesterreich, 20 Mai

Ott, Eugen, 3. JgB., 20 Mai

Munzert, Friedrich, 7. JR. Hohenhausen, 20 Mai

Kürschner, Arthur, 4. JR. vac. Gumppenberg, 20 Mai

Aufseß, Hanns Frh. von, 1. JgB., 20 Mai

Gräf, Johann, 10. JR. vac. Albert Pappenheim, 20 Mai

Allweyer, Joseph von, 14. JR. Zandt, 20 Mai

Oberle, Carl, 6. JR. König Wilhelm von Preußen, 20 Mai

Imhoff, Eugen Frh. von, 4. JgB., 20 Mai

Herrlein, Hermann von, 11. JR. vac. Ysenburg, 20 Mai

Geyer, Jacob, 11. JR. vac. Ysenburg, 20 Mai

Faber, Conrad, 14. JR. Zandt,	20 Mai	1866
Klein, Albrecht, 12. JR. König Otto von Griechenland,	20 Mai	1866
Grüß, Carl, 10. JR. vac. Albert Pappenheim,	20 Mai	1866
Martin, Franz, 12. JR. König Otto von Griechenland,	20 Mai	1866
Scheichenzuber, Franz, 11. JR. vac. Ysenburg,	20 Mai	1866
Steubel, Carl, 15. JR. König Johann von Sachsen,	20 Mai	1866
Boshart, August, 10. JR. vac. Albert Pappenheim,	20 Mai	1866
Martin, Christian, 9. JR. Wrede,	20 Mai	1866
Kaiser, Albert, 10. JR. vac. Albert Pappenheim,	20 Mai	1866
Obele, Joseph, 13. JR. Kaiser Franz Joseph von Oesterreich,	20 Mai	1866
Walter, Edmund, 13. JR. Kaiser Franz Joseph von Oesterreich,	20 Mai	1866
Hirschberg, Carl Graf von, 12. JR. König Otto von Griechenland,	20 Mai	1866
Merkl, Hermann, 3. JR. Prinz Carl von Bayern, Rg v.	25 Mai	1866
Schmelcher, Edmund, 2. JR. Kronprinz,	18 Jun.	1866
Rusch, Carl, 1. JR. König,	18 Jun.	1866
Zahlberg, Alphons, JLeibR.,	18 Jun.	1866
Henigst, Heinrich, 6. JgB.,	18 Jun.	1866
Zeehe, Wilhelm Frh. von, 4. JgB.,	18 Jun.	1866
Schallhammer, Adalbert, 1. JR. König,	18 Jun.	1866
Brößler, Joseph, 14. JR. Zandt,	18 Jun.	1866
Laumer, Heinrich, 2. JR. Kronprinz,	18 Jun.	1866
Baunach, Clemens, 1. JR. König,	18 Jun.	1866
Herigoyen, Emanuel von, JLeibR.,	18 Jun.	1866
Dietl, Friedrich, 2. JR. Kronprinz,	18 Jun.	1866
Schneemann, Heinrich, JLeibR.,	18 Jun.	1866
Banfield, Thomas, 3. JgB.,	18 Jun.	1866
Pündter, Franz, 8. JR. vac. Seckendorff,	18 Jun.	1866
Jägerhuber, Maximilian, 13. JR. Kaiser Franz Joseph von Oesterreich,	18 Jun.	1866
Bentele, Anton, 15. JR. König Johann von Sachsen,	18 Jun.	1866
Rupprecht, Anton Frh. von, 9. JR. Wrede,	18 Jun.	1866
Bechtold, Carl, 3. JR. Prinz Carl von Bayern,	18 Jun.	1866
Mühlbaur, Luitpold, 10. JR. vac. Albert Pappenheim,	18 Jun.	1866
Schütz, Carl, 11. JR. vac. Ysenburg,	18 Jun.	1866
Abel, Rudolph, 6. JR. König Wilhelm von Preußen,	18 Jun.	1866
Oesterreicher, Adolph, 13. JR. Kaiser Franz Joseph von Oesterreich,	18 Jun.	1866
Ehrensberger, Carl, 4. JR. vac. Gumppenberg,	18 Jun.	1866
Emouts, Wilhelm, 6. JR. König Wilhelm von Preußen,	18 Jun.	1866
Hausner, Friedrich, 5. JR. Großherzog von Hessen,	18 Jun.	1866
Fleschuez, Carl, JLeibR.,	18 Jun.	1866
Lintl, Theodor, 7. JR. Hohenhausen,	18 Jun.	1866
Horabam, Franz, 2. JgB.,	18 Jun.	1866
Hilpert, David, 5. JR. Großherzog von Hessen,	18 Jun.	1866
Mayerhofen, Heinrich von, 15. JR. König Johann von Sachsen,	18 Jun.	1866

Deißböck, Alois, 7. JR. Hohenhausen,	18 Jun. 1866
Urban, Adalbert, 5. JgB.,	18 Jun. 1866
Stier, Eduard, 10. JR. vac. Albert Pappenheim,	18 Jun. 1866
Holnstein aus Bayern, Friedrich Graf von, 12. JR. König Otto	
von Griechenland,	18 Jun. 1866
Suckau, Maximilian von, 9. JR. Wrede,	18 Jun. 1866
Bentzel-Sternau und Hohenau, Franz Graf von, 11. JR. vac.	
Ysenburg,	18 Jun. 1866
Lippl, Emil, 10. JR. vac. Albert Pappenheim,	18 Jun. 1866
Walbenfels, Oscar Frh. von, 9. JR. Wrede,	18 Jun. 1866
Zacher, Hugo, 7. JgB.,	18 Jun. 1866
Maier, Albert, 4. JR. vac. Gumppenberg,	18 Jun. 1866
Reichert, Eugen Ritter von, 8. JR. vac. Seckendorff,	18 Jun. 1866
Pechmann, Joseph Frh. von, 14. JR. Zandt,	18 Jun. 1866
Langenmantel, Friedrich von, 3. JR. Prinz Carl von Bayern,	18 Jun. 1866
Pechmann, Ludwig Frh. von, 3. JR. Prinz Carl von Bayern,	18 Jun. 1866
Vogt, Maximilian, 15. JR. König Johann von Sachsen,	18 Jun. 1866
Holnstein aus Bayern, Theod. Graf v., 4. JR. vac. Gumppenberg,	18 Jun. 1866
Wiedenmann, Friedrich, 14. JR. Zandt,	18 Jun. 1866
Popp, Eduard, 7. JR. Hohenhausen,	18 Jun. 1866
Sensburg, Michael, 8. JgB.,	18 Jun. 1866
Vollmar auf Veltheim, Georg Ritter von, 3. JR. Prinz Carl	
von Bayern,	18 Jun. 1866
Welsch, Emil Ritter von, 6. JR. König Wilhelm von Preußen,	18 Jun. 1866
Weber, Eduard Ritter von, JLeibR.,	18 Jun. 1866
Heininger, Joseph, 15. JR. König Johann von Sachsen,	18 Jun. 1866
Hirsch, Eduard, 6. JR. König Wilhelm von Preußen,	18 Jun. 1866
Schätz, Wolfgang, 3. SanC.,	18 Jun. 1866
Müller, Johann, 8. JR. vac. Seckendorff,	18 Jun. 1866
Haller, Johann, 4. JR. vac. Gumppenberg,	18 Jun. 1866
Guttenberg, Carl Frh. von, 4. JR. vac. Gumppenberg,	18 Jun. 1866
Zeier, Adolph, 4. JR. vac. Gumppenberg,	18 Jun. 1866
Schaumberg, Eugen Frh. von, 4. JR. vac. Gumppenberg,	18 Jun. 1866
Mörs, Oscar von, 4. JR. vac. Gumppenberg,	18 Jun. 1866
Vogl, Alphons, 13. JR. Kaiser Franz Joseph von Oesterreich,	18 Jun. 1866
Zeiß, Carl, 14. JR. Zandt,	18 Jun. 1866
Freßl, Johann, 8. JR. vac. Seckendorff,	18 Jun. 1866
Thomas, Carl, 5. JR. Großherzog von Hessen,	18 Jun. 1866
Koch, Friedrich, 1. JR. König,	18 Jun. 1866
Krapfenbauer, Nikolaus, 3. JR. Prinz Carl von Bayern,	18 Jun. 1866
Morgenroth, Adolph, JLeibR.,	18 Jun. 1866
Kleiner, Heinrich, 14. JR. Zandt,	18 Jun. 1866
Harz, Julius von, JLeibR.,	18 Jun. 1866
Rascher, Johann, 10. JR. vac. Albert Pappenheim,	18 Jun. 1866

Dolles, Heinrich, 3. JgB.,	18 Jun. 1866
Lederer, Ferdinand, 7. JR. Hohenhausen,	18 Jun. 1866
Gabler, Christian, 12. JR. König Otto von Griechenland,	18 Jun. 1866
Engelbrecht, Gustav, 6. JR. König Wilhelm von Preußen,	18 Jun. 1866
Riedmann, Caspar, 7. JR. Hohenhausen,	18 Jun. 1866
Höfner, Philipp, 11. JR. vac. Ysenburg,	18 Jun. 1866
Winkler, Leonhard, 3. JR. Prinz Carl von Bayern,	18 Jun. 1866
Edel, Philipp, 7. JgB.,	18 Jun. 1866
Rehm, Adalbert, 7. JR. Hohenhausen,	18 Jun. 1866
Stangl, Hermann, 15. JR. König Johann von Sachsen,	18 Jun. 1866
Reithner, Ludwig, 6. JR. König Wilhelm von Preußen,	18 Jun. 1866
Leeb, Ferdinand, 15. JR. König Johann von Sachsen,	18 Jun. 1866
Ingenbrand, Carl, 9. JR. Wrede,	18 Jun. 1866
Sartorius, Franz, 7. JR. Hohenhausen,	18 Jun. 1866
Herzog, Adalbert, 14. JR. Zandt,	18 Jun. 1866
Wittig, Carl, 5. JR. Großherzog von Hessen,	18 Jun. 1866
Mantel, Carl, 2. JR. Kronprinz,	18 Jun. 1866
Ferchel, Eduard, 1. JR. König,	18 Jun. 1866
Branca, Carl von, 2. JR. Kronprinz,	18 Jun. 1866
Hartlieb, Otto von, 7. JR. Hohenhausen,	18 Jun. 1866
Müller, Carl, 8. JR. vac. Seckendorff,	18 Jun. 1866
Schmitt, Georg, 14. JR. Zandt,	18 Jun. 1866
Fischer, Heinrich von, 1. JR. König,	18 Jun. 1866
Weber, Hugo, 11. JR. vac. Ysenburg,	18 Jun. 1866
Langmantel, Valentin, 2. JR. Kronprinz,	18 Jun. 1866
Rauffer, Ludwig von, 8. JR. vac. Seckendorff,	18 Jun. 1866
Vollhardt, Oscar, 8. JR. vac. Seckendorff,	18 Jun. 1866
Schneidawind, Johann, 5. JR. Großherzog von Hessen,	18 Jun. 1866
Thenn, Joseph, 2. JR. Kronprinz,	18 Jun. 1866
Dollmann, Paul, 2. JR. Kronprinz,	18 Jun. 1866
Weber, Franz, 13. JR. Kaiser Franz Joseph von Oesterreich,	18 Jun. 1866
Bernhard, Julius, 9. JR. Wrede,	18 Jun. 1866
Schierlitz, Joseph, 10. JR. vac. Albert Pappenheim,	18 Jun. 1866
Lösch, Johann, 12. JR. König Otto von Griechenland,	18 Jun. 1866
Wagner, Maximilian, 11. JR. vac. Ysenburg,	18 Jun. 1866
Heigl, Heinrich, JLeibR.,	18 Jun. 1866
Ruland, Ferdinand, 1. JR. König,	18 Jun. 1866
Schuhmann, Otto, 5. JR. Großherzog von Hessen,	18 Jun. 1866
Jungmann, Joseph, 7. JR. Hohenhausen,	18 Jun. 1866
Martin, Xaver, 12. JR. König Otto von Griechenland,	18 Jun. 1866
Baldauf, Otto, 3. JR. Prinz Carl von Bayern,	18 Jun. 1866
Galler, Adolph, JLeibR.,	18 Jun. 1866
Lettenbaur, Johann, 10. JR. vac. Albert Pappenheim,	18 Jun. 1866
Leopolder, Eugen, 5. JR. Großherzog von Hessen,	18 Jun. 1866

Stengl, Friedrich, 8. JR. vac. Seckendorff,	18 Jun. 1866
Ehrenreich, Ferdinand, 6. JR. König Wilhelm von Preußen,	18 Jun. 1866
Unger, Carl, 7. JR. Hohenhausen,	18 Jun. 1866
Schraudolph, Claudius, 12. JR. König Otto von Griechenland,	18 Jun. 1866
Wagner, Georg, 11. JR. vac. Ysenburg,	18 Jun. 1866
Sedelmair, Eduard Ritter von, 14. JR. Zandt,	18 Jun. 1866
Elsäßer, Martin, 12. JR. König Otto von Griechenland,	18 Jun. 1866
Nothhafft Frh. von Weißenstein, Maximilian, 1. JR. König,	18 Jun. 1866
Rüth, Ludwig, 15. JR. König Johann von Sachsen,	18 Jun. 1866
Häfel, Johann, 3. JR. Prinz Carl von Bayern,	18 Jun. 1866
Mayer, Friedrich, 13. JR. Kaiser Franz Joseph von Oesterreich,	18 Jun. 1866
Hilpl, Joseph, 7. JR. Hohenhausen,	18 Jun. 1866
Kunz, Gustav, 11. JR. vac. Ysenburg,	18 Jun. 1866
Dürk, Wilhelm, 2. JR. Kronprinz,	18 Jun. 1866
Barth, Heinrich, 12. JR. König Otto von Griechenland,	18 Jun. 1866
Hilburger, Friedrich, 10. JR. vac. Albert Pappenheim,	18 Jun. 1866
Rübel, Albert, 3. JR. Prinz Carl von Bayern,	18 Jun. 1866
Rauch, Alois, 4. JR. vac. Gumppenberg,	18 Jun. 1866
Plobeck, Ignaz, 3. JgB.,	18 Jun. 1866
Rothhammer, Ferdinand, 11. JR. vac. Ysenburg,	18 Jun. 1866
Hinterkircher, Johann, 2. JgB.,	18 Jun. 1866
Herrmann, Philipp, 6. JR. König Wilhelm von Preußen,	18 Jun. 1866
Wohlfahrt, Nepomuk, 11. JR. vac. Ysenburg,	18 Jun. 1866
Back, Michael, 13. JR. Kaiser Franz Joseph von Oesterreich,	18 Jun. 1866
Maier, Friedrich, 9. JR. Wrede,	18 Jun. 1866
Strobl, Anton, 8. JR. vac. Seckendorff,	18 Jun. 1866
Wüst, Michael, 8. JR. vac. Seckendorff,	18 Jun. 1866
Göhringer, Heinrich, 5. JR. Großherzog von Hessen,	18 Jun. 1866
Renner, Friedrich, 8. JR. vac. Seckendorff,	18 Jun. 1866
Beichhold, Carl, 13. JR. Kaiser Franz Joseph von Oesterreich,	18 Jun. 1866
Graßmann, Franz, 15. JR. König Johann von Sachsen,	18 Jun. 1866
Gutbrod, Johann, 11. JR. vac. Ysenburg,	18 Jun. 1866
Heindl, Georg, 3. JR. Prinz Carl von Bayern,	18 Jun. 1866
Bernhard, Heinrich Frh. von, 1. JR. König,	18 Jun. 1866
Nieberl, Johann, 6. JR. König Wilhelm von Preußen,	18 Jun. 1866
Du Prel, Walther Frh. von, ReibR.,	18 Jun. 1866
Siebenlist, Christian, 9. JR. Wrede,	18 Jun. 1866
Lobwasser, Joseph, 6. JR. König Wilhelm von Preußen,	18 Jun. 1866
Pfaff, Adolph, 4. JR. vac. Gumppenberg,	18 Jun. 1866
Heller, Alois, 5. JR. Großherzog von Hessen,	18 Jun. 1866
Reisner, Otto, 11. JR. vac. Ysenburg,	18 Jun. 1866
Kroiß, Michael, 6. JR. König Wilhelm von Preußen,	18 Jun. 1866
Brust, Damian, 13. JR. Kaiser Franz Joseph von Oesterreich,	18 Jun. 1866
Oefele, Adolph Frh. von, ReibR.,	18 Jun. 1866

Dütsch, Nikolaus, 9. JR. Wrede,	18 Jun. 1866
Föringer, Carl, LeibR.,	18 Jun. 1866
Albrecht, Friedrich, 12. JR. König Otto von Griechenland,	18 Jun. 1866
Bärmann, Friedrich, 8. JR. vac. Seckendorff,	18 Jun. 1866
Zink, Xaver, 6. JR. König Wilhelm von Preußen,	18 Jun. 1866
Mirwald, Rudolph, 10. JR. vac. Albert Pappenheim,	18 Jun. 1866
Fuchs, Maximilian, 5. JR. Großherzog von Hessen,	18 Jun. 1866
Heppel, Johann, 9. JR. Wrede,	18 Jun. 1866
Hermann, Franz, 3. JgB.,	18 Jun. 1866
Schloßer, Johann, 9. JR. Wrede,	18 Jun. 1866
Lüst, Adolph, 9. JR. Wrede,	18 Jun. 1866
Bomhard, Paul, 14. JR. Zandt,	18 Jun. 1866
Schäzler, Maximilian, 7. JR. Hohenhausen,	18 Jun. 1866
Rügemer, Ludwig, 10. JR. vac. Albert Pappenheim,	18 Jun. 1866
Koch, Ludwig, 13. JR. Kaiser Franz Joseph von Oesterreich,	18 Jun. 1866
Zahn, Balthasar, 6. JR. König Wilhelm von Preußen,	18 Jun. 1866
Kleespies, Otto, 5. JgB.,	18 Jun. 1866
Reil, Martin, 5. JR. Großherzog von Hessen,	18 Jun. 1866
Ramer, Joseph, 6. JgB.,	18 Jun. 1866
Scheu, Ludwig, 3. JR. Prinz Carl von Bayern,	18 Jun. 1866
Bernhard, Albert, LeibR.,	18 Jun. 1866
Pröstler, Leonhard, 9. JR. Wrede,	18 Jun. 1866
Fürholzer, Franz, 2. JR. Kronprinz,	18 Jun. 1866
Klemens, Peter, 8. JgB.,	18 Jun. 1866
Gebhard, Franz, 13. JR. Kaiser Franz Joseph von Oesterreich,	18 Jun. 1866
Morgenroth, Leopold, 2. JR. Kronprinz,	18 Jun. 1866
Stuirbrink, Franz, 5. JR. Großherzog von Hessen,	18 Jun. 1866
Beichele, Anton, 6. JR. König Wilhelm von Preußen,	18 Jun. 1866
Sauer, Friedrich, 6. JR. König Wilhelm von Preußen,	18 Jun. 1866
Dischler, Joseph, 13. JR. Kaiser Franz Joseph von Oesterreich,	18 Jun. 1866
Dimpfl, Joseph, 5. JR. Großherzog von Hessen,	18 Jun. 1866
Reimer, Franz, 5. JR. Großherzog von Hessen,	18 Jun. 1866
Pfannenstiel, Eugen, 8. JR. vac. Seckendorff,	18 Jun. 1866
Schmid, Maximilian, 15. JR. König Johann von Sachsen,	18 Jun. 1866
Funk, Johann, 10. JR. vac. Albert Pappenheim,	18 Jun. 1866
Stöhr, August, 8. JR. vac. Seckendorff,	18 Jun. 1866
Nentwig, Heinrich, 14. JR. Zandt,	18 Jun. 1866
Kraus, Carl, 12. JR. König Otto von Griechenland,	18 Jun. 1866
Schneider, Anton, 9. JR. Wrede,	18 Jun. 1866
Ziegelmüller, Eduard, 6. JR. König Wilhelm von Preußen,	18 Jun. 1866
Riedner, Hermann, 3. JR. Prinz Carl von Bayern,	18 Jun. 1866
Kinkelin, Hermann, 11. JR. vac. Ysenburg,	18 Jun. 1866
Stoffel, Jacob, 15. JR. König Johann von Sachsen,	18 Jun. 1866
Müller, Gustav, 13. JR. Kaiser Franz Joseph von Oesterreich,	18 Jun. 1866

Killinger, German, 13. JR. Kaiser Franz Joseph von Oesterreich, 18 Jun. 1866
Krauß, Ludwig, 8. JR. vac. Seckendorff,   18 Jun. 1866
König, Ferdinand, 5. JR. Großherzog von Hessen,   18 Jun. 1866
Meuth, Robert, 13. JR. Kaiser Franz Joseph von Oesterreich, 18 Jun. 1866
Glaser, Julius, 8. JR. vac. Seckendorff,   18 Jun. 1866
Wehrl, Heinrich, 10. JR. vac. Albert Pappenheim,   18 Jun. 1866
Feigel, Georg, 5. JgB.,   18 Jun. 1866
Schleifer, Wilhelm, 7. JR. Hohenhausen,   18 Jun. 1866
Schuster, August, 4. JR. vac. Gumppenberg,   18 Jun. 1866
Steinhauser, Georg, 6. JgB.,   18 Jun. 1866
Spitzer, Carl, 7. JR. Hohenhausen,   18 Jun. 1866
Hebberling, Emil, 8. JR. vac. Seckendorff,   18 Jun. 1866
Schmid, Anton, 1. JR. König,   18 Jun. 1866
Brand, Adalbert, 12. JR. König Otto von Griechenland,   18 Jun. 1866
Steibtner, Georg, 1. JgB.,   18 Jun. 1866
Strehler, Richard, 5. JR. Großherzog von Hessen,   18 Jun. 1866
Kieser, Guntram, 14. JR. Zandt,   18 Jun. 1866
Hutter, Franz, 1. JR. König,   18 Jun. 1866
Drißl, Joseph, 9. JR. Wrede,   5 Jul. 1866
Stengel, Eduard, LeibR.,   5 Jul. 1866
Riedesel, Carl von, 3. JR. Prinz Carl von Bayern,   5 Jul. 1866
König, August, 8. JR. vac. Seckendorff,   5 Jul. 1866
Schmeckenbecher, Friedrich, LeibR.,   5 Jul. 1866
Teicher, Friedrich, 11. JR. vac. Ysenburg,   5 Jul. 1866
Andrian - Werburg, Victor Frh. von, 10. JR. vac. Albert
   Pappenheim,   5 Jul. 1866
Greger, Heinrich, 13. JR. Kaiser Franz Joseph von Oesterreich, 5 Jul. 1866
Dütsch, Philipp, 13. JR. Kaiser Franz Joseph von Oesterreich, 5 Jul. 1866
Leeb, Adolph, 10. JR. vac. Albert Pappenheim,   5 Jul. 1866
Spörl, Carl, 9. JR. Wrede,   5 Jul. 1866
Mühlbaur, Carl, 7. JR. Hohenhausen,   5 Jul. 1866
Hösch, Wolfgang, 11. JR. vac. Ysenburg,   5 Jul. 1866
Ulmer, Edmund, 14. JR. Zandt,   5 Jul. 1866
Albert, Jacob, 1. JgB.,   5 Jul. 1866
Scheidter, Johann, 2. JgB.,   5 Jul. 1866
Gleissenthal, Heinrich Frh. von, 11. JR. vac. Ysenburg,   5 Jul. 1866
Negele, Alois, 15. JR. König Johann von Sachsen,   5 Jul. 1866
Castell, Joseph, 1. JR. König,   5 Jul. 1866
Bock, Franz, 4. JR. vac. Gumppenberg,   5 Jul. 1866
Ramm, Anton, 4. JR. vac. Gumppenberg,   5 Jul. 1866
Spitzl, Joseph von, 10. JR. vac. Albert Pappenheim,   5 Jul. 1866
Rieberer, Emil, 2. JR. Kronprinz,   5 Jul. 1866
Müller, Ferdinand, 7. JR. Hohenhausen,   5 Jul. 1866
Mayer, Maximilian, 2. JR. Kronprinz,   5 Jul. 1866

Müller, Georg, 13. JR. Kaiser Franz Joseph von Oesterreich,	5 Jul.	1866
Kunkel, Ludwig, 13. JR. Kaiser Franz Joseph von Oesterreich,	5 Jul.	1866
Müller, Philipp, 5. JR. Großherzog von Hessen,	5 Jul.	1866
Metzler, Raimund, 8. JR. vac. Seckendorff,	5 Jul.	1866
Wiesner, Adalbert, 13. JR. Kaiser Franz Joseph von Oesterreich,	5 Jul.	1866
Berchtenbreiter, Johann, 12. JR. König Otto von Griechenland,	5 Jul.	1866
Helmsauer, August, 12. JR. König Otto von Griechenland,	5 Jul.	1866
Zoglmaier, Joseph, 3. JR. Prinz Carl von Bayern,	5 Jul.	1866
Alzmann, Carl, 9. JR. Wrede,	5 Jul.	1866
Vogt, Carl, 3. JR. Prinz Carl von Bayern,	5 Jul.	1866
Donnersperg, Carl Frh. von, LeibR.,	5 Jul.	1866
Schmiedigen, Wilhelm, 5. JR. Großherzog von Hessen,	5 Jul.	1866
Horn, Ludwig, 11. JR. vac. Ysenburg,	5 Jul.	1866
Feigele, Clemens, 6. JR. König Wilhelm von Preußen,	5 Jul.	1866
Bickel, Martin, 5. JR. Großherzog von Hessen,	5 Jul.	1866
Holzheimer, Ludwig, 4. JR. vac. Gumppenberg,	5 Jul.	1866
Reigersberg, Hugo Graf von, LeibR.,	5 Jul.	1866
Buchner, August, 15. JR. König Johann von Sachsen.	5 Jul.	1866
Nesselrode-Hugenpoet, Oscar Frh. von, 3. JR. Prinz Carl von Bayern,	5 Jul.	1866
Malter, Christian, 5. JgB.,	5 Jul.	1866
Handl, August, 4. JR. vac. Gumppenberg,	5 Jul.	1866
Dachs, Richard, 15. JR. König Johann von Sachsen,	5 Jul.	1866
Baptistella, Gallus, 6. JgB.,	5 Jul.	1866
Ker, Eduard, 15. JR. König Johann von Sachsen,	5 Jul.	1866
Ott, Joseph, 6. JR. König Wilhelm von Preußen,	5 Jul.	1866
Stock, Johann, 7. JR. Hohenhausen,	5 Jul.	1866
Schlink, Richard, 6. JR. König Wilhelm von Preußen,	5 Jul.	1866
Kramer, Ernst Frh. von, 4. JgB.,	5 Jul.	1866
Fraunberg, Albert Frh. von, 7. JgB.,	5 Jul.	1866
Fraunberg, Georg Frh. von 3. JgB.,	5 Jul.	1866
Nüßler, Carl, 6. JR. König Wilhelm von Preußen,	5 Jul.	1866
Hanauer, Johann, 14. JR. Zandt,	5 Jul.	1866
Pleitner, Carl, 14. JR. Zandt,	5 Jul.	1866
Leeb, Heinrich, 2. JR. Kronprinz,	5 Jul.	1866
Werner, August, 1. JR. König,	5 Jul.	1866
Döberlein, Friedrich, 7. JR. Hohenhausen,	5 Jul.	1866
Holle, Wilhelm, 5. JR. Großherzog von Hessen,	5 Jul.	1866
Schulz, Ludwig, 12. JR. König Otto von Griechenland,	5 Jul.	1866
Reichlin-Meldegg, Cornelius Frh. von, 12. JR. König Otto von Griechenland,	5 Jul.	1866
Dütsch, Carl, 8. JR. vac. Seckendorff,	5 Jul.	1866
Reitzenstein, Philipp Frh. von, 1. JR. König,	5 Jul.	1866
Wölfle, Joseph, 10. JR. vac. Albert Pappenheim,	5 Jul.	1866

Grabinger, Maximilian, 1. JR. König,	5 Jul.	1866
Haas, Friedrich, 12. JR. König Otto von Griechenland,	5 Jul.	1866
Kühlwein, Lorenz, 7. JR. Hohenhausen,	5 Jul.	1866
Benzinger, Joseph, 8. JR. vac. Seckendorff,	5 Jul.	1866
Fortune, Friedrich, 12. JR. König Otto von Griechenland,	5 Jul.	1866
Fischer, Carl, 15. JR. König Johann von Sachsen,	5 Jul.	1866
Weber, Ludwig, 7. JgB.,	5 Jul.	1866
Richard, Carl, 7. JR. Hohenhausen,	5 Jul.	1866
Egler, Friedrich, 10. JR. vac. Albert Pappenheim,	5 Jul.	1866
Spiegel, Engelbert, 15. JR. König Johann von Sachsen,	5 Jul.	1866
Barnickel, Heinrich, 13. JR. Kaiser Franz Joseph von Oesterreich,	5 Jul.	1866
Schneider, Theodor, 15. JR. König Johann von Sachsen,	5 Jul.	1866
Lynker, Gustav, 7. JgB.,	5 Jul.	1866
Schultheiß, Ferdinand, 1. JR. König,	5 Jul.	1866
Adam, Franz, 4. JgB.,	5 Jul.	1866
Ruppert, Friedrich, 10. JR. vac. Albert Pappenheim,	5 Jul.	1866
Fischer, Otto, 5. JR. Großherzog von Hessen,	5 Jul.	1866
Hirsch, Johann, 1. JR. König,	5 Jul.	1866
Grießmeyer, Julius, 14. JR. Zandt,	5 Jul.	1866
Schötz, Joseph, 8. JR. vac. Seckendorff,	5 Jul.	1866
Mörschell, Ludwig, 9. JR. Wrede,	5 Jul.	1866
List, Georg, JLeibR.,	5 Jul.	1866
Schwarz, Maximilian, JLeibR.,	5 Jul.	1866
Feuerlein, Carl, 9. JR. Wrede,	5 Jul.	1866
Simon, Rupert, 15. JR. König Johann von Sachsen,	5 Jul.	1866
Gerstner, Georg, 1. JR. König,	5 Jul.	1866
Wiedemann, Adolph, 12. JR. König Otto von Griechenland,	5 Jul.	1866
Tämmler, Carl, 1. JR. König,	5 Jul.	1866
John, Walther, 2. JR. Kronprinz,	5 Jul.	1866
Baur, Friedrich, JLeibR.,	5 Jul.	1866
Lang, Lothar, 1. JR. König,	5 Jul.	1866
Fischer, Ernst, 15. JR. König Johann von Sachsen,	5 Jul.	1866
Stürm, Carl, 12. JR. König Otto von Griechenland,	5 Jul.	1866
Maier, Ludwig, 5. JR. Großherzog von Hessen,	5 Jul.	1866
Spruner von Mertz, Robert, 9. JR. Wrede,	5 Jul.	1866
Schlotthauer, Eduard, 8. JR. vac. Seckendorff,	5 Jul.	1866
Heydemann, Carl, 12. JR. König Otto von Griechenland,	5 Jul.	1866
Neumüller, Carl, 1. JgB.,	5 Jul.	1866
Lüftl, Franz, 10. JR. vac. Albert Pappenheim,	5 Jul.	1866
Neumaier, Alois, 15. JR. König Johann von Sachsen,	5 Jul.	1866
Gerlach, Franz, 4. JR. vac. Gumppenberg,	5 Jul.	1866
Wolf, Adalbert, 14. JR. Zandt,	5 Jul.	1866
Mayer, Eduard, 11. JR. vac. Ysenburg,	5 Jul.	1866
Müller, Adolph, 11. JR. vac. Ysenburg,	5 Jul.	1866

Deuscher, Joseph, 11. JR. vac. Ysenburg,		5 Jul.	1866
Munsch, Michael, 7. JR. Hohenhausen,		5 Jul.	1866
Ulmer, Albert, 1. JgB.,		5 Jul.	1866
Ball, Joseph, 8. JgB.,		5 Jul.	1866
Stock, Edmund, 2. SanC.,		5 Jul.	1866
Nothaas, Clemens, 9. JR. Wrede,		5 Jul.	1866
Wittmann, Friedrich, 5. JR. Großherzog von Hessen,		5 Jul.	1866
Wengner, Johann, 7. JgB.,		5 Jul.	1866
Eben, Simon, 10. JR. vac. Albert Pappenheim,		5 Jul.	1866
Weber, Joseph, 14. JR. Zandt,	Rg v.	5 Jul.	1866
Popp, Ludwig, 11. JR. vac. Ysenburg,	Rg v.	12 Jul.	1866
Stich, Wolfgang, 5. JR. Großherzog von Hessen,		14 Jul.	1866
Kunkel, Martin, 12. JR. König Otto von Griechenland,		17 Jul.	1866
Buhr, Baptist, 4. JR. vac. Gumppenberg,		17 Jul.	1866
Grab, Joseph, 7. JgB.,		17 Jul.	1866
Burger, Ludwig, 6. JR. König Wilhelm von Preußen,		17 Jul.	1866
Herrmann, Carl, 14. JR. Zandt,		17 Jul.	1866
Ochs, Eugen, 14. JR. Zandt,		17 Jul.	1866
Kreuzer, Joseph, 11. JR. vac. Ysenburg,		17 Jul.	1866
Schuirer, Nepomuk, 6. JR. König Wilhelm von Preußen,		17 Jul.	1866
Vorst, Anton, 9. JR. Wrede,		17 Jul.	1866
Bischoff, Baptist, 5. JgB.,		17 Jul.	1866
Fuchs, Johann, 5. JgB.,		17 Jul.	1866
Merz, Carl, 9. JR. Wrede,		17 Jul.	1866
Werner, Michael, 9. JR. Wrede,		17 Jul.	1866
Hohensteiner, Xaver, 3. JR. Prinz Carl von Bayern,		17 Jul.	1866
Baumüller, Michael, 4. JR. vac. Gumppenberg,		17 Jul.	1866
Fellermaier, Joseph, 12. JR. König Otto von Griechenland,		17 Jul.	1866
Schneider, Carl, 6. JgB.,		17 Jul.	1866
Grelat, Joseph, 4. JR. vac. Gumppenberg,		17 Jul.	1866
Wollinger, Joseph, 12. JR. König Otto von Griechenland,		17 Jul.	1866
Fischer, Julius, 4. JR. vac. Gumppenberg,		17 Jul.	1866
Himmelstoß, Friedrich, 8. JR. vac. Seckendorff,		17 Jul.	1866
Hauser, Joseph, 8. JR. vac. Seckendorff,		17 Jul.	1866
Fleischhauer, Johann, 6. JgB.,		17 Jul.	1866
Weiß, Johann, 15. JR. König Johann von Sachsen,		17 Jul.	1866
Zehetmaier, Michael, 1. JR. König,		17 Jul.	1866
Müller, Alois, 11. JR. vac. Ysenburg,		17 Jul.	1866
Klein, Carl, 3. JR. Prinz Carl von Bayern,		17 Jul.	1866
Straub, Sigfried, 5. JR. Großherzog von Hessen,		17 Jul.	1866
Engel, August, 9. JR. Wrede,		17 Jul.	1866
Riegel, Peter, 5. JgB.,		17 Jul.	1866
Schmitt, Franz, 5. JR. Großherzog von Hessen,		17 Jul.	1866
Zürn, Joseph, 2. JR. Kronprinz,		17 Jul.	1866

Gantner, Joseph, 6. JgB.,	17 Jul. 1866
Heintz, Carl, 1. JR. König,	17 Jul. 1866
Kirchmayer, Albert, 1. JgB.,	17 Jul. 1866
Raub, Joseph, 1. JgB.,	17 Jul. 1866
Zierl, Heinrich, 2. JR. Kronprinz,	17 Jul. 1866
Steible, Joseph, 6. JgB.,	17 Jul. 1866
Reichensperger, Ludwig, 2. JR. Kronprinz,	17 Jul. 1866
Pausch, Ludwig, 2. JR. Kronprinz,	17 Jul. 1866
Reigersberg, Heinrich Frh. von, 8. JR. vac. Seckendorff,	17 Jul. 1866
Sebald, Anton, 6. JgB.,	17 Jul. 1866
Lochmüller, Maximilian, JLeibR.,	17 Jul. 1866
Altstädter, Joseph, 1. JgB.,	17 Jul. 1866
Gütler, Heinrich, 9. JR. Wrede,	17 Jul. 1866
Stolz, Eugen, 1. JR. König,	17 Jul. 1866
Knecke, Alois, 6. JgB.,	17 Jul. 1866
Tausch, Adolph von, 11. JR. vac. Ysenburg,	17 Jul. 1866
Pöllath, Eduard, 14. JR. Zandt,	17 Jul. 1866
Schmidt, Peter, 9. JR. Wrede,	17 Jul. 1866
Gähler, Theodor von, 9. JR. Wrede,	17 Jul. 1866
Popp, Luitpold, 1. JR. König,	17 Jul. 1866
Petzold, Carl, 5. JgB.,	17 Jul. 1866
Effner, Oscar von, 1. JR. König,	17 Jul. 1866
Rau, Julius, 2. JR. Kronprinz,	17 Jul. 1866
Dietz, Joseph, 7. JgB.,	17 Jul. 1866
Linbig, Otto, 5. JR. Großherzog von Hessen,	17 Jul. 1866
Stauber, Johann, 2. JR. Kronprinz,	17 Jul. 1866
Riederer, Alois Frh. von, JLeibR.,	17 Jul. 1866
Brebisius, Franz, 1. JR. König,	17 Jul. 1866
Rock, Ludwig, 6. JgB.,	17 Jul. 1866
Uebelacker, Franz, JLeibR.,	17 Jul. 1866
Müller, August, 1. JR. König,	17 Jul. 1866
Hauerwaas, Alois, 4. JR. vac. Gumppenberg,	17 Jul. 1866
Schink, Carl, 7. JR. Hohenhausen,	17 Jul. 1866
Arendts, Wilhelm, 1. JR. König,	17 Jul. 1866
Reigersberg, Ludwig Graf von, 1. JgB.,	17 Jul. 1866
Egger, Leopold, 7. JgB.,	17 Jul. 1866
Phylbius, Anton, 4. JR. vac. Gumppenberg,	17 Jul. 1866
Strauß, Heinrich, 4. JR. vac. Gumppenberg,	17 Jul. 1866
Syffert, August, 4. JR. vac. Gumppenberg,	17 Jul. 1866
Spegg, Casimir, 4. JR. vac. Gumppenberg,	17 Jul. 1866
Steinweg, Johann, 4. JR. vac. Gumppenberg,	17 Jul. 1866
Rüttger, Andreas, 4. JR. vac. Gumppenberg,	17 Jul. 1866
Schuller, Ludwig, 4. JR. vac. Gumppenberg,	17 Jul. 1866
Reisenegger, Rudolph, JLeibR.,	17 Jul. 1866

Nobel, Friedrich, LeibR.,	17 Jul.	1866
del Moro, Friedrich, LeibR.,	17 Jul.	1866
Halm, Alfred, 1. SanC.,	17 Jul.	1866
Mang, Philipp, 14. JR. Zandt,	17 Jul.	1866
Helrich, Friedrich, 15. JR. König Johann von Sachsen,	17 Jul.	1866
Müller, August, 6. JR. König Wilhelm von Preußen,	17 Jul.	1866
Schieber, Quirin, 6. JR. König Wilhelm von Preußen,	17 Jul.	1866
Bauer, Franz, 6. JR. König Wilhelm von Preußen,	17 Jul.	1866
Grimminger, Wilhelm, 12. JR. König Otto von Griechenland,	17 Jul.	1866
Renner, Carl, 6. JgB.,	17 Jul.	1866
Baumgartner, Xaver, 11. JR. vac. Ysenburg,	17 Jul.	1866
Schmitt, Anton, 5. JR. Großherzog von Hessen,	17 Jul.	1866
Voithenberg, Ludwig Voith von, 8. JR. vac. Seckendorff,	17 Jul.	1866
Hierl, Georg, 6. JR. König Wilhelm von Preußen,	17 Jul.	1866
Eichheim, Ludwig, 15. JR. König Johann von Sachsen,	17 Jul.	1866
Anschütz, Friedrich, 12. JR. König Otto von Griechenland,	17 Jul.	1866
Thoma, Rudolph, 4. JgB.,	17 Jul.	1866
Maier, Joseph, 10. JR. vac. Albert Pappenheim,	26 Jul.	1866
Würth, Lorenz, 9. JR. Wrede,	26 Jul.	1866
Dietz, Leonhard von, LeibR.,	26 Jul.	1866
Schuster, Carl, LeibR.,	26 Jul.	1866
Grill, Sebastian, 10. JR. vac. Albert Pappenheim,	26 Jul.	1866
Dalbez, Carl, LeibR.,	26 Jul.	1866
Longuet, Rudolph, 7. JR. Hohenhausen,	26 Jul.	1866
Müller, Adam, 10. JR. vac. Albert Pappenheim,	26 Jul.	1866
Lechner, Carl, 12. JR. König Otto von Griechenland,	26 Jul.	1866
Marberger, Carl, 7. JR. Hohenhausen,	26 Jul.	1866
Tobt, Carl, 9. JR. Wrede,	26 Jul.	1866
Lippert, Heinrich, 9. JR. Wrede,	26 Jul.	1866
Schmidt, Johann, 13. JR. Kaiser Franz Joseph von Oesterreich,	26 Jul.	1866
Rambauer, Heinrich, 9. JR. Wrede,	26 Jul.	1866
Wittmann, Gotthard, 14. JR. Zandt,	26 Jul.	1866
Rütsch, Simon, 9. JR. Wrede,	26 Jul.	1866
Spickart, Ludwig, 8. JR. vac. Seckendorff,	26 Jul.	1866
Breyer, Friedrich, 2. JR. Kronprinz,	26 Jul.	1866
Hafner, Martin, 13. JR. Kaiser Franz Joseph von Oesterreich,	26 Jul.	1866
Pößl, Carl, 11. JR. vac. Ysenburg,	26 Jul.	1866
Mann-Tiechler, Maximilian Ritter von, 11. JR. vac. Ysenburg,	26 Jul.	1866
Born, Gualbert, 9. JR. Wrede,	26 Jul.	1866
Mann-Tiechler, Otto Ritter von, 11. JR. vac. Ysenburg,	26 Jul.	1860
Spahn, Joseph, 9. JR. Wrede,	26 Jul.	1866
Wagner, Ludwig, 2. JR. Kronprinz,	26 Jul.	1866
Höß, Georg, 10. JR. vac. Albert Pappenheim,	26 Jul.	1866
Müller, Joseph, 3. JR. Prinz Carl von Bayern,	26 Jul.	1866

Braungart, Richard, 9. JR. Wrede,	26 Jul. 1866
Greck, Eduard, 12. JR. König Otto von Griechenland,	26 Jul. 1866
Koch, Emil, 10. JR. vac. Albert Pappenheim,	26 Jul. 1866
Sauber, Carl, JLeibR.,	26 Jul. 1866
Maier, Maximilian, JLeibR.,	26 Jul. 1866
Hagn, Rudolph von, JLeibR.,	26 Jul. 1866
Heumann, Wilhelm, 7. JR. Hohenhausen,	26 Jul. 1866
Filchner, Carl, 10. JR. vac. Albert Pappenheim,	26 Jul. 1866
Uhland, Adolph, 3. JR. Prinz Carl von Bayern,	26 Jul. 1866
Bögl, Franz, 7. JR. Hohenhausen,	26 Jul. 1866
Krembs, Eduard, 12. JR. König Otto von Griechenland,	26 Jul. 1866
Herschelt, Friedrich, 7. JR. Hohenhausen,	26 Jul. 1866
Reiserer, Andreas, 6. JR. König Wilhelm von Preußen,	26 Jul. 1866
Brunninger, Joseph, 7. JR. Hohenhausen,	26 Jul. 1866
Freundorfer, Theodor, 11. JR. vac. Ysenburg,	26 Jul. 1866
Pöhlmann, Hermann, 14. JR. Zandt,	26 Jul. 1866
Pöhlmann, Ludwig, 15. JR. König Johann von Sachsen,	26 Jul. 1866
Ernst, Jacob, 10. JR. vac. Albert Pappenheim,	26 Jul. 1866
Schüler, Ludwig, 2. JR. Kronprinz,	26 Jul. 1866
Wörlein, Georg, 1. JgB.,	26 Jul. 1866
Gruber, Joseph, 2. JR. Kronprinz,	26 Jul. 1866
Oberst, Friedrich, 2. JgB.,	26 Jul. 1866
Weber, Xaver, 15. JR. König Johann von Sachsen,	26 Jul. 1866
Schmitt, Johann, 10. JR. vac. Albert Pappenheim,	26 Jul. 1866
Ruhwandl, Dominikus, 15. JR. König Johann von Sachsen,	26 Jul. 1866
Forster, Wilhelm, 15. JR. König Johann von Sachsen,	26 Jul. 1866
Beutlhauser, Heinrich, 15. JR. König Johann von Sachsen,	26 Jul. 1866
Wankerl, Johann, 15. JR. König Johann von Sachsen,	26 Jul. 1866
Scheuer, Ludwig, 15. JR. König Johann von Sachsen,	26 Jul. 1866
Riegel, Joseph, 12. JR. König Otto von Griechenland,	26 Jul. 1866
Buchner, Joseph, 12. JR. König Otto von Griechenland,	26 Jul. 1866
Steinberger, Joseph, 13. JR. Kaiser Franz Joseph von Oesterreich,	26 Jul. 1866
Schepp, Franz, 15. JR. König Johann von Sachsen,	26 Jul. 1866
Lederer, Johann, 7. JR. Hohenhausen,	26 Jul. 1866
Nörr, Ernst, 15. JR. König Johann von Sachsen,	26 Jul. 1866
Meyer, Wilhelm, 14. JR. Zandt,	26 Jul. 1866
Wild, Wilhelm, 15. JR. König Johann von Sachsen,	26 Jul. 1866
Hofbauer, Emeran, 10. JR. vac. Albert Pappenheim,	26 Jul. 1866
Steibl, Joseph, 8. JR. vac. Seckendorff,	26 Jul. 1866
Bauer, Franz, 9. JR. Wrede,	26 Jul. 1866
Dolles, Johann, 5. JR. Großherzog von Hessen,	26 Jul. 1866
Stablbauer, Johann, 6. JR. König Wilhelm von Preußen,	26 Jul. 1866
Bickel, Anton, 4. SanC.,	26 Jul. 1866
Ochs, Georg, 3. SanC.,	26 Jul. 1866

Häulein, Wilhelm, 6. JR. König Wilhelm von Preußen,	26 Jul.	1866
Staller, Anton, 7. JR. Hohenhausen,	26 Jul.	1866
Dickhaut, Georg, 5. JR. Großherzog von Hessen,	26 Jul.	1866
Wild, Christian, 15. JR. König Johann von Sachsen,	26 Jul.	1866
Bühler, Otto, 9. JR. Wrede,	26 Jul.	1866
Kümmel, Augustin, 13. JR. Kaiser Franz Joseph von Oesterreich,	26 Jul.	1866
Weilbach, Maximilian, 12. JR. König Otto von Griechenland,	26 Jul.	1866
Baber, Georg, 12. JR. König Otto von Griechenland,	26 Jul.	1866
Gränzer, Ludwig, 13. JR. Kaiser Franz Joseph von Oesterreich,	26 Jul.	1866
Egerer, Adolph, 15. JR. König Johann von Sachsen,	26 Jul.	1866
Coulon, Ludwig von, 8. JR. vac. Seckendorff,	26 Jul.	1866
Baumgärtner, Baptist, 13. JR. Kaiser Franz Joseph von Oesterreich,	Rg b. 26 Jul.	1866
Baber, Alois, 10. JR. vac. Albert Pappenheim,	1 Aug.	1866
Dörner, Johann, JLeibR.,	1 Aug.	1866
Loster, Franz, 4. JR. vac. Gumppenberg,	1 Aug.	1866
Gantner, Ignaz, 8. JgB.,	1 Aug.	1866
Bronberger, Otto, 2. JR. Kronprinz,	1 Aug.	1866
Gries, Gustav, 8. JgB.,	1 Aug.	1866
Enzensberger, Michael, 2. JR. Kronprinz,	1 Aug.	1866
Scherm, Hermann, 3. JR. Prinz Carl von Bayern,	1 Aug.	1866
Laaba, Ludwig, 5. JR. Großherzog von Hessen,	1 Aug.	1866
Vogt, Theodor, 14. JR. Zandt.	1 Aug.	1866
Bauernschmitt, Baptist, 10. JR. vac. Albert Pappenheim,	1 Aug.	1866
Beck, Martin, 13. JR. Kaiser Franz Joseph von Oesterreich,	1 Aug.	1866
Günther, Johann, 12. JR. König Otto von Griechenland,	1 Aug.	1866
Golsong, Georg, 4. JR. vac. Gumppenberg,	1 Aug.	1866
Frommel, Moriz, 4. SanC.,	1 Aug.	1866
Sensburg, Albert, 2. JgB.,	1 Aug.	1866
De Ahna, Friedrich, 2. JgB.,	1 Aug.	1866
Sperber, Friedrich, 7. JR. Hohenhausen,	1 Aug.	1866
Härtinger, Carl, 1. JR. König.	1 Aug.	1866
Auracher, Ludwig, 3. JR. Prinz Carl von Bayern,	1 Aug.	1866
Weißmann, Christian, 1. JR. König,	1 Aug.	1866
Dietz, Caspar, 4. JR. vac. Gumppenberg,	1 Aug.	1866
Hochholzner, Casimir, JLeibR.,	1 Aug.	1866
Amer, Johann, 8. JR. vac. Seckendorff,	1 Aug.	1866
Lehrnbecher, Ignaz, 4. JgB.,	1 Aug.	1866
Kiener, Adam, 13. JR. Kaiser Franz Joseph von Oesterreich,	1 Aug.	1866
Kellner, Carl, 4. JgB.,	1 Aug.	1866
Söllner, Christoph, 13. JR. Kaiser Franz Joseph von Oesterreich,	1 Aug.	1866
Leimbach, Ferdinand, 4. JR. vac. Gumppenberg,	1 Aug.	1866
Kidinger, Otto, 4. JgB.,	1 Aug.	1866
Vogl, Friedrich, 12. JR. König Otto von Griechenland,	1 Aug.	1866

Zahner, Ludwig, 6. JR. König Wilhelm von Preußen,   1 Aug. 1866
Firmbach, Joseph, 4. JR. vac. Gumppenberg,   1 Aug. 1866
Hacker, Hubert, 11. JR. vac. Ysenburg,   1 Aug. 1866
Ott, Otto, 2. JR. Kronprinz,   1 Aug. 1866
Hofbauer, Joseph, 3. JR. Prinz Carl von Bayern,   2 Aug. 1866
Haumann, Johann, 7. JR. Hohenhausen,   2 Aug. 1866
Huber, Heinrich, 8. JR. vac. Seckendorff,   2 Aug. 1866
Nebinger, Friedrich, 13. JR. Kaiser Franz Joseph von Oesterreich,   2 Aug. 1866
Spätt, Maximilian, 13. JR. Kaiser Franz Joseph von Oesterreich,   2 Aug. 1866
Stobäus, Ludwig, 1. JR. König,   22 Aug. 1866
Arco-Zinneberg, Nikolaus Graf von, LeibR.,   22 Aug. 1866

Cavalerie.

Obersten.

Mayer, Anton von, 3. CuirR. Großfürst Constantin Nikolaje- witsch,	29 Mai	1864
Diez, Philipp Frh. von, 2. UhlR. König,	29 Mai	1864
Brück, Eduard Frh. von, 3. UhlR.,	11 Jan.	1865
Mulzer, Wilhelm Frh. von, 1. ChlR. Kaiser Alexander von Rußland,	23 Apr.	1866
Horadam, Friedrich, 2. ChlR. Taxis, Rg v.	17 Aug.	1866
Leonrod, Carl Frh. von, 4. ChlR. König,	17 Aug.	1866
Leonrod, August Frh. von, 3. ChlR. Herzog Maximilian,	17 Aug.	1866
Himmelstoß, Friedrich, 5. ChlR. vac. Leiningen,	17 Aug.	1866
Tattenbach, Ludwig Graf von, 2. CuirR. Prinz Adalbert,	17 Aug.	1866

Oberstlieutenants.

Hößlin, Moriz von, 4. ChlR. König,	14 Fbr	1865
Weinrich, Carl von, 5. ChlR. vac. Leiningen,	14 Fbr	1865
Feichtmayr, Johann, 1. CuirR. Prinz Carl von Bayern,	23 Apr.	1866
Isenburg-Philippseich, Moriz Graf von, 1. UhlR. vac. Groß- fürst Thronfolger Nikolaus von Rußland,	18 Jun.	1866
Kreith, Caspar Graf von, 1. CuirR. Prinz Carl von Bayern,	17 Aug.	1866
Krauß, Friedrich Frh. von, 6. ChlR. vac. Herzog von Leuchtenberg,	17 Aug.	1866
Pflummern, Constantin Frh. von, 2. CuirR. Prinz Adalbert,	17 Aug.	1866
Grundherr zu Altenthann und Weyherhaus, Carl von, 2. UhlR. König,	17 Aug.	1866
Bosch, Hugo, 4. ChlR. König,	17 Aug.	1866
Marc, Adalbert, 2. ChlR. Taxis,	11 Oct.	1866

Majore.

Froberg-Montjoye, Carl Graf von, 1. ChlR. Kaiser Alexander von Rußland,	25 Nov.	1863
Besserer-Thalfingen, Maximilian Frh. von, 3. ChlR. Herzog Maximilian,	25 Nov.	1863
Baumüller, Adolph, 6. ChlR. vac. Herzog von Leuchtenberg,	25 Nov.	1863
Lilier, Eduard von, 5. ChlR. vac. Leiningen,	25 Nov.	1863
Deym, Arnulf Graf von, 1. CuirR. Prinz Carl von Bayern,	29 Mai	1864
Eisbeck, Friedrich Frh. von, 2. CuirR. Prinz Adalbert,	11 Jan.	1865
Ruffin, Julius Frh. von, 1. CuirR. Prinz Carl von Bayern,	11 Jan.	1865
Carl Theodor, Herzog in Bayern, K. H., 3. ChlR. Herzog Maximilian,	19 Jan.	1865

Kiliani, Emanuel, 1. UhlR. vac. Großfürst Thronfolger Niko-laus von Rußland,	14 Fbr	1865
Fuchs, Emil, 3. ChlR. Herzog Maximilian,	25 Aug.	1865
Lichtenstern, Anton Reißner Frh. von, 3. UhlR.,	25 Aug.	1865
Langenmantel, Joseph von, 1. ChlR. Kaiser Alexander von Rußland,	23 Apr.	1866
Lilien, Sigmund von, 6. ChlR. vac. Herzog von Leuchtenberg,	23 Apr.	1866
Podewils, Constantin Frh. von, 2. CuirR. Prinz Adalbert,	20 Mai	1866
Guttenberg, Philipp Frh. von, 2. ChlR. Taxis,	20 Mai	1866
Job, Albert, 5. ChlR. vac. Leiningen,	20 Mai	1866
Flotow, Gustav Frh. von, 3. CuirR. Großfürst Constantin Nikolajewitsch,	20 Mai	1866
Stein, Wilhelm Frh. von, 4. ChlR. König,	17 Aug.	1866
Leonrod, Joseph Frh. von, 3. CuirR. Großfürst Constantin Nikolajewitsch,	17 Aug.	1866
Podewils, Theobald Frh. von, 3. UhlR.,	17 Aug.	1866
Faber, Friedrich, 2. UhlR. König,	17 Aug.	1866
Heydte, Friedrich Frh. von der, 1. UhlR. vac. Großfürst Thron-folger Nikolaus von Rußland,	11 Oct.	1866

Rittmeister.

Hertling, Philipp Frh. von, 1. CuirR. Prinz Carl von Bayern,	21 Jun.	1859
Seckendorff, Clemens Frh. von, 2. CuirR. Prinz Adalbert,	21 Jun.	1859
Fuchs, Otto, 4. ChlR. König, Rg b.	21 Jun.	1859
Seinsheim, Julius Graf von, 1. CuirR. Prinz Carl von Bayern,	27 Mrz	1860
Zanzinger, Christian, 6. ChlR. vac. Herzog von Leuchtenberg,	28 Nov.	1860
Messina, Joseph Frh. von, 3. ChlR. Herzog Maximilian,	28 Nov.	1860
Stetten, Friedrich von, 6. ChlR. vac. Herzog von Leuchtenberg,	28 Nov.	1860
Cronnenbold, Adolph, 2. UhlR. König,	28 Nov.	1860
Oertel, Gustav, 2. UhlR. König,	3 Nov.	1861
Seyffel d'Aix, Ludwig Graf von, 4. ChlR. König,	3 Nov.	1861
Mann, Ernst Ritter von, 5. ChlR. vac. Leiningen,	3 Nov.	1861
Beulwitz, Camill Frh. von, 1. CuirR. Prinz Carl von Bayern,	24 Aug.	1862
Fels, Carl, 2. UhlR. König,	24 Aug.	1862
Stromer von Reichenbach, Theodor Frh., 3. UhlR.,	24 Aug.	1862
Leiningen-Westerburg, Thomas Graf von, 1. UhlR. vac. Groß-fürst Thronfolger Nikolaus von Rußland,	20 Mai	1863
Stetten, Otto von, 1. ChlR. Kaiser Alexander von Rußland,	20 Mai	1863
Kiliani, Friedrich, 1. UhlR. vac. Großfürst Thronfolger Niko-laus von Rußland,	20 Mai	1863
Egloffstein, Max. Frh. von, 4. ChlR. König,	20 Mai	1863
Sazenhofen, Max. Frh. von, 1. UhlR. vac. Großfürst Thron-folger Nikolaus von Rußland,	20 Mai	1863

Kieffer, Otto, 5. ChlR. vac. Leiningen, 25 Nov. 1863
Stransky v. Stranka und Greifenfels, Balduin Ritter, 2. CuirR.
    Prinz Abalbert, 25 Nov. 1863
Limpöck, Carl Frh. von, 1. CuirR. Prinz Carl von Bayern, 25 Nov. 1863
Dürig, Maximilian, 4. ChlR. König, 25 Nov. 1863
Lesuire, Maximilian von, 2. ChlR. Taxis, 25 Nov. 1863
Sichlern, Oscar von, 2. UhlR. König, 25 Nov. 1863
Negrioli, Albrecht, 3. UhlR., 25 Nov. 1863
Rhomberg, Edm., 3. CuirR. Großfürst Constantin Nikolajewitsch, 29 Mai 1864
Bieber, Carl von, 3. CuirR. Großfürst Constantin Nikolajewitsch, 29 Mai 1864
Rübt, August v., 3. CuirR. Großfürst Constantin Nikolajewitsch, 29 Mai 1864
Gigl, Xaver, 1. ChlR. Kaiser Alexander von Rußland, 29 Mai 1864
Riedheim, Ludwig Frh. von, 6. ChlR. vac. Herzog von Leuch-
    tenberg, 29 Mai 1864
Pfretzschner, Eduard, 3. UhlR., 26 Jan. 1865
Saur, Carl, 2. CuirR. Prinz Abalbert, 26 Jan. 1865
Aufseß, Ludwig Frh. von, 1. ChlR. Kaiser Alexander von Rußland, 26 Jan. 1865
Schulze, Julius, 3. UhlR., 26 Jan. 1865
Scheffer, Hermann, 3. CuirR. Großfürst Constantin Nikolaje-
    witsch, 26 Jan. 1865
Sazenhofen, Eduard Frh. von, 2. ChlR. Taxis, 31 Mrz 1866
Zech-Lobning, Friedrich Graf von, 1. CuirR. Prinz Carl von
    Bayern, 23 Apr. 1866
Leyden-Schönburg, Alfred Graf von, 6. ChlR. vac. Herzog von
    Leuchtenberg, 23 Apr. 1866
Schrottenberg, Ferdinand Frh. von, 2. ChlR. Taxis, 20 Mai 1866
Louisenthal, Albert Frh. de Lasalle von, 1. CuirR. Prinz Carl
    von Bayern, 20 Mai 1866
Horn, Gustav Frh. von, 1. UhlR. vac. Großfürst Thronfolger
    Nikolaus von Rußland, 20 Mai 1866
Eitzenberger, Wilhelm, 5. ChlR. vac. Leiningen, 20 Mai 1866
Policzka, Maximilian, 3. ChlR. Herzog Maximilian, 20 Mai 1866
Sixt, Heinrich, 2. CuirR. Prinz Abalbert, 20 Mai 1866
Ott, Robert, 4. ChlR. König, 20 Mai 1866
Zenetti, Albert, 3. ChlR. Herzog Maximilian, 20 Mai 1866
Rott, Carl von, 3. CuirR. Großfürst Constantin Nikolajewitsch, 20 Mai 1866
Hutten, Carl Frh. v., 6. ChlR. vac. Herzog von Leuchtenberg, 20 Mai 1866
Taxis, Theodor Fürst von Thurn und, 2. ChlR. Taxis, 18 Jun. 1866
Passavant, Alfred, 1. UhlR. vac. Großfürst Thronfolger Niko-
    laus von Rußland, 5 Jul. 1866
Nagel, Heinrich von, 6. ChlR. vac. Herzog von Leuchtenberg, 5 Jul. 1866
Wenninger, Xaver, 2. CuirR. Prinz Abalbert, 5 Jul. 1866
Regemann, Julius von, 1. CuirR. Prinz Carl von Bayern, 5 Jul. 1866
Steinling, Fried. Frh. von, 1. CuirR. Prinz Carl von Bayern, 5 Jul. 1866

Tretzel, Gustav, 1. ChlR. Kaiser Alexander von Rußland,   5 Jul. 1866
Hertling, Johann Frh. von, 2. CuirR. Prinz Adalbert,   5 Jul. 1866
Malsen, Bernhard Frh. von, 3. UhlR.,   5 Jul. 1866
Eyller, Ferdinand, 2. UhlR. König,   5 Jul. 1866
Poffert, Alfred, 3. UhlR.,   5 Jul. 1866
Dürig, Eduard, 4. ChlR. König,   5 Jul. 1866
Veit, Maximilian, 5. ChlR. vac. Leiningen,   5 Jul. 1866
Gumppenberg - Pöttmes, Ferdinand Frh. von, 2. ChlR. Taxis,   5 Jul. 1866
Plückler-Limpurg, Eduard Graf von, 3. CuirR. Großfürst Con-
stantin Nikolajewitsch,   5 Jul. 1866
Wrede, Oscar Fürst von, 3. ChlR. Herzog Maximilian,   5 Jul. 1866
Ermarth, Carl, 4. ChlR. König,   5 Jul. 1866

Oberlieutenants.

Hertlein, Franz, 2. ChlR. Taxis,   3 Nov. 1861
Fischer, Theobald, 4. ChlR. König,   Rg v. 20 Mai 1863
Lindenfels, Carl Frh. von, 6. ChlR. vac. Herzog von Leuchtenberg, 20 Mai 1863
Saz, Carl, 3. ChlR. Herzog Maximilian,   20 Mai 1863
Petz, Wilhelm von, 2. ChlR. Taxis,   20 Mai 1863
Xylander, Emil Ritter von, 4. ChlR. König,   20 Mai 1863
Elleurieder, Albert Ritter von, 2. ChlR. Taxis,   20 Mai 1863
Schmauß, Friedrich, 3. CuirR. Großfürst Constantin Niko-
lajewitsch,   20 Mai 1863
Seyssel d'Aix, Camill Graf von, 2. ChlR. Taxis,   20 Mai 1863
Dobeneck, Rudolph Frh. von, 3. UhlR.,   20 Mai 1863
Malaisé, Carl, 1. CuirR. Prinz Carl von Bayern,   25 Nov. 1863
Scherf, Heinrich, 1. ChlR. Kaiser Alexander von Rußland,   29 Mai 1864
Stauffenberg, Wilhelm Schenk Frh. von, FAdj. S. M. des Königs, 29 Mai 1864
Kraft, Carl von, 1. CuirR. Prinz Carl von Bayern,   29 Mai 1864
Spruner von Merz, Franz, 2. ChlR. Taxis,   29 Mai 1864
Rotenhan, Hermann Frh. von, 2. ChlR. Taxis,   29 Mai 1864
Morett, Edmund von, 2. UhlR. König,   29 Mai 1864
Grebing, Ottmar, 5. ChlR. vac. Leiningen,   29 Mai 1864
Reck, Albert Frh. von, 3. CuirR. Großfürst Constantin Niko-
lajewitsch,   29 Mai 1864
Eyb, Richard Frh. von, 1. UhlR. vac. Großfürst Thronfolger
Nikolaus von Rußland,   29 Mai 1864
Rapp, Hermann, 3. CuirR. Großfürst Constantin Nikolajewitsch, 29 Mai 1864
Wrede, Edmund Fürst von, 5. ChlR. vac. Leiningen,   29 Mai 1864
Bacinetti, Ludwig Graf, 1. CuirR. Prinz Carl von Bayern,   26 Jan. 1865
Fugger-Babenhausen, Friedrich Graf von, 3. UhlR.,   26 Jan. 1865
Tattenbach, Franz Graf von, 1. ChlR. Kaiser Alexander von
Rußland,   26 Jan. 1865
Oettingen-Wallerstein, Moriz Fürst von, 4. ChlR. König,   · 26 Jan. 1865

Trombetta, Carl, 2. UhlR. König,	26 Jan.	1865
Marc, Maximilian, 1. ChlR. Kaiser Alexander von Rußland,	25 Aug.	1865
Nagel, Ludwig von, 6. ChlR. vac. Herzog von Leuchtenberg,	25 Aug.	1865
Reyl, Hermann, 2. CuirR. Prinz Adalbert,　　　Rg v.	25 Aug.	1865
Hartmann, Hermann Ritter von, 4. ChlR. König,	25 Aug.	1865
Lerchenfeld-Brennberg, Alphons Graf von, 1. CuirR. Prinz Carl von Bayern,	25 Aug.	1865
Deuringer, Carl, 1. UhlR. vac. Großfürst Thronfolger Nicolaus von Rußland,	25 Aug.	1865
Schütz, Friedrich von, 3. CuirR. Großfürst Constantin Nikolajewitsch,	31 Mrz	1866
Aufseß, Julius Frh. von, 3. UhlR.,	31 Mrz	1866
Weinly, Julius von, 3. ChlR. Herzog Maximilian,　　Rg v.	31 Mrz	1866
Rummel, Alphons Frh. von, 2. CuirR. Prinz Adalbert,	31 Mrz	1866
Rechberg und Rothenlöwen, Ernst Graf von, 1. CuirR. Prinz Carl von Bayern,	31 Mrz	1866
Schmidt, Albert, 1. ChlR. Kaiser Alexander von Rußland,	20 Mai	1866
Egloffstein, Wilhelm Frh. von, 3. UhlR.,	20 Mai	1866
Rotberg, Albert Frh. von, 2. UhlR. König,	20 Mai	1866
Feuri, Alfred Frh. von, 1. UhlR. vac. Großfürst Thronfolger Nikolaus von Rußland,	20 Mai	1866
Rotberg, Theodor Frh. von, 4. ChlR. König,	20 Mai	1866
Michal, Carl, 3. ChlR. Herzog Maximilian,	20 Mai	1866
Dessauer, Otto, 1. UhlR. vac. Großfürst Thronfolger Nikolaus von Rußland,	20 Mai	1866
Crailsheim, Friedrich Frh. von, 2. UhlR. König,	20 Mai	1866
Jenisch, Theodor Ritter von, 6. ChlR. vac. Herzog von Leuchtenberg,	20 Mai	1866
Vogel, Georg, 2. UhlR. König,	20 Mai	1866
Feuri, Otto Frh. von, 3. CuirR. Großfürst Constantin Nikolajewitsch,	20 Mai	1866
Zwickh, Eugen, 5. ChlR. vac. Leiningen,	20 Mai	1866
Wieser, Oscar, 3. CuirR. Großfürst Constantin Nikolajewitsch,	20 Mai	1866
Geib, Carl, 3. ChlR. Herzog Maximilian,	20 Mai	1866
Roman, Otto Frh. von, 2. UhlR. König,	20 Mai	1866
Heusler, Ludwig von, 1. CuirR. Prinz Carl von Bayern,	20 Mai	1866
Frommel, Wilhelm, 4. ChlR. König,	20 Mai	1866
Hirschberg, Moriz Graf von, 5. ChlR. vac. Leiningen,	20 Mai	1866
Kreß von Kreßenstein, Carl Frh., 6. ChlR. vac. Herzog von Leuchtenberg,	20 Mai	1866
Stein, Ernst Frh. von, 6. ChlR. vac. Herzog von Leuchtenberg,	20 Mai	1866
d'Orville, Eugen, 3. ChlR. Herzog Maximilian,	20 Mai	1866
Seinsheim auf Grünbach, Albrecht Graf von, 1. CuirR. Prinz Carl von Bayern,	20 Mai	1866

Montgelas, Max. Graf von, 1. CuirR. Prinz Carl von Bayern, 20 Mai 1866

Limmer, Wilhelm, 2. CuirR. Prinz Adalbert, 20 Mai 1866

Reitzenstein, Christoph Frh. von, 4. ChlR. König, 20 Mai 1866

Oelhafen, Friedrich von, 1. UhlR. vac. Großfürst Thronfolger
Nikolaus von Rußland, 18 Jun. 1866

Genève, Gustav, 3. ChlR. Herzog Maximilian, 18 Jun. 1866

Regemann, Hugo von, 3. UhlR., 18 Jun. 1866

Stein, Maximilian Frh. von, 3. UhlR., 18 Jun. 1866

Bonnet zu Meautry, Edmund Frh. von, 4. ChlR. König, 18 Jun. 1866

Schäzler, Egon Frh. von, 4. ChlR. König, 18 Jun. 1866

Künsberg Frh. von Fronberg, Wilhelm, FAdj. S. M. des
Königs, Rg v. 18 Jun. 1866

Lehfeld, Hermann, 2. CuirR. Prinz Adalbert, 18 Jun. 1866

Dippel, Maximilian Ritter von, 2. ChlR. Taxis, 18 Jun. 1866

Hundt, Alphons Graf von, 5. ChlR. vac. Leiningen, 18 Jun. 1866

Herman, Adalbert, 1. ChlR. Kaiser Alexander von Rußland, 18 Jun. 1866

Pückler-Limpurg, Hermann Graf von, 5. ChlR. vac. Leiningen, 18 Jun. 1866

Gohren, Ludwig Frh. von, 3. UhlR., 18 Jun. 1866

Krauß, Maximilian, 3. UhlR., 18 Jun. 1866

Niedermayer, Franz, 1. UhlR. vac. Großfürst Thronfolger
Nikolaus von Rußland, 18 Jun. 1866

Künsberg Frh. von Fronberg, Friedrich, 2. CuirR. Prinz
Adalbert, 18 Jun. 1866

Fürthmaier, Georg, 1. ChlR. Kaiser Alexander von Rußland, 18 Jun. 1866

Kornburger, Friedrich, 6. ChlR. vac. Herzog von Leuchtenberg, 18 Jun. 1866

Wolf, Hugo, 2. UhlR. König, 18 Jun. 1866

Hirschberg, Hermann Graf von, 5. ChlR. vac. Leiningen, 18 Jun. 1866

Berg, Ludwig von, 5. ChlR. vac. Leiningen, 5 Jul. 1866

Königk, Albert Frh. von, 6. ChlR. vac. Herzog von Leuchtenberg, 5 Jul. 1866

Dotzauer, Alexander, 1. ChlR. Kaiser Alexander von Rußland, 5 Jul. 1866

Heusler, Theodor von, 2. CuirR. Prinz Adalbert, 5 Jul. 1866

Reigersberg, Carl Graf von, 6. ChlR. vac. Herzog von Leuchtenberg, 5 Jul. 1866

Hornig, Ewald, 2. CuirR. Prinz Adalbert, 5 Jul. 1866

Schwarz, Gottlieb von, 1. ChlR. Kaiser Alexander von Rußland, 5 Jul. 1866

Drechsel auf Deuffstetten und Karlstein, Maximilian Graf von,
1. CuirR. Prinz Carl von Bayern, 5 Jul. 1866

Auffeß, Fried. Frh. von, 6. ChlR. vac. Herzog von Leuchtenberg, 5 Jul. 1866

Pöllnitz, Walter Frh. von, 4. ChlR. König, 5 Jul. 1866

Kraft von Festenberg auf Frohnberg, Otto, 3. ChlR. Herzog
Maximilian, 5 Jul. 1866

Rüdt, Anton von, 3. CuirR. Großfürst Constantin Nikolajewitsch, 5 Jul. 1866

Preysing-Lichtenegg-Moos, Caspar Graf von, 1. CuirR. Prinz
Carl von Bayern, 5 Jul. 1866

Pocci, August Graf von, 1. CuirR. Prinz Carl von Bayern,	5 Jul.	1866
Stöber, Carl, 3. ChlR. Herzog Maximilian,	5 Jul.	1866
Gernler, Gustav von, 2. UhlR. König,	5 Jul.	1866
Rotberg, August Frh. von, 3. CuirR. Großfürst Constantin Nikolajewitsch,	5 Jul.	1866
Nesselrode-Hugenpoet, Heinrich Frh. von, 2. ChlR. Taxis,	5 Jul.	1866
Waldenfels, Wilhelm Frh. von, 1. UhlR. vac. Großfürst Thronfolger Nikolaus von Rußland,	5 Jul.	1866
Schady auf Schönfeld, Maximilian Frh. von, 2. UhlR. König,	5 Jul.	1866

Unterlieutenants.

Molitor von Mühlfeld, Ernst, 3. CuirR. Großfürst Constantin Nikolajewitsch,	25 Aug.	1863
Pückler-Limpurg, Wilhelm Graf von, 1. ChlR. Kaiser Alexander von Rußland,	24 Aug.	1864
Pechmann, Eduard Frh. von, 2. ChlR. Taxis,	26 Jan.	1865
Poschinger, Ludwig Ritter von, 4. ChlR. König,	26 Jan.	1865
Muffat, Carl, 1. CuirR. Prinz Carl von Bayern,	26 Jan.	1865
Podewils, Carl Frh. von, 6. ChlR. vac. Herzog von Leuchtenberg,	26 Jan.	1865
Spreti, Adolph Graf von, 4. ChlR. König,	26 Jan.	1865
Maximilian Emanuel, Herzog in Bayern, K. H., 2. UhlR. König,	5 Jun.	1865
Redwitz, Philipp Frh. von, 2. CuirR. Prinz Adalbert,	25 Aug.	1865
Geldern, Richard Graf von, 2. CuirR. Prinz Adalbert,	25 Aug.	1865
Possert, Eugen, 1. UhlR. vac. Großfürst Thronfolger Nikolaus von Rußland,	25 Aug.	1865
Feilitzsch, Wilhelm Frh. von, 1. ChlR. Kaiser Alexander von Rußland,	25 Aug.	1865
Pechmann, Carl Frh. von, 2. ChlR. Taxis,	25 Aug.	1865
Falkenhausen, Alexander Frh. von, 2. UhlR. König,	31 Mrz	1866
Beulwitz, Ernst, 3. CuirR. Großfürst Constantin Nikolajewitsch,	31 Mrz	1866
Müller, Wilhelm, 3. ChlR. Herzog Maximilian,	31 Mrz	1866
Bethmann, Carl Frh. von, 4. ChlR. König,	31 Mrz	1866
Baricourt, Lambert Frh. von, 3. CuirR. Großfürst Constantin Nikolajewitsch,	31 Mrz	1866
Götz, Hermann, 2. CuirR. Prinz Adalbert,	31 Mrz	1866
Schäzler, Edmund Frh. von, 2. CuirR. Prinz Adalbert,	31 Mrz	1866
Gräf, Gustav, 6. ChlR. vac. Herzog von Leuchtenberg,	20 Mai	1866
Dilimm, Friedrich, 1. ChlR. Kaiser Alexander von Rußland,	20 Mai	1866
Seefried auf Buttenheim, Ludwig Frh. von, 2. ChlR. Taxis,	20 Mai	1866
Mabroux, Eduard von, 2. UhlR. König,	20 Mai	1866
Wiedmann, Ludwig, 1. CuirR. Prinz Carl von Bayern,	20 Mai	1866
Schubärt, Franz von, 1. ChlR. Kaiser Alexander von Rußland,	20 Mai	1866
Ermarth, Albert, 4. ChlR. König,	20 Mai	1866
Rittmann, Carl, 3. UhlR.,	20 Mai	1866

Schmalz, Christian von, 2. ChlR. Taxis,   20 Mai 1866

Barth zu Harmating, Erwin Frh. von, 5. ChlR. vac. Leiningen,   20 Mai 1866

Stauffenberg, Carl Schenk Frh. von, 4. ChlR. König,   20 Mai 1866

Kirchgeßner, Carl, 1. ChlR. Kaiser Alexander von Rußland,   20 Mai 1866

Mayer auf Sterzhausen, Carl von, 3. CuirR. Großfürst Con-
    stantin Nikolajewitsch,   20 Mai 1866

Schönborn-Wiesentheid, Arthur Graf von, 4. ChlR. König,   20 Mai 1866

Unterrichter Frh. von Rechtenthal, Oscar, 6. ChlR. vac. Herzog
    von Leuchtenberg,   20 Mai 1866

Hartmann, Ferdinand, 3. ChlR. Herzog Maximilian,   20 Mai 1866

Horadam, Carl, 2. ChlR. Taxis,   20 Mai 1866

Seckendorff-Aberdar, Alfred Frh. von, 2. UhlR. König,   20 Mai 1866

Berchem, Egon Frh. von, 5. ChlR. vac. Leiningen,   20 Mai 1866

Hartmann, Maximilian, 2. CuirR. Prinz Adalbert von Bayern,   20 Mai 1866

Frank, Otto, 1. CuirR. Prinz Carl von Bayern,   20 Mai 1866

Schropp, Franz, 6. ChlR. vac. Herzog von Leuchtenberg,   20 Mai 1866

Yrsch, Christian Graf von, 2. ChlR. Taxis,   Rg v.   20 Mai 1866

Pfetten-Füll, Joseph Frh. von, 2. CuirR. Prinz Adalbert,   20 Mai 1866

Mühle, Carl Graf von der, 1. CuirR. Prinz Carl von Bayern,   20 Mai 1866

Rosenbusch, Eugen, 5. ChlR. vac. Leiningen,   20 Mai 1866

Guttenberg, Rudolph Frh. von, 5. ChlR. vac. Leiningen,   20 Mai 1866

Riegler, Eugen, 3. UhlR.,   20 Mai 1866

Geuder genannt Rabensteiner, Friedrich Frh. von, 1. UhlR.
    vac. Großfürst Thronfolger Nikolaus von Rußland,   20 Mai 1866

Pöllnitz-Frankenberg, Luitpold Frh. von, 1. UhlR. vac. Groß-
    fürst Thronfolger Nikolaus von Rußland,   20 Mai 1866

Köppelle, Carl Frh. von, 1. UhlR. Großfürst Thronfolger
    Nikolaus von Rußland,   20 Mai 1866

Schellerer, Maximilian von, 3. ChlR. Herzog Maximilian,   20 Mai 1866

Klöber, Alexander von, 3. ChlR. Herzog Maximilian,   20 Mai 1866

Schüler, Adalbert, 2. UhlR. König,   20 Mai 1866

Treuberg, Friedrich Frh. von, 3. CuirR. Großfürst Constantin
    Nikolajewitsch,   20 Mai 1866

Gutermann, Eugen von, 1. UhlR. vac. Großfürst Thronfolger
    Nikolaus von Rußland,   20 Mai 1866

Schlagintweit, Alois, 2. UhlR. König,   20 Mai 1866

Meyer, Friedrich, 2. UhlR. König,   20 Mai 1866

Lamezan, Carl Frh. von, 1. ChlR. Kaiser Alexander von Rußland,   20 Mai 1866

Popp, Martin, 2. UhlR. König,   20 Mai 1866

Gräff, Nepomuk, 1. UhlR. vac. Großfürst Thronfolger Nikolaus
    von Rußland,   20 Mai 1866

Muffel, Adolph von, 3. ChlR. Herzog Maximilian,   20 Mai 1866

Ruffin, Aemilian Frh. von, 1. UhlR. vac. Großfürst Thron-
    folger Nikolaus von Rußland,   20 Mai 1866

Lefuire, Günther von, 2. UhlR. König, 20 Mai 1866
Schenk, Otto, 3. CuirR. Großfürst Constantin Nikolajewitsch, 20 Mai 1866
Reuß-Köstriß, Heinrich XIX. Prinz von, 4. ChlR. König, 4 Jun. 1866
Gelbern, Eugen Graf von, 3. UhlR., Rg v. 18 Jun. 1866
Buz, Franz, 1. CuirR. Prinz Carl von Bayern, 18 Jun. 1866
Vacchiery, Clemens von, 4. ChlR. König, 18 Jun. 1866
Killinger, Friedrich, 2. ChlR. Taxis, 18 Jun. 1866
Lindpaintner, Ludwig, 3. CuirR. Großfürst Constantin Niko-
    lajewitsch, 18 Jun. 1866
Lienhardt, Alfred, 6. ChlR. vac. Herzog von Leuchtenberg, 18 Jun. 1866
Oelhafen, Emil von, 2. UhlR. König, 18 Jun. 1866
Schedel, Wilhelm, 5. ChlR. vac. Leiningen, 18 Jun. 1866
Schach auf Schönfeld, Carl Frh. von, 5. ChlR. vac. Leiningen, 18 Jun. 1866
Wolffskeel, Alexander Frh. von, 4. ChlR. König, 18 Jun. 1866
Wolffskeel-Reichenberg, Carl Frh. von, 1. ChlR. Kaiser Alexander
    von Rußland, 18 Jun. 1866
Floßmann, Maximilian, 3. ChlR. Herzog Maximilian, 18 Jun. 1866
Ziegler, Alfred Frh. von, 3. UhlR., 18 Jun. 1866
Rummel, Philipp Frh. von, 1. CuirR. Prinz Carl von Bayern, 18 Jun. 1866
Bonnet zu Meautry, August Frh. von, 3. CuirR. Großfürst
    Constantin Nikolajewitsch, 18 Jun. 1866
Wolf, Ottolar, 3. ChlR. Herzog Maximilian, 18 Jun. 1866
Bischoff, Julius, 1. UhlR. vac. Großfürst Thronfolger Nikolaus
    von Rußland, 18 Jun. 1866
Schmidt, Wilhelm, 6. ChlR. vac. Herzog von Leuchtenberg, 18 Jun. 1866
Cronnenbold, Friedrich, 1. UhlR. vac. Großfürst Thronfolger
    Nikolaus von Rußland, 18 Jun. 1866
Redwitz, Adalbert Frh. von, 2. CuirR. Prinz Adalbert, 18 Jun. 1866
Grundner, Christian Ritter von, 3. UhlR, 18 Jun. 1866
Schüler, Maximilian, 3. ChlR. Herzog Maximilian, 18 Jun. 1866
Beck, Otto, 3. UhlR., 18 Jun. 1866
Brockdorff, Hugo Graf von, 5. ChlR. vac. Leiningen, 18 Jun. 1866
Klein, Carl, 4. ChlR. König, 18 Jun. 1866
Heußlein Frh. von Eußenheim, Carl, 6. ChlR. vac. Herzog
    von Leuchtenberg, 18 Jun. 1866
Pöllnitz, Arthur Frh. von, 2. CuirR. Prinz Adalbert, 18 Jun. 1866
Hanfstängl, Eugen, 5. ChlR. vac. Leiningen, 18 Jun. 1866
Hofstetten, Eugen von, 6. ChlR. vac. Herzog von Leuchten-
    berg, 18 Jun. 1866
Gender genannt Rabensteiner, Georg Frh. von, 3. ChlR. Herzog
    Maximilian, 18 Jun. 1866
Rittmann, Alfred, 1. ChlR. Kaiser Alexander von Rußland, 18 Jun. 1866
Winkler von Mohrenfels, Carl, 3. UhlR., 18 Jun. 1866
Falkenhausen, Julius Frh. von, 3. UhlR., 18 Jun. 1866

16*

Froberg-Montjoye, Johann Graf von, 1. ChlR. Kaiser Alexander
    von Rußland,   18 Jun. 1866

Hofenfels, Maximilian Frh. von, 1. UhlR. vac. Großfürst Thron-
    folger Nikolaus von Rußland,   18 Jun. 1866

Pfordten, Maximilian Frh. von der, 1. UhlR.- vac. Großfürst
    Thronfolger Nikolaus von Rußland,   24 Jun. 1866

Lilien, Anton von, 6. ChlR. vac. Herzog von Leuchtenberg,   14 Jul. 1866

Lippmann, Friedrich, 2. CuirR. Prinz Adalbert,   14 Jul. 1866

Esebeck, Oscar Frh. von, 3. CuirR. Großfürst Constantin
    Nikolajewitsch,   14 Jul. 1866

Beckh, Gustav, 1. ChlR. Kaiser Alexander von Rußland,   14 Jul. 1866

Forster, Joh. von, 3. CuirR. Großfürst Constantin Nikolajewitsch,   14 Jul. 1866

Reiber, Georg von, 5. ChlR. vac. Leiningen,   14 Jul. 1866

Grathwol, Wolfgang, 5. ChlR. vac. Leiningen,   26 Jul. 1866

Fexer, Christian, 2. ChlR. Taxis,   26 Jul. 1866

Blesinger, Jacob, 3. UhlR.,   26 Jul. 1866

Kreittmayr, Ignaz Frh. von, 2. CuirR. Prinz Adalbert,   26 Jul. 1866

Käufl, Otto, 2. CuirR. Prinz Adalbert,   26 Jul. 1866

Artillerie.

Obersten.

Podewils, Philipp Frh. von, GwhrfblDn,	28 Nov.	1861
Reck, Carl von, ZghHptDn,	20 Mai	1863
Schmölzl, Joseph, ZghHptDn,	20 Mai	1863
Fortenbach, Carl, 1. ArtR. Prinz Luitpold,	25 Nov.	1863
Lutz, Heinrich, 3. ArtR. Königin Mutter,	31 Mrz	1866
Tattenbach, Maximilian Graf von, ZghHptDn,	20 Mai	1866
Schultze, Fedor, 2. ArtR. vac. Lüber,	20 Mai	1866
Tann, Rudolph Frh. von der, 1. ArtR. Prinz Luitpold,	18 Jun.	1866
Müller, Nepomuk Frh. von, 4. ArtR.,	18 Jun.	1866

Oberstlieutenants.

Müller, Christian, ZghHptDn,	11 Jan.	1865
Vogl, Ludwig, 4. ArtR.,	11 Jan.	1865
Pillement, Johann von, ArtBrthgsCn,	11 Jan.	1865
Lamezan, Gustav Frh. von, ZghHptDn,	31 Mrz	1866
Bronzetti, Heinrich, 3. ArtR. Königin Mutter,	20 Mai	1866
Mann, Friedrich Ritter von, ZghHptDn,	20 Mai	1866
Halber, Korbinian, 1. ArtR. Prinz Luitpold,	18 Jun.	1866
Feilitzsch, August Frh. von, 2. ArtR. vac. Lüber,	18 Jun.	1866
Speidl, Edmund Frh. von, 1. ArtR. Prinz Luitpold,	18 Jun.	1866

Majore.

Grundherr zu Altenthann und Weyherhaus, Sigmund von, ZghHptDn,	ch. 28 Fbr	1858
Steinbauer, Wolfgang, 2. ArtR. vac. Lüber,	6 Jan.	1860
Tann, Hugo Frh. von der, 3. ArtR. Königin Mutter,	6 Jan.	1860
Horn, Carl Frh. von, 3. ArtR. Königin Mutter,	6 Jan.	1860
Kitzing, Carl, 4. ArtR.,	25 Nov.	1863
Eckart, Edmund, 4. ArtR.,	29 Mai	1864
Freyberg, Alexander Frh. von, 1. ArtR. Prinz Luitpold,	29 Mai	1864
Neubeck, Carl Frh. von, 1. ArtR. Prinz Luitpold,	11 Jan.	1865
Stengel, Franz Frh. von, 1. ArtR. Prinz Luitpold,	11 Jan.	1865
Lerchenfeld-Aham, August Frh. von, 1. ArtR. Prinz Luitpold,	28 Mrz	1866
Sprengler, Eugen, ZghHptDn (Gieß- und Bohrhaus),	31 Mrz	1866
Lori, Maximilian, ZghHptDn,	20 Mai	1866
Crailsheim, Anton Frh. von, 4. ArtR.,	20 Mai	1866
Brandt, Carl, 4. ArtR.,	20 Mai	1866
Löffelholz von Colberg, Ludwig Frh., ArtBrthgsCn,	20 Mai	1866

Vollmar auf Veltheim, Joseph Ritter von, 1. ArtR. Prinz Luitpold,		20	Mai	1866
Harsdorf, Carl Frh. von, 2. ArtR. vac. Lüder,		20	Mai	1866
Blanc, Joseph, 2. ArtR. vac. Lüder,		20	Mai	1866
Rupp, Georg, OZeugwart	ch.	18	Jun.	1866
Muck, Friedrich, 1. ArtR. Prinz Luitpold,		18	Jun.	1866
Schleitheim, Joseph Keller Frh. von, 3. ArtR. Königin Mutter,		18	Jun.	1866
Hollenbach, Carl, 2. ArtR. vac. Lüder,		18	Jun.	1866
Mehler, Anton, 4. ArtR.,		5	Jul.	1866
Cöster, Carl Frh. von, 1. ArtR. Prinz Luitpold,		5	Jul.	1866

Hauptleute.

Aign, Wilhelm, 4. ArtR.,	Rg v.	11	Oct.	1853
Rebenbacher, Oscar, OZeugwart,		11	Oct.	1853
Daffner, Franz, 1. ArtR. Prinz Luitpold,		31	Dec.	1858
Windisch, Friedrich, OZeugwart,		6	Apr.	1859
Königer, Maximilian, 2. ArtR. vac. Lüder,		6	Apr.	1859
Hang, Georg, 2. ArtR. vac. Lüder,		6	Apr.	1859
Lottersberg, Carl Frh. von, 2. ArtR. vac. Lüder,		6	Apr.	1859
Minges, Peter, 2. ArtR. vac. Lüder,		6	Apr.	1859
Mussinan, Ludwig, 1. ArtR. Prinz Luitpold,		6	Apr.	1859
Büller, Ernst von, 1. ArtR. Prinz Luitpold,		16	Mai	1859
Gramich, Victor, 1. ArtR. Prinz Luitpold,		16	Mai	1859
Reinwald, Michael, OuwS.,		16	Mai	1859
Zeller, Georg, 4. ArtR.,		16	Mai	1859
Rebenbacher, Carl, 1. ArtR. Prinz Luitpold,		16	Mai	1859
Hutten, Ulrich Frh. von, 1. ArtR. Prinz Luitpold,		16	Mai	1859
Frays, Friedrich Frh. von, GwhrsblDn,		16	Mai	1859
Will, Franz, ArtWrthgsCn,		27	Mrz	1860
Kriebel, Theodor, 1. ArtR. Prinz Luitpold,		27	Mrz	1860
Hausmann, Otto, 2. ArtR. vac. Lüder,		27	Mrz	1860
Kirchhoffer, Franz, 4. ArtR.,		27	Mrz	1860
Reber, Heinrich, 1. ArtR. Prinz Luitpold,		3	Nov.	1861
Engelbreit, Carl, 1. ArtR. Prinz Luitpold,		3	Nov.	1861
Girl, Celsus, 4. ArtR.,		3	Nov.	1861
Schuster, Heinrich, 2. ArtR. vac. Lüder,		3	Nov.	1861
Baumüller, Ernst, 1. ArtR. Prinz Luitpold,		3	Nov.	1861
Hofmeister, Carl, 4. ArtR.;	-	24	Aug.	1862
Mehn, Otto, 2. ArtR. vac. Lüder,		20	Mai	1863
Herold, Paul, 4. ArtR.,		25	Nov.	1863
Sauer, Carl von, FAbj. S. M. des Königs,		28	Mai	1864
Olivier, Julius, 1. ArtR. Prinz Luitpold,		29	Mai	1864
Branca, Maximilian Frh. von, 2. ArtR. vac. Lüder,		29	Mai	1864
Bauer, Baptist, 1. ArtR. Prinz Luitpold,		26	Jan.	1865
Lepel, Emil Frh. von, 3. ArtR. Königin Mutter,		26	Jan.	1865

Siebenlist, Carl, 1. ArtR. Prinz Luitpold,	26 Jan.	1865
Steinam, Ludwig, FeuerwrlC.,	26 Jan.	1865
Schropp, Eduard, 4. ArtR.,	26 Jan.	1865
Hellingrath, Friedrich von, 3. ArtR. Königin Mutter,	25 Aug.	1865
Söldner, Michael, 2. ArtR. vac. Lüder,	12 Oct.	1865
Maurer, Theodor, 4. ArtR.,	31 Mrz	1866
Fricker, Caspar, ZghHptDn,	31 Mrz	1866
Reuß, Lothar, 4. ArtR.,	31 Mrz	1866
Belli de Pino, Alphons von, 4. ArtR.,	31 Mrz	1866
Gönner, Carl von, ZghHptDn (Pulverfabrik),	31 Mrz	1866
Sewalder, Joseph, 4. ArtR.,	31 Mrz	1866
Ehrlich, Gustav, 1. ArtR. Prinz Luitpold,	20 Mai	1866
Schmauß, Matthäus, 4. ArtR.,	20 Mai	1866
Neu, Oscar, 4. ArtR.,	20 Mai	1866
Speck, Maximilian, ArtBrthgsCn,	20 Mai	1866
Peringer, Ludwig, 4. ArtR.,	20 Mai	1866
Massenbach, Carl Gemmingen Frh. v., 3. ArtR. Königin Mutter,	20 Mai	1866
Klein, Franz, ZghHptDn,	20 Mai	1866
Cramer, Albert, 1. ArtR. Prinz Luitpold,	20 Mai	1866
Bezold, Hermann von, 1. ArtR. Prinz Luitpold,	20 Mai	1866
Schubert, Friedrich, 4. ArtR.,	18 Jun.	1866
Blume, Frido, 2. ArtR. vac. Lüder,	18 Jun.	1866
La Roche, August du Jarrys Frh. von, 3. ArtR. Königin Mutter,	18 Jun.	1866
Bauer, Anselm, OZeugwart,	18 Jun.	1866
Weigand, Wilhelm, ArtBrthgsCn,	18 Jun.	1866
Weißenbach, Anton, OZeugwart,	18 Jun.	1866
Dürr, Martin, ZghHptDn (Salpeter-Raffinerie),	5 Jul.	1866
Sigmund, Erhard, OZeugwart,	5 Jul.	1866
Lurz, Albert Frh. von, 2. ArtR. vac. Lüder,	5 Jul.	1866
Wurm, Ernst, 4. ArtR.,	5 Jul.	1866
Streiter, Theodor, ArtBrthgsCn,	5 Jul.	1866
Hörmann von Hörbach, Ludwig, 1. ArtR. Prinz Luitpold,	5 Jul.	1866
Zu Rhein, Theodor Frh. von, 2. ArtR. vac. Lüder,	5 Jul.	1866
Lößl, Ernst Ritter von, 3. ArtR. Königin Mutter,	5 Jul.	1866
Ebner von Eschenbach, Hermann Frh., 2. ArtR. vac. Lüder,	5 Jul.	1866
Gruithuisen, Wilhelm, 1. ArtR. Prinz Luitpold,	5 Jul.	1866
La Roche, Max. du Jarrys Frh. von, 3. ArtR. Königin Mutter,	5 Jul.	1866
Schropp, Carl, 1. ArtR. Prinz Luitpold,	5 Jul.	1866

Oberlieutenants.

Schäffer, Johann, OubC.,	16 Mai	1859
Kriebel, Carl, 1. ArtR. Prinz Luitpold,	16 Mai	1859
Grundherr zu Altenthann und Weyherhaus, Ferdinand von, 1. ArtR. Prinz Luitpold,	16 Mai	1859

Malaisé, Eugen, 3. ArtR. Königin Mutter,	16 Mai	1859
Thürheim, Hermann Graf von, 4. ArtR.,	Rg v. 16 Mai	1859
Baur, Franz, 4. ArtR.,	16 Mai	1859
Schleich, Wilhelm von, 1. ArtR. Prinz Luitpold,	16 Mai	1859
Weber, Jacob, 2. ArtR. vac. Lüder,	Rg v. 16 Mai	1859
Dietrich, Friedrich, 1. ArtR. Prinz Luitpold,	16 Mai	1859
Gößner, Ferdinand, 2. ArtR. vac. Lüder,	16 Mai	1859
Schulze, Otto, 3. ArtR. Königin Mutter,	21 Jun.	1859
Mieg, Malkolm, 3. ArtR. Königin Mutter,	21 Jun.	1859
Sutner, August von, FeuerwrkC.,	21 Jun.	1859
Reverdys, Baptist, 4. ArtR.,	27 Mrz	1860
Sulzbeck, Heinrich, 2. ArtR. vac. Lüder,	27 Mrz	1860
Helmes, Wolfgang, 2. ArtR. vac. Lüder,	27 Mrz	1860
Endres, Ludwig, 4. ArtR.,	11 Dec.	1861
Kollmann, Eugen, 3. ArtR. Königin Mutter,	11 Dec.	1861
Schmauß, Joseph, 4. ArtR.,	11 Dec.	1861
Heiden, Hugo, 1. ArtR. Prinz Luitpold,	11 Dec.	1861
Schwarz, Rudolph, 1. ArtR. Prinz Luitpold,	11 Dec.	1861
Leopold, Prinz von Bayern, K. H., 3. ArtR. Königin Mutter,	5 Jun.	1864
Reinhard, Ludwig, Feuerwrkmstr,	26 Jan.	1865
Metz, Johann, 4. ArtR.,	26 Jan.	1865
Linprun, Maximilian Ritter von, 2. ArtR. vac. Lüder,	26 Jan.	1865
Vogl, Ludwig, 1. ArtR. Prinz Luitpold,	26 Jan.	1865
Raisa, Otto, 1. ArtR. Prinz Luitpold,	25 Aug.	1865
Petri, Ferdinand, 2. ArtR. vac. Lüder,	12 Oct.	1865
Rogister, Hermann Ritter von, 3. ArtR. Königin Mutter,	31 Mrz	1866
Reinath, Julius, 2. ArtR. vac. Lüder,	31 Mrz	1866
Ammon, Carl, 4. ArtR.,	31 Mrz	1866
Mayr, Joseph, 1. ArtR. Prinz Luitpold,	31 Mrz	1866
Passavant, Philipp, 1. ArtR. Prinz Luitpold,	20 Mai	1866
Schuh, Maximilian, 3. ArtR. Königin Mutter,	20 Mai	1866
Stadelmann, Hugo, GwhrfblDn,	20 Mai	1866
Metz, Eduard, 4. ArtR.,	20 Mai	1866
Schwarz, Carl, ZgbHptDn,	20 Mai	1866
Elgershausen, Luitpold, 3. ArtR. Königin Mutter,	20 Mai	1866
Hofmann, Carl, 3. ArtR. Königin Mutter,	20 Mai	1866
Hasselwander, Joseph, 2. ArtR. vac. Lüder,	20 Mai	1866
Jamin, Wilhelm, 4. ArtR.,	20 Mai	1866
Böck, Johann, DuvC.,	20 Mai	1866
Gullmann, Eugen, 4. ArtR.,	20 Mai	1866
Lüder, Guntram, 2. ArtR. vac. Lüder,	20 Mai	1866
Hartlieb genannt Wallsporn, Maximilian von, 1. ArtR. Prinz Luitpold,	20 Mai	1866
Schnitzlein, Eugen, 1. ArtR. Prinz Luitpold,	20 Mai	1866

Lutz, Maximilian, 3. ArtR. Königin Mutter,	20 Mai	1866
Borzaga, Joseph, 1. ArtR. Prinz Luitpold,	20 Mai	1866
Fischach, Ernst, 2. ArtR. vac. Lüber,	20 Mai	1866
Cucumus, Carl, 4. ArtR.,	20 Mai	1866
Dekinder, Philipp, Feuerwksmstr,	20 Mai	1866
Keyl, Hugo, 2. ArtR. vac. Lüber,	20 Mai	1866
Carl, Conrad, 2. ArtR. vac. Lüber,	20 Mai	1866
Heberer, Oscar, 4. ArtR.,	20 Mai	1866
Merkl, Robert, 1. ArtR. Prinz Luitpold,	20 Mai	1866
Hasler, Ludwig, 1. ArtR. Prinz Luitpold,	20 Mai	1866
Lenz, Hermann, 1. ArtR. Prinz Luitpold,	20 Mai	1866
Reber, Ludwig, 2. ArtR. vac. Lüber,	20 Mai	1866
Fricker, Carl, DubC.,	20 Mai	1866
Teubern, Andreas, 2. ArtR. vac. Lüber,	18 Jun.	1866
Zöhnle, Rudolph, 1. ArtR. Prinz Luitpold,	18 Jun.	1866
Bomhard, Theodor, 1. ArtR. Prinz Luitpold,	18 Jun.	1866
Wolff, Carl, 2. ArtR. vac. Lüber,	18 Jun.	1866
Heerwagen, Oscar, 4. ArtR.,	18 Jun.	1866
Seuffert, Bernhard, 4. ArtR.,	18 Jun.	1866
Behe, Gottfried, 1. ArtR. Prinz Luitpold,	18 Jun.	1866
Moser, Birgil, 2. ArtR. vac. Lüber,	18 Jun.	1866
Bischoff, Franz, 2. ArtR. vac. Lüber,	18 Jun.	1866
Schmidt, Ludwig, 2. ArtR. vac. Lüber,	18 Jun.	1866
Meyer, Justin, 4. ArtR.,	18 Jun.	1866
Buonaccorsi, Carl von, 4. ArtR.,	18 Jun.	1866
Brandt, Philipp Frh. von, 3. ArtR. Königin Mutter,	18 Juni	1866
Scheurl von Defersdorf, Carl, 4. ArtR.,	18 Jun.	1866
Völk, Carl, 4. ArtR.,	18 Jun.	1866
Brück, Hugo Frh. von, 1. ArtR. Prinz Luitpold,	5 Jul.	1866
Hermann, Theodor, 1. ArtR. Prinz Luitpold,	5 Jul.	1866
Stengel, Emil Frh. von, 1. ArtR. Prinz Luitpold,	5 Jul.	1866
Engel, Friedrich, 2. ArtR. vac. Lüber,	5 Jul.	1866
Reitzenstein, Carl Frh. von, 4. ArtR.,	5 Jul.	1866
Lamezan, Ferdinand Frh. von, 1. ArtR. Prinz Luitpold,	5 Jul.	1866
Andrian-Werburg, Victor Frh. von, 1. ArtR. Prinz Luitpold,	5 Jul.	1866
Brandt, Carl Frh. von, 3. ArtR. Königin Mutter,	5 Jul.	1866
Siebert, Franz, 4. ArtR.,	5 Jul.	1866
Rambaldi, Heinrich Graf von, 1. ArtR. Prinz Luitpold,	5 Jul.	1866
Halder, Joseph, 2. Art. vac. Lüber,	5 Jul.	1866
Hütz, Peter, 4. ArtR.,	5 Jul.	1866
Pracher, Otto, FeuerwrkC.,	5 Jul.	1866
Stiller, Erich, FeuerwrkC.,	5 Jul.	1866
Lenz, Franz, 1. ArtR. Prinz Luitpold,	5 Jul.	1866
Traitteur, Joseph, FeuerwrksC.,	5 Jul.	1866

Rueborffer, Robert von, 2. ArtR. vac. Lüber,	5 Jul.	1866
Weiß, Christian, 4. ArtR.,	5 Jul.	1866
Arco-Zinneberg, Carl Graf von, 3. ArtR. Königin Mutter,	5 Jul.	1866
Thüngen, Rudolph Frh. von, 2. ArtR. vac. Lüber,	5 Jul.	1866
Behringer, Julius, 4. ArtR,	5 Jul.	1866
Betzel, Adam, 2. ArtR. vac. Lüber,	5 Jul.	1866
Kramer, Rudolph von, 2. ArtR. vac. Lüber,	5 Jul.	1866
Hiller, Paul, 1. ArtR. Prinz Luitpold,	5 Jul.	1866
Kaiser, Joseph, 2. ArtR. vac. Lüber,	5 Jul.	1866
Bezolb, Friedrich von, 2. ArtR. vac. Lüber,	5 Jul.	1866

Unterlieutenants.

Peters, Gottlieb, Zeugwart,	ch.	19 Oct.	1850
Frey, Hermann, 4. ArtR.,	Rg v.	16 Mai	1859
Neureuther, Carl, 4. ArtR.,		20 Mai	1863
Hausner, Robert, 2. ArtR. vac. Lüber,		20 Mai	1863
Trentini, Alois von, 1. ArtR. Prinz Luitpold,		20 Mai	1863
Schröber, Ludwig, 2. ArtR. vac. Lüber,		20 Mai	1863
Schreyer, Alois, 1. ArtR. Prinz Luitpold,		20 Mai	1863
Popp, Conrad, 2. ArtR. vac. Lüber,		20 Mai	1863
Prätorius von Daßhausen, Otto, 3. ArtR. Königin Mutter,		20 Mai	1863
Schönninger, Alfred, 1. ArtR. Prinz Luitpold,		20 Mai	1863
Deininger, Rudolph, 1. ArtR. Prinz Luitpold,		20 Mai	1863
Boll, Peter, 2. ArtR. vac. Lüber,		20 Mai	1863
Dennerl, Julius, 1. ArtR. Prinz Luitpold,		20 Mai	1863
Schnizlein, Friedrich, 3. ArtR. Königin Mutter,		20 Mai	1863
Rietheim, Xaver Frh. von, 3. ArtR. Königin Mutter,		25 Aug.	1863
Schleich, Franz Frh. von, 1. ArtR. Prinz Luitpold,		25 Aug.	1863
Schöller, Maximilian, 1. ArtR. Prinz Luitpold,		25 Aug.	1863
Schöller, Friedrich, 1. ArtR. Prinz Luitpold,		25 Aug.	1863
Geßele, Maximilian, 4. ArtR.,		25 Aug.	1863
Schmidt, Philipp, 2. ArtR. vac. Lüber,		25 Aug.	1863
Mayr, Angelo, DuvC.,		25 Aug.	1863
Fuchs von Bimbach und Dornheim, Reinhold Frh., 2. ArtR. vac. Lüber,		25 Aug.	1863
Beitenthal, Johann, Zeugwart,	ch.	27 Oct.	1864
Haag, Oscar, 2. ArtR. vac. Lüber,		25 Aug.	1865
Millauer, Robert, 1. ArtR. Prinz Luitpold,		25 Aug.	1865
Franck, Heinrich, 2. ArtR. vac. Lüber,		25 Aug.	1865
Zweyer, Michael, Zeugwart,	ch.	12 Oct.	1865
Dietz, Adolph von, 4. ArtR.,		31 Mrz	1866
Wanner, Friedrich, 3. ArtR. Königin Mutter,		31 Mrz	1866
Gündter, Robert, 1. ArtR. Prinz Luitpold,		31 Mrz	1866
Mahler, Joseph, 2. ArtR. vac. Lüber,		31 Mrz	1866

Herrmann, Georg, 2. ArtR. vac. Lüder,	31 Mrz	1866
Stinglwagner, Gustav, 2. ArtR. vac. Lüder,	31 Mrz	1866
Keller, Eugen, 4. ArtR.,	31 Mrz	1866
Sandner, Heinrch, 4. ArtR.,	31 Mrz	1866
Landmann, Carl, 1. ArtR. Prinz Luitpold,	20 Mai	1866
Bösmiller, Maximilian, 2. ArtR. vac. Lüder,	20 Mai	1866
Ruß, Albert, 4. ArtR.,	20 Mai	1866
Schmädel, Paul Ritter von, 3. ArtR. Königin Mutter,	20 Mai	1866
Lufft, Ludwig, 2. ArtR. vac. Lüder,	20 Mai	1866
Steinbauer, Ludwig, 4. ArtR.,	20 Mai	1866
Imhoff, Gustav von, 1. ArtR. Prinz Luitpold,	20 Mai	1866
Bürklein, Rudolph, 1. ArtR. Prinz Luitpold,	20 Mai	1866
Schwarzmann, Hermann, 3. ArtR. Königin Mutter,	20 Mai	1866
Schmädel, Franz Ritter von, 4. ArtR.,	20 Mai	1866
Belleville, Carl, 1. ArtR. Prinz Luitpold,	20 Mai	1866
Schuster, Ludwig, 2. ArtR. vac. Lüder,	20 Mai	1866
Schlegel, Gustav, 1. ArtR. Prinz Luitpold,	20 Mai	1866
Schmitt, Franz, 2. ArtR. vac. Lüder,	20 Mai	1866
Barth zu Hartmating, Franz Frh. von, 1. ArtR. Prinz Luitpold,	20 Mai	1866
Reichert, Julius Ritter von, 1. ArtR. Prinz Luitpold,	20 Mai	1866
Pflaum, Friedrich, 1. ArtR. Prinz Luitpold,	20 Mai	1866
Tünnermann, Friedrich, 1. ArtR. Prinz Luitpold,	20 Mai	1866
Höggenstaller, Emil, 2. ArtR. vac. Lüder,	20 Mai	1866
Gerstner, Maximilian, 1. ArtR. Prinz Luitpold,	20 Mai	1866
Splitgerber, Otto, 4. ArtR.,	20 Mai	1866
Kalb, Emil, 3. ArtR. Königin Mutter,	20 Mai	1866
Helfreich, Maximilian, 4. ArtR.,	20 Mai	1866
Sartor, Gustav, 2. ArtR. vac. Lüder,	20 Mai	1866
Jäger, Richard, 2. ArtR. vac. Lüder,	20 Mai	1866
Hüz, Ludwig, 4. ArtR.,	20 Mai	1866
Stengel, Stephan Frh. von, 4. ArtR.,	20 Mai	1866
Fabrice, Heinrich von, 2. ArtR. vac. Lüder,	20 Mai	1866
Glaßer, Ludwig, 1. ArtR. Prinz Luitpold,	20 Mai	1866
Rieberer, Moriz Frh. von, 4. ArtR.,	20 Mai	1866
Heimpel, Carl, 2. ArtR. vac. Lüder,	20 Mai	1866
Kery, Carl, 4. ArtR.,	20 Mai	1866
Kery, Ludwig, 4. ArtR.,	20 Mai	1866
Windstoßer, Eduard, 4. ArtR.,	Rg v. 20 Mai	1866
Achner, August, 1. ArtR. Prinz Luitpold,	20 Mai	1866
Hecht, Theodor, 2. ArtR. vac. Lüder,	20 Mai	1866
Steinleitner, Maximilian, Feuerwerkmstr.,	20 Mai	1866
Reichard, Johann, 4. ArtR.,	20 Mai	1866
Lamm, Johann, 2. ArtR. vac. Lüder,	20 Mai	1866
Fröber, Carl, 2. ArtR. vac. Lüder,	20 Mai	1866

Faulhaber, Manfred, 4. ArtR.,		20 Mai
Weidner, Johann, 4. ArtR.,		20 Mai
Schöller, Hermann, 1. ArtR. Prinz Luitpold,		18 Jun.
Höß, Carl, 1. ArtR. Prinz Luitpold,		18 Jun.
Schweninger, Hermann, 2. ArtR. vac. Lüder,		18 Jun.
Steger, August, 4. ArtR.,		18 Jun.
Layritz, Ottfried, 2. ArtR. vac. Lüder,		18 Jun.
Lupin, Carl Frh. von, 1. ArtR. Prinz Luitpold,		18 Jun.
Oertel, Carl, 2. ArtR. vac. Lüder,		18 Jun.
Otto, Friedrich, 4. ArtR.,		18 Jun.
Tautphoeus, Franz Frh. von, 1. ArtR. Prinz Luitpold,		18 Jun.
Hertel, Gottlob, 1. ArtR. Prinz Luitpold,		18 Jun.
Bscherer, Georg, 2. ArtR. vac. Lüder,		18 Jun.
Oelhafen, Georg von, 1. ArtR. Prinz Luitpold,		18 Jun.
Rambaldi, Carl Graf von, 4. ArtR.,		18 Jun.
Beck, Carl, 1. ArtR. Prinz Luitpold,		18 Jun.
Schild, Wilhelm, 4. ArtR.,		18 Jun.
Jacobi, Hugo, 4. ArtR.,		18 Jun.
Sperl, Erhard, Zeugwart,	ch.	30 Jun.
Fuchs, Friedrich, 1. ArtR. Prinz Luitpold,		5 Jul.
Grimm, Ludwig, 1. ArtR. Prinz Luitpold,		5 Jul.
Dietl, Friedrich, 2. ArtR. vac. Lüder,		5 Jul.
Beckh, Friedrich, 2. ArtR. vac. Lüder,		5 Jul.
Hertter, Carl, 2. ArtR. vac. Lüder,		5 Jul.
Krempelhuber, Maximilian von, 3. ArtR. Königin Mutter,		5 Jul.
Tambosi, Maximilian, 3. ArtR. Königin Mutter,		5 Jul.
Fuchs, Wilhelm, 1. ArtR. Prinz Luitpold,		5 Jul.
Entres, Joseph, 4. ArtR.,		5 Jul.
Bergmann, Adolph, 1. ArtR. Prinz Luitpold,		5 Jul.
Döring, Joseph, 4. ArtR.,		5 Jul.
Mottes, Carl, 2. ArtR. vac. Lüder,		5 Jul.
Ihrig, Georg, 4. ArtR.,		5 Jul.
Bleyer, Joseph, 2. ArtR. vac. Lüder,		5 Jul.
Widder, Goswin, 4. ArtR.,		5 Jul.
Driendl, Robert, 2. ArtR. vac. Lüder,		5 Jul.
Ziegler, Wilhelm, 4. ArtR.,		5 Jul.
Jahn, Anton, 1. ArtR. Prinz Luitpold,		5 Jul.
Fraunberg, Ludwig Frh. von, 1. ArtR. Prinz Luitpold,		5 Jul.
Kehl, Christian, 1. ArtR. Prinz Luitpold,		5 Jul.
Greßer, Hermann, 2. ArtR. vac. Lüder,	Rg b.	5 Jul.
Auanger, Xaver, 4. ArtR.,		21 Jul.
Mayerhofer, Otto, 2. ArtR. vac. Lüder,		21 Jul.
Möller, Carl, 2. ArtR. vac. Lüder,		21 Jul.
Pöller, Theodor, 4. ArtR.,		21 Jul.

Zink, Maximilian, 1. ArtR. Prinz Luitpold,   21 Jul. 1866
Stelzner, Carl, 2. ArtR. vac. Lüber,   21 Jul. 1866
Dallmer, Alfred, 1. ArtR. Prinz Luitpold,   21 Jul. 1866
Roman, Carl Frh. von, 1. ArtR. Prinz Luitpold,   21 Jul. 1866
Hartlieb genannt Wallsporn, Ludwig von, 1. ArtR. Prinz Luitpold,   21 Jul. 1866
Mann, Friedrich Ritter von, 1. ArtR. Prinz Luitpold,   21 Jul. 1866
Lohrey, Thomas, 2. ArtR. vac. Lüber,   21 Jul. 1866
Vogl, Armin, 4. ArtR.,   21 Jul. 1866
Oelhafen, Carl von, 3. ArtR. Königin Mutter,   21 Jul. 1866
Winterling, Heinrich, 1. ArtR. Prinz Luitpold,   28 Jul. 1866
Arco-Zinneberg, Max. Graf von, 3. ArtR. Königin Mutter,   12 Spt. 1866
Zauner, Johann, Zeugwart,   ⚔. 9 Dec. 1866

Unterzeugwarte.

Bickel, Franz, ZghBwltg Ingolstadt,   4 Mai 1857
Kocher, Jacob, ZghBwltg München,   9 Mrz 1863
Margraf, Ferdinand, ZghBwltg Würzburg (Marienberg), 27 Oct. 1864
Kögler, Georg, ZghBwltg Augsburg,   19 Fbr 1865
Borgeiß, Peter, ZghBwltg Germersheim,   29 Mai 1865
Langmantel, Simon, ZghBwltg Ingolstadt,   30 Jun. 1866
Ploß, Johann, ZghBwltg Landau,   12 Jul. 1866
Vogt, Anton, ZghBwltg Germersheim,   9 Dec. 1866

Fuhrwesen.

Rittmeister.

Jerg, Joseph, 1. ArtR. Prinz Luitpold,	11 Jul. 1863
Sambaber, Carl, 4. ArtR.,	26 Jan. 1865
Burghardt, Rudolph, 2. ArtR. vac. Lüber,	20 Mai 1866

Oberlieutenants.

Dörfer, Carl, 3. ArtR. Königin Mutter,	26 Jan. 1865
Euler, Ludwig, 2. ArtR. vac. Lüber,	12 Oct. 1865
Riebl, Joseph, 1. ArtR. Prinz Luitpold,	12 Oct. 1865
Weißmann, Adalbert, 1. ArtR. Prinz Luitpold,	20 Mai 1866
Langhäuser, Adam, 4. ArtR.,	20 Mai 1866
Düßel, Conrad, 4. ArtR.,	20 Mai 1866
Michal, Georg, 2. ArtR. vac. Lüber,	20 Mai 1866
Lienhardt, Carl, 3. ArtR. Königin Mutter,	20 Mai 1866
Huber, Anton, 3. ArtR. Königin Mutter,	20 Mai 1866
Marschall, Hieronymus, 2. ArtR. vac. Lüber,	20 Mai 1866
Kratzer, Johann, 1. ArtR. Prinz Luitpold,	18 Jun. 1866
Zeitner, Balthasar, 2. ArtR. vac. Lüber,	18 Jun. 1866
Zirngibl, Otto, 4. ArtR.,	18 Jun. 1866
Büttner, Joseph, 1. ArtR. Prinz Luitpold,	18 Jun. 1866

Unterlieutenants.

Winkler, Joseph, 3. ArtR. Königin Mutter,	21 Jun. 1859
Schmidl, Joseph, 4. ArtR.,	20 Mai 1866
Wufka, Robert, 1. ArtR. Prinz Luitpold,	20 Mai 1866
Winter, Andreas, 2. ArtR. vac. Lüber,	20 Mai 1866
Falter, Sebastian, 4. ArtR.,	20 Mai 1866
Huber, Daniel, 3. ArtR. Königin Mutter,	20 Mai 1866
Lohringer, Jacob, 2. ArtR. vac. Lüber,	20 Mai 1866
Wittstatt, Theodor, 1. ArtR. Prinz Luitpold,	20 Mai 1866
Remlein, Johann, 1. ArtR. Prinz Luitpold,	20 Mai 1866
Brümmer, Caspar, 3. ArtR. Königin Mutter,	20 Mai 1866
Sperl, Eduard, 4. ArtR.,	20 Mai 1866
Keidel, Georg, 4. ArtR.,	20 Mai 1866
Windisch, Jacob, 1. ArtR. Prinz Luitpold,	18 Jun. 1866
Stenger, Georg, 2. ArtR. vac. Lüber,	18 Jun. 1866
Bartmann, Joseph, 4. ArtR.,	18 Jun. 1866
Huber, Maximilian, 2. ArtR. vac. Lüber,	26 Jul. 1866
Schmitz, Nepomuk, 2. ArtR. vac. Lüber,	26 Jul. 1866
Dupp, Martin, 4. ArtR.,	26 Jul. 1866
Dreyer, Joseph, 1. ArtR. Prinz Luitpold,	26 Jul. 1866
Kirchner, Joseph, 3. ArtR. Königin Mutter,	26 Jul. 1866

Genie - Corps.

Obersten.

Schumacher, Philipp, 1. GenDn,	20	Mai	1866
Schenk, Michael, LocGenDn in Neuulm,	5	Jul.	1866
Limbach, Maximilian, GenR.,	23	Fbr	1867

Oberstlieutenants.

Schrodt, Wilhelm, 4. GenDn,	25	Nov.	1863
Löhl, Ludwig, LocGenDn Marienberg,	20	Mai	1866
Illing, Johann, 2. GenDn,	20	Mai	1866
Fogt, Heinrich, LocGenDn Landau,	5	Jul.	1866
Stengel, Gabriel Frh. von, GenBrthgsCn,	5	Jul.	1866

Majore.

Leutner zu Wildenburg, Ferdinand von, 3. GenDn,	24	Aug.	1862
Koch, Rudolph, GenR.,	20	Mai	1863
Rögner, Georg, LocGenDn Ingolstadt,	25	Nov.	1863
Riem, Julius, GenCpsCmbo,	25	Nov.	1863
Windisch, Eduard, GenR.,	11	Jan.	1865
Frieblein, Andreas, 1. GenDn,	11	Jan.	1865
Kehl, Jacob, LocGenDn Ingolstadt,	20	Mai	1866
Kollmann, Gottlieb, 1. GenDn,	20	Mai	1866
Kleemann, Otto, 1. GenDn,	18	Jun.	1866
Grundherr zu Altenthann und Weyherhaus, August von, GenR.,	5	Jul.	1866

Hauptleute.

Völk, Carl, 1. GenDn,	31	Mrz	1855
Kern, Ignaz, LocGenDn Ingolstadt,	31	Dec.	1858
Müller, Maximilian, LocGenDn Ingolstadt,	31	Dec.	1858
Schnizlein, Maximilian, LocGenDn Landau,	6	Apr.	1859
Saint-Germain, Ludwig, GenR.,	6	Apr.	1859
Kistenfeger, Eduard, LocGenDn Germersheim,	16	Mai	1859
Rhomberg, Ernst, 1. GenDn,	21	Jun.	1859
Königsberger, Alois, 1. GenDn,	21	Jun.	1859
Staudacher, Carl, LocGenDu in Neuulm,	21	Jun.	1859
Lingg, Ferdinand, LocGenDn Landau,	21	Jun.	1859
Weiß, Conrad, 1. GenDn,	21	Jun.	1859
Faber, Gustav, GenBrthgsCn,	21	Jun.	1859
Gerber, Jacob, LocGenDn in Neuulm,	21	Jun.	1859

Gülthner, Christoph, LocGenDn in Neuulm,	21 Jun.	1859
Kern, Hugo Ritter von, LocGenDn Germersheim,	3 Nov.	1861
Körbling, Ignaz, 2. GenDn,	3 Nov.	1861
Fuchs, Friedrich, GenBrthgsEn,	24 Aug.	1862
Michell, August, 3. GenDn,	24 Aug.	1862
De Ahna, Adolph, GenR.,	24 Aug.	1862
Lorenz, Ernst, GenR.,	24 Aug.	1882
Ulrich, Alois, LocGenDn Marienberg,	24 Aug.	1862
Mauritii, Daniel, 4. GenDn,	24 Aug.	1862
Gläser, Mathias, 1. GenDn,	20 Mai	1863
Lautenschläger, Michael, 1. GenDn,	20 Mai	1863
Schlicht, Christian, 3. GenDn,	20 Mai	1863
Kaiser, Anton, 2. GenDn,	25 Nov.	1863
Harscher, Friedrich, GenBrthsEn,	25 Nov.	1863
Gleich, Joseph, GenR.,	25 Nov.	1863
Drescher, Eduard, LocGenDn Landau,	25 Nov.	1863
Schels, Mathias, GenR.,	29 Mai	1864
Bauer, Lorenz, GenR.,	29 Mai	1864
Schreiner, Ludwig, GenBrthgsEn,	31 Mrz	1866
Ott, Maximilian, GenR.,	20 Mai	1866
Schäffer, Moriz, LocGenDn Ingolstadt,	20 Mai	1866
Burckart, Baptist, GenR.,	20 Mai	1866
Nagel, Friedrich, GenR.,	5 Jul.	1866
Gaab, Ferdinand, 1. GenDn,	5 Jul.	1866
Eger, Nepomuk, 1. GenDn,	5 Jul.	1866
Wolfrum, Bruno, 1. GenDn,	5 Jul.	1866

Oberlieutenants.

Macco, Joseph, 3. GenDn,	21 Jun.	1859
Hoffmann, Carl, 1. GenDn,	Rg v. 21 Jun.	1859
Weidner, Demetrius, 1. GenDn,	21 Jun.	1859
Uhl, Ernst, GenR.,	21 Jun.	1859
Schwabl, Maximilian, 3. GenDn,	21 Jun.	1859
Zimmermann, Ludwig, LocGenDn Ingolstadt,	21 Jun.	1859
Haid, Eustach, GenR.,	3 Nov.	1861
Weidner, Julius, 4. GenDn,	3 Nov.	1861
Fick, Oscar, LocGenDn Germersheim,	3 Nov.	1861
Kreuzer, Ernst, GenR.,	3 Nov.	1861
Bezold, Carl von, 1. GenDn,	3 Nov.	1861
Popp, Carl, GenR.,	3 Nov.	1861
Richter, Ernst, 3. GenDn,	3 Nov.	1861
Bernhard, Anton, LocGenDn in Neuulm,	20 Mai	1863
Giehrl, Maximilian, LocGenDn Ingolstadt,	20 Mai	1863
Fahrmbacher, Alfred, LocGenDn Germersheim,	25 Nov.	1863

Knorr, Adalbert, 1. GenDn,	25 Nov.	1863
Jahreiß, Heinrich, GenR.,	29 Mai	1864
Ströbel, Friedrich, GenR.,	29 Mai	1864
Geßner, Wilhelm, GenR.,	29 Mai	1864
Freyberg-Eisenberg, Ludwig Frh. von, GenR.,	29 Mai	1864
Keim, Ernst, 4. GenDn,	31 Mrz	1866
Laber, August, 4. GenDn,	31 Mrz	1866
Bay, Martin, LocGenDn Marienberg,	20 Mai	1866
Fuchs, Johann, GenR.,	20 Mai	1866
Pauer, Friedrich, GenR.,	20 Mai	1866
Hackspacher, Joseph, GenR.,	20 Mai	1866
Ullerich, Carl, LocGenDn Landau,	20 Mai	1866
Spraul, Alexander, 1. GenDn,	20 Mai	1866
Riegel, Andreas, LocGenDn Marienberg,	20 Mai	1866
Pilstl, Ludwig, GenR.,	20 Mai	1866
Lang, Otto, GenR.,	20 Mai	1866
Hurst, Michael, GenR.,	20 Mai	1866
Dorsch, Albert, GenR.,	20 Mai	1866
Dechant, Ludwig, LocGenDn Marienberg,	20 Mai	1866
Geigel, Eugen, 2. GenDn,	20 Mai	1866
Eigner, Maximilian, GenR.,	23 Jun.	1866
Hefner-Alteneck, Emil von, GenR.,	23 Jun.	1866
Faber, Carl, 3. GenDn,	23 Jun.	1866
Steinmetz, Adolph, LocGenDn Germersheim,	23 Jun.	1866
Gaa, Ignaz, LocGenDn Germersheim,	23 Jun.	1866
Kester, Philipp, LocGenDn Ingolstadt,	23 Jun.	1866
Schell, Eugen, LocGenDn Germersheim,	23 Jun.	1866
Haag, Hermann, GenR.,	23 Jun.	1866
Maber, Franz, 1. GenDn,	5 Jul.	1866
Hörner, Jacob, LocGenDn Germersheim,	5 Jul.	1866
Haid, Johann, GenR.,	5 Jul.	1866

Unterlieutenants.

Kießling, Carl, GenR. (Zeugwart),	♔ 6 Apr.	1859
Schallern, Carl Ritter von, 3. GenDn,	29 Mai	1864
Birkhofer, Friedrich, 2. GenDn,	29 Mai	1864
Franck, Friedrich, LocGenDn in Neuulm,	29 Mai	1864
Schachy, Oscar Frh. von, GenR.,	31 Mrz	1866
Kühn, Ferdinand, GenR.,	31 Mrz	1866
Nobel, Wilhelm, GenR.,	31 Mrz	1866
Dillmann, Emil, GenR.,	20 Mai	1866
Bonn, Ignaz, GenR.,	20 Mai	1866
Renauld, Joseph Ritter von, GenR.,	20 Mai	1866
Müller, Franz, GenR.,	20 Mai	1866

Barthel, Adam, GenR.,	20 Mai	1866
Windisch, Theodor, GenR.,	20 Mai	1866
Schweninger, Carl, GenR.,	20 Mai	1866
Hartmann, Maximilian, GenR.,	20 Mai	1866
Söder, Joseph, GenR.,	20 Mai	1866
Thoma, Carl, GenR.,	20 Mai	1866
Leuchsenring, Eugen, GenR.,	20 Mai	1866
Bernhard, Otto, GenR.,	20 Mai	1866
Zobel, Eduard, GenR.,	20 Mai	1866
Sinz, Xaver, GenR.,	20 Mai	1866
Gruntherr zu Altenthann u. Weyherhaus, August v., LocGenDn Ingolstadt,	18 Jun.	1866
Berninger, Michael, LocGenDn Landau,	18 Jun.	1866
Schleicher, Wilhelm, LocGenDn Germersheim,	18 Jun.	1866
Windisch, Friedrich, GenR.,	23 Jun.	1866
Krieg, Carl, LocGenDn Ingolstadt,	23 Jun.	1866
Jochum, Anton, LocGenDn Ingolstadt,	23 Jun.	1866
Hinsching, Ludwig, LocGenDn Ingolstadt,	23 Jun.	1866
Hurt, Carl, LocGenDn Ingolstadt,	23 Jun.	1866
Baumeister, Georg, LocGenDn Ingolstadt,	23 Jun.	1866
Marx, Maximilian, LocGenDn Ingolstadt,	23 Jun.	1866
Schwind, Hermann Ritter von, LocGenDn in Neuulm,	23 Jun.	1866
Müllerklein, Conrad, GenR.,	5 Jul.	1866

Garnifons-Compagnien.

Majore.

Michaeli, Caspar, GarnC. Königshofen,	ch.	9 Oct.	1849
Spreti, Ferdinand Graf von, GarnC. Nymphenburg,	ch.	31 Jan.	1856

Hauptmann.

Pithan, Otto, GarnC. Nymphenburg,	ch.	25 Mai	1865

Oberlieutenants.

Seitz, Joseph, GarnC. Königshofen,	22 Jun.	1857
Stuffner, Alois, GarnC. Königshofen,	28 Fbr	1858
Karthaus, Albert, GarnC. Nymphenburg,	16 Mai	1859
Martini, Bernhard, GarnC. Nymphenburg,	16 Mai	1859
Weiß, Matthäus, GarnC. Nymphenburg,	21 Jun.	1859

Unterlieutenants.

Zunner, Carl, GarnC. Königshofen,		28 Oct.	1835
Pausch, Ludwig, GarnC. Nymphenburg,		10 Nov.	1850
Grötsch, August, GarnC. Nymphenburg,	Rg v.	16 Mai	1859
Abe, Albert, GarnC. Königshofen,		1 Aug.	1866

Militär-Beamte.

Uniform und Bewaffnung: Waffenrock und Beinkleider von dunkelblauem Tuche mit scharlachrothem Vorstoße in der Form wie bei der Infanterie, mit weißen oder gelben metallenen Knöpfen, Kragen und Aermelaufschlägen von farbigem Tuche, verschieden nach den Categorien; weißleinene und Nanking-Beinkleider; Schulterblätter von Metall und Mäntel wie die Infanterie-Officiere, nur letztere mit dunkelblauem Halskragen; dreieckige Hüte mit Sternschleifen von Silber oder Gold, Bouillonquasten von Silber und hellblauer Seide; Schirmmützen von dunkelblauem Tuche mit scharlachrothem Vorstoße und Silber- oder Goldstickerei.

Die Gradauszeichnung auf den Krägen nach der Farbe der Knöpfe wie die Stabs- und Oberofficiere, jedoch mit eingewirktem Laubwerk in den Borten und Litzen.

Der General-Verwaltungs-Director, General-Secretär, Oberregistrater, General-Stabsarzt, dann die General- und Oberauditore eine Silber- oder Goldstickerei auf Kragen und Aufschlägen.

Den Säbel, die Kuppel und das Portepee gleich wie die Officiere der Infanterie.

Die Beamten mit Junkers-Rang ohne Gradauszeichnung, das Junkers-Portepee, auf dem Hute statt der Sternschleife eine Bouillonschlinge, und die Stickerei auf der Schirmmütze von Seide.

Pferderüstung: die für die berittenen Officiere der Infanterie vorgeschriebene, jedoch mit Schabracken von dunkelblauem Tuche.

Dienst-Personal.

Uniform: Kragen und Aufschläge carmoisinroth; Knöpfe weiß.

General-Secretär.

Gönner, Michael von, KrMstrm,   19 Apr. 1849

Oberregistrator und Archivar.

Prand, Franz, KrMrstrm,   21 Mai 1863

Geheime Secretäre.

Braun, Friedrich, geh. Rgstrtr, KrMstrm,	31 Dec. 1858
Wimbäck, Nepomuk, KrMstrm,	24 Jun. 1859
Kiefl, Joseph, geh. Rgstrtr, KrMstrm,	21 Mai 1863
Glockner, Heinrich, KrMstrm,	21 Mai 1863
Bolgiano, Ludwig, KrMstrm,	Rg v. 29 Mai 1864

Ministerial-Secretäre.

I. Cl. Gundermann, Joseph, KrMstrm,	13 Jun. 1849
- - Velben, Friedrich, KrMstrm,	29 Nov. 1856
- - Töpfer, Heinrich, MFCn,	24 Aug. 1862
- - Rächl, Eugen, KrMstrm,	24 Aug. 1862
- - Hirstius, Wilhelm, KrMstrm,	24 Aug. 1862
II. Cl. Schuster, Caspar, KrMstrm,	21 Mai 1863
- - Seefried, Heinrich, KrMstrm,	21 Mai 1863
- - Müller, Wilhelm, geh. RgstrtrGhlf, KrMstrm,	31 Jan. 1865
- - Schäffer, Paul, MFCn,	31 Jan. 1865
- - Beck, Friedrich, RchngsRgstrtr, MRchngsKr,	31 Jan. 1865
- - Bub, Conrad, KrMstrm,	31 Jan. 1865

Divisions-Commando-Secretäre.

Stübinger, Lorenz, GAubt,	11 Oct. 1853
Neubauer, Joseph, GCmbo Nürnberg,	11 Oct. 1853
Kroneck, Ludwig, GenbCpsCmbo,	24 Jun. 1859
Knußert, Gustav, FstgsCmbo in Ulm,	24 Jun. 1859
Wilb, Joseph, GCmstrStb,	24 Aug. 1862
Knochel, Anton, GCmbo Augsburg,	21 Mai 1863
Majer, Julius, KrMstrm,	21 Mai 1863
Kaspaitzer, Georg, GenCpsCmbo,	31 Jan. 1865
Breitenbach, Erhard, GCmbo München,	31 Jan. 1865
Schäffer, Georg, GAubt,	1 Jun. 1866
Weigert, Joseph, GCmstrStb,	1 Jun. 1866
Riehmer, Gottlieb, GCmbo Würzburg,	1 Jun. 1866
Fink, Gotthard, GCmbo München,	1 Jun. 1866
Lindner, August, GAubt,	1 Jun. 1866
Starl, Joseph, GCmbo Nürnberg,	1 Jun. 1866
Klostermaier, Anton, GCmbo Augsburg,	1 Jun. 1866
Schuhmann, Wilibald, KrMstrm,	1 Jun. 1866
Benzl, Jacob, GCmbo München,	1 Jun. 1866
Weckert, Michael, KrMstrm,	5 Jul. 1866
Popp, Georg, ArtCpsCmbo,	19 Aug. 1866

Canzlei-Secretäre.

Lerchenfeld-Aham, Ferdinand Frh. von, MFCn,	14 Spt. 1848
Fridrich, Friedrich, GAubt,	11 Oct. 1853
Wilb, Christoph, Cdtschft Ingolstadt,	21 Mai 1863
Fernbach, Maximilian, KrMstrm,	25 Aug. 1865
Wurzer, Gustav, GenbCpsCmbo,	1 Jun. 1866
Weiß, Johann, ZghOptDn,	1 Jun. 1866

Helb, Otto, KrMstrm,	1 Jun. 1866
Wenz, Anton, GOmstrStb,	1 Jun. 1866
Krauß, Friedrich, KrMstrm,	1 Jun. 1866
Reichl, Joseph, Cbtschft Würzburg,	1 Jun. 1866
Stirner, Richard, ZgbHptDn,	1 Jun. 1866
Jung, Friedrich, FstgsCmbo in Ulm,	1 Jun. 1866
Denzler, Balthasar, FstgsGouvmt Germersheim,	1 Jun. 1866
Wengner, Joseph, GenCpsCmbo,	21 Jun. 1866
Barnickel, Georg, Cbtschft Nürnberg,	5 Jul. 1866
Trauth, Christoph, AbmCbMFohlh.,	8 Oct. 1866
Hüther, Michael, MRchngsKr,	5 Mrz 1867

Regiments-Canzlei-Actuare.

Mindel, Maximilian, KrMstrm,	31 Jan. 1865
Zobel, Carl, FstgsGouvmt Landau,	25 Aug. 1865
Piller, Johann, GenCpsCmbo,	1 Jun. 1866
Härtl, Paul, GCmbo Würzburg,	1 Jun. 1866
Stangl, Johann, GCmbo Augsburg,	1 Jun. 1866
Küffner, Veit, ArtCpsCmbo,	1 Jun. 1866
Roßmann, Joseph, GCmbo Nürnberg,	1 Jun. 1866
Hesch, Johann, KrMstrm,	1 Jun. 1866
Meixner, Lucas, KrMstrm,	1 Jun. 1866
Trier, Johann, GCmbo München,	1 Jun. 1866
Stenglein, Anton, GCmbo Würzburg,	1 Jun. 1866
Hemeter, Michael, Cbtschft München,	1 Jun. 1866
Schmitt, Adam, GCmbo München,	9 Jun. 1866
Pögl, Martin, GCmbo München,	9 Jun. 1866
Fraaz, Heinrich, GenCpsCmbo,	21 Jun. 1866
Betz, Lorenz, Cbtschft Nürnberg,	5 Jul. 1865
Gräf, Georg, ArtCpsCmbo,	5 Jul. 1866
Fülger, Michael, KrMstrm,	19 Aug. 1866

Aerztliches Personal.

Uniform: Kragen und Aufschläge scharlachroth; Knöpfe weiß.

General - Stabs - Arzt.

Feber, Dr Ludwig von, KrMstrm,	5 Dec.	1862

Ober - Stabs - Aerzte 1. Classe.

Sommer, Dr Friedrich, GCmdo Würzburg,	31 Jan.	1865
Hauer, Dr Matthäus, GCmdo Augsburg,	25 Mai	1866

Ober - Stabs - Aerzte 2. Classe.

Dompierre, Dr Theodor, ArtCpsCmdo,	29 Mai	1864
Sicherer, Dr Franz von, GCmdo München,	31 Jan.	1865
Sorg, Dr Carl, FstgsGouvmt Germersheim,	25 Mai	1866
Wigand, Dr Franz, GCmdo Nürnberg,	25 Mai	1866

Stabs - Aerzte.

Gehm, Dr Friedrich, Cbtschft Ingolstadt,	14 Apr.	1860
Kranich, Dr Mathias, Cbtschft München,	31 Jan.	1865
Rast, Dr Carl, Cbtschft Würzburg,	25 Mai	1866
Henle, Dr Friedrich, Cbtschft Nürnberg,	25 Mai	1866
Müller, Dr Georg, Cbtschft Passan,	25 Mai	1866
Primbs, Dr Carl, Cbtschft Augsburg,	25 Mai	1866
Besnard, Dr Anton, ArtCpsCmdo,	25 Mai	1866
Leul, Dr Xaver, KrMstrm,	7 Jun.	1866
Lohbeck, Dr Carl, Cbtschft München,	16 Aug.	1866
Ritzing, Dr Gustav, LgHtsch.,	19 Aug.	1866
Loe, Dr Ludwig, FstgsGouvmt Landau,	19 Aug.	1866

Regiments - Aerzte.

I. Cl. Gast, Dr Xaver, BetA.,	1 Jun.	1848
- - Graubogl, Dr Eduard von, 14. JR. Zandt,	22 Jun.	1857
- - Beck, Dr Augustin, 10. JR. vac. Albert Pappenheim,	28 Fbr	1858
- - Stadelmeyer, Dr Ernst, JLeibR.,	31 Dec.	1858
- - Wolf, Dr Carl, Cbtschft Nürnberg,	31 Dec.	1858
- - Mayer, Dr Alois, 4. ArtR.,	6 Apr.	1859
- - Mühlbauer, Dr Xaver, 1. JR. König,	14 Apr.	1860
- - Königshöfer, Dr Theodor, Cbtschft Passau,	14 Apr.	1860

I. Cl. Wacker, Dr Ludwig, 2. ArtR. vac. Lüder,	14 Apr. 1860
- - Schmalz, Dr Gregor, 5. JR. Großherzog von Hessen,	14 Apr. 1860
- - Fruth, Dr Wilhelm, 15. JR. König Johann von Sachsen,	14 Apr. 1860
- - Schröber, Dr Hugo, Cbtschft München,	14 Apr. 1860
- - Bezold, Dr Carl von, Cbtschft Augsburg,	14 Apr. 1860
- - Steyrer, Dr Carl, 3. ChlR. Herzog Maximilian,	14 Apr. 1860
- - Hirschinger, Dr Johann, 3. ArtR. Königin Mutter,	14 Apr. 1860
- - Bauer, Dr Anton, 6. JR. König Wilhelm von Preußen,	14 Apr. 1860
- - Weber, Dr Nepomuk, 4. JR. vac. Gumppenberg,	14 Apr. 1860
- - Stägmeyr, Dr Carl, GarnC. Nymphenburg,	14 Jun. 1861
- - Guttenhöfer, Dr Stephan, 5. ChlR. vac. Leiningen,	14 Jun. 1861
- - Deppisch, Dr Otto, 12. JR. König Otto von Griechenland,	14 Jun. 1861
- - Friedrich, Dr Emil, 1. SanC.,	3 Nov. 1861
- - Baumüller, Dr Emil, 2. CuirR. Prinz Adalbert,	3 Nov. 1861
- - Handwerker, Dr August, FstgsCmdo in Ulm,	3 Nov. 1861
- - Hildenbrand, Dr Eduard, Cbtschft Wülzburg,	3 Nov. 1861
- - Würth, Dr Raimund, 4. ChlR. König,	3 Jul. 1863
- - Schneider, Dr Franz, 7. JR. Hohenhausen,	3 Jul. 1863
- - Bohlinger, Dr Maximilian, 3. UhlR.,	3 Jul. 1863
- - Glocker, Dr Emil, 4. SanC.,	3 Jul. 1863
- - Schiller, Dr Carl, 2. SanC.,	3 Jul. 1863
- - Rogg, Dr Joseph, 13. JR. Kaiser Franz Joseph von Oesterreich,	25 Nov. 1863
- - Schipper, Dr Benedikt, 2. ChlR. Taxis,	29 Mai 1864
- - Fahrnholz, Dr Johann, Cbtschft Rosenberg,	29 Mai 1864
- - Fellerer, Dr Johann, 2. JR. Kronprinz,	29 Mai 1864
- - Pohl, Dr Wilhelm, FstgsGouvmt Germersheim,	29 Mai 1864
II. Cl. Müllbaur, Dr August, Cbtschft Würzburg,	29 Mai 1864
- - Handschuch, Dr Alfred, 1. CuirR. Prinz Carl von Bayern,	29 Mai 1864
- - Babinger, Dr Franz, 11. JR. vac. Ysenburg,	31 Jan. 1865
- - Burbaum, Dr Eugen, 3. CuirR. Großfürst Constantin Nikolajewitsch,	31 Jan. 1865
- - König, Dr Friedrich, 1. UhlR. vac. Großfürst Thronfolger Nikolaus von Rußland,	31 Jan. 1865
- - Quitzmann, Dr Ernst, 3. SanC.,	31 Jan. 1865
- - Hoffmann, Dr Erdmann, FstgsGouvmt Landau,	31 Jan. 1865
- - Fuchs, Dr Eduard, 1. ChlR. Kaiser Alexander von Rußland,	25 Aug. 1865
- - Greb, Dr Joseph, 7. JR. Hohenhausen,	31 Mrz 1866
- - Neuhöfer, Dr Moriz, 1. JR. König,	25 Mai 1866
- - Bauer, Dr David, 4. ChlR. König,	25 Mai 1866
- - Ris, Dr Philipp, 2. JgB.,	25 Mai 1866
- - Würchl, Dr Carl, 1. JgB.,	25 Mai 1866
- - Rösch, Dr Gustav, 7. JgB.,	25 Mai 1866

II. Cl. Stuch, Dr Adam, 5. JR. Großherzog von Hessen,	25 Mai	1866
- - Lindenmahr, Dr Maximilian, 6. JR. König Wilhelm von Preußen,	25 Mai	1866
- - Hinsberg, Dr Heinrich von, JnvH.,	25 Mai	1866
- - Frank, Dr Isaak, Cotschft Ingolstadt,	25 Mai	1866
- - Ullmann, Dr David, 3. JR. Prinz Carl von Bayern,	25 Mai	1866
- - Stein, Dr Julius, 6. ChlR. vac. Herzog von Leuchtenberg,	25 Mai	1866
- - Rubenbauer, Dr Joseph, LgHtsch.,	25 Mai	1866
- - Ell, Dr August, GenR.,	25 Mai	1866
- - Lautenbacher, Dr Ludwig, JLeibR.,	25 Mai	1866
- - Döberlein, Dr Gustav, 2. UhlR. König,	25 Mai	1866
- - Streeb, Dr Johann, VetA.,	25 Mai	1866
- - Eckart, Dr August, 5. JgB.,	25 Mai	1866
- - Deisch, Dr August, 2. JR. Kronprinz,	25 Mai	1866
- - Roth, Dr Franz, 2. ChlR. Taxis,	25 Mai	1866
- - Schwerdtfeger, Dr Robert, 8. JgB.,	25 Mai	1866
- - Bratsch, Dr Eduard, 3. ArtR. Königin Mutter,	25 Mai	1866
- - Merkel, Dr Wilhelm, 9. JR. Wrede,	25 Mai	1866
- - Marckhart, Dr Anton, 6. JgB.,	19 Aug.	1866
- - Hahler, Dr Hugo, 8. JR. vac. Seckendorff,	19 Aug.	1866
- - Horlacher, Dr Carl, 1. ArtR. Prinz Luitpold,	19 Aug.	1866

Bataillons-Aerzte.

Holzapfel, Dr Wolfgang, 3. ChlR. Herzog Maximilian,	14 Apr.	1860
Waltl, Dr Johann, 10. JR. vac. Albert Pappenheim,	14 Apr.	1860
Wingefelder, Dr Adam, 4. JgB.,	14 Jun.	1861
Mohr, Dr Franz, 2. ArtR. vac. Lüder,	14 Jun.	1861
Kunstmann, Dr Edmund, 1. JR. König,	14 Jun.	1861
Reisenegger, Dr Alois, 3. JgB.,	3 Nov.	1861
Albert, Dr Theodor, 5. ChlR. vac. Leiningen,	3 Nov.	1861
Buchetmann, Dr Anton, 3. ArtR. Königin Mutter,	3 Nov.	1861
Henle, Dr Christoph, 7. JR. Hohenhausen,	3 Nov.	1861
Müller, Dr Peter, JLeibR.,	3 Nov.	1861
Weiß, Dr Johann, 9. JR. Wrede,	3 Jul.	1863
Riedel, Dr Theodor, JnvH.,	3 Jul.	1863
Nigst, Dr Michael, 2. UhlR. König,	3 Jul.	1863
Gombart, Dr Hermann, Cdtschft München,	3 Jul.	1863
Hartmann, Dr Jacob, 12. JR. König Otto von Griechenland,	3 Jul.	1863
Wagner, Dr Carl, 1. CuirR. Prinz Carl von Bayern,	3 Jul.	1863
Aurnhammer, Dr Carl, 14. JR. Zandt,	3 Jul.	1863
Schiestl, Dr Emil, 10. JR. vac. Albert Pappenheim,	3 Jul.	1863
Dieminger, Dr Mathias, 6. JR. König Wilhelm von Preußen,	3 Jul.	1863
Vogl, Dr Anton, JLeibR.,	25 Nov.	1863
Lukinger, Dr Carl, 3. JR. Prinz Carl von Bayern,	25 Nov.	1863

Kühbacher, Dr Carl, 8. JR. vac. Seckendorff,	29 Mai	1864
Müller, Dr Carl, 4. ArtR.,	29 Mai	1864
Teubner, Dr Conrad, 1. ArtR. Prinz Luitpold,	29 Mai	1864
Maiberger, Dr Bonifaz, 8. JR. vac. Seckendorff,	29 Mai	1864
Haußner, Dr Carl, 5. JR. Großherzog von Hessen,	29 Mai	1864
Pert, Dr Julius, Cdtschft München,	29 Mai	1864
Karpeles, Dr Bernhard, 7. JR. Hohenhausen,	31 Jan.	1865
Hoffmann, Dr Joseph, 6. JR. König Wilhelm von Preußen,	31 Jan.	1865
Oberwegner, Dr Friedrich, 15. JR. König Johann von Sachsen,	31 Jan.	1865
Anderl, Dr Maximilian, 1. CuirR. Prinz Carl von Bayern,	31 Jan.	1865
Ebenhöch, Dr Philipp, 3. CuirR. Großfürst Constantin Niko-		
lajewitsch,	31 Jan.	1865
Wandner, Dr Gottfried, 11. JR. vac. Ysenburg,	31 Jan.	1865
Mayrhofer, Dr Leonhard, 1. JgB.,	31 Jan.	1865
de Criguis, Dr Baptist, 4. JR. vac. Gumppenberg,	31 Jan.	1865
Schmid, Dr Franz, 2. JgB.,	31 Jan.	1865
Römer, Dr Friedrich, GenR.,	25 Aug.	1865
Böll, Dr Edmund, 3. JgB.,	25 Aug.	1865
Obermüller, Dr Johann, 1. JR. König,	31 Mrz	1866
Bratsch, Dr Albert, CadCps,	31 Mrz	1866
Neumeyer, Dr Sebastian, 4. JR. vac. Gumppenberg,	31 Mrz	1866
Moser, Dr Anton, 6. ChlR. vac. Herzog von Leuchtenberg,	31 Mrz	1866
Wallenstätter, Dr Carl, 1. ChlR. Kaiser Alexander von Rußland,	31 Mrz	1866
Stabler, Dr Franz, 5. JgB.,	31 Mrz	1866
Broxner, Dr Otto, JLeibR.,	31 Mrz	1866
Schöppler, Dr Andreas, 11. JR. vac. Ysenburg,	31 Mrz	1866
Gerber, Dr Friedrich, 12. JR. König Otto von Griechenland,	31 Mrz	1866
Baumann, Dr Gustav, 13. JR. Kaiser Franz Joseph von		
Oesterreich,	25 Mai	1866
Pachmayr, Dr Otto, 2. ArtR. vac. Lüder,	25 Mai	1866
Apoiger, Dr Joseph, 3. ChlR. Herzog Maximilian,	25 Mai	1866
Ettinger, Dr Joseph, 2. JR. Kronprinz,	25 Mai	1866
Schneider, Dr Alois, 14. JR. Zandt,	25 Mai	1866
Seggel, Dr Carl, 4. JgB.,	25 Mai	1866
Lobter, Dr August, 6. ChlR. Taxis,	25 Mai	1866
Schiltberg, Dr Jacob von, 1. ArtR. Prinz Luitpold,	25 Mai	1866
Friedreich, Dr Nikolaus, 7. JgB.,	25 Mai	1866
Hoffmann, Dr Johann, 9. JR. Wrede,	25 Mai	1866
Gaßner, Dr Ulrich, 9. JR. Wrede,	25 Mai	1866
Pfirsch, Dr Carl, 3. UhlR.,	25 Mai	1866
Held, Dr Heinrich, 2. ChlR. Taxis,	25 Mai	1866
Reichel, Dr Julius, Cdtschft Nürnberg,	25 Mai	1866
Gutmann, Dr Julius, 2 UhlR. König,	25 Mai	1866
Strelin, Dr Ludwig, 8. JgB.,	25 Mai	1866

Hauer, Dr Ludwig, 4. ArtR.,		25 Mai	1866
Stein, Dr Hermann, Cdtschft München,		25 Mai	1866
Bocke, Dr Carl, 2. ArtR. vac. Lüber,		25 Mai	1866
Ghillany, Dr Friedrich, 12. JR. König Otto von Griechenland,		25 Mai	1866
Ziegler, Dr Michael, 15. JR. König Johann von Sachsen,		25 Mai	1866
Rußwurm, Dr Georg, 6. JR. König Wilhelm von Preußen,		25 Mai	1866
Arnold, Dr Joseph, 3. JR. Prinz Carl von Bayern,		25 Mai	1866
Schulze, Dr Emil, 2. JR. Kronprinz,		25 Mai	1866
Stransky, Dr Hugo von, 1. JR. König,		25 Mai	1866
Fiebler, Dr Albert, 5. JR. Großherzog von Hessen,		1 Jun.	1866
Hell, Dr Joseph, 3. JR. Prinz Carl von Bayern,		1 Jun.	1866
Müller, Dr Wilhelm, Cdtschft Augsburg,		1 Jun.	1866
Riegel, Dr Franz, 14. JR. Zandt,		5 Jun.	1866
Hopf, Dr Julius, 13. JR. Kaiser Franz Joseph von Oesterreich,		5 Jun.	1866
Frohwein, Dr Otto, 5. JR. Großherzog von Hessen,		5 Jun.	1866
Ferber, Dr Joseph, 1. ChlR. Kaiser Alexander von Rußland,		5 Jun.	1866
Mozilewsky, Dr Ludwig, 6. ChlR. vac. Herzog von Leuchtenberg,		5 Jun.	1866
Faltermeier, Dr August, 2. CuirR. Prinz Adalbert,		5 Jun.	1866
Kempf, Dr Jacob, 5. ChlR. vac. Leiningen,		5 Jun.	1866
Vogl, Dr Maximilian, 11. JR. vac. Ysenburg,	Rg v.	9 Jun.	1866
Papellier, Dr Cornelius, 1. UhlR. vac. Großfürst Thronfolger Nikolaus von Rußland,	Rg v.	9 Jun.	1866
Weigel, Dr Ernst, GenR.,	Rg v.	9 Jun.	1866
Heidenreich, Dr Eugen, 4. ChlR. König.	Rg v.	9 Jun.	1866
Wigand, Dr Georg, 2. CuirR. Prinz Adalbert,		10 Jun.	1866
Rug, Dr Carl, 4. ChlR. König,		10 Jun.	1866
König, Dr Johann, FstgsCmdo in Ulm,		15 Jun.	1866
Lang, Dr Adolph, 3. CuirR. Großfürst Constantin Nikolajewitsch,		15 Jun.	1866
Diepold, Dr Andreas, FstgsGouvmt Landau,		15 Jun.	1866
Hilz, Dr Joseph, 2. JR. Kronprinz,		15 Jun.	1866
Diruf, Dr Edmund, 4. ArtR.,		19 Jun.	1866
Helfreich, Dr Friedrich, 10. JR. vac. Albert Pappenheim,		19 Jun.	1866
Strauß, Dr Ludwig, Cdtschft Würzburg,		19 Jun.	1866
Solbrig, Dr Veit, 3. ArtR. Königin Mutter,	Rg v.	23 Jun.	1866
Deininger, Dr Carl, FstgsGouvmt Germersheim,		29 Jun.	1866
Haltenberger, Dr Franz, 3. UhlR.,		29 Jun.	1866
Schiller, Dr Ludwig, Cdtschft Würzburg,		29 Jun.	1866
Zick, Dr Friedrich, 4. JR. vac. Gumppenberg,		29 Jun.	1866
Baumgärtner, Dr Joseph, FstgsGouvmt Germersheim,		30 Jun.	1866
Sartorius, Dr August, 11. JR. vac. Ysenburg,		30 Jun.	1866
Burkart, Dr Adolph, Cdtschft München,		30 Jun.	1866
Uhl, Dr Carl, Cdtschft Augsburg,		30 Jun.	1866
Geis, Dr Oscar, 8. JR. vac. Seckendorff,		30 Jun.	1866

Peither, Dr Franz, FstgsGouvmt Germersheim,	8 Jul. 1866
Sattler, Dr Ludwig, CdtschftIngolstadt,	8 Jul. 1866
Moser, Dr Christian, 6. JgB.,	8 Jul. 1866
Glaser, Dr Leopold, 7. JR. Hohenhausen,	Rg v. 12 Jul. 1866
Göz, Dr Joseph, FstgsGouvmt Landau,	18 Jul. 1866
Neumaier, Dr Eginhard, 1. ArtR. Prinz Luitpold,	18 Jul. 1866
Michel, Dr Julius, FstgsGouvmt Landau,	27 Jul. 1866
Miller, Dr August, CdtschftIngolstadt,	30 Jul. 1866

Administrations-Personal.

Uniform: Kragen und Aufschläge scharlachroth; Knöpfe gelb.

General-Verwaltungs-Director.

Feinaigle, Carl Ritter von, KrMſtrm,	6 Dec.	1861

Ober-Kriegs-Commiſſäre 1. Claſſe.

Gropper, Ludwig von, KrMſtrm,	28 Apr.	1852
Blaimberger, Anton, Haupt-Kriegs-Caſſier,	31 Jan.	1856
Orff, Carl, MFCn,	22 Jun.	1857
Loy, Stanislaus, KrMſtrm,	27 Jun.	1863
Nobel, Jacob, MRchngsKr,	1 Jun.	1866

Ober-Kriegs-Commiſſäre 2. Claſſe.

Beer, Andreas, MRchngsKr,	22 Jun.	1857
Lingg, Ferdinand, MRchngsKr,	31 Dec.	1858
Röber, Peter, MRchngsKr,	27 Jun.	1863
Recknagel, Friedrich, GCmbo Augsburg,	8 Mrz	1864
Gölz, Jacob, GCmbo Würzburg,	8 Mrz	1864
Backert, Johann, KrMſtrm,	8 Mrz	1864
Schübel, Johann, HKrCaſſaControleur,	1 Jun.	1866
Bauer, Peter, GCmbo München,	15 Jan.	1867

Kriegs-Commiſſäre.

Gyppen, Heinrich, FſtgsGouvmt Landau,	27 Jun.	1863
Häring, Friedrich, ArtCpsCmbo,	27 Jun.	1863
Altſchuh, Christian, ZghHptDn,	27 Jun.	1863
Karl, Eduard, AMD.,	27 Jun.	1863
Kraus, Jacob, AdmCdMFohlh.,	27 Jun.	1863
Lehner, Franz, KrMſtrm,	27 Jun.	1863
Renz, Jacob, AdmCdMFohlh.,	29 Mai	1864
Seiler, Samuel, HKrCaſſaBuchhalter,	29 Mai	1864
Strißl, Matthäus, MFCn,	29 Mai	1864
Interwies, Peter, GendCpsCmbo,	25 Aug.	1865
Fränkel, Friedrich, Cbtſchft Ingolstadt,	31 Mrz	1866
Grafenberger, Michael, GCmbo Nürnberg,	31 Mrz	1866
Kaiser, Carl, FſtgsGouvmt Germersheim,	31 Mrz	1866
Trentini, Ludwig, Cbtſchft München,	1 Jun.	1866

Sirl, Leonhard, FstgsEmbo in Ulm,	1 Jun.	1866
Münch, Friedrich, MRchngsKr,	21 Jun.	1866
Schrettinger, Baptist, KrMstrm,	21 Jun.	1866

Regiments-Quartiermeister.

I. Cl. Hoppe, Georg, CdtschftNürnberg,	25 Dec.	1841
- - Säuberlich, Philipp, LgHtsch.,	3 Dec.	1850
- - Lendner, Joseph, Cdtschft Würzburg,	25 Jun.	1854
- - Metz, Johann, Cdtschft Augsburg,	22 Jun.	1857
- - Rast, Joseph, HKrCassa (Pensions-Zahlmeister),	31 Aug.	1859
- - Bech, Ferdinand, MRchngsKr,	31 Aug.	1859
- - Feiler, Wilhelm, MJCu,	15 Apr.	1860
- - Müller, Conrad, MRchngsKr,	15 Apr.	1860
- - Petzl, Heinrich, GwhrfblDn,	17 Jan.	1861
- - Lesche, Georg, Cdtschft Nürnberg,	17 Jan.	1861
- - Fürsich, Baptist, ZghsHptDn (Gieß- und Bohrhaus),	17 Jan.	1861
- - Sorg, Georg, 6. JR. König Wilhelm von Preußen,	17 Jan.	1861
- - Grundler, Ferdinand, 12. JR. König Otto v. Griechenland,	17 Jan.	1861
- - Carl, Adam, GenCpsEmbo,	21 Apr.	1862
- - Utz, Johann, HMuRD.,	21 Apr.	1862
- - Aschauer, Wilhelm, MRchngsKr,	21 Apr.	1862
- - Fambach, Franz, MRchngsKr,	21 Apr.	1862
- - Werthmüller, Moriz, MRchngsKr,	21 Apr.	1862
- - Pausch, Ferdinand, Cdtschft Ingolstadt,	21 Apr.	1862
- - Grabl, Eduard, GenR.,	21 Apr.	1862
- - Du Bois, Otto, JLeibR.,	21 Apr.	1862
- - Raps, Conrad, MRchngsKr,	27 Jun.	1863
- - Buchmann, Johann, FstgsGouvmt Germersheim,	27 Jun.	1863
- - Eichelsbacher, Franz, 7. JR. Hohenhausen,	27 Jun.	1863
- - Jordan, Theobald, 2. ArtR. vac. Lüder,	27 Jun.	1863
- - Sighart, Joseph, Cdtschft Augsburg,	27 Jun.	1863
- - Brunner, Andreas, FstgsGouvmt Germersheim,	27 Jun.	1863
- - Hermann, Gustav, MRchngsKr,	27 Jun.	1863
- - Müller, Jacob, FstgsGouvmt Landau,	27 Jun.	1863
- - Wettring, Franz, Cdtschft Ingolstadt,	25 Nov.	1863
- - Speiser, Wilhelm, 14. JR. Zandt,	25 Nov.	1863
- - Höchner, Anton, Cdtschft München,	25 Nov.	1863
II. Cl. Haine, Carl, 4. JgB.,	25 Nov.	1863
I. Cl. Hechtl, Norbert, 5. JR. Großherzog von Hessen,	25 Nov.	1863
- - Böck, Simon, MRchngsKr,	25 Nov.	1863
- - Strehl, Anton, Cdtschft Würzburg,	25 Nov.	1863
- - Dallner, Friedrich, MRchngsKr,	25 Nov.	1863
- - Drexler, Wolfgang, 5. ChlR. vac. Leiningen,	25 Nov.	1863
- - Straßner, Theodor, 15. JR. König Johann von Sachsen,	25 Nov.	1863

II. Cl. Schulz, Georg, 1. JR. König,	29 Mai	1864
– – Hahn, Anton, 4. JR. vac. Gumppenberg,	29 Mai	1864
– – Grau, Conrad, 2. CuirR. Prinz Adalbert,	29 Mai	1864
– – Bichele, Anton, AMD.,	29 Mai	1864
– – Keller, Heinrich, Cdtschft Nürnberg,	29 Mai	1864
– – Leibig, Georg, Cdtschft Rosenberg,	29 Mai	1864
– – Schlimbach, August, MRchngsKr,	29 Mai	1864
– – Sturm, Baptist, JnvH,	31 Jan.	1865
– – Roth, Alexander, FstgsGouvmt Germersheim,	31 Jan.	1865
– – Kraft, Georg, MRchngsKr,	31 Jan.	1865
– – Burkhard, Leonhard, 9. JR. Wrede,	31 Jan.	1865
– – Hosp, Heinrich, 10. JR. vac. Albert Pappenheim,	31 Jan.	1865
– – Munzert, Jacob, 11. JR. vac. Jsenburg,	25 Aug.	1865
– – Mahler, August, 2. JR. Kronprinz,	25 Aug.	1865
– – Merkel, Anton, 13. JR. Kaiser Franz Joseph v. Oesterreich,	25 Aug.	1865
I. Cl. Gerheuser, Gustav, KrMstrm (Buchführung),	25 Aug.	1865
II. Cl. Streck, Joseph, 1. ArtR. Prinz Luitpold,	31 Mrz	1866
– – Meyer, Wilhelm, 8. JR. vac. Seckendorff,	31 Mrz	1866
– – Peter, Ludwig, Cdtschft Augsburg,	31 Mrz	1866
– – Holländer, Georg, CadCps,	31 Mrz	1866
– – Schwarz, Philipp, VetA.,	2 Jun.	1866
– – Gnätz, Ferdinand, 6. ChlR. vac. Herzog von Leuchtenberg,	2 Jun.	1866
– – Maillinger, Anton, FstgsGouvmt Landau,	2 Jun.	1866
– – Wüst, Peter, FstgsGouvmt Landau,	2 Jun.	1866
– – Feicht, Joseph, 8. JgB.,	2 Jun.	1866
– – Schüle, Melchior, 3. UhlR.,	2 Jun.	1866
– – Pauli, Andreas, 4. ArtR.,	2 Jun.	1866
– – Throll, Baptist, Cdtschft Wülzburg,	2 Jun.	1866
– – Rabenstein, Georg, 1. JgB.,	2 Jun.	1866
– – Frisch, Franz, 6. JgB.,	2 Jun.	1866
– – Baumann, Georg, 1. UhlR. vac. Großfürst Thronfolger Nikolaus von Rußland,	2 Jun.	1866
– – Störtzenbach, Heinrich, 3. JgB.,	2 Jun.	1866
– – Schleier, Johann, 2. UhlR. König,	2 Jun.	1866
– – Fix, Philipp, MRchngsKr,	2 Jun.	1866
– – Fischer, Baptist, 3. CuirR. Großfürst Constantin Nikolajewitsch,	2 Jun.	1866
– – Lingg, Alois, 2. JgB.,	2 Jun.	1866

Bataillons-Quartiermeister.

Atzberger, Joseph, MRchngsKr,	29 Mai	1864
Huber, Carl, 1. JgB.,	29 Mai	1864
Schwarz, Jacob, 1. ChlR. Kaiser Alexander von Rußland,	29 Mai	1864
Mehrlein, Conrad, JgbHptDn,	31 Jan.	1865

Bühler, Leonhard, HKrCaſſa,	31 Jan. 1865
Schmitt, Paul, 4. ChlR. König,	31 Jan. 1865
Steichele, Adalbert, 3. ArtR. Königin Mutter,	31 Jan. 1865
Willer, Tobias, GOmſtrStb (top. Bur.),	25 Aug. 1865
Kling, Franz, GendC. von Mittelfranken,	25 Aug. 1865
Friedl, Xaver, HMuRD.,	Rg b. 25 Aug. 1865
Saint-George, Leopold, 7. JgB.,	25 Aug. 1865
Pizius, Joſeph, 4. JR. vac. Qumppenberg,	25 Aug. 1865
Scheder, Nikolaus, KrMſtrm (Buchführung),	25 Aug. 1865
Zech, Rudolph, FſlgsGouvmt Landau,	25 Aug. 1865
Klarmann, Georg, 1. CuirR. Prinz Carl von Bayern,	25 Aug. 1865
Schmitt, Simon, 3. JR. Prinz Carl von Bayern,	31 Mrz 1866
Ludwig, Michael, 2. ChlR. Taxis,	31 Mrz 1866
Winter, Richard, MRchngsKr,	31 Mrz 1866
Hoffmann, Anton, 10. JR. vac. Albert Pappenheim,	2 Jun. 1866
Grünbaum, Martin, Cdtſchft München,	2 Jun. 1866
Jarzinsky, Philipp, ZgbHptDn,	2 Jun. 1866
Mayer, Andreas, 4. ArtR.,	2 Jun. 1866
Freund, Markus, ZgbHptDn,	2 Jun. 1866
Schraukenmüller, Carl, FſtgsGouvmt Germersheim,	2 Jun. 1866
Graf, Jacob, Cdtſchft München,	2 Jun. 1866
Zopf, Johann, 3. ChlR. Herzog Maximilian,	2 Jun. 1866
Herzog, Auguſt, FſtgsCmbo in Ulm,	2 Jun. 1866
Holz, Michael, 13. JR. Kaiſer Franz Joſeph von Oeſterreich,	2 Jun. 1866
Heßdörfer, Friedrich, MRchngsKr,	2 Jun. 1866
Korntheuer, Anton, GarnC. Königshofen,	2 Jun. 1866
Heidenreich, Maximilian, 6. ChlR. vac. Herzog von Leuchtenberg,	2 Jun. 1866
Kraus, Johann, MRchngsKr,	2 Jun. 1866
Nützel, Friedrich, 6. JgB.,	2 Jun. 1866
Schmidmayr, Gottfried, ArtCpsCmbo,	2 Jun. 1866
Friedl, Friedrich, 1. ArtR. Prinz Luitpold,	2 Jun. 1866
Lingg, Auguſt, GendC. von Oberbayern,	2 Jun. 1866
Niedermaier, Joſeph, GendC. von Oberfranken,	2 Jun. 1866
Reul, Georg, GendC. der Haupt- und Reſidenzſtadt München,	2 Jun. 1866
Walther, Michael, Cdtſchft Ingolſtadt,	2 Jun. 1866
Wunderlich, Chriſtoph, 3. CuirR. Großfürſt Conſtantin Nikolajewitſch,	2 Jun. 1866
Gmeiner, Johann, HKrCaſſa,	2 Jun. 1866
Pfeiffer, Anton, 2. SanC.,	2 Jun. 1866
Birkmayer, Auguſt, GCmbo Würzburg,	2 Jun. 1866
Reibel, Chriſtian, ZgbHptDn,	2 Jun. 1866
Neumeyer, Heinrich, Cdtſchft Nürnberg,	2 Jun. 1866
Horn, Johann, 6. JR. König Wilhelm von Preußen,	2 Jun. 1866
Schild, Michael, AbmCdMFohlh.,	2 Jun. 1866

Schütz, Jacob, MRchngsKr,	2 Jun.	1866
Bieringer, Clemens, Cbtschft München,	2 Jun.	1866
Möser, Ludwig, 3. IgB.,	2 Jun.	1866
Beimler, Johann, 1. SanC.,	2 Jun.	1866
Lauer, Joseph, 5. ChlR. vac. Leiningen,	2 Jun.	1866
Lämmermann, Peter, Cbtschft Ingolstadt,	2 Jun.	1866
Krämer, Peter, 3. IR. Prinz Carl von Bayern,	2 Jun.	1866
Donhauser, Franz, Cbtschft Ingolstadt,	2 Jun.	1866
Spambalg, Leonhard, Cbtschft Würzburg,	2 Jun.	1866
Matzinger, Joseph, MRchngsKr,	2 Jun.	1866
Nothhaas, Caspar, IghHptDn,	2 Jun.	1866
Kienlein, Paul, KrMstrm (Buchführung),	2 Jun.	1866
Ehbauer, Jacob, 1. UhlR. vac. Großfürst Thronfolger Nikolaus von Rußland,	2 Jun.	1866
Henchel, Sigmund, 4. ChlR. König,	2 Jun.	1866
Pfoser, Joseph, MFCn,	2 Jun.	1866
Kehl, Theodor, 1. CuirR. Prinz Carl von Bayern,	2 Jun.	1866

Unter-Quartiermeister.

Müller, Alois, FstgsGouvmt Landau,	14 Mai	1859
Wörlein, Christian, GwhrsblDn,	25 Nov.	1863
Gebrlein, Franz, GendC. der Pfalz,	25 Nov.	1863
Müller, Michael, MRchngsKr,	25 Nov.	1863
Dollhopf, Georg, 5. IR. Großherzog von Hessen,	25 Nov.	1863
Sartorius, Otto, 11. IR. vac. Ysenburg,	25 Nov.	1863
Heim, Michael, 12. IR. König Otto von Griechenland,	25 Nov.	1863
Schönhärl, Joseph, 6. IR. König Wilhelm von Preußen,	25 Nov.	1863
Henninger, Andreas, MRchngsKr,	25 Nov.	1863
Sommer, Friedrich, 9. IR. Wrede,	25 Nov.	1863
Trenner, Johann, 4. SanC.,	25 Nov.	1863
Kurtz, Wilhelm, 13. IR. Kaiser Franz Joseph von Oesterreich,	29 Mai	1864
Schmitt, Martin, GendC. von Schwaben und Neuburg,	29 Mai	1864
Grebel, Pankraz, 7. IgB.,	29 Mai	1864
Spangler, Anton, 8. IgB.,	29 Mai	1864
Schneider, Ernst, 2. IgB.,	29 Mai	1864
Hörner, Friedrich, 2. ArtR. vac. Lüder,	29 Mai	1864
Schmitt, Stephan, 5. ChlR. vac. Leiningen,	29 Mai	1864
Pitzner, Carl, 15. IR. König Johann von Sachsen,	29 Mai	1864
Belzner, Ernst, GCmbo München,	31 Jan.	1865
Knöchel, Julius, 4. ArtR.,	31 Jan.	1865
Windfelder, Peter, 2. ChlR. Taxis,	31 Jan.	1865
Tiefel, Johann, 3. UhlR.,	31 Jan.	1865
Reuß, Ludwig, 14. IR. Zandt,	31 Jan.	1865
Wiedemann, Caspar, 2. ChlR. Taxis,	25 Aug.	1865

18

Bürkner, Jacob, 7. JR. Hohenhausen,	25 Aug. 1865
Barth, Otto, 7. JR. Hohenhausen,	25 Aug. 1865
Kolb, Johann, 6. JR. König Wilhelm von Preußen,	25 Aug. 1865
Brecherebauer, Adam, Cdtschft Ingolstadt,	31 Mrz 1866
Graßer, Georg, Cdtschft Ingolstadt,	31 Mrz 1866
Krautblatter, Heinrich, JLeibR.,	31 Mrz 1866
Heidenthaler, Joseph, 1. ArtR. Prinz Luitpold,	31 Mrz 1866
Braun, Philipp, FstgsGouvmt Landau,	2 Jun. 1866
Rißler, Mathias, FeuerwrkC.,	2 Jun. 1866
Heckel, Georg, DivC.,	2 Jun. 1866
Rißelbeck, Jacob, 10. JR. vac. Albert Pappenheim,	2 Jun. 1866
Schubert, Ludwig, 1. JR. König,	2 Jun. 1866
Müller, Joseph, GendC. von Niederbayern,	2 Jun. 1866
Dollmann, Otto, MRchngsKr,	2 Jun. 1866
Fichtelberger, Carl, 5. JgB.,	2 Jun. 1866
Peter, Carl, Cdtschft Würzburg,	2 Jun. 1866
Leybold, Johann, GCmbo Augsburg,	2 Jun. 1866
Pfingstl, Franz, 9. JR. Wrede,	2 Jun. 1866
Strattner, Franz, ZghptDn (Gieß- und Bohrhaus),	2 Jun. 1866
Benzer, Carl, GendC. der Oberpfalz und Regensburg,	2 Jun. 1866
Abel, Christoph, 14. JR. Zandt,	2 Jun. 1866
Falkner, Franz, 2. ChlR. Taxis,	2 Jun. 1866
Reisinger, Wilhelm, 2. JR. Kronprinz,	2 Jun. 1866
Augustin, Andreas, 1. ArtR. Prinz Luitpold,	2 Jun. 1866
Kohler, Alois, MRchngsKr,	2 Jun. 1866
Fridinger, Carl, KrMstrm (Buchführung),	2 Jun. 1866
Krahl, Johann, 1. JgB.,	2 Jun. 1866
Renß, Joseph, 3. SanC.,	2 Jun. 1866
Herrmann, Anton, 3. ChlR. Herzog Maximilian,	2 Jun. 1866
Rehmann, Alois, GendCpsCmbo,	2 Jun. 1866
Rohrmüller, Mathias, 3. ArtR. Königin Mutter,	2 Jun. 1866
Daimer, Bernhard, FstgsGouvmt Germersheim,	2 Jun. 1866
Schwarz, Ottmar, MRchngsKr,	2 Jun. 1866
Hiller, Stephan, 3. JR. Prinz Carl von Bayern,	2 Jun. 1866
Weinrich, Alfred von, 2. JR. Kronprinz,	2 Jun. 1866
Zettel, Baptist, Cdtschft Würzburg,	2 Jun. 1866
Gumposch, Joseph, FstgsCmbo in Ulm,	2 Jun. 1866
Winter, Carl, AdmCdMFohlh.	2 Jun. 1866
Lorenz, Ludwig, GenR.,	2 Jun. 1866
Michrl, Julius, 15. JR. König Johann von Sachsen,	2 Jun. 1866
Cariet, Edmund, 2. JR. Kronprinz,	2 Jun. 1866
Storr, Anton, 8. JR. vac. Seckendorff,	2 Jun. 1866
Hayd, Georg, 3. ArtR. Königin Mutter,	2 Jun. 1866
Burckhardt, Gustav, KrMstrm (Buchführung)	2 Jun. 1866

Butzer, Adalbert, FStgsCmbo in Ulm,		2 Jun. 1866
Rabus, Friedrich, AMD.,		2 Jun. 1866
Knebl, Ferdinand, 1. ArtR. Prinz Luitpolb,		2 Jun. 1866
Knab, Otto, 1. ChlR. Kaiser Alexander von Rußland,		2 Jun. 1866
Körber, Andreas, Cdtschft Würzburg,		2 Jun. 1866
Mayer, Carl, FStgsGouvmt Germersheim,		2 Jun. 1866
Worff, Theodor, HMuRD.,		2 Jun. 1866
Schwaiger, Joseph, GCmstrStb (top. Bur.),		2 Jun. 1866
Rhein, Joseph, 2. ArtR. vac. Lüber,		2 Jun. 1866
Hiller, Joseph, 3. UhlR.,		2 Jun. 1866
Bauer, Johann, Fohlh. Steingaden,	Rg v.	2 Jun. 1866
Alexander, Albert, Fohlh. Schwaiganger,		2 Jun. 1866
Kronberger, Johann, 9. JR. Wrede,		23 Jul. 1866
Streck, Maximilian, 3. ArtR. Königin Mutter,		23 Jul. 1866
Fluhrer, Andreas, 2. ChlR. Taxis,		23 Jul. 1866
Uebel, Joseph, 15. JR. König Johann von Sachsen,		23 Jul. 1866
Bayer, Franz, GarnC. Nymphenburg,		23 Jul. 1866
Mauberer, Joseph, 13. JR. Kaiser Franz Joseph von Oesterreich,		23 Jul. 1866
Ebel, Joseph, 7. JR. Hohenhausen,		23 Jul. 1866
Schremser, Alois, KrMstrm (Buchführung),		23 Jul. 1866
Uebelacker, Cajetan, MRchngsKr,		23 Jul. 1866
Kohler, Carl, 3. JR. Prinz Carl von Bayern,		23 Jul. 1866
Kundmüller, Michael, 6. JR. König Wilhelm von Preußen,		23 Jul. 1866
Karpf, Lorenz, FStgsGouvmt Germersheim,		23 Jul. 1866
Kiesling, Johann, Cdtschft Rosenberg,		23 Jul. 1866
Bauer, Friedrich, 2. ArtR. vac. Lüber,		23 Jul. 1866
Pfaffenlehner, Friedrich, 10. JR. vac. Albert Pappenheim,		23 Jul. 1866
Wimmer, Joseph, 3. CuirR. Großfürst Constantin Nikolajewitsch,		23 Jul. 1866
Körner, Carl, 12. JR. König Otto von Griechenland,		23 Jul. 1866
Biller, Joseph, 8. JR. vac. Seckendorff,		23 Jul. 1866
Stahl, Matthäus, 1. ChlR. Kaiser Alexander von Rußland,		23 Jul. 1866
Kellhammer, Maximilian, 11. JR. vac. Ysenburg,		23 Jul. 1866
Albrecht, Christoph, 3. UhlR.,		23 Jul. 1866
Billmeier, Joseph, 1. CuirR. Prinz Carl von Bayern,		23 Jul. 1866
Wetzstein, Georg, 6. ChlR. vac. Herzog von Leuchtenberg,		23 Jul. 1866
Pfündl, Xaver, Fohlh. Fürstenfeld,		23 Jul. 1866
Leopolder, Joseph, MRchngsKr,		23 Jul. 1866

Regiments - Actuare.

Helfrich, Johann, FStgsCmbo in Ulm,		4 Mai 1859
Wolf, Martin, JLeibR.,	Rg v.	25 Mai 1866
Hagemann, Wilhelm, GendC. von Unterfranken u. Aschaffenburg,		25 Mai 1866
Güllich, Heinrich, JgbOptDn,		25 Mai 1866
Dimpfl, Ludwig, JLeibR.,		25 Mai 1866

18*

Gareiß, Heinrich, 5. JR. Großherzog von Hessen,	25 Mai 1866
Gernharb, Lazarus, HMuRD.,	25 Mai 1866
Sörgel, Johann, 1. ChlR. Kaiser Alexander von Rußland,	25 Mai 1866
Wilhelm, Anbreas, ZghHptDn,	25 Mai 1866
Höhler, Joseph, 2. JgB.,	25 Mai 1866
Frank, Nikolaus, HKrCaffa,	25 Mai 1866
Härtnagel, Friedrich, ZghHptDn,	25 Mai 1866
Haberberger, Anton, FstgsGouvmt Germersheim,	25 Mai 1866
Pfeiffer, Heinrich, 4. JR. vac. Gumppenberg,	25 Mai 1866
Krieger, Michael, 1. ArtR. Prinz Luitpolb,	25 Mai 1866
Huth, Bernhard, 1. JR. König,	25 Mai 1866
Demm, Anton, MFCn,	25 Mai 1866
Lux, Heinrich, 4. ArtR.,	25 Mai 1866
Emmerich, Georg, 3. ArtR. Königin Mutter,	25 Mai 1866
Winterstein, Johann, 13. JR. Kaiser Franz Joseph von Oesterreich,	25 Mai 1866
Ottmann, Xaver, 15. JR. König Johann von Sachsen,	25 Mai 1866
Schuster, Michael, 4. JR. vac. Gumppenberg,	25 Mai 1866
Maberer, Erhard, 8. JgB.,	25 Mai 1866
Bayerlein, Jacob, 1. JR. König,	25 Mai 1866
Carl, Eugen, 1. ArtR. Prinz Luitpolb,	25 Mai 1866
Gernbauer, Joseph, 2. JR. Kronprinz,	25 Mai 1866
Dümmlein, Anton, 1. CuirR. Prinz Carl von Bayern,	25 Mai 1866
Schwager, Joseph, 2. ArtR. vac. Lüber,	25 Mai 1866
Lang, Joseph, Cbtschft Wülzburg,	25 Mai 1866
Carl, Ludwig, JLeibR.,	25 Mai 1866
Meyer, Johann, 7. JR. Hohenhausen,	25 Mai 1866
Fertig, Otto, GenR.,	25 Mai 1866
Lindner, Michael, 6. ChlR. vac. Herzog von Leuchtenberg,	25 Mai 1866
Angermann, Gottlieb, 5. ChlR. vac. Leiningen,	25 Mai 1866
Welsch, Heinrich, 5. JgB.,	25 Mai 1866
Spänkuch, Georg, 14. JR. Zandt,	25 Mai 1866
Floß, August, ZghHptDn,	25 Mai 1866
Fischer, Wilhelm, 3. JR. Prinz Carl von Bayern,	25 Mai 1866
Salberg, Christian, 10. JR. vac. Albert Pappenheim,	25 Mai 1866
Lindner, Friedrich, 2. ArtR. vac. Lüber,	25 Mai 1866
Brüderlein, Paul, 2. UhlR. König,	25 Mai 1866
Prabarutti, Anton, 3. JgB.,	25 Mai 1861
Strobl, Adolph, 8. JR. vac. Seckendorff,	25 Mai 1866
Hernögger, Joseph, 2. CuirR. Prinz Abalbert,	25 Mai 1866
Müller, Joseph, 11. JR. vac. Ysenburg,	25 Mai 1866
Schmidt, Ludwig, 7. JgB.,	25 Mai 1866
Weixlbaum, Peter, GenCpsCmbo,	25 Mai 1866
Klinger, Michael, 5. JR. Großherzog von Hessen,	25 Mai 1866
Gulter, Heinrich, 1. JgB.,	25 Mai 1866

Volkert, Adolph, 14. JR. Zandt,	25 Mai	1866
Amm, Julius, 14. JR. Zandt,	25 Mai	1866
Kögler, Lorenz, 1. UhlR. vac. Großfürst Thronfolger Nikolaus von Rußland,	25 Mai	1866
Maurer, Felix, 1. ArtR. Prinz Luitpold,	25 Mai	1866
Nebl, Albert, 4. JgB.,	25 Mai	1866
Mayer, Engelbert, 2. UhlR. König,	25 Mai	1866
Dröber, Peter, 3. ChlR. Herzog Maximilian,	25 Mai	1866
Breininger, Joseph, 5. ChlR. vac. Leiningen,	25 Mai	1866
Krauß, Friedrich, 2. JR. Kronprinz,	25 Mai	1866
Scherbauer, Joseph, 1. ArtR. Prinz Luitpold,	25 Mai	1866
Müller, Joseph, 12. JR. König Otto von Griechenland,	25 Mai	1866
Völkel, Emil, 3. CuirR. Großfürst Constantin Nikolajewitsch,	25 Mai	1866
Joseph, Julius, 2. CuirR. Prinz Adalbert,	25 Mai	1866
Müller, Thomas, 1. UhlR. vac. Großfürst Thronfolger Nikolaus von Rußland,	25 Mai	1866
Pfistermeister, Johann, JLeibR.,	2 Jun.	1866
Völkl, Johann, Cdtschft Augsburg,	2 Jun.	1866
Gaßner, Georg, 8. JR. vac. Seckendorff,	2 Jun.	1866
Philipp, Friedrich, JLeibR.,	2 Jun.	1866
Fleßa, Franz, AMD.,	2 Jun.	1866
Wagner, Johann, 4. JgB.,	2 Jun.	1866
Uhlmann, Alphons, 4. ChlR. König,	2 Jun.	1866
Wintter, August, FJtgsGouvmt Landau,	2 Jun.	1866
Vortscheller, David, Cdtschft Augsburg,	2 Jun.	1866
Gebrath, Julius, 8. JR. vac. Seckendorff,	23 Jul.	1866
Walberer, Joseph, 6. JR. König Wilhelm von Preußen,	23 Jul.	1866
Strauß, Anton, 11. JR. vac. Ysenburg,	23 Jul.	1866
Wittmann, Ferdinand, GCmdo Nürnberg,	23 Jul.	1866
Halber, Caspar, 3. JR. Prinz Carl von Bayern,	23 Jul.	1866
Banselder, Christian, 15. JR. König Johann von Sachsen,	23 Jul.	1866
Unfried, Anton, 4. JR. vac. Gumppenberg,	23 Jul.	1866
Holzhey, Joseph, 7. JR. Hohenhausen,	23 Jul.	1866
Schlenk, Georg, 4. ArtR.,	23 Jul.	1866
Gruber, Christoph, 5. JR. Großherzog von Hessen,	23 Jul.	1866
Kirchner, Florentin, 5. JR. Großherzog von Hessen,	23 Jul.	1866
Schwemmlein, Johann, Cdtschft Augsburg,	23 Jul.	1866
Straßner, Joseph, 8. JR. vac. Seckendorff,	23 Jul.	1866
Bayer, Peter, 4. JR. vac. Gumppenberg,	23 Jul.	1866
Hell, Anton, 6. JR. König Wilhelm von Preußen,	23 Jul.	1866
Weigl, Joseph, 7. JR. Hohenhausen,	23 Jul.	1866
Frank, Carl, 1. JR. König,	23 Jul.	1866
Gerhaher, Georg, Cdtschft München,	23 Jul.	1866
Ernst, Wilhelm, 2. JR. Kronprinz,	23 Jul.	1866

Oberndorfer, Sebastian, 1. JR. König,	23 Jul.	1866
Feiner, Johann, 1. ArtR. Prinz Luitpold,	23 Jul.	1866
Gänsbauer, Friedrich, FstgsCmdo in Ulm,	23 Jul.	1866
Ronnenmacher, Martin, GwhrfbtDn,	23 Jul.	1866
Stutzmann, Christoph, 4. JR. vac. Gumppenberg,	23 Jul.	1866
Speiser, Joseph, 14. JR. Zandt,	23 Jul.	1866
Blumberger, Wilhelm, 1. JR. König,	23 Jul.	1866
Koch, Ludwig, 6. ChlR. vac. Herzog von Leuchtenberg,	23 Jul.	1866
Büttner, Heinrich, 13. JR. Kaiser Franz Joseph von Oesterreich,	23 Jul.	1866
Wüstner, Carl, 12. JR. König Otto von Griechenland,	23 Jul.	1866
Helmes, Traugott, 9. JR. Wrede,	23 Jul.	1866
Werkmann, Anton, 2. JR. Kronprinz,	23 Jul.	1866
Bauer, Martin, Cdtschft Ingolstadt,	23 Jul.	1866
Schmitt, Anton, 9. JR. Wrede,	23 Jul.	1866
Koch, Jacob, 10. JR. vac. Albert Pappenheim,	23 Jul.	1866
Winterheld, Ernst, ZghHptDn,	23 Jul.	1866
Thüngen, Philipp Frh. von, Cdtschft Ingolstadt,	23 Jul.	1866
Acam, Joseph, Cdtschft Ingolstadt,	23 Jul.	1866
Meister, Georg, 3. JR. Prinz Carl von Bayern,	23 Jul.	1866
Hofer, Ferdinand, 2. JR. Kronprinz,	23 Jul.	1866
Dörffler, Johann, ArtCpsCmdo,	23 Jul.	1866

Administrations-Personal der Militär-Fohlenhöfe.

Verwalter 1. Classe.

Klostermayer, Carl, Fohlh. Schwaiganger,	24 Nov. 1860
Ragner, Franz, Fohlh. Steingaden,	29 Oct. 1864

Verwalter 2. Classe.

Hänlein, Albrecht, Fohlh. Benediktbeuern,	5 Aug. 1863
Auanger, Alois, Fohlh. Fürstenfeld,	5 Aug. 1863
Kirchhoffer, August, Fohlh. Fürstenfeld,	8 Jan. 1866
Mayer, Ludwig, AdmEdMFohlh.,	13 Fbr 1866

Justiz-Personal.

Uniform: Kragen und Aufschläge carmoisinroth; Knöpfe gelb.

General-Auditore.

Reichlin-Meldegg, Friedrich Frh. von, GAudt,	2 Jul.	1859
Schmitt, Joseph von, KrMStrm,	12 Jul.	1866

Ober-Auditore.

Gehm, Carl, GAudt,	22 Apr.	1851
Wolf, Heinrich, GAudt,	22 Dec.	1851
Vincenti, Carl Ritter von, GAudt,	22 Dec.	1851
Wagenbäuser, Kilian, GAudt,	30 Jun.	1853
Menz, Carl Ritter von, GAudt,	11 Jun.	1855
Bürger, Leonhard, KrMStrm,	22 Jun.	1855
Eberl, Alois, MFCn,	31 Jan.	1856
Gerstner, Friedrich, GAudt,	18 Jan.	1860
Holzinger, Carl, GAudt,	29 Mai	1864
Lesch, Ludwig, GAudt,	29 Mai	1864

Stabs-Auditore.

Frönau, Wilhelm, GCmdo München,	22 Dec.	1851
Würthmann, Joseph, GendCpsCmdo,	8 Mrz	1860
Mühlbaur, Theodor, ArtCpsCmdo,	25 Oct.	1861
Martin, Albert, GCmdo Würzburg,	19 Apr.	1862
Greß, Carl, GCmdo Nürnberg,	29 Mai	1864
Höß, Carl, GCmdo Augsburg,	31 Mrz	1866
Steinbel, Philipp, GCmdo Würzburg,	25 Mai	1866
Hölzl, Joseph, GCmdo Augsburg,	25 Mai	1866
Görtz, Wilhelm, GCmdo Nürnberg,	25 Mai	1866
Bedall, Melchior, GCmdo München,	25 Mai	1866

Regiments-Auditore.

I. Cl. Bally, Gustav von, 3. ChlR. Herzog Maximilian,	4 Jul.	1847
- - Dorsch, Franz, 14. JR. Zandt,	31 Jul.	1851
- - Feilbusch, Franz, 2. ChlR. Taxis,	19 Mai	1852
- - Weinzierl, Baptist, 8. JR. vac. Seckendorff,	8 Mai	1853
- - Grimm, Albert, 1. JR. König,	21 Dec.	1853
- - Erl, Michael, 1. ArtR. Prinz Luitpold,	31 Mrz	1855
- - Jhrl, Georg, GAudt,	29 Nov.	1856

I. Cl. Gartner, Joseph, 2. JR. Kronprinz,	29 Nov.	1856
- - Schamberger, August, JLeibR.,	29 Nov.	1856
- - Reulbach, Franz, 6. ChlR. vac. Herzog von Leuchtenberg,	22 Jun.	1857
- - Knözinger, Anton, Cdtschft München,	22 Jun.	1857
- - Huber, August, 4. ArtR.,	31 Dec.	1858
- - Fischer, Georg, 10. JR. vac. Albert Pappenheim,	31 Dec.	1858
- - Marr, Carl, 4. JR. vac. Gumppenberg,	15 Aug.	1859
- - Oberniedermayr, Ludwig, Cdtschft München,	30 Oct.	1859
- - Hirschberg, Christian Frh. von, 11. JR. vac. Jsenburg,	8 Mrz	1860
- - Englert, Franz, Cdtschft Würzburg,	8 Mrz	1860
- - Gutmayr, Leopold, GAudt,	27 Mrz	1860
II. Cl. Schleicher, Max., Cdtschft Augsburg,	15 Aug.	1860
- - Sommer, Eduard, 3. JR. Prinz Carl von Bayern,	12 Mrz	1861
- - Deisch-Rosenberg, Joseph, 5. JR. Großherzog von Hessen,	25 Oct.	1861
- - Widder, Wilhelm, 3. UhlR.,	23 Fbr	1862
- - Gobin, Carl Frh. von, FstgsGouvmt Landau,	19 Apr.	1862
- - Mehn, Ludwig, 1. CuirR. Prinz Carl von Bayern,	25 Nov.	1863
- - Lampel, August, 12. JR. König Otto von Griechenland,	25 Nov.	1863
- - Stritzl, Maximilian, 2. ArtR. vac. Lüder,	25 Nov.	1863
- - Stöger, Maximilian, FstgsGouvmt Landau,	6 Fbr	1864
- - Leithner, Adolph, 13. JR. Kaiser Franz Joseph von Oesterreich,	6 Fbr	1864
- - Ulsamer, Emil, 2. CuirR. Prinz Adalbert,	6 Fbr	1864
- - Rottenhäuser, Adam, 9. JR. Wrede,	29 Mai	1864
- - Stöber, Hugo, MFCn,	29 Mai	1864
- - Stöber, Otto, 3. ArtR. Königin Mutter,	31 Jan.	1865
- - Fischbacher, Christoph, 5. ChlR. vac. Leiningen,	31 Mrz	1866
- - Berstl, Michael, Cdtschft Nürnberg,	31 Mrz	1866
- -. Wirth, Joseph, 1. ChlR. Kaiser Alexander von Rußland,	31 Mrz	1866

Bataillons-Auditore.

Knarr, Elias, Cdtschft Ingolstadt,	25 Nov.	1863
Wurzer, Otto, 4. ChlR. König,	25 Nov.	1863
Glück, Ludwig, 3. CuirR. Großfürst Constantin Nikolajewitsch,	25 Nov.	1863
Clauß, Robert, 15. JR. König Johann von Sachsen,	25 Nov.	1863
Pilgenau, Clemens Frh. von, 2. JgB.,	6 Fbr	1864
Sand, Wilhelm, 6. JR. König Wilhelm von Preußen,	6 Fbr	1864
Pöllmann, Johann, 1. JgB.,	6 Fbr	1864
Müller, Moriz Frh. von, GenR.,	6 Fbr	1864
Harlander, Hippolyt, LgHtsch.,	6 Fbr	1864
Volfert, Andreas, FstgsGouvmt Germersheim,	6 Fbr	1864
Baust, Carl, 4. JgB.,	29 Mai	1864
Schellerer, Valentin, 7. JR. Hohenhausen,	29 Mai	1864
Koppmann, Clemens, ArtCpsCmdo,	29 Mai	1864

Bonn, Carl, Cdtschft Passau,	31 Jan.	1865
Stuhlreiter, Carl, 8. JgB.,	31 Mrz	1866
Euler, Carl, Cdtschft Wülzburg,	31 Mrz	1866
Richter, Rudolph, 5. JgB.,	31 Mrz	1866
Hauer, Joseph, 3. JgB.,	31 Mrz	1866
Hütter, Heinrich, 6. JgB.,	10 Jun.	1866
Ehrnthaller, Sebastian, GCmdo Nürnberg,	27 Spt.	1866
Lindl, Peter, 7. JgB.,	27 Spt.	1866
Habel, Friedrich, GCmdo München,	27 Spt.	1866
Hollerith, Albert, FstgsGouvmt Germersheim,	27 Spt.	1866
Zenk, Friedrich, Cdtschft Rosenberg,	27 Spt.	1866

Apotheker-Personal.

Uniform: Kragen und Aufschläge hellgrün; Knöpfe weiß.

Ober-Apotheker.

I. Cl. Thomann, Carl, FstgsGouvmt Landau,	8	Dec.	1847
- - Gerstner, Wilhelm, Cdtschft München,	21	Aug.	1848
- - Walter, Friedrich, MRchngsKr,	22	Jun.	1857
- - Waas, Ludwig, Cdtschft Ingolstadt,	14	Jun.	1861
- - Schmid, Carl, Cdtschft Würzburg,	3	Jul.	1863
II. Cl. Kirchgrabner, Carl, FstgsGouvmt Germersheim,	25	Nov.	1863
- - Grazioli, Maximilian, Cdtschft Augsburg,	25	Mai	1866
- - Kitzing, August, MRchngsKr,	25	Mai	1866
- - Baber, Carl, Cdtschft Nürnberg,	25	Mai	1866
- - Promberger, Ludwig, FstgsGouvmt Landau,	25	Mai	1866

Unter-Apotheker 1. Classe.

Seibel, Carl, Cdtschft Würzburg,	25	Mai	1866
Bauer, Carl, Cdtschft Augsburg,	25	Mai	1866
Weyh, Gottlieb, Cdtschft Augsburg,	25	Mai	1866
Frisch, Alois, FstgsGouvmt Landau,	25	Mai	1866
Raab, Albert, FstgsGouvmt Landau,	25	Mai	1866
Wolff, Hermann, FstgsGouvmt Germersheim,	25	Mai	1866
Münzenthaler, Carl, Cdtschft Nürnberg,	25	Mai	1866
Baumann, August, Cdtschft Augsburg,	25	Mai	1866
Fraaß, Carl, Cdtschft Würzburg,	25	Mai	1866
Landsberger, Johann, Cdtschft München,	25	Mai	1866
Wobad, Anton, Cdtschft Ingolstadt,	25	Mai	1866
Pini, Gottfried, Cdtschft Ingolstadt,	19	Aug.	1866

Unter-Apotheker 2. Classe.

Baur, Otto, Cdtschft München,	6	Sept.	1858
Sedlmaier, Michael, Cdtschft München,	5	Jun.	1859
Krauß, Joseph, Cdtschft Ingolstadt,	5	Jun.	1859
Rodler, Carl, Cdtschft Nürnberg,	25	Mai	1866
Popp, Gabriel, Cdtschft Würzburg,	25	Mai	1866
Ferber, Ferdinand, FstgsGouvmt Germersheim,	25	Mai	1866
Wühr, Wilhelm, FstgsGouvmt Germersheim,	25	Mai	1866
Sippel, Joseph, FstgsGouvmt Landau,	25	Mai	1866
Briel, Otto, Cdtschft München,	25	Mai	1866
Reitmeyer, Anton, Cdtschft Nürnberg,	25	Mai	1866
Pfister, Anton, Cdtschft Ingolstadt,	23	Jun.	1866
Krauß, Albrecht, Cdtschft Würzburg,	18	Jul.	1866
Hartmann, Maximilian, Cdtschft Augsburg,	18	Jul.	1866
Zetl, Albrecht, Cdtschft Nürnberg,	18	Jul.	1866

Veterinärärztliches Personal.

Uniform: Kragen hellblau, die Aufschläge von gleichem Tuche wie der Waffenrock; Knöpfe weiß.

Ober - Veterinär - Arzt.

Gräff, Nepomuk, KrMStrm,   31 Jan. 1856

Regiments - Veterinär - Aerzte.

I. Cl. Jamin, Jacob, GCmdo Augsburg,	5 Jun.	1848
- - Schmid, Andreas, ArtCpsCmdo,	21 Jan.	1851
- - Urban, Caspar, 2. CuirR. Prinz Adalbert,	16 Apr.	1853
- - Lang, Joseph, 6. ChlR. vac. Herzog von Leuchtenberg,	31 Mrz	1855
- - Weber, Conrad, 2. Art. vac. Lüder,	22 Jun.	1857
- - Mohr, Maximilian, 1. ChlR. Kaiser Alexander von Rußland,	31 Mai	1859
- - Hofbauer, Michael, 2. ChlR. Taris,	31 Mai	1859
- - Franzen, Joseph, 4. ArtR.	31 Mai	1859
- - Hoppe, Ludwig, 5. ChlR. vac. Leiningen,	31 Mai	1859
II. Cl. Weiß, Constantin, 1. ArtR. Prinz Luitpold,	31 Mai	1859
- - Ableitner, Caspar, 3. ChlR. Herzog Maximilian,	31 Mai	1859
- - Probstmayr, Wilhelm, 1. CuirR. Prinz Carl von Bayern,	1 Jul.	1859
- - Merz, August, Fohlh. Schwaiganger,	15 Mrz	1861
- - Seitz, Carl, 1. UhlR. vac. Großfürst Thronfolger Nikolaus von Rußland,	25 Mai	1866
- - Raab, Georg, 3. UhlR.,	25 Mai	1866
- - Müller, Nepomuk, 3. CuirR. Großfürst Constantin Nikolajewitsch,	16 Aug.	1866
- - Steinhäuser, Friedrich, 2. UhlR. König,	16 Aug.	1866

Divisions - Veterinär - Aerzte.

Flink, Wolfgang, 3. ArtR. Königin Mutter,	31 Mai	1859
Greger, Richard, 1. ChlR. Kaiser Alexander von Rußland,	31 Mai	1859
Marggraff, Paul, 4. ChlR. König,	31 Mai	1859
Beer, Johann, Fohlh. Fürstenfeld,	31 Mai	1859
Schneider, Stephan, 3. ArtR. Königin Mutter,	1 Jul.	1859
Brandl, Adolph, 3. CuirR. Großfürst Constantin Nikolajewitsch,	1 Jul.	1859
Schreyer, Christian, 3. ChlR. Herzog Maximilian,	25 Mai	1866
Kordler, Joseph, 1. ArtR. Prinz Luitpold,	25 Mai	1866
Hahn, Leonhard, 2. ArtR. vac. Lüder,	25 Mai	1866

Reuß, Heinrich, FstgsGouvmt Germersheim, 25 Mai 1866
Köhler, Johann, 2. ChlR. Taxis, 25 Mai 1866
Böck, Anton, 5. ChlR. vac. Leiningen, 25 Mai 1866
Giel, Hugo, FstgsGouvmt Landau, 25 Mai 1866
Sesar, Alois, 1. ChlR. Kaiser Alexander von Rußland, 25 Mai 1866
Maurer, Ferdinand, 2. ChlR. Taxis, 25 Mai 1866
Kränzle, Joseph, 1. CuirR. Prinz Carl von Bayern, 25 Mai 1866
Schardtner, Georg, 3. UhlR., 25 Mai 1866
Koch, Otto, 4. ChlR. König, 25 Mai 1866
Nußer, Christian, CdtschftIngolstadt, 25 Mai 1866
Wägele, Maximilian, 6. ChlR. vac. Herzog von Leuchtenberg, 25 Mai 1866

Unter-Veterinär-Aerzte.

Lorz, Georg, Fohlh. Steingaden, 31 Mai 1859
Greinwald, August, Fohlh. Schwaiganger, 31 Mai 1859
Johannes, Friedrich, Fohlh. Benediktbeuern, 31 Mai 1859
Hemberger, Joseph, 1. ArtR. Prinz Luitpold, 31 Mai 1859
Brüller, Maximilian, 2. ArtR. vac. Lüber, 31 Mai 1859
Heiß, Carl, 2. UhlR. König, 31 Mai 1859
Lehr, Carl, 3. ChlR. Herzog Maximilian, 31 Mai 1859
Mayer, Johann, 3. UhlR., 31 Mai 1859
Zippelius, Georg, Fohlh. Benediktbeuern, 25 Mai 1866
Geyer, Nikolaus, 4. ArtR., 25 Mai 1866
Weigand, Ludwig, 5. ChlR. vac. Leiningen, 25 Mai 1866
Albrecht, Michael, 2. CuirR. Prinz Adalbert, 25 Mai 1866
Merkl, Ferdinand, 1. UhlR. vac. Großfürst Thronfolger Nikolaus
    von Rußland, 25 Mai 1866
Pfann, Bernhard, 2. CuirR. Prinz Adalbert, 1 Jun. 1866
Stock, Anton, 3. CuirR. Großfürst Constantin Nikolajewitsch, 1 Jun. 1866
Burger, Georg, Fohlh. Steingaden, 1 Jun. 1866
Wolf, Ludwig von, 1. CuirR. Prinz Carl von Bayern, 1 Jun. 1866
Ochs, Georg, 4. ChlR. König, 1 Jun. 1866
Weigand, Friedrich, 6. ChlR. vac. Herzog von Leuchtenberg, 1 Jun. 1866
Zenner, Nikolaus, 3. ArtR. Königin Mutter, 9 Jun. 1866
Kolbeck, Leopold, 1. UhlR. vac. Großfürst Thronfolger Nikolaus
    von Rußland, 9 Jun. 1866

Penſioniſten.

a) Generale und Officiere.

Uniform und Bewaffnung: Die Generale ihre frühere Uniform als activ unverändert, alle anderen Officiere die Uniform der Abtheilung, aus welcher ſie in den Penſionsſtand getreten ſind, nur auf den Aufſchlägen zwei Litzen von Gold oder Silber nach der Farbe der Knöpfe in der Richtung gegen die Hand. Ohne Dienſtzeichen. Generale und Officiere den Säbel mit Kuppel jener Waffengattung, in welcher ſie zuletzt gedient haben; das Officiers-Portepee.

General.

Zandt, Max. Frh. von, Exc., GdC., Inh. des JR. Nr. 14,
   ⚔3. ⚔. ⚔. ✠. FEL5. SCV1. SEH1. ⚜.   ✠. 31 Mrz 1848

General-Lieutenants.

Kunſt, Johann von, ⚔3. ⚔3. ⚔. ⚔. RStt. TJ3.   31 Mrz 1848
von der Mark, Anton, Exc. ⚔2. ⚔1. ⚔. ✠. ÖEK1. PrA2m.St.
    RA1.   t. 11 Oct. 1853
Schleitheim, Baptiſt Keller Frh. von, ⚔3. ⚔3. ⚔. ⚔. ✠.
    FEL5.   19 Dec. 1853
Magerl, Friedrich Frh. von, ⚔4. ⚔. ⚔. ✠. FEL5.
    RA2. ⚜.   ✠. 29 Nov. 1856
Brandt, Philipp Frh. von, ⚔4. ⚔3. ⚔. ✠. GE4. GD. GDF. 27 Apr. 1859
Roppelt, Baptiſt von, ⚔4. ⚔. ⚔. ✠. HP2.   ✠. 20 Mai 1863
Benzel-Sternau, Ludwig Graf von, ⚔4. ⚔3. ⚔. ⚔. ✠.
    FEL5. HP3. ⚜.   ✠. 2 Jan. 1865
Herman, Benjamin von, ⚔4. ⚔. ✠. SEK1.   ✠. 2 Jan. 1865
Spreti, Friedrich Graf von, ⚔4. ⚔. ✠. BdZL2. BrSK3.
    HGu2.   ✠. 12 Fbr. 1865
Haren, Franz von, ⚔4. ⚔. ⚔. ✠.   ✠. 19 Dec. 1865
Rotberg, Eduard Frh. von, ⚔4. ✠. ⚔. CHW4. ÖL2. ✠. 17 Aug. 1866

General-Majore.

Bieber, Sigmund von, ⚔. ⚔. ✠. FEL5. RStt.   1 Dec. 1830
Hetzendorf, Franz von, ⚔. ⚔. ✠. FEL5.   15 Dec. 1843
Hartmann, Valentin, ⚔. ⚔. FEL5.   7 Apr. 1847
Miller, Joſeph Ritter von, ⚔. ⚔. ✠. FEL5. GE3. ✠. 30 Mai 1847
Hoffmann, Sebaſtian, ⚔. ✠.   ✠. 31 Mrz 1848

Berri della Boſia, Carl Graf von, ⊕4. ⚔. ⚔. ⚔. FEL5.
    RSt2. ℐ. 31 Mrz 1848
Kretſchmann, Moriz von, ⚔. Rg v. 21 Aug. 1848
Achner, Vincenz Ritter von, ⊕4. ⚔4. ⚔. ⚔. ⚔. BdZL4.
    BIL3. BrR2. PrA3. WK3. 16 Nov. 1850
Nauß, Joſeph, ⊕4. ⚔. ⚔. 28 Dec. 1851
Binder, Thaddä Ritter von, ⊕4. ⚔. ⚔. 18 Spt. 1852
Schäzler, Lorenz, ⊕4. ⚔. ⚔. PrA2. 11 Oct. 1853
Hake, Johann von, ⊕4. ⚔4. ⚔. ⚔. ⚔. HP2. ♰. 31 Mrz 1855
Caries, Wilhelm, ⊕4. ⚔. ⚔. ⚔. FEL5. CHW3. ÖEK2. ♰. 31 Mrz 1855
Hunoltſtein genannt Stein-Kallenfels, Otto Frh. Vogt von,
    ⊕4. ⚔. GE3. GD. GDF. CHW3. PJ. RW4. SEH4. ℐ. 31 Mrz 1855
Fahrbeck, Georg von, ⚔3. ⚔. ⚔. ♰. Rg v. 1 Jul. 1856
Geuder genannt Rabenſteiner, Carl Frh. von, ⚔. ⚔. ⚔. 22 Jun. 1857
Lindenfels, Wilhelm Frh. von, ⊕4. ⚔. ⚔. RA2. 27 Apr. 1859
Eichenauer, Nepomuk Ritter von, ⊕4. ⚔4. ⚔. ⚔. ♰. 27 Apr. 1859
Limmer, Franz, ⊕4. ⚔. ÖL3. 12 Dec. 1860
Neumayer, Nepomuk Ritter von, ⊕4. ⚔4. ⚔. BIL5. GE4.
    GDF. 1 Aug. 1861
Knott, Andreas von, ⊕4. ⚔4. ⚔. ⚔. 22 Jan. 1862
Fuchs, Nepomuk, ⊕4. ⚔. ⚔. GE5. 23 Jan. 1862
Ell, Andreas, ⊕4. ⚔. ①. ⚔. ⚔. ♰. 2 Mai 1863
Mändl, Joſeph, ⊕4. ⚔. ⚔. GE4. GDF. ♰. 20 Mai 1863
Lutz, Eduard von, Exc. ⚔2. ⊕4. ⚔3. ⚔. t. 1 Oct. 1863
Schmauß, Joſeph, ⊕4. ⚔. ♰. 3 Oct. 1863
Bo:he, Carl, ⊕4. ⚔. ⚔. ⚔. ♰. 25 Nov. 1883
Schintling, Hermann von, ⚔. ⚔. 29 Mai 1864
Stöber, Eduard, ⊕4. ⚔. KrInſp., ♰. 16 Fbr 1865
Rummel, Guſtav Frh. von, ⊕4. ⚔. ⚔. ℐ. 23 Apr. 1866
Schweizer, Wilhelm, ⊕4. ⚔. ⚔. GE4. t ♰. 17 Aug. 1866
Merkel, Friedrich, ⚔. ⚔. ⚔. ⚔. PrA3. ♰. 20 Dec. 1866

Oberſten.

Narciß, Ludwig, ⚔. ⚔. ⚔. RSt2. ♰. 31 Mrz 1848
Stetten, Paul von, ⚔. ⚔. ⚔. FEL5. ÖL3KrD. PSR. ℐ. 31 Mrz 1848
Schrott, Joſeph, ⚔. ⚔. ⚔. ♰. 31 Mrz 1848
Becker, Paul, ⚔. ⚔. ⚔. ◎. 28 Mai 1848
Saalmüller, Franz, ⚔. ⚔. ⚔. FEL5. 21 Aug. 1848
Heeg, Baptiſt von, ⚔. ⚔. ⚔. FEL5. ♰. 31 Aug. 1848
Dobmayer, Heinrich, ⚔. ⚔. CHW3. 20 Jun. 1850
Schacht, Alexander Frh. von, ⚔. ⚔. ⚔. WMV3. WD. ♰. 14 Jan. 1851
Claus, Heinrich von, ⊕4. ⚔. ◎. ⚔. KrInſp. ♰. 18 Spt. 1852
Friebel, Auguſt, ⚔. ⚔. 18 Spt. 1852
Lori, Theodor, ⊕4. ⚔. ⚔. ⚔. ♰. 6 Nov. 1852

Hettersdorff, Georg Frh. von, ✠4. ✠. ✠. ✠. ✪. GD. OL3. ? ch. 27 Fbr 1853

Zehrer, Joseph Ritter von, ✠4. ✠4. ✠. ①. ✠. ✠ GE5. 30 Nov. 1853

Sped, Friedrich, ✠4. ✠. ✠. SpJ3. ch. 25 Jun. 1854

Weber, Gallus, ✠4. ✠. HP3. RA3. SCV4. ch. 3 Mrz 1855

Macco, Carl, ✠. t. 31 Mrz 1855

Cronnenbold, Johann, ✠. ✠. ✠. ch. 31 Mrz 1855

Schnizlein, Wilhelm, ✠. ✠. ✠. GE5. GDF. CHW4. 31 Mrz 1855

Maffei, Johann von, ✠. ch. 31 Mrz 1855

Schnizlein, Ernſt, ✠. ✠. 31 Mrz 1855

Adam, Maximilian, ✠. ✠. GD. ÖL3. ch. 31 Mrz 1855

Schabelood, Carl, ✠. ✠. HL3. 31 Mrz 1855

Engelhard, Chriſtoph, ✠. ①. ✠. ✠. FEL5. ch. 30 Spt. 1855

Günther, Baptiſt, ✠. ✠. CHW4. ch. 11 Jan. 1856

Keller, Johann, ✠. GE5. HL3. SCV4. 28 Fbr 1858

Waldenfels, Wilhelm Frh. von, ✠. CHW4. PJ. 9 Mai 1859

Steinling, Friedrich Frh. von, ✠4. ✠ ✠. SEH4. 9 Mai 1859

Beith, Baptiſt, ✠. GD. HP4. 9 Mai 1859

Egloffſtein, Camill Frh. von, ✠. BdZL4. OP4. RSt2. SEH4. 28 Nov. 1860

Ball, Joseph, ✠. PrA4. t. 22 Oct. 1861

Bijot, Franz, ✠. BGM. GD. CHW4. HL2b. 22 Oct. 1861

Zöller, Wilhelm, ✠. ch. 20 Apr. 1862

Häring, Heinrich, ✠4. ✠. 20 Mai 1863

Cleßin, Joseph, ✠4. ✠. 25 Nov. 1863

Schmauß, Matthäus, ✠. 25 Nov. 1863

Schmid, Anton, ✠. ✠. ch. 27 Fbr 1864

Elblein, Caspar, ✪. ✠. HL3. t. 29 Mai 1864

Fuchs, Jacob, ✠. BIL5. GDF. ÖL3. ch. 11 Jan. 1865

Weißenſtein, Richard Frh. Weismann von, ✠. ? ch. 11 Jan. 1865

Korb, Georg, ✠. ✠. RA2. 14 Fbr 1865

Zeller, Leonhard, ✠4. ✠. ch. 31 Mrz 1866

Butler-Clonebough, Moriz Graf von, ✠3. ✠4. ch. 31 Mrz 1866

Weßner, Alois, ✠4. ✠. HP4. ch. 31 Mrz 1866

Hiemer, Nepomuk, ✠. ✠. GD. 31 Mrz 1866

Gemming, Carl, ✠4. ✠. ✠. AAdB3. HGu3. ch. 20 Mai 1866

Schmädel, Carl Ritter von, ✠. ch. 20 Mai 1866

Mann, Chriſtian Ritter von, ✠. ✠. GDF. 20 Mai 1866

Stockhammern, Alois von, ✠. ch. 25 Mai 1866

Oberſtlieutenants.

Herman, Ulyſſes Frh. von, ✠. ch. 31 Mrz 1848

Tünnermann, Friedrich, ✠. ✠. ✪. ✠. GD. HL3. 31 Mrz 1848

Landgraf, Gottlieb von, ✠. ✠. ✠ ✠. 21 Aug. 1848

Steibl, Xaver, ✠. ✠. ✠. ch. 31 Aug. 1848

Bouhler, Carl, ✠. ✠. ✠. GD. SEH4. 17 Mai 1849
!ehmus, Johann, ✠. 9 Oct. 1849
Mallet, Heinrich, ✠. 18 Spt. 1852
Mayer, Anton von, ✠. ✠. ÖL3. ch. 31 Mrz 1855
Ulrich, Carl, ✠. 31 Mrz 1855
Walther, Carl, ✠. 31 Mrz 1855
Bröbl, Joseph, ✠. ✠. ✠. ch. 15 Aug. 1855
Lindhamer, Georg, ✠. ✠. ch. 15 Aug. 1855
Höggenstaller, Joseph, ✠. ch. 15 Aug. 1855
Walther von Herbstenburg, Anton von, ✠. ✠. TMB. 31 Jan. 1856
Haller von Hallerstein, Sigmund Frh., ✠4. ✠. ✠. ✠. ch. 28 Mai 1856
Zieglwalner, Wilhelm, ✠. ✠. ✠. ✠. ch. 29 Nov. 1856
Tettenborn, Ludwig von, ✠. ✠. ✠. ch. 29 Nov. 1856
Vogel, Carl, ✠. ✠. ch. 29 Nov. 1856
Rauner, Carl, ✠. ◉. ✠. ch. 26 Dec. 1857
Auerwed, Ludwig, ✠. GE5. GDF. 31 Dec. 1858
Podewils, Heinrich Frh. von, ✠. 9 Mai 1859
Limbach, Franz, ✠. ✠. ✠. ch. 20 Mai 1863
Symon von Carneville, Franz, ✠. 11 Jan. 1865
Furtner, Simon, ✠. ch. 25 Aug. 1865
Fackenhofen, Franz von, ✠. WK3. ch. 16 Spt. 1865
Crailsheim, Ludwig Frh. von, ✠. ch. 4 Nov. 1865
Zäch, Anton, ✠. FEL5. GE5. GDF. ch. 31 Mrz 1866
Wepfer, Maximilian, ✠. GE5. HP4. RA3. WK3. verwdt
   als funct. Vorstand der AbmCbMFohlb., ch. 20 Mai 1866
Harrach, Ludwig, ✠. ✠. 20 Mai 1866
Seufferheld, Alexander, ✠. ch. 9 Nov. 1866

Majore.

Platen-Hallermund, Alexander Graf von, ✠. ✠. ch. 26 Jul. 1824
Caspers, Wilhelm, ✠. ✠. ✠. FEL5. ch. 24 Jan. 1833
Mees, Caspar, ✠. ✠. FEL5. TJ3. ch. 20 Mrz 1835
Berger, Georg von, ✠. ✠. ✠. ch. 20 Jan. 1840
Fahrbeck, Franz, ✠. ✠. ✠. ch. 4 Fbr 1840
Roth, Wilhelm, ✠. ✠. ✠. 22 Mai 1843
Jouvin, Joseph, ✠. ✠. ✠. ch. 18 Oct. 1844
Gobel, Franz Frh. von, ✠. ✠. ✠. GD. ch. 14 Mrz 1847
a Balle, Carl, ✠. ✠. ✠. ch. 16 Mai 1847
Schönfeßl, Franz, ✠. ✠. ch. 31 Mrz 1848
Müller, Simon, ✠. ✠. ✠. 31 Mrz 1848
Goes, Wilhelm, ✠. ✠. ◉. ✠. 31 Mrz 1848
Ney, Georg, ✠. ✠. CHW4. t. 31 Mrz 1848
Reichardt, Christian, ✠. ✠. 31 Mrz 1848
Willinger, Carl Ritter von, ◉. ✠. ch. 4 Mai 1848

Lauer, Clemens, ✠.	21 Aug.	1848
Brüd, Carl, ✠. ✠. ◉. ✠.	21 Aug.	1848
Herrmann, Friedrich von, ✠. ✠.	✠. 25 Oct.	1848
Lohmüller, Johann, ✠. ✠. ✠.	17 Mai	1849
Herzog, Guſtav, ✠. ✠.	9 Oct.	1849
Liſt, Stephan, ✠.4. ✠. ◉. ✠.	9 Oct.	1849
Laufenſtein, Joſeph Ritter von, ✠. ✠. GD.	✠. 17 Oct.	1849
Faber, Moriz, ✠. ✠. ✠.	✠. 21 Nov.	1849
Bernreither, Baptiſt, ✠. ✠.	✠. 21 Nov.	1849
Straub, Michael, ✠. ✠. ✠. GD.	✠. 21 Nov.	1849
Ganghofer, Joſeph, ✠. ✠.	✠. 26 Nov.	1849
Ziegler, Xaver von, ✠. ✠.	13 Nov.	1850
Friedmann, Maximilian, ✠. ✠. ✠.	13 Nov.	1850
Müller, Cöleſtin, ✠. ✠.	13 Nov.	1850
Berg genannt Schrimpf, Georg von, ✠. ✠. PSR.	✠. 28 Fbr	1851
Mager, Joſeph, ✠.	30 Jun.	1851
Schweinichen, Curt, ✠.	30 Jun.	1851
Büttner, Joſeph, ✠. ✠. ✠. GD.	✠. 24 Spt.	1851
Thurmayer, Carl, ✠. ✠.	28 Fbr	1852
Bruder, Carl, ✠. ◉. ✠.	18 Spt.	1852
Paſchwitz, Ernſt Ritter von, ✠. GE5. GDF.	11 Oct.	1853
Schenk von Geyern, Carl Frh., ✠. ✠. ?.	✠. 28 Jan.	1854
Nützel, Ernſt, ✠.4. ✠. ◉. ✠.	25 Jun.	1854
Reichel, Xaver Ritter von, ◉. ✠.	31 Mrz	1855
Stralenheim-Waſabourg, Friedrich Graf von, GDF. CHW4.	31 Mrz	1855
Riedl, Ferdinand Ritter von, ✠.	31 Mrz	1855
Mayerhofen, Heinrich von, ✠. BGM.	31 Mrz	1855
Reichlin-Meldegg, Maximilian Frh. von, ✠.	31 Mrz	1855
Gernler, Hubert von, ✠. ÖEK3.	31 Mrz	1855
Müller, Carl, ✠. ✠. ✠.	31 Mrz	1855
Reindl, Friedrich, ✠. ◉. ✠. PrA4.	✠. 12 Aug.	1855
Lacenſe, Johann, ✠. ✠.	✠. 15 Aug.	1855
Moosbäd, Michael, ✠. ✠.	✠. 21 Nov.	1856
Zerwid, Conrad, ✠. ✠. ✠.	✠. 29 Nov.	1856
Crailsheim, Guſtav Frh. von, ✠. ✠.	✠. 29 Nov.	1856
Rogiſter, Carl Ritter von, ✠. ✠. HP4. NO3. PmCh3. SS3. Krſtr,	✠. 29 Nov.	1856
Ehrlich, Thomas, ✠. ✠. ✠.	✠. 29 Nov.	1856
Welben, Auguſt Frh. von, ◉.4. ✠.	✠. 29 Nov.	1856
Behaim, Friedrich von,	29 Nov.	1856
Mezger, Friedrich, GDF.	29 Nov.	1856
Jaus, Friedrich, ⊕. ◉. ✠.	✠. 31 Mrz	1857
Asmut, Philipp, ✠. ✠. ✠. GD.	✠. 22 Jun.	1857
Puſch, Maximilian von, ✠. ✠. ✠.	✠. 22 Jun.	1857

Bauer, Franz, ✠. ✠. ✠. GE5. GDF.	ф. 22 Jun.	1857
Belli de Pino, Maximilian von,	ф. 22 Jun.	1857
Zieglwalner, Christoph, ✠. ✠.	ф. 22 Jun.	1857
Vietinghoff genannt Scheel, Ernst von, ◉. ✠.	ф. 27 Oct.	1857
Wöhr, Anton, ✠. ✠. ✠.	ф. 28 Fbr	1858
Bothmer, Adolph Graf von,	28 Fbr	1858
Sicherer, Friedrich von, ✠.	27 Mrz	1858
Rupp, Anton, ✠. ◉. ✠.	ф. 4 Apr.	1858
Röulein, Georg, ✠. ✠. ✠. GE5. GDF.	ф. 31 Dec.	1858
Keim, Ernst, ✠. ✠.	ф. 31 Dec.	1858
Düppel, Joseph, ◉. ✠.	ф. 31 Dec.	1858
Reichlin-Meldegg, Gustav Frh. von, ✠.	ф. 31 Dec.	1858
Saurer, Carl, ✠. BGM.	ф. 31 Dec.	1858
Baunach, Friedrich, GDF.	31 Dec.	1858
Giel, Simon, ✠.	9 Mai	1859
Rebenbacher, Erich, ✠. GE5. GDF.	t. 9 Mai	1859
Knott, Johann, ✠.	t. 9 Mai	1859
Waldenfels, Otto Frh. von, ✠. ÖL3.	9 Mai	1859
Weber, Wilhelm, ✠. ◉. ✠. verwbt bei der Cbtfcht Würz- burg als Vorstand der Local-Verpflegs-Commission,	9 Mai	1859
Saint-Julien, Cäsar, ✠.	t. 30 Mai	1859
Falkenhausen, Friedrich Frh. von, ✠.	t. 28 Nov.	1860
Gumppenberg, Ludwig Frh. von, ✠. BdZL4. GE5. ÖEK3. RSt2.	t. 28 Nov.	1860
Knott, Hermann, ✠.	t. 22 Oct.	1861
Hoelz, Wilhelm, ✠. GD.	t. 11 Dec.	1861
Eisenried, Carl, ✠. verwbt als Aufsichts-Offizier bei der Cbtfcht der Veteranen-Anstalt,	ф. 20 Mai	1863
Burgartz, Theodor, ✠. ✠. ✠. ✠.	ф. 25 Nov.	1863
Orff, Franz,	ф. 25 Nov.	1863
Schwehlart, Friedrich,	ф. 25 Nov.	1863
Haas, Carl, ✠. ✠. ✠.	ф. 29 Mai	1864
Lommer, Johann, ✠. ✠.	ф. 29 Mai	1864
Haas, Friedrich, ✠.	ф. 29 Mai	1864
Kolb, Ludwig, ✠.	ф. 11 Oct.	1864
Ziegler, Anton, ✠4. ✠.	ф. 26 Oct.	1864
Ysenburg-Philippseich, Georg Graf von, ✠.	ф. 21 Nov.	1864
Oswald, Joseph, ✠.	ф. 11 Jan.	1865
Stockhammern, Ferdinand von, ✠.	ф. 11 Jan.	1865
Gumppenberg, Maximilian Frh. von, ✠. F. funct. Exempt bei der Leibg. der Hrtfch.,	t. ф. 28 Fbr	1865
Schmädel, Gustav Ritter von, ✠.	ф. 31 Mrz	1866
Wigard, Carl, ✠.	ф. 31 Mrz	1866
Weinbach, Christoph von, ✠. ◉. ✠.	t. 20 Mai	1866

19*

Ehlinger, Franz, ✠. ⚔. GE5. GDF.　　　　　　　ch. 24 Mai 1866
Dichtel, Theodor, ✠. ⚔. verwdt als Aufsichtsofficier zu Ober-
　　haus,　　　　　　　　　　　　　　　　t. ch. 18 Jun. 1866
Ritzinger, Johann, ✠. GD.　　　　　　　　　　ch. 20 Dec. 1866
Weber, Gustav, ⚔.　　　　　　　　　　　　　ch. 20 Dec. 1866
Hülbig, Adalbert, ⊙. ⚔.　　　　　　　　　　　ch. 20 Dec. 1866
Guttenberg, Franz Frh. von, ✠. ⊙. ⚔.　　　　　ch. 20 Dec. 1866
Grandaur, Georg,　　　　　　　　　　　　　ch. 20 Dec. 1866
Scheiblln, August von, ⚔.　　　　　　　　　　ch. 20 Dec. 1866
Grundner, Joseph Ritter von, ⚔. GD.　　　　　ch. 20 Dec. 1866
Klein, Sigmund, ⚔. HP4. verwdt im KrMstrm,　 t. ch. 20 Dec. 1866
Leublfing, Theodor Graf von, ⚔. J.　　　　　　t. ch. 20 Dec. 1866
Ritter, Wilhelm, ✠. GE5. GDF.　　　　　　　　ch. 20 Dec. 1866
Payr, Arnold, ⚔.　　　　　　　　　　　　　ch. 20 Dec. 1866
Tann, Otto Frh. von der, ⊙.　　　　　　　　　ch. 20 Dec. 1866

Hauptleute und Rittmeister.

Bernreither, Joseph, ✠. ⚔. ✠.　　　　　　　　23 Jun. 1813
Sturz, Christian, FEL5.　　　　　　　　　　　26 Sept. 1818
Hoberlein, Maximilian, ✠. ⚔. ✠.　　　　　　　21 Aug. 1827
Grabmann, David, Rttmstr, ✠. ✠.　　　　　　21 Aug. 1827
Landherr, Carl, ✠. ⚔. ✠. GD.　　　　　　　　21 Mai 1829
Reindl, Jacob, ✠. ⚔. ✠.　　　　　　　　　　15 Jun. 1830
Schlößl, Michael von, ✠. ⚔. ✠. GD.　　　　　　1 Jan. 1832
Kiesner, Matthäus, ✠. ⚔. ✠.　　　　　　　　27 Jun. 1832
Zech-Lobning, Friedrich Graf von, Rttmstr ⚔. Krstr, ch. 27 Jun. 1832
Königsacker, Anton, ⚔.　　　　　　　　　　24 Jan. 1833
Döberlein, Johann, ✠. ✠.　　　　　　　　　26 Oct. 1833
Hornstein, Alois, ✠. ⚔. GD.　　　　　　　　28 Mai 1834
Schmitt, Johann, ✠. ⚔. ✠.　　　　　　　　　20 Mrz 1835
Nys, Wilhelm Graf von, ⚔. ✠.　　　　　　　　20 Mrz 1835
Pracher, Xaver, ⚔. ✠.　　　　　　　　　　　28 Oct. 1835
Bremser, Carl, ✠. ⚔. ✠.　　　　　　　　　　28 Oct. 1835
Günther, Georg, Rttmstr, ✠. ⚔. TJ3.　　　　ch. 28 Oct. 1835
Zur Westen, Carl von, Rttmstr, ⚔.　　　　　　30 Dec. 1836
Denzler, Johann, ✠.　　　　　　　　　　　29 Aug. 1837
Dufresne, Carl von, ⚔.　　　　　　　　　　ch. 2 Fbr 1839
Wachter, Friedrich von, ⚔. ✠.　　　　　　　25 Jun. 1839
Knöpfel, Heinrich, Rttmstr, ⚔. ✠.　　　　　t. 25 Jun. 1839
Gächter, Baptist, ⚔.　　　　　　　　　　　20 Jan. 1840
Altmann, Bonaventura, ⚔. ✠.　　　　　　　20 Jan. 1840
Angerer, Valentin, ✠. ⚔.　　　　　　　　　20 Jan. 1840
Böhm, Joseph, Rttmstr, ⚔. ✠.　　　　　　　20 Jan. 1840
Flacho, Franz, ⚔. ✠.　　　　　　　　　　ch. 13 Apr. 1840

Bomhard, Carl, ✠. ✠.	10 Sept.	1840
Baumann, Joseph, Rttmstr, ✠. ✠.	10 Sept.	1840
Berkmann, Albrecht, ✠. ◉. ✠.	27 Apr.	1841
Herrmann, Wilhelm, ✠. ✠. ✠.	27 Apr.	1841
Sartori, Joseph, ✠. ✠.	25 Dec.	1841
Hertlein, Friedrich, Rttmstr, ✠. GD.	25 Dec.	1841
Birkmann, Adam, ✠. ✠.	25 Oct.	1842
Geiger, Friedrich, ✠. ✠. GDF.	22 Mai	1843
Hale, Friedrich, ✠.	22 Mai	1843
Uebel, Joseph,	15 Dec.	1843
Dörnberg zu Herzberg, Julius Frh. von, Rttmstr, ✠. PJ. ACStJ.	15 Dec.	1843
Praun, Paul von, Rttmstr, ✠.	15 Dec.	1843
Hentze, Carl, ✠.	15 Dec.	1843
Wucherer, Friedrich, Rttmstr, ✠. ✠.	15 Dec.	1843
Heusler, Maximilian von, Rttmstr, GDF.	15 Dec.	1843
Rapp, Andreas, ✠. ✠.	18 Oct.	1844
Altmann, Johann, ✠. ✠. GE5. GDF.	18 Oct.	1844
Westermayr, Joseph, ✠.	18 Oct.	1844
Lützelburg, Ernst Frh. von, -	31 Oct.	1845
Zoller, Friedrich Frh. von, ◉. ✠.	31 Oct.	1845
Meier, Gustav,	31 Oct.	1845
Köhler, Philipp, ✠. GD.	31 Oct.	1845
Corseinge, Theodor Frh. von, ✠.	t. 31 Oct.	1845
Korte, Christoph, ✠. ✠.	29 Mai	1846
Oelhafen, Christoph von, ✠.	29 Mai	1846
Stammler, Georg, ✠.	29 Mai	1846
Neumann, Martin Ritter von, ✠4. ✠.	29 Mai	1846
Weinbach, Stanislaus Frh. von, Rttmstr,	29 Mai	1846
Imhoff, Xaver Frh. von, ✠. GDF.	7 Apr.	1847
Großschedel, Maximilian Frh. von, ✠.	7 Apr.	1847
Straub, Wilhelm,	7 Apr.	1847
Bünau, Günther Frh. von, ◉. ✠.	7 Apr.	1847
Heuß, Joseph, ✠.	7 Apr.	1847
Waydtmann, Maximilian von,	30 Mai	1847
Sazenhofen, Friedrich Frh. von, Rttmstr,	✠. 20 Nov.	1847
Seefried auf Buttenheim, Ludwig Frh. von, Rttmstr, ✠.	t. 5 Fbr	1848
Geret, Johann, ✠.	31 Mrz	1848
Holberer, Marquard, ✠. GDF. ÖEK3.	31 Mrz	1848
Bettschart, Carl Frh. von, ✠. ✠.	31 Mrz	1848
Schuller, Ludwig. ✠. BGM.	31 Mrz	1848
Neureuther, Ludwig, ✠. BGM.	31 Mrz	1848
Kreith, Sigmund Graf von, Rttmstr, ✠.	31 Mrz	1848
Lauerwald, Gerhard, ✠. ✠.	✠. 3 Mai	1848

Zink, Adolph,	8 Mai	1848
Fiſerius, Peter, ⚜.	21 Aug.	1848
Rieberer, Alois Frh. von, ⚜ ⚜.	21 Aug.	1848
Lützow, Ludwig Graf von,	21 Aug.	1848
Reigersberg, Anton Frh. von, ⚜. ⚜.	21 Aug.	1848
Kohler, Ludwig, ⚜. BGM.	21 Aug.	1848
Gäbler, Friedrich von, Rttmſtr, ⚜.	21 Aug.	1848
Egloffſtein, Erneſt Frh. von, Rttmſtr, ⚜.	21 Aug.	1848
Leers, Heinrich, ⚜.	21 Aug.	1848
Preyſing-Lichtenegg, Anton Graf von,	21 Aug.	1848
Happel, Adam, ⚜.	21 Aug.	1848
Dietz, Anton von, ⚜.	21 Aug.	1848
Berüff, Friedrich,	21 Aug.	1848
Harttung, Philipp, von, ⚜.	21 Aug.	1848
Reichlin-Melbegg, Joſeph Frh. von, ⚜.	21 Aug.	1848
Gambs, Franz, ⚜ ⚜.	21 Aug.	1848
Butterfaß, Johann, ⚜ ⚜.	21 Aug.	1848
Langenmantel, Carl von, ⚜.	17 Mai	1849
Oberländer, Otto von, ⚜ ⚜.	17 Mai	1849
Gilardi, Nepomuk von, ⚜ ⚜.	†. 17 Mai	1849
Seckendorff, Ernſt Frh. von, ⚜.	17 Mai	1849
Weveld, Anton Frh. von, ⚜. Krſtr, verwdt als Botſtand der Deconom.-Commiſſ. im CabCps,	17 Mai	1849
Guttenberg, Anton Frh. von, ⚜ ⚜.	17 Mai	1849
Stengel, Benedikt Frh. von, ⚜.	17 Mai	1849
Eſebeck, Georg Frh. von, Rttmſtr, ⚜ Krſtr,	9 Oct.	1849
Heybenaber, Georg von, ⚜.	9 Oct.	1849
Tauſch, Franz von, GDF.	9 Oct.	1849
Gropper, Johann von, ⚜ ⚜.	†. 9 Oct.	1849
Mayer, Thomas, ⚜. BdZL4m.El. BGM. GE5. GND. GDF.	9 Oct.	1849
Hüttner, Georg. ⚜.	9 Oct.	1849
Wolf, Auguſt, BGM. GE5. GDF.	9 Oct.	1849
Plötz, Jacob, ⚜ ⚜.	ch. 2L Nov.	1849
Hoffſtetter, Adolph von, GD.	23 Dec.	1849
Lamotte, Peter,	23 Dec.	1849
Schlümbach, Auguſt von, Rttmſtr, ⚜.	20 Jun.	1850
Zentner, Franz Ritter von, ⚜.	†. 20 Jun.	1850
Bechtold, Carl, ⚜.	†. 20 Jun.	1850
Seekirchner, Friedrich, ⚜ ⚜.	†. 20 Jun.	1850
Riedheim, Joſeph Frh. von, ⚜. Krſtr,	†. 20 Jun.	1850
Lindemann, Eduard, ⚜ ⚜.	20 Jun.	1850
Schmitt, Heinrich, ⚜.	20 Jun.	1850
Hoberlein, Joſeph, ⚜ ⚜.	20 Jun.	1850
Koppelt, Carl, ⚜.	20 Jun.	1850

Zehler, Albert,	28 Oct. 1850
Greger, Hermann, ⚙.	10 Nov. 1850
Bram, Xaver, ⚙.	t. 10 Nov. 1850
Rambaldi, Maximilian Graf von, Krjr,	10 Nov. 1850
Krauß, Carl Frh. von, ⚙.	10 Nov. 1850
Weininger, Johann, ⚙.	10 Nov. 1850
Lindenfels, Ferdinand Frh. von,	t. 10 Nov. 1850
Deym, Hugo Graf von, ⚙. ⚙. ?.	10 Nov. 1850
Herder, Johann von, ◎. ⚙.	10 Nov. 1850
Vogt, Conrad, ◎. ⚙.	t. 28 Fbr 1852
Röder, Adolph von, ◎. ⚙.	28 Fbr 1852
Gropper, Franz von, ⚙. ⚙.	t. 28 Fbr 1852
Baur-Breitenfeld, Joseph von, ⚙.	28 Fbr 1852
Gravenreuth, Ludwig Frh. von, ⚙.	28 Fbr 1852
Stockheim, Guſtav Frh. von Haſſelholdt, ⚙. ÖFJ3. PrA4.	28 Fbr 1852
Vaſſimon, Carl Frh. von, ◎. ⚙.	28 Fbr 1852
Andrian-Werburg, Anton Frh. von, ⚙.	28 Fbr 1852
Wevelb, Eugen Frh. von, Rthmſtr, ⚙.	8 Oct. 1852
Seefried, Bruno Frh. von, Rittmſtr, ⚙. ?.	8 Oct. 1852
Koppelt, Maximilian, ⚙. ⚙.	t. 30 Jan. 1853
Göbel, Carl,	30 Jan. 1853
Perfall, Georg Frh. von, Rttmſtr,	27 Fbr 1853
Widh, Ferdinand, Rttmſtr, ⚙.	27 Fbr 1853
Horn, Wilhelm Frh. von, Rttmſtr, ⚙. CHW4.	t. 27 Fbr 1853
Schmeckenbecher, Friedrich, ⚙. ⚙.	27 Fbr 1853
Miller von Altammerthal, Baptiſt Ritter, ⚙. ?.	27 Fbr 1853
Nothhafft Frh. von Weißenſtein, Albrecht,	27 Fbr 1853
Reitzenſtein, Carl Frh. von, ⚙.	t. 27 Fbr 1853
Andlböß, Maximilian,	11 Oct. 1853
Adelsheim, Philipp Frh. von, Krjr,	11 Oct. 1853
Köllnberger, Ludwig, ⚙. GDF.	t. 11 Oct. 1853
Muſſinan, Guſtav, ⚙. ⚙.	t. 25 Jun. 1854
Pöllnitz, Ludwig Frh. von, ⚙. ⚙.	t. 25 Jun. 1854
Stromer von Reichenbach, Carl Frh.,	t. 25 Jun. 1854
Braun, Sigmund von, ⚙.	t. 25 Jun. 1854
Fritſch, Julius, Rttmſtr, ⚙.	31 Mrz 1855
Vogel, Albrecht,	t. 31 Mrz 1855
Fritſch, Oscar,	t. 31 Mrz 1855
Rinkelin, Adolph, ⚙.	31 Mrz 1855
Neger, Ludwig von, ⚙. Krjr,	t. 31 Mrz 1855
Krauß, Nepomuk, ⚙. ⚙.	31 Mrz 1855
Schmid, Auguſt, ⚙. ⚙. verwbt bei der Cbtſchft Augsburg als Mitglied der Local-Verpflegs-Commiſſion,	31 Mrz 1855
Reinſch, Guido, ◎. ⚙.	31 Mrz 1855

Horn, Wilhelm, ☩.   †. 31 Mrz 1855
Orttenburg, Heinrich Graf von, ☩. ☩.   31 Mrz 1855
Oberst, Carl, ☩.   31 Mrz 1855
Röllensberger, Carl, ☩.   31 Mrz 1855
Horix, August Frh. von, ☩.   †. 31 Mrz 1855
Wetzel, Wilhelm, ☩.   31 Mrz 1855
Drachstorff, Ferdinand Frh. von, ☩.   31 Mrz 1855
Pechmann, Maximilian Frh. von,   29 Nov. 1856
Dietz, Adolph von, ☩. ☩. ☩.   †. 29 Nov. 1856
Memm, Joseph, ☩. ☩.   †. 29 Nov. 1856
Kirchmair, Nikolaus, ☩.   29 Nov. 1856
Rümmelein, Carl, ☩. verwdt bei der Cdtschft München als
    Mitglied der Local-Verpflegs-Commission,   †. 29 Nov. 1856
Luzzenberger, Adolph, ☩. verwdt als Mitglied der AMDCn, 29 Nov. 1856
Stiglitz, Peter, Rttmstr, ☩. ☩.   26 Jan. 1857
Welsch, Wilhelm Ritter von, ☩. GD.   22 Jun. 1857
Pöllnitz, Hermann Frh. von,   ☩. 28 Fbr 1858
Mabreug, Maximilian von, Rttmstr, ☩. Krslr,   †. 28 Fbr 1858
Staubacher, Eduard, ☩.   †. 28 Fbr 1858
Weiß, Peter, ☩. ☩.   †. 28 Fbr 1858
Imhoff, Carl von, Rttmstr, ☩.   31 Dec. 1858
Betterlein, Emil, Rttmstr,   31 Dec. 1858
Hirschberg, Joseph Graf von, ☩.   †. 31 Dec. 1858
Gerstl, August, ☩.   31 Dec. 1858
Lindenfels, Adolph Frh. von, ☩. ☩. ☩.   †. 31 Dec. 1858
Vollmar auf Veltheim, August Ritter von,   6 Apr. 1859
Truchseß-Wetzhausen, Hugo Frh. von, Rttmstr,   16 Mai 1859
Lobkowitz, August Frh. von, ☩. GDF.   16 Mai 1859
Roth, Anton von, ☩4. ☩. GE5. verwdt als funct. Referent
    im KrMstrm,   16 Mai 1859
Keyser, Jacob, ☩. ☩. GDF. verwdt als funct. Platz-Hptm.
    bei der Cdtschft München,   16 Mai 1859
Freyberg, Friedrich, Rttmstr, ☩. ☩.   †. 16 Mai 1859
Hundsdorfer, Xaver, ☩ GDF.   †. 16 Mai 1859
Schön, Ferdinand,   †. 16 Mai 1859
Frönau, Franz Frh. von, ☩4.   †. 16 Mai 1859
Fischer, Eduard, ☩. ☩.   †. 16 Mai 1859
Holzschuher, Eduard Frh. von, Rttmstr, ☩.   †. 16 Mai 1859
Grabinger, Carl, ☩.   †. 16 Mai 1859
Warnberg, Carl, ☩. PrA4.   16 Mai 1859
Tein, Maximilian von, ☩. ☩. ☩.   †. 16 Mai 1859
Köppel, Carl, ☩4. ☩. ☩. ☩.   †. 16 Mai 1859
Brentel, Eduard, ☩. ☩. ☩.   †. 16 Mai 1859
Sommer, Emanuel,   †. 16 Mai 1859

Messina, Severin Frh. von, Rttmstr, ⚔.	16 Mai	1859
Grundherr zu Altenthann und Weyherhaus, Carl von, ⚔. ⚔. t.	16 Mai	1859
Reichert, Gottfried Ritter von, ⚔.	16 Mai	1859
Rupp, Joseph, ⚔.	21 Jun.	1859
Würtzburg, Ludwig Frh. von, Rttmstr, • t.	21 Jun.	1859
Leiningen-Westerburg, Wilhelm Graf von, Rttmstr, ⚔. t.	21 Jun.	1859
Kohlermann, Ludwig, ⚔.	21 Jun.	1859
Schmid-Kochheim, Cajetan Ritter von, ⚔. t.	27 Mrz	1860
Juncker-Bigatto, Sigmund Frh. von,	27 Mrz	1860
Fugger-Glött, Alfred Graf von, Rttmstr, t.	28 Nov.	1860
Jäger, Anton, ⊚. t.	3 Nov.	1861
Mülßig, Carl, t.	3 Nov.	1861
Weinbach, Wilhelm Frh. von, Rttmstr,	3 Nov.	1861
Gronen, Robert, ⚔. t.	3 Nov.	1861
Schumm, Wilhelm, ⚔. ⚔.	3 Nov.	1861
Hörmann, Otto von, ⚔. t.	11 Dec.	1861
Bickel, Friedrich, ⚔. ⚔.	9 Jan.	1862
Neff, Heinrich, Rttmstr, ⚔. ⚔. ⚔. FEL5.	25 Fbr	1862
Lengrießer, Maximilian Ritter von, Rttmstr, ⚔. ⚔. t.	25 Fbr	1862
Bernreither, Joseph, ⚔. ⚔. t.	24 Aug.	1862
Ehrne von Melchthal, Heinrich, Rttmstr, ⚔.	24 Aug.	1862
Künsberg, Joseph Frh. von, Rttmstr, ⚔. t.	24 Aug.	1862
Krämer, Otto, ⊚.	24 Aug.	1862
Recher, Albert, Rttmstr, ⚔. GD.	24 Aug.	1862
Müller, Wilhelm, t.	20 Mai	1863
Hirschberg, Ernst Frh. von, Rttmstr, ⚔.	20 Mai	1863
Zieglwalner, Joseph,	25 Nov.	1863
Ellenrieder, Maximilian Ritter von, Rttmstr, ⚔. Krjr,	25 Nov.	1863
Tattenbach, Wilhelm Graf von, Rttmstr, ♄. 26 Jan.		1865
Nennhuber, Georg, ⚔. verwbt als Aufsichtsofficier bei der Ortschft des Invalidenhauses, ♄. 26 Jan.		1865
Winnichner, Franz, ⚔. ♄. 26 Jan.		1865
Baumüller, Ludwig, ⚔. ⊚ ⚔. t.	26 Jan.	1865
Lodron, Phillpp Graf von, Rttmstr, CMJ. ♄. 26 Jan.		1865
Seibl, Simon, ⚔. ♄. 25 Aug.		1865
Kinkelin, Hermann, ⚔. ⚔. t.	25 Aug.	1865
Babo, Adolph, ⚔. ⚔. ⚔. t.	25 Aug.	1865
Flotow, Friedrich Frh. von, t. ♄. 17 Dec.		1865
Steuer, Michael, ⚔. ⚔. BGM. t.	31 Mrz	1866
Leichtenstern, Julius, ⚔. ⚔. ⚔.	20 Mai	1866
Mann, Clemens Ritter von, ⚔. ⊚. BGM. t.	20 Mai	1866
Faulhaber, Georg, Rttmstr, ⚔. t.	20 Mai	1866
Schulze, Carl, Rttmstr, ⚔. t.	20 Mai	1866
Washington, Carl Frh. von, Rttmstr, ⚔. Krjr, t.	29 Mai	1866

Schrottenberg, Amand Frh. von, Rttmſtr,	ch.	18 Jun. 1866
Bühler, Adolph, ✠.	t.	5 Jul. 1866
Scheßmann, Euſtach, ✠.	ch.	17 Nov. 1866
Reber, Eduard, verwbt als funct. Abj. beim Landwehr-Brigade-		
Cmdo München,	ch.	20 Dec. 1866
Butler, Carl, ✠.	ch.	20 Dec. 1866
Rößler, Heinrich,	ch.	20 Dec. 1866
Anſelmann, Ignaz, ✠. ✠.	ch.	20 Dec. 1866

Oberlieutenants.

Delonge, Joſeph, ✠.		15 Sept. 1812
Hartmann, Franz, ✠. ✠.		18 Mai 1813
Kraft, Georg, ✠. ✠.		24 Mrz 1824
Nicol, Sebaſtian, ✠. ✠.		24 Jan. 1833.
Sauter, Jacob,		22 Mai 1836
Walch, Friedrich,		10 Sept. 1840
Geuder genannt Rabenſteiner, Alexander Frh. von,		22 Mai 1843
Knoblauch, Carl, ✠.		31 Oct. 1845
Reindl, Baptiſt, ✠.		29 Mai 1846
Schleichert von Wieſenthal, Heinrich, ✠.		31 Mrz 1845
Berchem, Friedrich Frh. von,		21 Aug. 1845
Tauffkirchen, Ferdinand Graf von, ✠. BGM.		21 Aug. 1849
Angerer, Ernſt, ✠.		9 Oct. 1849
Hirſchberg, Anton Frh. von,		28 Fbr 1852
Schmädel, Auguſt Ritter von, ✠.		27 Fbr 1853
Göbel, Ludwig,		11 Oct. 1653
Vögler, Maximilian,		25 Jun. 1854
Götz, Carl, ✠. PrA I.	t.	25 Jun. 1854
Galimberti, Maximilian, ✠.		31 Mrz 1855
Thüngen, Heinrich Frh. von, BGM.	t.	31 Mrz 1855
Mayer, Joſeph, ✠.		22 Jun. 1857
Liebl, Erasmus, ✠. ✠.		31 Dec. 1858
Plauk, Franz, ✠. GDF.		31 Dec. 1858
Espenmüller, Simon, ✠.	t.	16 Mai 1859
Proff, Maximilian Frh. von,		16 Mai 1859
Winkler, Eduard, ✠.		16 Mai 1859
Steitmann, Chriſtian, ✠. ✠. verwbt als funct. Platz-Abj.		
bei der Cdtſchft Wülzburg,	t.	16 Mai 1859
Reichert, Joſeph Ritter von,	t.	16 Mai 1859
Kummer, Eduard, ✠.	t.	16 Mai 1859
Berger, Carl,		16 Mai 1859
Jacobi, Heinrich, verwbt als Aufſichts-Officier bei der Cdtſchft		
des Invalidenhauſes,	t.	16 Mai 1859
Ebner von Eſchenbach, Carl, Frh., Krſtr,	t.	16 Mai 1859

Werner, Caspar, ✠.	21 Jun.	1859
Zehrer, Sigmund,	t. 21 Jun.	1859
Louisenthal, Wilhelm Frh. de Lasalle von,	21 Jun.	1859
Gmeiner, August,	27 Mrz	1860
Greiner, Hermann,	27 Mrz	1860
Miltenberg, Wilhelm,	t. 28 Nov.	1860
Braunwart, Mathias,	t. 24 Aug.	1862
Mühlthaler, Georg,	ch. 26 Jan.	1865
Angermeier, Franz,	t. 26 Jan.	1865
Wiesnet, Carl,	t. 20 Mai	1866
Hundsdorfer, August, ✠.	t. 20 Mai	1866
Tettenborn, Heinrich von, ✠.	t. Rg v. 20 Mai	1866
Heyberger, Joseph, BIL5. ÖFJ3. PrA4.	ch. 18 Jun.	1866
Schmeizl, Johann, ✠.	ch. 31 Jul.	1866
Haib, Franz, ✠. ✠.	ch. 20 Dec.	1866
Reinhard, Friedrich,	ch. 20 Dec.	1866
Rausch, Gottlieb,	ch. 20 Dec.	1866
Hörmann von Hörbach, Friedrich, NA4m.Schw. verwdt im		
HptConform der Armee,	t. ch. 20 Dec.	1866
Kalb, Joseph, ✠.	ch. 29 Jan.	1867

Unterlieutenants.

Schiltberg, Sebastian von, ✠.	18 Mai	1813
Freyschlag, Franz von,	16 Fbr	1814
Schenkel, Anton von,	11 Fbr	1824
Schmidt, Markus,	26 Oct.	1833
Eberlein, Georg, ✠. ✠.	ch. 22 Mai	1836
Leypoldt, Eduard,	t. 28 Fbr	1841
Train, Eduard von,	25 Dec.	1841
Janfens, Anton,	25 Dec.	1841
Bieber, Otto von, ✠.	29 Mai	1846
Axthelm, Ludwig von,	8 Mai	1848
Zillig, Leonhard, ✠. ✠.	21 Aug.	1848
Grobiska, Carl von,	21 Aug.	1848
Braun, Ernst, ✠	21 Aug.	1848
Stelzle, Michael,	21 Aug.	1848
Aschenbrenner, Paul,	21 Aug.	1848
Ruepprecht, Gustav, GD.	21 Aug.	1848
Schmidtner, Johann,	21 Aug.	1848
Widnmann, Walter Frh. von,	17 Mai	1849
Trittermann, Mathias, ✠.	9 Oct.	1849
Scherer, Albertin,	9 Oct.	1849
Margraf, Reinhard, ✠.	9 Oct.	1849
Clericus, Wilhelm,	t. 10 Nov.	1850

Schmitt, Johann, ⚙. ✠.	ch. 24 Nov.	1857
Ney, Heinrich,	31 Dec.	1858
Müller, Michael,	t. 16 Mai	1859
Suckau, Iwan von,	t. 16 Mai	1859
Hamm, Wilhelm,	21 Jun.	1859
Helmes, Gottlieb,	t. 21 Jun.	1859
Schmidt, Wilhelm,	t. 21 Jun.	1859
Oſtini, Carl Frh. von,	t. 21 Jun.	1859
Reder, Heinrich,	t. 25 Fbr	1862
Haid, Laver, ✠.	ch. 9 Mrz	1863
Spruner von Merß, Maximilian, ✠.	t. 20 Mai	1866

Unterzeugwarte.

Leinfelder, Joſeph, ✠.	25 Oct.	1842
Barth, Daniel, ✠.	25 Oct.	1842
Deinsdorfer, Joſeph, ✠. GD.	23 Nov.	1852

---

b) Militär-Beamte.

Uniform und Bewaffnung: Unverändert wie in der Activität.

Dienſt-Perſonal.

Reitmeyer, Laver, geh. Regiſtrator, w. Rath, ✠. ✠.	27 Apr.	1841
Prändl, Johann, Feldbrücken-Inſpector, ⚪. ✠. ✠.	27 Spt.	1813
Löhle, Peter, Ingenieur-Geograph,	14 Jan.	1836
Kappel, Friedrich, Kupferſtecher-Reviſor,	21 Dec.	1840
Sepp, Georg, MSecretär, ✠. ✠.	26 Aug.	1846
Müller, Joſeph, MSecretär,	31 Mrz	1848
Progel, Otto, MSecretär, ✠. PmCh3.	13 Jun.	1849
Möriß, Alois, MSecretär, ✠.	28 Fbr	1852
Bernhard, Sebaſtian, RchngsRegiſtrator, ✠. ✠.	24 Aug.	1862
Beutlhauſer, Philipp, DCSecretär, ✠.	10 Spt.	1840
Hiller, Martin, DCSecretär, ✠.	31 Mrz	1848
Kaſtner, Laver, DCSecretär, ✠.	29 Jul.	1848
Lochmüller, Johann, DCSecretär, ✠.	11 Oct.	1853
Königer, Alois, DCSecretär, ✠.	t. 24 Jun.	1859
Huber, Mathias, DCSecretär,	31 Jan.	1865
Manz, Andreas, Kupferſtecher,	1 Mrz	1815
Hauber, Friedrich, Profeſſor, ✠4.	16 Apr.	1853
Thomas, Georg, Profeſſor,	2 Mai	1853
Schmiß, Julius, CzlSecr. ✠.	11 Oct.	1853
Wiblißhauſer, Jacob, Bohrmeiſter, ✠.	28 Nov.	1839

Aerzte.

Stabs-Aerzte.

Curtius, Dr Ludwig, GDF.	3	Jan. 1847
Gerber, Dr Peter, ⨁. ✠. ✠. ✠.	✠. 31	Mrz 1848
Hölberlin, Dr David, ✠. ✠. ✠.	✠. 22	Spt. 1850
Wurm, Dr Alois, ✠. RA3. RSt2. SN3.	18	Dec. 1850
Hopffer, Dr Wilhelm, ✠.	14	Apr. 1860
Bauribl, Dr Leopold, ✠4. ✠. GD.	✠. 5	Dec. 1861
Fruhmann, Dr Carl, ✠ ✠.	31	Jan. 1865
Denk, Dr Joseph, ✠.	✠. 15	Apr. 1865
Söltl, Dr Georg, ✠. BGM.	✠. 20	Dec. 1866

Regiments-Aerzte.

Eberhard, Dr Ludwig, ✠. ✠. ✠.	24	Jan. 1833
Braun, Dr Xaver, ✠. ✠. ✠. GD.	22	Mai 1836
Golch, Dr Carl, ✠4. ✠. GE5. GD.	15	Fbr 1847
Hänßler, Dr Joseph,	7	Apr. 1847
Büttner, Dr Jacob, GDF.	30	Jun. 1849
Stabelmeyer, Dr Friedrich, ✠. GD.	9	Oct. 1849
Kühn, Dr Friedrich, ✠. GD.	1	Jun. 1850
Feldheim, Dr Moriz, ✠. BGM.	18	Dec. 1850
Dobelbauer, Dr Moriz,	18	Dec. 1850
Obermüller, Dr Leopold, ✠.	28	Fbr 1852
Weingärtner, Dr Anton, ✠. ⊚. ✠.	16	Apr. 1853
Mayer, Dr Joseph,	5	Mrz 1854
Krauß, Dr Friedrich,	t. 26	Spt. 1855
Schuster, Dr Albert,	26	Spt. 1855
Sämer, Dr Eberhard, ✠	t. 24	Apr. 1860
Kilinger, Dr Bernhard,	14	Apr. 1860

Bataillons-Aerzte.

Sensburg, Dr Franz,	1	Jan. 1832
Widmann, Dr Carl,	20	Mrz 1835
Baader, Dr Anton,	25	Oct. 1842
Burkhardt, Dr Friedrich,	15	Dec. 1843
Grunbner, Dr Carl Ritter von,	18	Dec. 1850
Altmann, Dr Mathias, GDF.	18	Dec. 1850
Appiano, Dr Amandus,	26	Spt. 1855
Maurer, Dr Carl,	29	Nov. 1858
Zirngibl, Dr Joseph,	t. 28	Fbr 1858
Beyer, Dr Nikolaus,	t. 14	Apr. 1860
Martin, Dr Franz,	14	Apr. 1860

Steichele, Dr Ludwig,	t. 14 Apr.	1860
Gumbinger, Dr Otto,	14 Apr.	1860
Camerer, Dr August,	t. 14 Jun.	1861

Unter-Aerzte.

Ebersberger, Dr Wilhelm,	16 Jun.	1851
Röck, Franz, ⚔. ✠. ⊛.	26 Jul.	1860

Von der Administration.

Ober-Kriegs-Commissäre 1. Classe.

Müller, Christian, ✠.	31 Jan.	1856
Keller, Hermann von, ⊛4. ⊛4. ✠.	t. 4 Mai	1857

Ober-Kriegs-Commissäre 2. Classe.

Kunstmann, Franz, ⚔.	5 Oct.	1841
Krauß, Wolfgang, ⚔.	9 Oct.	1849
Helfreich, Friedrich, ⚔4. ⊛. ✠.	29 Nov.	1856
Beutner, Philipp, ✠. GE5. GD.	27 Jun.	1863
Pilati, Ignaz, ⚔. ⚔. ⊛. ⊛.	ch. 20 Fbr	1867

Kriegs-Commissäre.

Nieschl, Joseph, ⚔.	ch. 6 Jun.	1842
Schmidt, Heinrich, ✠. ⊛. ⊛. ✠.	9 Oct.	1849
Nagelschmidt, Johann, ⚔. ⚔.	28 Nov.	1850
Frank,-Joseph, ⚔. ①. ✠.	3 Dec.	1850
Meller, Vincenz, ✠.	27 Fbr	1853
Merkl, Michael, ⊛. ✠.	29 Nov.	1856
Schröbl, Simon, ⚔. ⊛.	22 Jun.	1857
Wirthmann, Burkhard, ⚔. ⚔. ⊛.	28 Fbr	1855
Weiß, Felix, ✠.	31 Dec.	1858
Lang, Friedrich, ⚔.	31 Dec.	1858
Dorner, Heinrich, ⚔4. ⊛. ✠. GE5. GDF.	ch. 6 Jul.	1864
Bergmann, Adam, ⊛. ✠.	ch. 21 Mai	1866
Splitgerber, Carl, ✠. GDF.	ch. 6 Jan.	1867

Regiments-Quartiermeister.

Menges, Heinrich, ✠.	21 Aug.	1825
Lechner, Andreas, ⊛. ✠. GD.	25 Jun.	1839
Pessinger, Joseph, Verwalter 1. Cl., ⚔. ⚔. ⊛.	27 Apr.	1841
Raußler, Michael, ⊛.	18 Oct.	1844
Wendlinger, Johann,	29 Mai	1846
Pruckner, Friedrich, ⊛. ✠.	30 Jun.	1846

Peringer, Nepomuk, ✠. ✠. ⊛.	15 Jun. 1848
Weidner, Reinhard, ✠. GD.	15 Jun. 1848
Recker, Martin, ◎. ✠.	21 Aug. 1848
Stömmer, Anton, ✠.	15 Mai 1849
Pruckner, Ludwig, ✠.	15 Mai 1849
Minges, Johann, ✠.	9 Oct. 1849
Arnold, Joseph, Verwalter 1. Cl.,	9 Oct. 1849
Zollnhofer, Johann, ✠.	16 Jän. 1850
Breinfalt, Matthäus, ✠.	8 Jun. 1850
Schedl, Georg,	3 Dec. 1850
Weyman, Carl, GDF.	30 Jun. 1851
Raab, Georg, ✠.	27 Fbr 1853
Bastelberger, Joseph, ✠.	27 Fbr 1853
Schaller, Adam, ✠.	31 Jan. 1854
Wright, Ferdinand, ✠.	11 Oct. 1854
Duntze, Jacob, ✠.	29 Nov. 1856
Porzer, Ludwig,	29 Nov. 1856
Koch, Joseph, ✠.	31 Dec. 1858
Luttenbacher, Georg, ✠.	t. 31 Dec. 1858
Peppel, Caspar, ✠. BGM. GD.	31 Dec. 1858
Schwarzkopf, Wilhelm, ✠.	17 Jan. 1861
Lehner, Johann, ◎. ✠.	t. 17 Jan. 1861
Grabl, Anton, ✠.	21 Apr. 1862
Merkl, Friedrich, Verwalter 1. Cl.	t. 5 Aug. 1863
Wolfschmitt, Xaver,	t. 29 Mai 1864

Bataillons-Quartiermeister.

Birkmann, Friedrich,	15 Jun. 1848
Ottmann, Julius, ✠.	29 Nov. 1856
Enzensberger, Johann, Verwalter 2. Cl.,	29 Nov. 1856
Altmann, Joseph,	t. 17 Jan. 1861

Unter-Quartiermeister.

Dorn, Ludwig,	14 Spt. 1848
Büttner, Ernst,	15 Mai 1849
Lauck, Adam,	3 Dec. 1850
Gapp, Maximilian,	t. 31 Dec. 1858
Hurler, Sebastian, ✠.	21 Mai 1859
Hahnemann, Carl,	t. 15 Apr. 1860
Zanoni, Albert,	27 Jun. 1863
Braun, Carl,	t. 25 Nov. 1863
Kraußold, Christian,	t. 25 Nov. 1863

Regiments-Actuar.

Stein, Caspar, ✠. ✠. ✠.	30 Mrz 1838

Von der Juſtiz.

Ober-Auditore.

Donauer, Heinrich, ✠. ✠. ✠.	11 Oct. 1847
Hauttmann, Leo,	28 Fbr 1853

Stabs-Auditore.

Petzl, Maximilian,	19 Mai 1852
Golch, Adalbert, ✠.	15 Aug. 1855
Dümler, Anton, ÖFJ3.	8 Mrz 1560

Regiments-Auditore.

Keller, Heinrich, ✠.	21 Mai 1829
Mayerhöfer, Hugo,	20 Mrz 1835
Grauvogl, Carl von,	31 Oct. 1845
Albert, Elias,.	31 Aug. 1848
Leimbach, Heinrich,	t. 12 Aug. 1849
Strübe, Otto,	t. 11 Oct. 1853
Schwarz, Eugen,	t. 29 Mai 1864

Bataillons-Auditor.

Landgraf, Wilhelm von,	6 Fbr 1864

Apotheker.

Ober-Apotheker.

Spruner von Merz, Wilhelm, GE5. GDF.	16 Apr. 1853

Unter-Apotheker 1. Claſſe.

Wießner, Carl,	7 Apr. 1847

Veterinär-Aerzte.

Regiments-Veterinär-Aerzte.

Ried, Michael, ✠. ⊕.	25 Dec. 1841
Schmitt, Jacob, ✠. ✠.	4 Mai 1848

Diviſions-Veterinär-Arzt.

Schmidt, Sebaſtian, ✠.	25 Dec. 1841

Unter-Veterinär-Aerzte.

Mußgnug, Chriſtoph,	19 Mai 1848
Kreuzer, Xaver,	t. 31 Mai 1859

Generale und Officiere à la suite.

Uniform und Bewaffnung: In so ferne Einzelnen nicht besonders die betreffende Uniform des activen Heeres zu tragen allerhöchst gestattet ist: Waffenrock von hellblauem, Vorstoß von weißem Tuche; Kragen und Aufschläge von schwarzem Sammet; hellblautuchene und nach der Jahreszeit weißleinene Pantalons; die Generale bei Hoffesten weiße enge Beinkleider in hohen Stiefeln, die übrigen Officiere lange Beinkleider von weißem Casimir; weiße Knöpfe und Gradauszeichnung; die Generale die ihrem Grade entsprechende Stickerei nur auf dem Kragen; Hüte mit silbernen Quasten und Sternschleifen; weiße Schulterblätter mit weißem Unterfutter. Die Officiere à la suite der Cavalerie einen weiß und blauen Hahnenfederbusch auf dem Hute. Spornen.

Wenn die Bewaffnung aus der Ernennung oder dem vorigen Militär-Dienstverhältnisse nicht abgeleitet werden kann, den Säbel der Infanterie-Officiere, sonst den Säbel der betreffenden Waffe; das Officiers-Portepee.

General-Majore.

Berchem, Carl Frh. von, 4. BdZL4. GE5. RW4. RSt2. — 25 Jan. 1856

Freyberg-Eisenberg, Maximilian Frh. von, 1. 3. ÖL2. ÖEK2. PrA2. SCV2. ScF1. — 22 Mrz 1856

Leyen, Erwin Fürst von der, PMR. — 12 Apr. 1856

Taxis, Maximilian Fürst von Thurn und, Drchl., Kron-Oberst-Postmeister, RRth, HGu1. ÖGV. ÖL1. PrA1. RANm.Br. — 20 Jan. 1862

Stauffenberg, Franz Schenk Frh. von, RRth, 1. 3. — 20 Jan. 1862

Grainger, Walter Frh. von, 4. 4. HP3. MEA3. ÖL3. ÖEK2. KrInsp. — 1 Jan. 1865

Obersten.

Orttenburg-Tambach, Carl Graf zu, Erl., RRth, PJ. SEH1. KrEmbt. Rg v. — 2 Aug. 1854

Erbach-Erbach und von Wartenberg-Roth, Eberhard Graf zu, Erl., RRth, — 2 Aug. 1854

Seckendorff-Aberdar, Adolph Frh. von, OP2. — 25 Fbr 1863

Wolf, Xaver, — 19 Jun. 1863

Yrsch-Pienzenau, Sigmund Graf von, RA3. — 20 Oct. 1864

Oberstlieutenants.

Arco-Stepperg, Alois Graf von, 1. 4. ÖL3. — 29 Mrz 1842

Wrede, Carl Fürst von, Drchl., 3. — 19 Nov. 1850

Fugger von Kirchberg und Weißenhorn, Raimund Graf, Erl., RRth, 2. — 14 Oct. 1858

20

Hayber, Albano, ⚜. ✠. ✠.	29 Jul. 1860
Pappenheim, Ludwig Graf zu, Erl., RRth, ⚙. BdZL4. PJ.	20 Jan. 1862
Schubert, Carl, ✠. ✠. GD.	4 Aug. 1866

Majore.

Hornstein, Wilhelm Frh. von, ⚜. ✠. Joh3.	27 Spt. 1820
Lilgenau, Carl Frh. von, ⚜. ✠. F.	17 Jun. 1821
Hutten, Friedrich Frh. von, ⚜. ✠. F.	3 Jan. 1832
Brandenstein, Friedrich Frh. von, ⚜. ✠. F.	8 Mai 1633
Arco-Zinneberg, Maximilian Graf von, ⚜1. ÖL3. F.	29 Mrz 1842
Bäumler, Georg von, ✠.	31 Mrz 1848
Guttenberg, Christoph Frh. von, ⚜. ✠. SEH5. F.	5 Aug. 1848
Linden, Ernst Frh. von, F.	20 Jul. 1849
Welden auf Großlaupheim, Carl Frh. von, ✠. Joh3. F.	4 Fbr 1850
Künsberg, Frh. von Frenberg, Wilhelm, F.	4 Mrz 1851
Fugger-Kirchheim-Hohenegg, Carl Graf von, Erl., RRth,	19 Spt. 1851
Geldern, Ludwig Graf von, F.	28 Jun. 1854
Preysing-Lichtenegg-Moos, Max. Graf von, RRth, ⚜2. F.	29 Jun. 1855
Grainger, Robert Frh. von, ⚜4. ⚜4. ⚜. F. KrCmdt,	23 Dec. 1855
Berchem auf Salbenburg, Caspar Graf von, RW4. SS3. F.	22 Jun. 1857
Tauffkirchen, Maximilian Graf von, ⚜3. SEH4. F.	23 Dec. 1857
Baumeister Franz, ✠. ⚜.	5 Jan. 1658
Schönborn-Wiesentheid, Clemens Graf von, Erl., RRth, NA1.	14 Oct. 1858
Taxis, Maximilian Erbfürst von Thurn und, ⚙. Hgu1. Joh3.	1 Mrz 1859
Wrede, Carl Fürst von, Drchl., RRth,	14 Dec. 1860
Juncker-Bigatto, Sigmund Frh. von, ⚜4. ✠. Joh3. F.	11 Jan. 1862
Molitor von Mühlfeld, Ernst, HP3. F. KrInsp.,	20 Mai 1863
Tann, Arthur Frh. von der,	20 Mai 1863
Castell-Castell, Carl Erbgraf zu, SEH2.	13 Jul. 1863
Pappenheim, Maximilian Graf zu, ⚜4. HGu3. HP2. MWK2. OP2. PrA3. PK2. PJ. RA3. Oberhofmeister und funct. Hofmarschall J. M. der Königin Mutter,	1 Sept. 1864
Schaller, Michael, ✠.	11 Jan. 1865
Stauffenberg, Clemens Schenk Frh. von, CHW4.	13 Jul. 1865
Rogenhofer, Albin, ⚜. ✠. ✠.	22 Nov. 1865
Törring-Jettenbach, Clemens Graf von, RRth, F.	22 Apr. 1866
Oelhafen, Carl von,	8 Jan. 1867
Wolkenstein-Rodenegg, Alexander Graf von, ⚜W3.	11 Fbr 1867

Hauptleute und Rittmeister.

Saugy, Alexander Frossard von, ✠.	28 Fbr 1815
Hornstein, Ferdinand Frh. von, Rttmstr, ⚜4. ✠. ✠. FEL5.	7 Jan. 1821
Oefele, Rudolph Frh. von, ✠. ✠.	27 Jun. 1827

Tümpling-Sorna, Wolf von, Rttmſtr, P.	22 Mai	1836
Großſchedel, Andreas Frh. von, ✠. ✠.	30 Dec.	1836
Winkler von Mohrenfels, Ludwig, Rttmſtr, ✠.	7 Apr.	1840
Regemann, Hermann von,	10 Sept.	1840
Tucher, Sigmund Frh. von, ✠.	16 Sept.	1840
Polignac, Armand Fürſt von,	14 Oct.	1843
Benningen, Carl Frh. von, Rttmſtr,	31 Mrz	1848
Sandizell, Max. Graf von, Rttmſtr, ✠2. P. RRth,	14 Jan.	1852
Fauſt, Georg, ✠. ✠. ✠.	7 Aug.	1852
Hirſchberg, Hermann Graf von, ✠4. P. KrJnſp.,	29 Mrz	1854
Lerchenfeld-Aham, Max. Frh. von, ✠3. SEH4. P.	5 Mai	1857
Giſe, Ludwig Frh. von, P.	22 Jun.	1857
Holnſtein aus Bayern, Clemens Graf von, ✠.	1 Mai	1858
Deroy, Erasmus Graf von, RRth, KrJnſp.,	14 Aug.	1859
Pöllnitz, Ludwig Frh. von, Rttmſtr, AAdB3.	13 Oct.	1859
Zandt, Maximilian Frh. von, Rttmſtr,	24 Oct.	1859
Rehlingen, Friedrich Frh. von, Rttmſtr, P.	20 Jun.	1860
Seefried, Eugen Frh. von, Rttmſtr,	1 Oct.	1861
Holnſtein aus Bayern, Maximilian Graf von, Exc., Rttmſtr, Oberſtſtallmeiſter und RRth, PMR. P.	28 Nov.	1861
Reizenſtein, Friedrich Frh. von, Rttmſtr, ✠4.	7 Mai	1863
Zwackh-Holzhauſen, Wilhelm Ritter von, Rttmſtr,	20 Mai	1863
Holnſtein aus Bayern, Ludwig Graf von, ✠. Krjſtr.	20 Mai	1863
Fugger-Glött auf Blumenthal, Eberhard Graf von,	20 Mai	1863
Seinsheim auf Grünbach, Carl Graf von, Rttmſtr,	30 Mai	1863
Maillot de la Treille, Eduard Frh. von, Rttmſtr,	4 Oct.	1863
Medicus, Guſtav,	25 Nov.	1863
Leyen, Franz Fürſt von der, Rttmſtr, ✠2.	25 Nov.	1863
Schanzenbach, Philipp, ✠4. ✠. ✠.	24 Dec.	1863
Oberndorff, Carl Graf von, Rttmſtr,	26 Jul.	1864
Grabinger, Philipp,	26 Jan.	1865
Himbſel, Joseph, Rttmſtr,	5 Apr.	1865
Palm, Victor, ✠.	2 Mai	1866
Plank, Anton, Rttmſtr, ✠. ✠.	21 Jun.	1866
Seyſſel d'Aix, Edwin Graf von, Rttmſtr, P.	23 Jun.	1866
Butler-Haimhauſen, Theobald Graf von, ✠4. ✠.	1 Nov.	1866
Caſtell-Rüdenhauſen, Wolfgang Grafzu, Erl., Rttmſtr, RRth, PJ.	12 Fbr	1867

Oberlieutenants.

Redwitz, Philipp Frh. von, ✠6. ✠.	30 Mrz	1820
Popp, Heinrich,	19 Jun.	1833
du Ponteil, Alexander Graf von Guiot, CHW4.	15 Apr.	1853
Hirſchberg, Carl Graf von, ✠.	28 Mrz	1855
Trips, Otto Graf Berghe von,	7 Apr.	1856

Schäzler, Emil Frh. von, P.	5 Fbr	1858
Eichthal, Bernhard Frh. von, Krsfr,	24 Jun.	1858
Schady, Xaver Frh. von, KrInsp.,	31 Dec.	1858
Maubl, Franz Frh. von,	5 Nov.	1862
Hopffgarten, Gustav von, ⊙. Krsfr,	24 Mrz	1863
Heffels, Rudolph von,	20 Mai	1863
Kummer, Adolph,	4 Jun.	1863
Reichlin-Meldegg, Carl Frh. von,	25 Nov.	1863
Bettendorff, Ludwig Frh. von, Krsfr,	25 Nov.	1863
Schropp, Otto,	16 Fbr	1864
Ponickau, Carl Frh. von,	19 Mrz	1864
Arco-Zinneberg, Ludwig Graf von, H3.	22 Apr.	1864
Khuen-Belasi, Eduard Graf von, CM3.	14 Jun.	1864
Streber, Constantin von,	7 Aug.	1864
Süßkind, Gottlieb Frh. von, PrA4.	7 Jan.	1865
Piel, Franz von,	22 Dec.	1865
Prsch, Friedrich Graf von, SA4. SEH4. Krsfr,	8 Fbr	1866
Frölich, Carl von,	12 Oct.	1866
Fechenbach zu Laudenbach, Carl Frh. von, ⚔2.	9 Dec.	1866
Rotenhan, Sigmund Frh. von, ⚔2.	14 Jan.	1867

Unterlieutenants.

Stromer, Christoph Frh. von,	21 Fbr	1832
Riedheim, Sigmund Frh. von,	10 Mrz	1832
Künsberg, Franz Frh. von,	11 Fbr	1840
Freudenberg, Julius von,	31 Mrz	1840
Baur-Breitenfeld, August von,	4 Dec.	1840
Andrian-Werburg, Carl Frh. von, Krsfr,	7 Dec.	1841
Aham, Joseph Graf von,	1 Apr.	1846
Gennatas, Anton,	10 Mai	1846
Malsen, Theobald Frh. von, Krsfr,	29 Jan.	1850
Sigriz, Heinrich von,	4 Dec.	1850
Crailsheim, Theodor Frh. von,	30 Nov.	1851
Zuylen van Nyevelt, Alexander Frh. von, Krsfr,	15 Dec.	1853
Seckendorff, Hermann Frh. von,	25 Jun.	1854
Lochner von Hüttenbach, Georg Frh.,	15 Aug.	1855
Schlichtegroll, Otto von,	1 Apr.	1857
Schönhueb, Maximilian Frh. von,	22 Jun.	1857
Mayer auf Starzhausen, Maximilian von,	31 Dec.	1858
Rotenhan, Gottfried Frh. von,	16 Apr.	1860
Reitzenstein, August Frh. von,	17 Sept.	1861
Rotzau auf Oberkotzau, Richard Frh. von,	20 Mai	1863
Künsberg-Langenstadt, August Frh. von,	11 Jun.	1863
Tettenborn, Benno von, ⚔.	29 Dec.	1863

Pflummern auf Eisenburg, Hubert Frh. von,	11 Jan.	1865
Montgelas, Hugo Graf von,	12 Aug.	1865
Berchem, Maximilian Frh. von,	2 Mrz	1866
Berchem, Maximilian Graf von,	8 Oct.	1866
Montgelas, Rudolph Graf von, ✠.	8 Oct.	1866
Haupt, Friedrich von, ✠.	1 Nov.	1866
Aretin, Ludwig Frh. von,	9 Nov.	1866
Eichthal, Robert Frh. von,	28 Nov.	1866
Seckendorff-Aberdar, Carl Frh. von,	28 Nov.	1866
Miller, Ferdinand,	28 Nov.	1866
Tautphoeus, Carl Frh. von,	16 Dec.	1866
Marschall von Ostheim, Emil Frh., ✠.	15 Jan.	1867
Lerchenfeld-Köfering, Maximilian Graf von,	22 Jan.	1867
Waldkirch, Franz Graf von,	22 Jan.	1867
Pachmayr, Adolph,	29 Jan.	1867

Ober-Stabs-Aerzte 1. Classe.

Hofreiter, Dr Michael, ✠4. PrA3. RSt3. SEH4.	6 Jul.	1859
Nußbaum, Dr Nepomuk, ✠4. PG3. ScF3.	18 Jul.	1866

Anhang.

Verzeichniß

derjenigen Officiere des bayerischen Heeres, welche im Feldzuge 1866 in treuer und muthvoller Erfüllung ihres Berufes todt auf dem Schlachtfelde geblieben oder den Folgen der empfangenen Wunden erlegen sind.

Dem Andenken dieser Braven gewidmet.

Gefecht bei Roßdorf am 4. Juli.

Franz Faust, Generalmajor und Commandant der 7. Infanterie-Brigade.

Ludwig Kolbinger, Hauptmann des 9. Infanterie-Regiments Wrede.

Oscar Freiherr von der Tann, Hauptmann des nämlichen Regiments.

Joseph Freiherr von Gobel auf Hofgiebing, Hauptmann des 6. Jäger-Bataillons.

Carl Popp, Oberlieutenant des 4. Infanterie-Regiments vac. Gumppenberg.

Franz Lang, Oberlieutenant des 9. Infanterie-Regiments Wrede.

Ludwig von Aufin, Oberlieutenant des 13. Infanterie-Regiments Kaiser Franz Joseph von Oesterreich und Ordonnanzofficier des Generalmajors und Brigadiers Faust.

Carl Traut, Unterlieutenant des 4. Infanterie-Regiments vac. Gumppenberg.

Julius Rupprecht, Unterlieutenant des nämlichen Regiments.

Ottmar Freiherr von Guttenberg, Major des 9. Infanterie-Regiments Wrede, gestorben am 8. Juli zu Roßdorf an den Folgen seiner Verwundung.

Wilhelm Wurm, Oberlieutenant des 6. Jäger-Bataillons, gestorben am 13. August zu Roßdorf an den Folgen seiner Verwundung.

Gefecht bei Zella am 4. Juli.

Xaver König, Hauptmann des 6. Infanterie-Regiments König Wilhelm von Preußen.

Reinhard Brunner, Oberlieutenant des nämlichen Regiments.

Theodor Clarmann von Clarenau, Unterlieutenant des 15. Infanterie-Regiments König Johann von Sachsen.

Gefecht bei Hünfeld am 4. Juli.

Franz von Grafenstein, Unterlieutenant des 1. Cuirassier-Regiments Prinz Carl von Bayern.

Gefecht bei Kissingen am 10. Juli.

Oscar Freiherr von Zoller, Generallieutenant und Commandant der 3. Infanterie-Division.

Philipp Graf von Ysenburg-Philippseich, Major des 7. Jäger-Bataillons.

Eduard Schlagintweit, Hauptmann des Generalquartiermeister-Stabes.

Ernst von Mayrhofer, Hauptmann des Infanterie-Leib-Regiments.

Ignaz Thoma, Hauptmann des 9. Infanterie-Regiments Wrede.

Friedrich Freiherr von Reitzenstein, Hauptmann des 12. Infanterie-Regiments König Otto von Griechenland.

Ernst Wernbla, Hauptmann des 15. Infanterie-Regiments König Johann von Sachsen.

Anton Weichselberger, Unterlieutenant des 11. Infanterie-Regiments vac. Ysenburg.

Albert Frisch, Unterlieutenant des 15. Infanterie-Regiments König Johann von Sachsen.

Heinrich Bruckmaier, Hauptmann des 10. Infanterie-Regiments vac. Albert Pappenheim, gestorben am 12. Juli zu Münnerstadt an den Folgen seiner Verwundung.

Wilhelm Platner, Oberlieutenant des 2. Chevaulegers-Regiments Taxis, gestorben am 14. Juli zu Münnerstadt an den Folgen seiner Verwundung.

Friedrich Freiherr von Griessenbeck, Hauptmann des 1. Infanterie-Regiments König, gestorben am 22. Juli zu Kissingen an den Folgen seiner Verwundung.

Georg Freiherr von Zündt, Hauptmann des 15. Infanterie-Regiments König Johann von Sachsen, gestorben am 25. Juli zu Münnerstadt an den Folgen seiner Verwundung.

Eduard Warnberg, Hauptmann des 11. Infanterie-Regiments vac. Ysenburg, gestorben am 30. Juli zu Kissingen an den Folgen seiner Verwundung.

Ernst Löblein, Hauptmann des 12. Infanterie-Regiments König Otto von Griechenland, gestorben am 16. August zu Neuulm an den Folgen seiner Verwundung.

Gefecht bei Hammelburg am 10. Juli.

Ludwig Tausched, Oberlieutenant des 2. Artillerie-Regiments vac. Lüber, gestorben am 14. Juli zu Hammelburg an den Folgen seiner Verwundung.

Gefecht bei Helmstadt am 25. Juli.

Hugo von Göriz, Oberstlieutenant des 1. Jäger-Bataillons.

Heinrich Rusch, Oberlieutenant des 1. Infanterie-Regiments König.

Maximilian Danzer, Oberlieutenant des 8. Infanterie-Regiments vac. Seckendorff.

Carl Escherich, Oberlieutenant des 11. Infanterie-Regiments vac. Ysenburg.

Maximilian Diez, Oberlieutenant des nämlichen Regiments, gestorben am 25. Juli zu Helmstadt an den Folgen seiner Verwundung.

Carl Graf von Tattenbach, Hauptmann des 14. Infanterie-Regiments Zandt, gestorben am 26. Juli zu Unteraltertheim an den Folgen seiner Verwundung.

August Graf von Hundt, Major des 13. Infanterie-Regiments Kaiser Franz Joseph von Oesterreich, gestorben am 2. August zu Würzburg an den Folgen seiner Verwundung.

Heinrich Vogel, Hauptmann des 1. Jäger-Bataillons, gestorben am 3. August zu Helmstadt an den Folgen seiner Verwundung.

Joseph Fiedler, Unterlieutenant desselben Bataillons, gestorben am 25. September zu Würzburg an den Folgen seiner Verwundung.

Gefecht bei Roßbrunn am 25. und 26. Juli.

Theodor Zerzog, Oberlieutenant des 13. Infanterie-Regiments Kaiser Franz Joseph von Oesterreich, gestorben am 26. Juli zu Zell an den Folgen seiner Verwundung.

Joseph Murr, Hauptmann des 10. Infanterie-Regiments vac. Albert Pappenheim, gestorben am 27. Juli zu Roßbrunn an den Folgen seiner Verwundung.

Johann Dorn, Oberlieutenant des 7. Infanterie-Regiments Hohenhausen, gestorben am 27. Juli zu Roßbrunn an den Folgen seiner Verwundung.

Wilhelm Ströbel, Oberlieutenant des nämlichen Regiments, gestorben am 27. Juli zu Roßbrunn an den Folgen seiner Verwundung.

Maximilian Ottowitz, Oberlieutenant desselben Regiments, gestorben am 27. Juli zu Roßbrunn an den Folgen seiner Verwundung.

Xaver Brenneisen, Unterlieutenant des genannten Regiments, gestorben am 27. Juli zu Roßbrunn an den Folgen seiner Verwundung.

Christian Dietz, Hauptmann des 11. Infanterie-Regiments vac. Ysenburg, gestorben am 18. August zu Würzburg an den Folgen seiner Verwundung.

Florus Herzer, Unterlieutenant des 8. Jäger-Bataillons, gestorben am 20. August zu Würzburg an den Folgen seiner Verwundung.

Joseph Fröhlich, Unterlieutenant des 5. Infanterie-Regiments Großherzog von Hessen, gestorben am 25. August zu Würzburg an den Folgen seiner Verwundung.

Ignaz Brebaur, Major des 10. Infanterie-Regiments vac. Albert Pappenheim, gestorben am 15. September zu Würzburg an den Folgen seiner Verwundung.

Maximilian Feber, Oberlieutenant des 14. Infanterie-Regiments Zandt, gestorben am 3. October zu Würzburg an den Folgen seiner Verwundung.

Xaver Geiger, Hauptmann des 7. Infanterie-Regiments Hohenhausen, gestorben am 10. November zu Würzburg an den Folgen seiner Verwundung.

Gefecht bei Uettingen am 25. und 26. Juli.

Georg Bornschlegel, Hauptmann des 13. Infanterie-Regiments Kaiser Franz Joseph von Oesterreich, gestorben am 27. Juli zu Uettingen an den Folgen seiner Verwundung.

Joseph Ziegler, Unterlieutenant des 2. Infanterie-Regiments Kronprinz, gestorben am 27. Juli zu Uettingen an den Folgen seiner Verwundung.

Heinrich Zibelin, Unterlieutenant des 5. Infanterie-Regiments Großherzog von Hessen, gestorben am 27. Juli zu Uettingen an den Folgen seiner Verwundung.

Michael Weber, Oberlieutenant des 9. Infanterie-Regiments Wrede, gestorben am 28. Juli zu Uettingen an den Folgen seiner Verwundung.

Maximilian Freiherr von Gumppenberg, Hauptmann des nämlichen Regiments, gestorben am 20. August zu Uettingen an den Folgen seiner Verwundung.

Gefecht bei Hettstadt am 26. Juli.

Ludwig Hertlein, Oberstlieutenant des 3. Uhlanen-Regiments, gestorben am 27. Juli zu Zell an den Folgen seiner Verwundung.

Beschließung der Veste Marienberg am 27. Juli.

Eduard Böheim, Hauptmann des 9. Infanterie-Regiments Wrede, gestorben am 11. August zu Würzburg an den Folgen seiner Verwundung.

Berichtigungen.

Fehlende Ordens- und Kämmerer-Zeichen kommen treffenden Orts einzuschalten und zwar:

Seite 2 bei Obst Himmelstoß: ☩4. statt: ☩.

" 7 " GM. Graf zu Pappenheim: ÖEK2.

" 8 " GM. v. Heusler: ♣.

" 29 " Obst Lessel: ☩4.

" 39 " OLt Bombard: HP4.

" 53 " Maj. Gr. v. Berri della Bosia: ♣.

" 96 " ObstLt Gr. v. Leublfing: ♣.

" 115 " Maj. Frh. v. Leonrod: ♣.

" 124 " Obst Frh. v. Leonrod: ♣.

" 137 " Obst Frh. von der Tann: ♣.

" 138 " Maj. Frh. v. Freyberg: RSt2.

" 147 " Maj. Lori: ÖEK3.

Ferner ist zu lesen:

Seite 79 bei den Unterlieutenants Spalte 2 Zeile 11: Himmelstoß, Friedrich, statt Heinrich,

" 216 Zeile 10: Knott, Friedrich, statt Heinrich.

Namen-Register.

A.

B.

C.

D.

E.

Eichthal, Robert Frh. v., ULt. 309.

Eigner, Max., OLt. 157. 257.

Eilles, Edmund, OLt. 109. 207.

Eisenried, Carl, Maj. 161. 291.

Eitzenberger, Otto, Hptm. 93. 200.

Eitzenberger, Wilh., Rttmftr. 126. 237.

Ell, Andreas, GM. 287.

Ell, August, RArzt. 157. 265.

Elblein, Adolph, Hptm. 67. 201.

Elblein, Caspar, Obft. 288.

Elzershausen, Luitpolb, OLt. 143. 248.

Ellenrieder, Albert Ritt. v., OLt. 120. 238.

Ellenrieder, Max. Ritt. v., Rttmftr. 297.

Elsäßer, Martin, ULt. 91. 224.

Emmerich, Georg, Act. 144. 276.

Emmerich, Otto, OLt. 100. 213.

Emonts, Ferdinand, Hptm. 107. 194.

Emonts, Wilhelm, ULt. 73. 221.

Endres, Baptift, Hptm. 25. 187.

Endres, Baptift, Hptm. 78. 193.

Endres, Heinrich, ULt. 67. 217.

Endres, Joseph, ULt. 146. 252.

Endres, Ludwig, OLt. 145. 248.

Engel, August, ULt. 82. 229.

Engel, Friedrich, OLt. 141. 249.

Engel, Lorenz, ULt. 108. 217.

Engelbrecht, Guftav, ULt. 73. 223.

Engelbreit, Carl, Hptm. 138. 162. 246.

Engelhard, Chriftoph, Obft. 288.

Englert, Franz, RAub. 50. 281.

Enzensberger, Johann, Bwltr. 303.

Enzensberger, Michael, ULt. 61. 233.

Eppler, Theodor, Hptm. 84. 192.

Erbach = Erbach und v. Wartenberg-Roth, Eberhard Gr. zu, Obft. 305.

Erber, Joseph, ULt. 95. 217.

Erckert, Max., ULt. 70. 215.

Erhard, Adolph, Hptm. 84. 192.

Erl, Michael, RAub. 140. 280.

Ermarth, Albert, ULt. 125. 241.

Ermarth, Carl, Rttmftr. 124. 238.

Ernft, Jacob, ULt. 86. 232.

Ernft, Michael, Hptm. 70. 196.

Ernft, Wilhelm, Act. 63. 277.

Ertel, Joseph, OLt. 78. 204.

Ertl, Anton, OLt. 97. 204.

Esakoff, OLt. 11.

Esch, Philibert, OLt. 97. 210.

Eschenbach, Eduard, KrInfp. 178.

Escherich, Carl, OLt. 312.

Esebeck, Friedrich Frh. v., Maj. 111. 235.

Esebeck, Georg Frh. v., Rttmftr. 294.

Esebeck, Oscar Frh. v., ULt. 116. 241.

Esenwein, Hugo v., Hptm. 16. 57. 191.

Esenwein, Rudolph v., Hptm. 78. 189.

Espenmüller, Simon, OLt. 298.

Ettinger, Joseph, BArzt. 62. 266.

Euler, Carl, BAub. 49. 282.

Euler, Ludwig, OLt. 142. 254.

Euler-Chelpin, Rigas, OLt. 36. 91. 202.

Everill, Georg, Lehrer. 163.

Eyb, Richard Frh. v., OLt. 130. 235.

F.

Faber, Carl, OLt. 153. 257.

Faber, Chriftian, Maj. 93. 185.

Faber, Conrad, ULt. 97. 221.

Faber, Friedrich, Maj. 131. 236.

Faber, Friedrich, OLt. 94. 206.

Faber, Guftav, Hptm. 152. 255.

Faber, Ludwig, Hptm. 72. 195.

Faber, Moriz, Maj. 290.

Fabrice, Friedrich v., OLt. 76. 202.

Fabrice, Heinrich v., ULt. 141. 251.

Fabris, Auguft v., Hptm. 64. 200.

Fabris, Franz v., Hptm. 87. 187.

Fackenhofen, Franz v., ObftLt. 289.

Fahrbeck, Franz, Maj. 289.

Fahrbeck, Georg v, GM. 10. 287.

Fahrmbacher, Alfred, OLt. 154. 256.

G.

H.

Hellingrath, Eduard v., Maj. 90. 185.
Hellingrath, Friedrich v., Hptm. 16. 113. 247.
Helmes, Gottlieb, ULt. 300.
Helmes, Traugott, Act. 63. 278.
Helmes, Wolfgang, OLt. 17. 141. 248.
Helmfauer, August, ULt. 91. 227.
Helvig, Hugo, ULt. 30. 57. 202.
Hemberger, Joseph, UBArzt. 140. 285.
Hemeter, Michael, Act. 47. 262.
Hemmer, Anton, OLt. 35. 61. 210.
Henchel, Sigmund, BOmstr. 125. 273.
Henigst, Heinrich, ULt. 108. 221.
Henle, Christoph, BArzt. 77. 265.
Henle, Carl, Hptm. 54. 197.
Henle, Friedrich, StArzt. 48. 263.
Henninger, Andreas, UOmstr. 168. 273.
Hentze, Carl, Hptm. 293.
Henzler, Eduard Ritt. v., OLt. 159. 202.
Heppel, Johann, ULt. 82. 225.
Herbst, Hermann, OLt. 100. 212.
Herdegen, Max., GM. 7. 147.
Herder, Emil v., Hptm. 66. 189.
Herder, Johann v., Hptm. 295.
Herigoyen, Emanuel v., ULt. 55. 221.
Herman, Adalbert, OLt. 119. 240.
Herman, Benjamin v., GLt. 286.
Herman, Ulysses Frh. v., ObstLt. 288.
Hermann, Franz, ULt. 105. 225.
Hermann, Gustav, ROmstr. 2. 168. 270.
Hermann, Theodor, OLt. 138. 249.
Hernögger, Joseph, Act. 115. 276.
Herold, Mathias, ULt. 76. 219.
Herold, Paul, Hptm. 145. 246.
Herrgott, Carl, Hptm. 70. 201.
Herrlein, Herm. v., ULt. 88. 220.
Herrmann, Anton, UOmstr. 123. 274.
Herrmann, Carl, Hptm. 69. 188.
Herrmann, Carl, ULt. 97. 229.
Herrmann, Friedrich v., Maj. 290.
Herrmann, Georg, ULt. 141. 251.
Herrmann, Ludwig, OLt. 73. 215.
Herrmann, Philipp, ULt. 73. 224.
Herrmann, Wilhelm, Hptm. 293.

Hertel, Gottlob, ULt. 139. 252.
Herter, Benedikt, Obst. 49. 180.
Herter, Joseph, OLt. 88. 205.
Hertlein, Franz, OLt. 120. 238.
Hertlein, Friedrich, Rttmstr. 293.
Hertlein, Heinrich, ULt. 67. 220.
Hertlein, Ludwig, ObstLt. 313.
Hertling, Johann Frh. v., Rttmstr. 36. 114. 238.
Hertling, Max. Frh. v., OLt. 73. 203.
Hertling, Philipp Frh. v., Rttmstr. 112. 236.
Hertling, Wilhelm Frh. v., OLt. 35. 62. 211.
Hertter, Carl, ULt. 141. 252.
Herzer, Florus, ULt. 312.
Herzog, August, BOmstr. 49. 272.
Herzog, Gustav, Maj. 290.
Hesch, Johann, Act. 3. 262.
Heß, Bernhard v., GLt. 6. 167.
Heß, Heinrich, Hptm. 15. 57. 189.
Heßdörfer, Friedr., BOmstr. 168. 272.
Hetterich, Oscar, OLt. 94. 263.
Hettersdorff, Georg Frh. v., Obst. 268.
Hettinger, Heinrich, OLt. 73. 213.
Hetzendorff, Franz v., GM. 286.
Heumann, Wilhelm, ULt. 76. 232.
Heusler, Ludwig v., GM. 8. 314.
Heusler, Ludwig v., OLt. 113. 239.
Heusler, Max. v., Rttmstr. 293.
Heusler, Theodor v., OLt. 114. 240.
Heuß, Joseph, Hptm. 293.
Heußlein Frh. v. Eußenheim, Carl, ULt. 128. 243.
Heußler, Georg, OLt. 67. 208.
Heyberger, Joseph, OLt. 299.
Heydemann, Carl, ULt. 91. 228.
Heydenaber, Georg v., Hptm. 294.
Heydenaber, Max. v., ULt. 100. 220.
Heydenaber, Traugott v., Hptm. 66. 187.
Heydenaber, Wilh. v., Hptm. 93. 169.
Heyder, Carl v., OLt. 57. 214.
Heyder, Joseph v., Maj. 175. 180.
Heyder, Joseph, Hptm. 67. 198.

22

J.

Jenisch, Theob. Ritt. v., Olt. 128. 239.
Jerg, Joseph, Rttmstr. 139. 254.
Jbrig, Georg, Ult. 146. 252.
Jhrl, Georg, RAud. 167. 280.
Jlle, Gustav, Hptm. 84. 187.
Jlling, Johann, ObstLt. 37. 153. 255.
Imhoff, Carl v., Rttmstr. 296.
Imhoff, Eugen Frh. v., Ult. 106. 220.
Imhoff, Gustav v., Ult. 139. 251.
Imhoff, Wilhelm v., Olt. 97. 203.
Imhoff, Xaver Frh. v., Hptm. 293.
Inderwies, Andreas, Olt. 76. 206.
Ingenbrand, Carl, Ult. 82. 223.
Interwies, Peter, KrgsCr. 33. 269.
Job, Albert, Maj. 126. 236.
Jochum, Anton, Ult. 154. 258.
Johann, König v. Sachsen, Obst-Jnh. 99.
Johannes, Friedrich, UBArzt. 176. 285.
John, Walther, Ult. 61. 228.

Jomini, Frh. v., GbJ. 11.
Joner - Tettenweiß, Clemens Gr. v., Obst. 13. 84. 184.
Joner-Tettenweiß, Jos. Gr. v., Maj. 53. 186.
Jordan, Theobald, ROmstr. 142. 270.
Joseph, Julius, Act. 115. 277.
Jouvin, Joseph, Hptm. 57. 188.
Jouvin, Joseph, Maj. 289.
Juncker-Bigatto, Alois Frh. v., Hptm. 72. 190.
Juncker - Bigatto, Sigmund Frh. v., Hptm. 297.
Juncker - Bigatto, Sigmund Frh. v., Maj. 306.
Jung, Friedrich, CzlSecr. 49. 262.
Jungermann, Joseph, Hptm. 57. 193.
Jungmann, Joseph, Ult. 76. 223.

R.

Kabner, Otto, Olt. 67. 215.
Kärner, Wilhelm, Hptm. 81. 199.
Kätenpech, Wilhelm, Hptm. 93. 198.
Käufl, Otto, Ult. 115. 244.
Kaiser, Albert, Ult. 85. 221.
Kaiser, Anton, Hptm. 153. 256.
Kaiser, Carl, KrgsCr. 45. 269.
Kaiser, Carl, ObstLt. 44. 180.
Kaiser, Joseph, Olt. 141. 250.
Kalb, Emil, Ult. 143. 251.
Kalb, Joseph, Olt. 299.
Kalsaloff, Admiral. 11.
Kamm, Anton, Ult. 68. 226.
Kapp, Andreas, Hptm. 293.
Kapp, Hermann, Olt. 116. 238.
Kappel, Friedr., Kupferstecher-Rev. 300.
Kappes, Conrad, Olt. 88. 213.
Karl, August, Olt. 79. 210.
Karl, Eduard, KrgsCr. 175. 269.
Karpeles, Bernhard, BArzt. 77. 266.
Karpf, Lorenz, UOmstr. 45. 275.
Karthaus, Albert, Olt. 160. 259.

Karthaus, Carl, Hptm. 63. 190.
Raspaitzer, Georg, DCSecr. 42. 261.
Kastner, Xaver, DCSecr. 300.
Kaußler, Michael, ROmstr. 302.
Keck, Anton, Hptm. 63. 187.
Kefer, Joseph, Hptm. 100. 201.
Kehl, Jacob, Maj. 154. 255.
Kehl, Theodor, BOmstr. 113. 273.
Keibel, Christian, BOmstr. 148. 272.
Keibel, Georg, Ult. 146. 254.
Keim, Ernst, Maj. 291.
Keim, Ernst, Olt. 153. 257.
Keinath, Julius, Olt. 141. 248.
Keller, Eugen, Ult. 145. 251.
Keller, Heinrich, RAud. 304.
Keller, Heinrich, ROmstr. 48. 271.
Keller, Hermann v., OKrgsCr. 302.
Keller, Johann, Obst. 288.
Keller, Theodor, Olt. 18. 91. 210.
Kellermann, Jacob, Ult. 73. 218.
Kellhammer, Max, UOmstr. 69. 275.
Kellner, Carl, Ult. 106. 233.

L.

M.

N.

O.

P.

S.

T.

W.